中国旅游业普通高等教育"十三五"应用型规划教材

创意旅游学

CREATIVE TOURISM

胡林龙 ◎编著

中国旅游出版社

中国旅游业普通高等教育"十三五"应用型规划教材
编审委员会名单

主 任

南昌大学江西发展研究院院长　黄细嘉教授

副主任（排名不分先后）

江西财经大学旅游与城市管理学院院长　邹勇文副教授

江西师范大学旅游系主任　冯淑华教授

江西科技师范大学旅游学院院长　周叶教授

南昌师范学院旅游与经贸学院院长　殷剑副教授

九江学院旅游与国土资源学院院长　李松志教授

赣南师范大学历史文化与旅游学院副院长　樊国敬副教授

井冈山大学商学院旅游管理教研室主任　王伟年教授

上饶师范学院历史地理与旅游学院院长　张志荣教授

南昌工程学院工商管理学院旅游管理教研室主任　涂远芬副教授

宜春学院经济与管理学院院长　胡林龙教授

南昌大学经济管理学院旅游管理系　龚志强教授

南昌大学经济管理学院旅游管理系主任　付智副教授

委 员

副主编及参编（略）

秘书长

中国旅游出版社教材与学术编辑室　段向民执行主任

南昌大学经济管理学院旅游管理系　旷天伟副教授

总　序

　　受中国旅游出版社的邀请，由我担任中国旅游业普通高等教育"十三五"应用型规划教材编审委员会主任。本人自 1993 年跻身高等旅游教学团队之列，至今已 25 年，大概从 2013 年起，自认为在旅游管理教学方面有了一些心得，于是就产生了为我国高等院校旅游管理专业本科及其专业核心课程开发一套教材的想法。基于旅游行业对于应用型、实战型、复合型人才的要求，意欲对旅游管理专业的理论知识、技术或技能体系进行全方位、多维度的系统梳理，使教师能够更有自信并能更有针对性地开展教学，学生能更准确、更明白、更直接地了解、熟悉、掌握、运用有关旅游管理的理论知识、技术或技能体系，提高其从事旅游管理的业务能力。中国旅游出版社提出中国旅游业普通高等教育"十三五"应用型规划教材的编写计划，可以说是正中下怀，得偿所愿。

　　2016 年 3 月 5 日，中国旅游出版社和南昌大学旅游管理系（现为旅游学院），联合 10 多所高等院校，举行了编写会议。会议最终确定了以南昌大学江西发展研究院院长黄细嘉教授为主任委员兼总主编和总协调人，江西财经大学旅游与城市管理学院院长邹勇文副教授、江西师范大学旅游系主任冯淑华教授、江西科技师范大学旅游学院院长周叶教授、南昌师范学院旅游与经贸学院院长殷剑副教授、九江学院旅游与国土资源学院院长李松志教授、赣南师范大学历史文化与旅游学院副院长樊国敬副教授、井冈山大学商学院旅游管理教研室主任王伟年教授、上饶师范学院历史地理与旅游学院院长张志荣教授、南昌工程学院工商管理学院旅游管理教研室主任涂远芬副教授、宜春学院经济与管理学院院长胡林龙教授、南昌大学经济管理学院旅游管理系龚志强教授、南昌大学经济管理学院旅游管理系主任付智副教授 12 位江西旅游教育界学者为副主任委员，中国旅游出版社段向民编辑、南昌大学经济管理学院旅游管理系旷天伟副教授为秘书长的教材编审委员会。会议明确了该套教材由 7 门旅游管理专业本科核心课程和 6 门特色课程组成：旅游学原理、旅游经济学、服务运营管理、旅游目的地管理、旅游消费者行为学、旅游资源管理、旅游法规、旅游电子商务、旅游调查方法与实务、旅游形象推广、旅游规划与项目策划、旅游案例分析、旅游创意与创业。这次会议明确了组织构架，安排了相关编写人员，确定了编写计划，之后立即投入工作。

作为编审委员会主任，必须想清楚、弄明白到底什么是教材，以便于确立编写要求并指导编写。一般来说，将教材区别为广义和狭义两种。其中，广义的教材泛指对人有教育作用、有利于学习者增长知识或发展技能的所有材料。其形式并不仅限于教师自己编写或设计装订成册或正式出版的书本，还包括计算机网络上使用的各类学习材料。狭义的教材是根据教学大纲和实际需要，为师生教学应用而编选的材料（即教科书）。我个人认为，当下教育部倡导或组织编写的国家级规划教材，是最典型的教材，都是在总结前人研究成果和经验材料的基础上，形成一般性知识概念界定和成熟理论概括，并非提倡将个人的学术创见作为教科书传授的内容。也就是说，只有当一种理论和知识成为学界普遍接受的观点时，它才可以被写进教材。因此，教材虽是反映人类社会具有普遍价值的知识，但它还有一个不断修改、充实、提炼、完善和提高的过程。教材旨在为教师的教学工作提供核心主题、基本线索，为学生的学习活动提供知识结构、操作方法，旨在培养其能力素养。因此教材就需要体现教师实力、贴近学生实际、跟随时代与行业潮流，引导学生进行自主探索与合作交流，并关注对学生人文精神的培养，注重多维教学方法的运用。只有明白教材的作用与意义，我们才能知道自己是否适合、是否可以、是否应该从事教材编写工作。教材虽是编纂、编写、编著，但同样是一件不容易的事，因为它反映和传播的是人类学术共同体的"公识"和社会所普遍接受的"共知"，所有的概念、原理、范式、模型，必须是深入其里、出乎其中、得其要义的。一般没有理论积淀、知识集成、教学积存、实践积累的人，是难以登其奥堂的。

可以说，教材编写，于学术研究是一项登堂入室才可出神入化的工作，于知识传承是承前启后方能继往开来的工作，于人才培养是一项利在当代才能功在千秋的工作，于教育教学是一项科学严谨才不会误人子弟的工作。因此，其编写人员，应该具有丰富的教学实践经验以及较深的学科专业造诣，对本学科专业及相关学科专业的现状及发展趋势，有全面深刻的了解，同时还要有与时俱进的能力和改革创新的精神。此次中国旅游业普通高等教育"十三五"应用型规划教材，在方法上努力解决"怎样编"的问题，即把握好继承、发展与创新的关系，在研究、消化、吸收以往相关著作和同类教材的基础上，有所继承、有所发展、有所创新，把握趋势、调整方法；内容上明确"编什么"的问题，即要有一个宏观的把握，遵循完整性、系统性、科学性、实用性、针对性等原则，在素材和案例选取时，要体现旅游管理学科专业的本质、联系旅游产业发展实际、体现旅游管理专业特色，关注旅游业的热点问题。国内外旅游实践中的实例，应展现旅游管理应用型教材的知识概念、学理结论、逻辑思想、实践方法，即以是否反映教材知识的实际应用为原则，组织材料、编写内容；在主体对象上处理好"为谁编"的问题，即充分体现"以学生为本""以学生的终身职业发展为本"的教育理念，注重学生的实训、见习、实习、实践教学环节的设计及运用知识分析问题、解决问题的能力和创新、综合、实战能力的培养。

当然，旅游管理专业教材的编写，不能完全出于个人追求和意愿，最主要的还是要适应全域旅游发展趋势下对旅游管理人才培养的新要求。该套教材的编写，主要缘于教育部将旅游管理类专业确立为应用型专业的教学改革精神，为顺应中国旅游业转型升级对高等旅游管理教育的新期待，进一步提高旅游管理专业本科课程教材水平和质量，推动应用型高等旅游管理类专业的国家级规划教材建设，深化旅游管理专业教学改革，发挥教材建设在提高人才培养质量中的基础性作用，根据教育部普通高等学校旅游管理类专业本科教学指导委员会历次会议，关于教材建设的相关要求，现以我所在的南昌大学为主体，主要联合其他各大高等院校多年从事旅游管理专业本科教学的教师，共同完成教材编写工作。

本套教材是普通高等学校旅游管理专业本科核心课程和特色课程教材，编写者在认真研究21世纪旅游管理专业本科教材建设的新思路、新机制和新方法基础上，力求开发一批既能反映现代科学技术先进方法，又符合我国旅游行业人才培养目标和培养模式要求；既对应用型旅游管理专业本科人才培养具普遍适用性，又对旅游管理高端应用型人才培养具特殊针对性的教材。在此，对于教材的定位，有几点宏观的原则性要求：一是追求教育高品位、教学高水平、教材高质量的精品教材，二是致力于所编内容有分量、所选案例有价值、所做阐述有贡献的经典教材，三是编写占领学科前沿阵地、体现专业前卫实践、反映学生前景应用的先进教材，四是钻研体现教师严谨教风、学生严肃学风、教学严格作风的严实教材，五是开发树立涵养创意策划思想、培育创造精神、培养创业能力的创新教材。即编写一套材料选择精当、案例分析精到、表现形式精致、篇章内容精深的精华教材。

本套教材力求反映高等学校旅游管理专业本科教学必需的基础理论、基本知识、基本技能和业务操作常识，课程体系建设立足旅游行业的现状特点和发展态势，以及人才市场的新需求。教材的特色追求主要体现在：一是围绕高端应用型、技能型旅游管理专业本科人才培养目标，参照旅游行业职业岗位任职要求，引入行业、企业技术标准或规范，实现专业课程内容与职业标准对接；二是紧贴旅游行业的最新发展变化，主动适应旅游经济发展需要，突出应用性与基础性、实践性与理论性、前瞻性与回顾性、灵活性与原则性、内生性与开放性的统一；三是根据应用型旅游管理专业本科课程体系、教学内容要求和学生学习特点，在进行教学组织时，要求重视学生课堂的理论与知识讲解教学、教学基地的技能与技术实训演练、实际工作部门的见习与实习等实践活动，将旅游管理专业本科教学过程与旅游行业实践活动过程有效对接，提供相应的实践教学环节的课程设计、毕业设计方案；四是根据应用型人才培养需要，体现个性化与通用性、规范化与创新性、稳定性与动态性相结合，定制化培养旅游企业操盘手、项目营运师、职业经理人和文创策划师等高端应用型旅游管理人才，服务国家和地方旅游经济发展。

　　本套教材的主要适宜人群是从事旅游管理专业本科教学的师生以及旅游与文化等产业的从业人员。我们力求以旅游实践、行业技能等应用为导向，兼顾理论与知识体系的构建，为旅游管理专业师生提供一套较为系统完整的旅游管理理论知识、技术或技能体系。理论不断创新、知识不断更新、技术技能立新，教材的编写也存在一个既相对稳定又不断发展的过程。本套教材难免存在不足和疏漏之处，敬请各位同行和广大读者批评指正！

黄细嘉

2017 年 5 月

前 言

　　自20世纪90年代以来，创意产业、创意产品、创意体验、创意阶层、创意国家、创意城市等概念相继出现。创意被认为是决定经济效益的关键因素，被许多国家和地区作为发展经济的重要手段。创意旅游主要缘于旅游市场需求的变化和创意产业的崛起。当旅游市场从"大众观光市场"转向"大众休闲市场"和"个性体验市场"时，那些静态化的、预先创设好的、被动接受式的传统旅游产品已经不能够满足旅游者的需求，而个性化强、创意性好、体验性高的旅游产品越来越受到旅游者的喜爱。创意旅游的产生与创意产业的崛起密切相关。英国是世界上第一个提出创意产业（Creative Industries）概念的国家。1998年，英国政府在《创意产业路径文件》第一次提到了创意产业概念。创意产业是21世纪最具有发展前途的"绿色产业"和最具增长潜力的"朝阳产业"，它是推进经济增长和自主创新的强大动力。创意产业的出现为旅游业的发展提供了新的方法与路径。传统旅游业的发展主要依靠物质要素的投入，创意旅游业则注重非物质要素的投入，两者的发展方式大相径庭。

　　"创意"一词在我国古已有之，它最早出现在《论衡·超奇》中，主要是指立意、构思新颖，有新的见解。新西兰学者格雷·理查德（Grey Richards）与克里斯宾·雷蒙德（Crispin Raymond）于2000年首次提出创意旅游这一概念。此后，这一概念逐渐引起联合国教科文组织、世界旅游组织和欧盟旅行委员会等国际组织的关注，得到了世界各国的重视。本书认为创意旅游是旅游业与文化创意产业相融合而形成的新型旅游业态，它满足了旅游者主动参与旅游目的地文化学习、与当地居民相互交流、体验文化生活等需求。它具有文化、参与、互动和体验四大特征：第一，文化性。在创意与旅游的融合中，文化是其核心，是其基础性载体。文化资源是创意旅游的素材，对文化的消费和体验是创意旅游者的原动力。第二，参与性。参与性是指旅游者主动参与或制作某一事物，这往往是旅游者前往旅游目的地的主要目的和主要活动内容。它强调的是旅游者"自己动手做"。第三，互动性。创意互动是创意旅游的核心，它包括旅游者和旅游目的地居民、旅游者与目的地旅游从业者之间的互动。当前的旅游者更加趋向于成为地方社区中的一部分，并与当地居民有更为直接的交流和联系。第四，体验性。创意体验是

1

创意旅游的实现路径和形式。创意旅游把传统的参观式旅游上升为体验式旅游，注重游客的亲身感知。在体验中，真实性不是依靠外部的参照物或体验所在的环境，而是取决于体验自身以及旅游者的想象力和技能变化的潜力。

本书比较系统地介绍了创意旅游的基本理论，对各类具体创意活动进行了比较深入的分析。本书的基本特点如下：第一，注重理论知识和社会实践之间的联系。本书从理论与实践两个方面来确定创意旅游的内容。第一章和第二章对创意旅游的产生缘由、基本内涵、主要特征、相似或相近概念、国内外发展概况、创意旅游策划原则等进行了梳理和阐述，为创意旅游的实践研究奠定了理论基础。第三章至第十二章对乡村旅游、城市旅游、主题公园旅游、演艺旅游、温泉旅游、交通旅游、影视旅游等创意实践活动进行了比较深入的探讨。第二，注重培养学生的创意思维和创意能力。本书的每一章开始都有相关案例的导入，以激发学生对相关章节内容的学习热情；每一章末尾都附有相关案例的分析，以提升学生发现问题、分析问题、解决问题的创意思维能力和创意实践能力。第三，注重学生基础知识的掌握与运用。本书每一章开头都设有学习目标，即要求学生了解哪些知识，熟悉哪些知识，掌握哪些知识，厘清哪些关系。每一章末尾都附有相关章节内容的思考练习题，以便学生进一步巩固课堂上所学的知识。同时，每章的学习目标和思考练习题也方便学生自学，提高学生的自学能力。

本书编撰分工如下：前言、第一章创意旅游学概论，由胡林龙负责编写；第二章旅游创意策划，由贺建清负责编写；第三章乡村旅游，由周婷负责编写；第四章城市创意旅游的策划与开发，由丁水平负责编写；第五章主题公园的创意旅游开发与发展，由刘德鹏负责编写；第六章演艺旅游，由刘纯负责编写；第七章温泉旅游、第八章交通旅游，由龚鹏负责编写；第九章影视旅游，由易艳负责编写；第十章创意旅游市场营销，由冷小黑负责编写；第十一章创意旅游管理，由连晗羽负责编写；第十二章创意旅游人才培养，由李永安负责编写。初稿完成后，由刘志红博士进行了审校和修改。

目前，我国创意旅游学教材的建设处在起始阶段，不仅其理论研究有待深入，而且其实践活动也尚待展开。因此，本书的编撰是一种尝试、是一种探索，以期推进创意旅游学的理论研究和实践探索。本书是2019年文化和旅游部"双师型"师资人才培养项目"'创意旅游学'教材开发的理论与实践研究"的重要成果。由于编者的水平有限，书中存在诸多不足，敬请大家提出宝贵意见和建议，以便今后修改完善。

编　者
2019 年 6 月

目 录

创意旅游学概论

【学习目标】

通过本章的学习，了解创意旅游产生的原因，把握创意旅游的内涵与基本特征，明确与其相似或相近概念的区别。在此基础上，熟悉国内外创意旅游的发展概况，认识创意旅游的研究内容和研究方法。

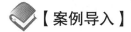【案例导入】

杭州宋城旅游景区文化资源的创意旅游开发

杭州宋城旅游景区位于西湖风景区西南，北依五云山、南濒钱塘江，是中国最大的宋文化主题公园。宋城旅游景区的建设运用了现实主义、浪漫主义、功能主义相结合的造园手法，源于历史、高于历史，依据宋代杰出画家张择端的画卷《清明上河图》，严格按照宋代营造法式再现了宋代都市的繁华景象。在景观上创造了一个有层次、有韵味、有节奏、有历史深沉感的游历空间。在中国传统山水园林艺术手法基础上，吸取了西方开朗、飘逸、注重功能的艺术处理手法，使之既有集散功能，又有景观的包容性。规模宏大的瀛州飞瀑，使宋城融进了一股生命的动感，构成了一幅"宋城之水天上来"的奇景。

文化是宋城的灵魂，它在表现自然山水美、园林建筑美、民俗风情美、社会人文美、文化艺术美上做了自己的探索。它模糊了时空概念，缩短了时空距离。宋城是我们对中国古代文化的一种追忆与表述，它应该成为一座寓教于乐的历史之城。

"建筑为形，文化为魂"是宋城的经营理念。怪街、佛山、市井街、宋城河、千年

1

古樟、城楼广场、文化广场、聊斋惊魂等景点一步一景，打铁铺、棉花铺、酒坊、染坊、陶泥坊、特色小吃等七十二行老作坊鳞次栉比，越剧、木偶戏、皮影戏、布袋偶、琴锣说唱、街头杂耍、燕青打擂、捉拿武松等表演接连不断，尤其是王员外家小姐抛绣球招婿表演更是闻名遐迩。

大型歌舞《宋城千古情》是宋城景区倾力打造的一台立体全景式大型歌舞，是唯一获得国家"五个一工程奖"的旅游演艺类作品。该剧以杭州的历史典故、神话传说为基点，融歌舞、杂技艺术于一体，运用了现代高科技手段营造如梦似幻的意境，给人以强烈的视觉震撼。

（资料来源：https://hangzhou.cncn.com/jingdian/songcheng/profile，有改动。）

☞ 思考

1. 你对杭州宋城旅游景区的文化资源创意旅游开发有何评价？

2. 谈谈你对我国主题公园文化资源创意旅游开发的思考。

第一节　创意旅游的缘起

自 20 世纪 90 年代以来，创意产业、创意产品、创意体验、创意城市等概念相继出现。"创意"被认为是决定经济效益的关键因素，被许多国家、地区和城市作为发展经济的重要手段。创意旅游是创意产业和旅游业相融合而产生的一种全新的旅游业态。它既有助于消除传统旅游业重复建设、景点雷同、资源浪费、效益低下等现象，也有助于满足旅游者不断提升的旅游需求。

一、旅游市场需求的变化

伴随着国民文化素养的不断提升，旅游者对旅游产品的需求在不断变化，对产品的要求也在不断提高，他们越来越注重精神上的体验和享受。当旅游市场从"大众观光市场"转向"大众休闲市场"和"个性体验市场"时，那些静态化的、预先创设好的、被动接受式的传统旅游产品已经不能够满足旅游者的需求，而个性化强、创意性好、体验性高的旅游产品越来越受到旅游者的喜爱，他们渴望融入旅游活动、渴望创建属于自己的旅游消费体验。创意产业为旅游业提供了各项展览、节庆活动等平台，旅游者可以通过参观或参与该类活动，接触到各项创意元素，实现其个人素质的提高。创意旅游重视旅游者能否获得创意性体验，以向旅游者提供体验式经历为主要目标，它是建立在文化旅游基础之上的一种新型的旅游产品。所以，现存的大量文化旅游产品可以作为创意旅游产品的原体，通过增加产品中的互动元素，为旅游者获得深层次的体验提供便利条件。同时，创意旅游对实体资源的要求较少，这为创意旅游产品的深层次、高品位的开发创造了条件。

近年来，体验经济风靡全球。它主要是指企业以服务为舞台，以商品为道具，以消费者为中心，创造能使消费者参与、值得回忆的体验活动为目标的一种经济形态。体验经济起源于美国，然后迅速向世界其他国家和地区渗透与拓展。体验与旅游有着直接和天然的联系。在旅游过程中，旅游者花费了时间、精力和金钱，增长了阅历，得到了体验。旅游体验经济就是通过各个方面的协同，努力使旅游者达到深度体验，从而刺激旅游消费。与一般的旅游商品不同，旅游体验重在旅游者的主动参与和身心体验。现时期，文化性不仅是创意产业的特点，而且是创意旅游的特征。通过文化性的创意旅游，旅游者可以丰富个人的创意阅历，提高个人的创意能力，有助于其融入急速变化着的社会。

美国文化经济学家理查德·弗洛里达（Richard Florida）在其《创意阶层的崛起》（*The Rise of the Creative Class*）一书中指出，创意在现代经济中的异军突起表明了一个职业阶层的崛起。创意阶层与其他阶层的根本区别在于：属于创意阶层的人有较多的自主权和灵活性，而属于工作阶层或服务业阶层的人则要按指令行事。创意阶层由两部分组成：中心内核部分，包含从事科学、工程建筑、设计、教育以及艺术、音乐、戏剧等人士。他们的经济功能是创造观念、技术和新的内容；职业者团体部分，他们在商业、医学、财政、法律部门供职，是从事与解决各种复杂难题的人士，解决这些难题需要充分的独立判断力和深厚的文化资本。创意不是凭空出现的，它源于创意从业者人文底蕴的培养、创意资料的积累。创意旅游有助于扩大创意阶层的接触范围，有助于激发创意阶层的创意灵感，创造出更好的创意产品。可以说，体验经济的风靡带来了创意旅游的大众需求，而创意阶级的崛起则构成了创意旅游的专业需求。

二、创意产业的崛起

创意旅游的产生与创意产业的崛起密切相关。1998 年，英国政府在《创意产业路径文件》第一次提到了创意产业概念。《创意产业专题报告》提出，创意产业是指源于个人创造性、技能与才干，通过开发和运用知识产权，具有创造财富和增加就业潜力的产业。2001 年，英国著名经济学家约翰·霍金斯（John Howkins）从知识产权视角主张创意产业是与知识产权法相对应的产业，这些产业的总和就构成了创意产业。经济学家凯夫斯（Richard E. Caves）从文化经济视角认为创意产业是指提供具有广义文化、艺术或娱乐价值的产品和服务的产业。创意产业的产生为旅游业的发展提供了新的路径。传统旅游业的发展主要依靠物质要素的投入，称之为"外延式"发展。创意旅游业主要注重非物质要素的投入，称为"内涵式"发展。创意产业是智能化、知识化和高附加值的产业，是 21 世纪最具有发展前途的"绿色产业"和最具增长潜力的"朝阳产业"，它是推进经济增长和自主创新的强大动力。

目前，创意产业是日本、新加坡等国家和地区的支柱产业，其经济贡献力度非常大。伦敦、伯明翰、旧金山等城市的创意产业在其经济发展中起着举足轻重的作用。在党的十五届五中全会，我国政府提出了发展文化产业的战略目标和方针，休闲娱乐、文化旅游、会展业等都是我国大力支持的新兴产业，发展前景非常好。创意旅游是创意产业在旅游业的延伸，是创意产业与旅游业的融合。创意旅游从产生到现在虽然只有十几年的时间，但是它顺应时代潮流，符合市场需求，具有旺盛的生命力和独特的吸引力。美国、新西兰、法国等国家都是典型的创意旅游强国，推出了一系列典型的创意旅游产品，如为旅游者提供骨雕、纺织和烹饪方法的新西兰创意之旅，法国的香水之旅等，我国丽江古城也开发了"纳西文化游"。这些实践为创意旅游的开展和产品的开发提供了宝贵的经验。

第二节　创意旅游的概念与特征

一、创意旅游的概念

"创意"一词在我国古已有之，它最早出现在《论衡·超奇》中，主要是指立意、构思新颖，有新的见解。目前，国内外学者对"创意"一词有不同的理解，该词被赋予多种含义。《牛津英语大词典》将创意定义为有创造性、富有想象力，这种丰富的想象力即使在常规技能中也得到充分反映。约翰·霍金斯（John Howkins）在《创意经济》中指出，创意是催生某种新事物的能力，具有个人性、独创性和深远意义。查伦特（Chartrand）认为，创意具有差异性、多样性、多功能性，表现在认知和制作过程中所采用的非传统、非常规的方法，包括开创新的思考和行为方式。它既可以是一种产品与体验，也可以是一种发明革新与社会发展战略。蒋三庚等人认为创意有广义和狭义之分，广义的创意是指人的头脑中一种思维和有形创作，狭义的创意是指有形创作。罗玲玲等人主张创意作为名词时指创造性的意念、新颖的构思；如果作为动词，是指创意思维的过程。由上可见，创意的主体是人，它具有创造、创作、独创、新颖、差异等要素，体现了人的才能和智慧。

新西兰学者格雷·理查德（Grey Richards）与克里斯宾·雷蒙德（Crispin Raymond）于2000年首次提出"创意旅游"这一概念。此后，这一概念逐渐引起联合国教科文组织、世界旅游组织和欧盟旅行委员会等国际组织的关注，得到了世界各国的重视。在全球，最早将创意旅游付诸实践的是新西兰，即创意旅游新西兰项目（Creative Tourism New Zealand，CTNZ）。美国、英国、加拿大、法国、新加坡、澳大利亚、日本、韩国、南非等国也相继成立创意旅游组织，制定创意旅游规划并付诸实施。

由于不同学者和组织的研究背景和目的不同，他们对创意旅游的关注点也各不相同，他们给创意旅游所下定义也就不一样。当前，国内外学者和国际组织对创意旅游的概念没有形成统一的认识，他们之间有不同的观点，如表 1-1 所示。

表 1-1　创意旅游概念界定

研究者或组织	时间	核心内容
格雷·理查德和克里斯宾·雷蒙德（Richards & Raymond）	2000 年	游览过程中旅游者通过积极参与目的地国家或社区的文化或技巧学习，激发自身创意潜能，体验目的地文化氛围的旅游形式
创意旅游新西兰（CTNZ）	2003 年	通过非正式的、亲自动手的工场参与和创意体验提供了解地方文化的真实感的一种更为可持续的旅游形式
联合国教科文组织"创意城市网络"（CCN）	2006 年	可以为旅游者提供具有原真性、参与体验性的旅游活动，学习当地艺术、传统以及具有当地特色的象征性文化
厉无畏等	2007 年	以创意产业思维和发展模式整合旅游资源、创新旅游产品、锻造旅游产业链，以适应现代社会经济发展转型的全新旅游模式

资料来源：赵玉宗，潘永涛，等．创意转向与创意旅游［J］．旅游学刊，2010，25（3）：69-76.

2000 年，理查德与雷蒙德（Richards & Raymond）对创意旅游概念进行了阐述，认为旅游者在游览过程中通过积极参与目的地国家或社区的文化或技巧学习，激发自身创意潜能，进一步体验旅游目的地的文化氛围的旅游形式。该概念揭示了创意旅游的旅游主体、旅游过程、旅游形式、旅游目的等之间的关系。认为游客的创意旅游行为是积极的而不是被动的，是学习式的而不是观光式的，既是自我发展也是经济发展，潜在地依赖于地方技能、技术、传统及独特性。

2003 年，创意旅游新西兰（Creative Tourism New Zealand，CTNZ）认为创意旅游是一种通过非正式的、亲自动手的工场参与和创意体验提供了解地方文化真实感的更为可持续的旅游形式。这一定义主要从体验角度出发，注重游客对旅游目的地文化的学习和体验。

2006 年，联合国教科文组织"创意城市网络"（Creative Cities Network）定义创意旅游是一种可以为旅游者提供具有原真性的、可直接参与体验的旅游活动，主要表现形式为学习当地的艺术、传统以及具有当地特色的象征性文化，并与当地居民相互交流，在生活中体验文化。2008 年 9 月 28 日至 10 月 2 日，全球第一届创意旅游国际会议在美国新墨西哥州圣达菲召开，与会代表对创意旅游的发展和实践进行了深入广泛的讨论。

2007 年，厉无畏等人指出，创意旅游是利用创意产业的思维方式和发展模式整合旅游资源、创新旅游产品、锻造旅游产业链，它是一种适应现代社会经济发展转型的全新旅游模式。该定义主要从产业的视角界定创意旅游，强调各类资源的整合、各种产品的创新和产业链的锻造。

2008 年，周钧和冯学刚对创意旅游做了如下界定：创意旅游是指旅游者与旅游目的地之间以创意互动为核心要素的一项旅游产品。旅游者通过此过程实现知识或技能的输入，开发个人创意潜能，形成个性化的旅游体验及旅游经历。创意旅游是应旅游者日益高涨的精神文化需求以及旅游目的地实现可持续发展的需要而产生的一项新的旅游产品。

综上所述，本书认为创意旅游是旅游业与文化创意产业相融合而形成的新型旅游业态，满足了旅游者主动参与旅游目的地文化学习、与当地居民相互交流、体验文化生活等需求。它表现为文化、参与、互动和体验四大核心要素。许多学者更偏向于将创意旅游视为一种旅游产品或旅游形式，部分学者则主要从产业或行业视角，将创意旅游看作一种行业发展的新路径和产业发展的新模式，认为它是创意产业的衍生品。

关于创意旅游的基本类型，根据创意旅游的发展程度和表现方式，可以将其分为成熟型创意旅游、新兴型创意旅游和事件型创意旅游。成熟型创意旅游是一种发展程度比较高的类型，它主要以景区作为表现形式；新兴型创意旅游通常向旅游者展示的是各种文化领域的生产线和产业园区等，它具有"以游促工，以工促游"的功能；事件型创意旅游的表现形式具有多样化的特点，它对旅游时间要求比较严格，并且不需要固定的展示场所，如表1-2所示。

表1-2　三类创意旅游产品的相关特征

类型	成熟型	新兴型	事件型
表现形式	美术馆、雕塑园、特色博物馆、音乐厅、主题公园、影视基地等 有固定场所	IT园旅游、动漫乐园、出版业参观、文化产业园参观等 有固定场所	节庆盛事、城市会展、旅游事件、音乐庆典、服装展示、设计展示、个人作品展览等 无固定场所、时间较短
主要功能	服务游客	生产销售、服务游客	服务游客

资料来源：褚丽君.创意旅游发展条件的综合评价指标体系研究［D］.杭州：浙江师范大学，2012：13-14.

二、创意旅游的主要特征

由于学者和组织对创意旅游概念的界定不同，他们提出的创意旅游特征也就不一致。关于创意旅游的特征，周钧、冯学钢认为创意旅游是以文化为本位的旅游产品，创意旅游以产品中的创意元素为基准，创意旅游需要旅游者与旅游目的地共同协作。厉无畏、王慧敏、孙洁指出，创意旅游有如下几个特点：强调对各类资源的多维化整合，强调对未来文化遗产的创造，强调对旅游消费潮流的引领和塑造，强调旅游产业链的拓展和延伸以及区域整体价值的提升。张胜男以为，创意旅游区别于其他旅游形式的显著特点如下：创意旅游是挖掘潜能、影响个人价值观的重要因素。创意旅游具有区域性特征，不同于被动的体验而是主动参与创造的互动过程。创意旅游关注"人"的活动空间形式及美学内涵。总之，创意旅游作为一种新的旅游形式，主要包含三个核心要素：互动要素，个性化要素和促进个人发展。根据对上述概念的梳理，其主要特征如下。

（一）文化性

在创意与旅游的融合中，文化是其核心，是其基础性载体。从外在表现上，创意与旅游的融合主要体现为具有旅游地文化内涵的符号、图形、资源的旅游产品以及旅游地的特色文化，如日式的跪坐服务、泰式的十字礼、欧式的握手等接待服务礼仪的旅游服务。从内在内容上，创意与旅游的结合会创造出新的文化资源，并演变为创意文化旅游资源和旅游业态，如《印象·大红袍》《印象·刘三姐》、创意体验园区、创意旅游城市、创意旅游乡村、创意工业园区等。

创意旅游源于创意产业与旅游业的融合。创意产业本身是经济发展到一定阶段、人们对精神层面的需求上升到一定高度后才出现的新兴产业，创意产业所提供的产品和服务旨在满足人们的精神需求，所以必须具有文化品位和文化底蕴。创意产业与旅游业相融合形成的创意旅游也必须以文化资源为生产要素，以文化内涵为主要内容，满足旅游者文化体验的需求。文化是创意旅游的前提和基础，文化资源是创意旅游的素材，对文化的消费和体验是创意旅游者的原动力。

（二）参与性

活动参与（Active Participation）是创意旅游的基本特征之一。它表明旅游者主动参与或制作某一事物，这往往是旅游者前往旅游目的地的主要目的和主要活动内容。旅游者参与或制作"事物"是在旅游活动期间，而不是之前或之后。它强调的是旅游者必须是"自己动手做"。可见，创意旅游并不是依据旅游者去了什么地方、设计线路的创意程度来确定的，而是根据旅游者是否积极参与旅游本身的活动之中来确定的。

（三）互动性

创意互动是创意旅游的核心，它包括旅游者和旅游目的地居民、旅游者与目的地旅游从业者之间的互动。不同风格的旅游者通过与目的地居民和从业者的交流，拓展了"学"的广度与深度，挖掘了创造潜能，提高了相关的技能和创造力，形成了具有独特风格的旅游阅历。当前的旅游者更加趋向于成为地方社区中的一部分，并与当地生活的人们有着更为直接的交流和联系。创意旅游对旅游者和旅游目的地双方都有要求。从旅游者方面，要求其注重知识的积累和自身素养的提高，为创意旅游项目提供更多的想法和创意，以丰富其内容和形式。从旅游目的地方面，要求其从旅游者角度来思考旅游价值，设计旅游内容，增强旅游体验性，通过创意元素的使用激发旅游者自身的创意潜能，将与旅游者的互动视作一个旅游者与生产者"合作生产"（co-production）的系统，并将这一系统容纳于旅游目的地之中。

（四）体验性

创意体验是创意旅游的实现路径和形式。21 世纪是体验经济的时代，创意旅游把传统的参观式旅游上升为体验式旅游，强调旅游的体验性，注重游客的亲身感知。与大多数的文化旅游者相比，创意旅游者更加偏好交互式的体验过程，积极而主动地参与动

态的创造过程，与目的地的人与物产生互动，形成具有独特个性的旅游体验。在体验中，真实性不是依靠外部的参照物或体验所在的环境，而是取决于体验自身以及旅游者的想象力和技能变化的潜力。体验是旅游目的地向旅游者提供的核心价值（如迪士尼、欢乐谷、鲁镇等主题景区是创意塑造体验的典型），也是旅游者追求的关键利益。

此外，创意旅游的目标是实现旅游者自我发展和目的地的社会经济发展。它可以细分为以下两个目标：第一，通过激发旅游者的创意潜能，促进个体的自我发展、自我改造和个性塑造；第二，实现目的地的经济发展和文化保护。综上所述，传统旅游与创意旅游的比较如表 1-3 所示。

表 1-3　"传统旅游"与"创意旅游"模式的比较

	传统旅游	创意旅游
旅游者	无经验，不熟练，成群结队	成熟而经验丰富，追求与众不同
产业导向	资源和市场为导向	引领市场和培育消费者为导向
产业资源	有形的自然山水、历史文物古迹	有形与无形的社会资源
产业驱动	硬要素为主	软要素为主
产业竞争	价格竞争	创新竞争
产品特征	大众化 相互隔离的活动 单一的活动 季节性旅游	个性化 融为一体的活动 综合性旅游活动 无季节性限制的全年旅游
产业技术	使用者范围受限制 技术孤立	所有的旅游消费者都是使用者 科学技术深度整合化
产业边界	有限边界	无限边界
产业管理	条块分割	模块化集成
产业价值	相关产品增值	价值体系增值
产业目标	单一（经济）	多元（自然、经济、社会）

资料来源：厉无畏，王慧敏，孙洁.论创意旅游——兼谈上海都市旅游的创新发展思路［J］.经济管理，2008，433（1）：70-74.

第三节　创意旅游与相似或相近概念辨析

一、创意旅游与旅游创意

创意旅游产业的提出与发展，需要分辨两个概念，即"旅游创意"与"创意旅游"。一般地说，"旅游创意"的概念范畴要小于"创意旅游"。"旅游创意"注重的是旅游资源载体的创意元素融入，反映的是创意技术在旅游中的应用，主要表现为具有旅游创意的产品或服务。"创意旅游"主要是指创意旅游产业这一概念，其范围大于"旅游创意"，可以是产业或发展模式的范畴，其发展过程是以旅游创意元素为基础，在旅游产业的发展过程中形成新的发展模式，创造出新的旅游资源和旅游产品，锻造新的产业链。

总之，创意旅游是旅游创意应用到旅游产业发展中的产物，是旅游创意产业化的重要体现。

二、创意旅游与文化旅游

从基本要素看，创意旅游和文化旅游均以文化为依托，文化旅游是创意旅游的基础，创意旅游是文化旅游的进一步发展。但是，它们之间也有较大的区别，主要表现在：第一，是否个性化。一般认为创意具有稀缺性，它是少数人所拥有的特质，但是文化却具有宽泛性，其产品普遍存在。创意旅游更能满足旅游者个性化的体验要求，从而增加潜在价值。第二，是否高流动性。创意与有形文化产品相比，它更具有移动性。传统文化资源（如遗迹遗址、建筑设施）的消费依托于文化资源的集聚。但是，创意却可以脱离基础设施而移动，艺术表演、艺术品生产等无须大量的实体建筑为依托。可见，创意旅游是一个高流动性的旅游产品，受空间局限较小。第三，是否可持续性。有形文化产品，如博物馆、纪念馆等随着时间推移可能破损或衰败。创意是一个过程，通常更为持久，可以无限地进行更新和发展。第四，是否形成创新竞争力。从供给角度看，创意能够使旅游目的地较快地创造新的产品，从而形成超越其他旅游目的地的竞争优势。第五，是否具有高创造性。创意旅游的创意过程不仅是经济价值的创造，也是个体价值观的塑造。

由上可见，与传统文化旅游相比，创意旅游是一种更适合全球化时代流动资本集聚机制的旅游形式，因而为旅游目的地和旅游者所接受。在某种程度上，创意旅游可以脱离或无须建筑等文化遗产的支撑，但这并不表明创意旅游是比较容易实现的形式。创意旅游不仅需要旅游目的地创意资源的开发和利用，而且更需要旅游者自身的创意生产与消费。

创意旅游主要依靠旅游者的积极参与，它不仅要求旅游者的参观、到此一游，而且要求旅游者反客为主积极参与旅游活动，并与其他游客互动。创意旅游者所获得的体验满意程度取决于他们面临挑战的性质和自身应付挑战的技能，只有当两者呈现平衡状态时，才能达到"畅"的体验。创意旅游者在旅游动机、旅游方式、旅游体验、行为模式、自身素质等方面都与传统文化旅游者具有较显著的区别（见表1-4）。

表1-4 传统文化旅游者与创意旅游者的比较

	传统文化旅游者	创意旅游者
旅游动机	观光、考察、修学	体验、自我发展和能力提升
旅游方式	被动、参观与参与	主动、学习与创造性参与

续表

	传统文化旅游者	创意旅游者
旅游体验	浅尝辄止、无心理共鸣	深度体验、精神愉悦与情感提升
行为模式	停留时间短、重游率低	停留时间长、重游率高
自身素质	一定的知识和素质要求	较高的知识要求和一定的身体素质和技术水平

资料来源：赵玉宗，潘永涛，等.创意转向与创意旅游［J］.旅游学刊，2010，25（3）：69-76.

第四节 国内外创意旅游发展概况

一、国外创意旅游的发展

创意旅游理论起源于西方。世界上最先将创意旅游设想付诸实践的国家是新西兰。创意旅游新西兰项目（Creative Tourism New Zealand Project）在国际上的影响力比较大，知名度比较高。通过借助当地文化资源，为旅游者提供多方面的创意体验及学习内容，包括骨雕、木雕、烹饪、纺织以及当地的马里奥语等。因电影《魔戒》而闻名于世的新西兰南岛和惠灵顿维多利亚山，每年吸引着大量的世界各地旅游者前去观光和体验。旅游者可以在为电影《魔戒》打造戒指的汉森工作室打造属于自己的个性化的"魔戒"。新西兰的多姿多彩的节庆活动吸引着世界各国的旅游者。例如，新西兰的音乐艺术节以其强大阵容吸引着众多专业与非专业的音乐工作者和音乐爱好者。在卡菲亚海滨渔村举办的以毛利美食和毛利文化为体验主题的"卡菲亚美食节"闻名世界。

美国对版权保护的力度比较大，重视音乐、艺术、电影等领域的创意，注重以版权带动影视旅游、动漫旅游、演艺旅游、主体公园旅游及创意旅游的发展。纽约文化发展的目标是保持纽约文化的可持续发展，提高其在经济发展中的贡献度。19世纪，纽约苏荷区（SOHO）是工厂与工业仓库区，20世纪中叶，美国进入后工业时代，商业萧条，工厂倒闭，仓库闲置废弃，美国艺术新锐以比较低的租金入住苏荷区。如今，苏荷区已经发展成为吸引全球旅游者的世界闻名的时尚商业区和创意旅游区。

英国是世界上最早提出创意产业概念的国家，在创意旅游理论与实践方面走在全球的前列。英国首都伦敦致力将自己建设成为全球卓越的创意文化中心和世界级旅游城市。2003年，伦敦市政府公布了《文化战略纲要》，提出如下文化发展目标：满足各市民群体的不同文化需求，建设世界一流的文化都市，以文化创新作为城市发展的核心动力，人人都有机会参加文化活动，从伦敦文化资源中获得最大价值。在这一文化战略的指导下，伦敦创意旅游得到了极大发展。

此外，诸如法国、日本、韩国、加拿大等一些国家也创建了自己典型的创意旅游项目，如法国的"香水之旅"①、日本的"稻田种植画"、韩国的"赶羊学校"、加拿大安大略省的"野郊之美"等。一些重大事件，如世界杯、嘉年华、欧洲文化主流展等极大地提升了城市形象，丰富了旅游资源，吸引了各国旅游者。这些项目和事件都为创意旅游理论和实践的发展及其产品的开发提供了宝贵的经验。

二、国内创意旅游的发展

我国创意旅游虽然起步较晚，但是在国际成功经验的带动下，我国创意旅游产业得到了很大的发展，出现了一批具有代表性的创意旅游项目，如以大型山水实景演出的《印象·西湖》《印象·刘三姐》《印象·云南》等为代表的"印象系列"，以郑州的"少林禅宗·音乐大典"、开封的"大宋·东京梦华"、张家界的"天门狐仙"、海南的"三亚千古情"等为代表的音乐歌舞剧系列，它们以绚丽的场景、声情并茂的演出取得了良好的视听效果，形成了巨大的文化感染力。北京、上海、重庆、深圳、武汉等城市创建了一批具有开创意义的创意旅游园区和创意文化产业基地，北京的 798 艺术区、浙江杭州宋城、上海的 M50 创意园等是其中的佼佼者。创意旅游基地的建设把文化创意产业和旅游产业结合起来，延长了产业链条，增加了产品附加值，取得了良好的经济效益和社会效益。可以说，我国创意旅游产业拥有得天独厚的文化和自然资源优势，具有很大的发展潜力。

目前，我国许多城市提出了文化创意发展的新目标和新思路。北京致力于建设"世界创意中心城市"；上海成为联合国教科文组织全球"创意城市网络"第七个设计之都；深圳拟打造世界级的"人文创意中心"、亚洲创意之都；杭州和成都定位于"文化休闲都市"。这些城市创意旅游的思路和实践，为我国创意旅游的发展提供了有益经验和参考借鉴。

第五节　创意旅游的研究内容与方法

一、创意旅游的研究内容

本书从理论与实践两个方面来确定创意旅游的内容。第一章和第二章偏重于基础理论的研究。在参考和借鉴国内外相关文献的基础上，对创意旅游的产生缘由、基本内涵、主要特征、相似或相近概念、国内外发展概况、研究内容与方法、创意旅游策划原则等进行了梳理和阐述，这为创意旅游的实践研究奠定了理论基础。

本书第三章至第十二章偏重于创意旅游具体形式的研究。主要对乡村旅游、城市旅

---

① 旅游者不仅可以参观玫瑰园，还可以到香水工厂的实验室调制个性化味道的香水和香精。

游、主题公园旅游、演艺旅游、温泉旅游、交通旅游、影视旅游等创意实践活动进行了比较深入的探讨。

二、创意旅游的研究方法

本书在编写过程中，主要运用了文献分析法、比较分析法、案例分析法等多种研究方法。

（一）文献分析法

通过网络和数据库搜集创意旅游的相关资料，在借鉴旅游产业和文化产业发展成果的基础上，在多种理论指导下，从多维视角对有关创意旅游资料进行梳理、分析、解读和研究，以提升研究理论分析水平。

（二）比较分析法

在本书编写过程中，主要运用了纵向比较和横向比较的方法。第一，纵向比较。通过对旅游活动历史发展的比较，总结创意旅游理论的动态变化，分析创意旅游发展的一般规律及其特点。第二，横向比较。从国际视野比较创意旅游产生的背景、创意旅游的概念与特征、创意旅游的相关理论、创意旅游发展的国内外概况、创意旅游的研究内容及方法、创意旅游策划、城市创意旅游、主题公园创意旅游、演艺旅游等，分析它们之间的差异，总结外国创意旅游一些比较成功做法和经验，以从中得到相关的启示。

（三）案例分析法

旅游管理学科是一门应用型学科，旅游产业是一个快速发展的产业。在旅游活动中，几乎每一个旅游关系主体都有自己的实践创新、经验教训和改革体会。通过个案研究，可以推广先进经验，发现普遍存在的问题。案例教学法是创意旅游学的一种基本教学方法。通过案例分析，可以比较好地将理论和实践结合起来，提高旅游管理专业学生分析和解决复杂问题的能力，更好地为社会服务。

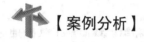【案例分析】

浙江横店影视城系列活动

横店影视城地处浙中黄金旅游线上，是亚洲最大的影视拍摄基地，被誉为"东方好莱坞"。目前，已成为国内拍摄场景最多、配套设施最全、历史跨度最大的影视拍摄基地，是全国乃至亚洲最大的影视城。共有，如《鸦片战争》《英雄》《雍正王朝》等200余部、4000余集电影电视在这里诞生，平均每年有50余部电视电影在这里拍摄，国内

1/3 的古装剧都在横店影视城拍摄完成。自 1996 年以来，横店集团累计投入 30 亿元资金兴建横店影视城，现已建成秦王宫景区、清明上河图景区、江南水乡景区、广州街香港街景区、明清宫苑、横店老街、屏岩洞府景区、大智禅寺景区、明清民居博览城等 13 个跨越几千年历史时空、会聚南北地域特色的影视拍摄基地和两座超大型的现代化摄影棚。横店影视城以据史而建之实和按真实场景而造之真为特色，分别再现了不同历史时代的风貌，把众多游客带入了一个五彩斑斓的梦幻世界，游客们仿佛穿越了不同的历史时空，阅读到的是一部部浓墨重彩的历史大书。几个最有特色的景区及其活动主要如下。

一、清明上河图景区

清明上河图景区是依据北宋画家张择端的《清明上河图》而建，占地 800 余亩，景区分为外城、内城和宫城。城中有"汴河"蜿蜒，形成了城外有城、河内有河的独特格局。城内店铺林立，楼宇鳞次栉比，气派的樊楼，别致的水门，精美的绣阁、府第，展现了奢华的宋代京都文化教育和繁华喧闹的市井文化，真正是"一朝步入画中，仿佛攀回千年"。在这里拍摄完成了《大宋提刑官》《飞天舞》《小李飞刀》《杨门女将》《绝代双娇》《宝莲灯》等影视作品。游人可以可聆听古乐编钟雅乐、观看北宋杂剧，可参与"王员外招亲""包公迎宾""宋提刑断案""杨门女将"现场配音表演等演艺节目，也可骑马、坐马车逛汴城，可泛舟汴河访名花，都让人依稀感受到远逝岁月的权贵奢华。

二、秦王宫景区

秦王宫是为拍摄历史巨片《荆轲刺秦王》而建，真实地再现了"秦代第一宫"的空前气派和秦始皇并吞六国的磅礴气势，高大雄浑的"四海归一殿"大有俯瞰天下之势，让人们在重读春秋战国史的同时，又能充分领略古风淳正的秦晋文化秦王宫，感受一座权倾一时的皇宫崇殿，一段备极衰荣历史的体验。这里，游客还可以看到精彩的"秦王上朝""三英战吕布""燕韩之战"、斗鸡、舞狮、绝技等节目，同时还可以参与"英雄比剑"、《英雄》经典场景再现、"秦军箭雨"等表演体味一番做英雄的感觉。

三、江南水乡景区

江南水乡"东选浙江绍兴之神采，西取江苏周庄之意蕴"，集江浙水乡之精华而营造。整个景区包括风月洲娱乐区、水陆社戏区、临河店铺区、横店老街四大区域。小桥、流水、人家；酒肆、戏院、茶楼；小吃铺、跨街楼、小井台、老祠堂。河湾傍街巷，民宅通埠头。精练的场景，流动的人群，生动地展示了清末民初时期江南水乡的民生百态和万种风情。倘徉其间，独特建筑交相辉映，目不暇接，淳朴民风扑面而来，江南水乡的丰姿神韵领略不尽。在这里，游人可以听到南腔北调，看到各民族风情表演，吃到最地道的农家土菜，买到各种土特产。还有"暴雨山洪"、云南民族舞蹈、"梦里水乡"歌舞、"江南遗韵"古乐器表演、安徽花鼓灯、江南丝竹民乐、杂耍表演等节目。

四、广州街·香港街

广州街是于 1996 年 8 月为拍摄历史巨片《鸦片战争》而建，香港街是于 1998 年 9 月建成，它们以逼真的实景建筑，艺术地再现了 1840 年前后的羊城旧貌和香江风韵。古朴的街巷点缀着"花城"，交错的河水流入"珠江"，"十三夷馆"宛如万国建筑博物馆，天下第一茶楼"天澜阁"则集亭台楼阁之大全，老式蒸汽火车及车站、轨道，尽显华夏建筑风景。毕打街、遮打街、干诺道、皇后大道、皇后像广场、总督府、圣约翰教堂、颠地洋行和维多利亚兵营等 30 多座象征往昔殖民统治的欧化建筑，真实地再现了 19 世纪香港中环维多利亚城繁华街景。在这里拍摄完成了《鸦片战争》《天下粮仓》《雍正王朝》《小李飞刀》《新霍元甲》等 100 多部影视剧。在这里可以观赏到大型影视特技表演"怒海争风""夺宝奇兵"、快乐海盗夺宝对抗赛等节目。

（资料来源：https://baike.so.com/doc/3584841-3769585.html.）

案例思考

浙江横店影视旅游的发展经验及启示是什么？

【思考练习】

1. 如何认识创意旅游产生的背景？

2. 创意旅游的概念与特征是什么？

3. 与创意旅游相似或相近的概念有哪些？

4. 创意旅游的主要研究内容是什么？

5. 根据创意旅游学基础理论，谈谈你对创意旅游的理解。

参考文献

［1］蒋三庚，王晓红，张杰．创意经济概论［M］．北京：首都经济贸易大学出版社，2009：21-22.

［2］厉无畏，王慧敏，孙洁．创意旅游：旅游产业发展模式的革新［J］．旅游科学，2007（6）：1-5.

［2］厉无畏，王慧敏，孙洁．论创意旅游——兼谈上海都市旅游的创新发展思路［J］．经济管理，2008（1）：70-74.

［3］兰世秋，胡勇，黄光红．最新经典旅游创意案例集［M］．重庆：重庆大学出版社，2011.

［4］刘笑冰．北京市创意农业需求分析与发展预测［D］．北京：北京林业大学，2013.

［5］刘琴.主题旅游规划的理论与实践研究［D］.上海：同济大学，2006.

［6］吕璐璐.景区活动型旅游产品创意设计方法及案例研究［D］.杭州：浙江工商大学，2008.

［7］罗玲玲，张嵩，武青艳.创意思维训练［M］.北京：首都经济贸易大学出版社，2008.

［8］谢莉莉，郑庆昌，王育平.旅游业的创意融入与突破——兼谈乡村旅游的创意提升［J］.农村经济与科技，2015，26（12）：76-79.

［9］约翰·霍金斯.创意经济——如何点石成金［M］.洪庆福，等，译.上海：上海三联书店，2006.

［10］张航，周利群，江敬艳.创意产业发展与创新创业团队培育——以深圳地区为例［M］.武汉：武汉大学出版社，2014.

［11］张胜男.创意旅游发展模式与运行机制研究［J］.财经问题研究，2016（2）：123-129.

［12］周钧，冯学钢.创意旅游及其特征研究［J］.桂林旅游高等专科学校学报，2008（3）：394-397+401.

［13］Chartrand H. Creativity and competitiveness：Art in the information economy［J］. Art Bulletin，1990，15（1）：1-2.

［14］John Howkins. Creative Economy：How make money from idea［M］.London：Penguin Books，2001.

［15］Richard E. Caves. Creative industries：Contacts between art and commerce［M］. Cambridge：Harvard University Press，2004.

［16］Richards G，Raymond C. Creative tourism［J］. Atlas News，2000（23）：16-20.

第二章

旅游创意策划

【学习目标】

了解旅游创意策划的概念、分类与作用；掌握旅游创意策划的原则，熟悉旅游创意策划过程；掌握旅游创意策划的方法。通过本章的学习使学生具有一定的旅游创意策划意识和能力。

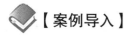【案例导入】

石来运转天下览

四川兴文石海在中国所有的石景观旅游区中，资源最全：有天坑、洞穴、石林、石花等；形态最美：天盆和石虎是博大之美、天泉洞是百变之美、泰安石林是清秀之美、僰王山是生态之美、九丝山是壮烈之美、凌霄山是奇险之美，拥有"天下奇观"等形象称誉。但是云南石林以先入为主的优势成为石林景观的领导品牌、重庆武隆则以"疯狂的石头"的姿态在全国进行拉网式疯狂营销，对四川兴文石海形成了巨大的屏蔽效应，以至于对消费者缺乏足够的影响力和吸引力。后经策划机构抓住兴文旅游的主要特色，对兴文旅游的历史、文化都做了很好的构想和策划，定位"石来运转天下览"形象，把四川兴文石海做成石文化的集大成所在地！使之成为石文化的品牌制高点！迅速从石景观旅游区中脱颖而出，实现自身旅游突破性发展。

可见，创意旅游策划魔力无穷。

（资料来源：《中国城市旅游策划方案之二十三：兴文石海城市旅游策划方案——石来运转天下览》，http://bbs.tianya.cn/post-free-3924795-1.shtml.）

☞ 思考

如果兴文石海的策划和营销，跟在云南石林和重庆武隆后面亦步亦趋，或者用同质化的方法来定位，是否还会有市场？兴文石海的策划者应如何突出自己的特色？

第一节　旅游创意策划的概念、分类与作用

一、旅游创意策划的概念

旅游策划是指旅游策划者为实现旅游组织的目标，通过对旅游资源、旅游市场和旅游环境等的调查、分析和论证，创造性地设计活动方案、谋划对策，然后付诸实践，以求获得最优经济效益和社会效益的运筹过程。简言之，旅游策划是对某一旅游组织或旅游产品进行谋划和构想的一个运筹过程。

所谓旅游创意，是指主要基于个人的观念、知识、经验、信息和技能，通过创造性思维产生的，以旅游产品符号价值生产、营销与消费为中心的独特意念和新颖构思，同时也可作为动词来表述这一活动的过程。从外在形式而言，旅游创意表现为不同形态的既有元素之间的重新搭配，即异态混搭；从基本途径而言，旅游创意主要通过创造性思维生成；从内在本质而言，旅游创意则表现为企业或游客创造出原来并不存在的价值，即价值创新。

旅游创意策划是以创意为导向的旅游策划，它源于产品同质化、需求个性化、竞争白炽化背景下委托方对策划方案创意性的强调。在旅游创意策划中，创意是核心环节，是决定策划成败的关键因素。创意形成是旅游创意策划活动中的重要环节，该环节包括明确策划定位、酝酿主题概念、形成策划创意三个步骤。

二、旅游创意策划的类型

根据不同的划分标准，旅游创意策划可以分成不同的类型。

（一）根据旅游创意策划的规模划分

旅游创意策划可分成个别旅游创意策划和整体旅游创意策划。个别旅游创意策划是指单独对一个或几个旅游活动的内容进行策划；整体旅游创意策划是指在较大范围内围绕同一目标进行的一系列的旅游活动、旅游项目或旅游线路的策划。

（二）根据旅游创意策划的层次划分

旅游创意策划可以分为宏观旅游创意策划和微观旅游创意策划。

（三）根据旅游创意策划的要素划分

旅游创意策划可以分为旅游目标创意策划、旅游功能创意策划、旅游市场创意策划和旅游质量创意策划等。

（四）根据旅游创意策划的对象划分

旅游创意策划可以分为旅游企业创意策划、旅游事业单位创意策划和政府创意策划。旅游企业策划又可分为饭店（宾馆）旅游创意策划、旅行社旅游创意策划和旅游景区旅游创意策划等。

（五）根据旅游企业的运行过程划分

旅游创意策划可以分为旅游战略创意策划、旅游产品创意策划、旅游促销创意策划、旅游广告创意策划、旅游企业文化创意策划、旅游形象创意策划、旅游谈判创意策划、旅游专题创意策划、旅游危机创意策划等。

（六）根据旅游创意策划内容的性质划分

旅游创意策划可以分为旅游发展战略创意策划和旅游发展规划创意策划。

（七）根据旅游活动的形式划分

旅游创意策划可以分为观光旅游创意策划、休闲旅游创意策划、度假旅游创意策划、娱乐旅游创意策划、生态旅游创意策划、独特旅游创意策划等。

三、旅游创意策划的作用

作为知识和智慧的集中体现，旅游创意的作用体现在旅游开发的各个环节，旅游策划便是其发挥作用的重要领域。在旅游市场竞争日趋激烈的形势下，旅游策划越来越强调方案的创意性，以创意为导向的旅游策划即旅游创意策划随之成为旅游策划发展的重要趋势。旅游产品生产流程可以分为研发、生产、营销三个环节。旅游创意策划在三个环节中都发挥着重要作用。

（一）研发环节

对旅游企业而言，研发环节主要是根据旅游资源状况和旅游需求趋势来规划、设计旅游吸引物、设施、活动、服务，并将其组合为旅游产品。旅游创意策划的价值主要体现在：（1）发现新型旅游资源——寻找原属于其他行业的非传统旅游资源，相当于熊彼特提出的五种创新情形中的发现新的原料来源。（2）提高符号价值——丰富旅游项目在文化、情感、品位等方面的象征意义，相当于熊彼特提出的五种创新情形中的改良旧产品。（3）设计垄断产品——策划具有唯一性的旅游产品，相当于熊彼特提出的五种创新情形中的开发新产品。在消费社会中，旅游消费是典型的符号消费，以产品引导市场是其显著特征。因此，新资源的发现、旧产品的改良、新产品的开发则意味着开拓新兴市场、提高旅游消费、增加旅游收入。例如，杭州市旅委通过设立"国际旅游访问点"这一创意，为长期困扰旅游界的社会旅游资源开发与利用开辟了一条崭新的道路，吸引了很多外国游客前去农贸市场、学校、医院参观访问，增加了社会资源的功能，延长了游客的滞留时间，提高了旅游收益。

（二）生产环节

旅游业是服务性产业，旅游产品具有生产与消费的同时性。对于旅游业的核心业务来说，生产环节就是服务过程，就是消费过程。同时，旅游产品主要满足游客的精神需求，游客的需求越来越趋向于个性化和差异化，相对于稳定不变的旅游景观、设施和商品而言，服务则是提供象征意义和符号价值、满足游客个性需求和差异体验的重要手段。在这一互动消费过程中，创意可以提供让游客耳目一新的服务氛围、形式与内容，游客得到的是殊异的旅游体验和高于功能价值的符号价值，愿意为此付出较高的金钱成本，提供服务的旅游企业也随之得到了远远高于功能价值的生产利润。西双版纳曼听公园于2003年创意推出的"澜沧江·湄公河之夜"，是一场大型综合性参与式原生态歌舞篝火晚会，在提供傣族烧烤、土锅酒和热带水果等地方风味的同时，还创新了服务内容和形式，以西双版纳民族风情和湄公河次区域传统文化为素材，组织了互动式的民族风情娱乐节目（上半场）和参与式的篝火晚会与放水灯仪式（下半场），主持人会根据在场游客的情况和反应调节氛围和节奏，并邀请游客共同参与游戏和活动。很多赴西双版纳旅游的游客愿意购买160元或280元的门票前去获取这一独特体验，曼听公园也因此得到了远远高于单纯销售地方风味和民族歌舞的收入，扣除创作成本分摊、演艺人员工资、原材料和水电费用，利润相当可观。

（三）营销环节

旅游业的营销环节主要涉及售后服务、形象宣传、广告促销、市场开拓、品牌塑造等方面的业务活动。旅游经济是典型的注意力经济，是"用脚来投票"的经济，形象与品牌至关重要，因此绝大多数旅游企业都极为重视营销活动。具体而言，旅游创意策划在该环节的主要作用包括：（1）塑造旅游品——创造品牌价值，提升无形资产总量。例如，云南省迪庆州创意并落地的"香格里拉"品牌价值2007年已达600亿元，国内近年来出现的旅游商标申报热和抢注案都在不同方面说明了相应的旅游品牌价值日益受到人们关注。（2）拓展旅游市场——拓展地域市场或根据其他指标划分出的细分市场，意味着消费群体的扩大和旅游综合收入的增加。例如，河南安阳2009年3月将3万张门票免费派送给游客，对于开拓北京、天津、济南、郑州、石家庄等客源市场具有重要

意义，这一营销活动本身也发挥了较好的"眼球效应"，吸引了大批潜在旅游消费者。（3）升级旅游需求——这一点和拓展旅游市场一起，属于熊彼特提到的"发现新的市场"，只是后者重点在于引导旅游需求层次的升级，如山东省近年来提出的旅游口号"文化圣地度假天堂"与传统口号"一山一水一圣人"相比，意在引导度假需求，开辟新的市场。

以上论述的是旅游创意策划在研发、生产、营销三个环节中产生的价值，意在揭示旅游创意作为旅游产业发展与经济增长重要动力因素的内在机理。现阶段，内外环境的变化不断提升旅游创意的地位。面对旅游需求的不断变化，为了应对同质化产品引发的日益激烈的市场竞争，各旅游目的地与旅游企业学习长尾理论、实施蓝海战略、推进经营业态与盈利模式创新、形成差异化竞争优势的时代背景下，旅游创意在旅游产业转型升级、旅游经济持续发展中的作用也越来越重要。

第二节　旅游创意策划的原则与过程

一、旅游创意策划的原则

（一）旅游创意策划的总体原则

旅游创意策划就其名称而言，重点落脚于"创意"二字。所谓的创意也就是说要有所创新，即在新的旅游资源条件下，在新的旅游市场形势下，如何通过表现形式、内容或功能更新来使其不断适应旅游市场的发展。

在旅游项目创意设计时，必须遵守的一个总体原则是人无我有、人有我优和人优我新。

1. 人无我有

"人无我有"是旅游创意策划，也是创新的最基本原则之一。所谓"人无我有"，即从旅游项目的外观、内涵、功能等方面来看，旅游项目都属于全新的类型，其他旅游地从没有出现过。这种旅游创意策划属于纯粹意义上的创新，也是创新的最高层次。在实践中，这种创新性策划越来越少，其原因有以下三点。

其一，是旅游开发已经成为世界范围内的普遍现象。随着国际旅游的不断发展，旅游开发已经逐步由区域走向了国际化和全球化。在全球化的视野下，旅游产品和项目的类型已经相当丰富，试图完全脱离已有的项目类型重新设计难度较大。

其二，旅游创意策划必须以旅游资源为基础，而旅游资源在具有差异化的同时，更多的还是旅游资源间的普遍性和共通性。例如，在海滨度假旅游项目的开发上，无论拥有的海滨旅游资源如何与众不同，其最终的产品永远无法摆脱观景、运动、康乐、休闲、亲水等类型。因此，资源的共性特征也从一定程度上限制了旅游创意策划纯粹创新的可能。

其三，即使能够进行完全的策划创新，由于旅游项目可以相互学习和模仿，也会导致这种创新在其他旅游地的快速模仿中逐步成为大众化、同质化的产品。

虽然旅游项目纯粹的创意策划存在一定的困难，但是，"人无我有"原则却是指导旅游项目创意策划的最高指南。

2. 人有我优

"人有我优"的原则是指"在其他旅游地项目创意策划的基础上前进一小步"，这一小步就成为该项目创意策划的创新之处。"人有我优"的主要设计手法就是在现有的旅游项目的基础上做一些针对本地资源特色和目标市场的优化调整，如对旅游项目形式的创新、对旅游项目功能的拓展等。

较为典型的例子如过山车项目。过山车是较为经典的动感游乐项目，无论采用何种形式，其基本原理都大同小异，但是在过山车的形式设计上却可以不断推陈出新。如将过山车项目置于特定的景观环境中，可将其设计为疯狂矿车；将旅游者体验的方式加以改变，又可以形成世界上最高、最快的过山车。如位于美国新泽西州首府杰克逊的六旗游乐园（Six Flag）的"金达卡"过山车，其高度达到139米，速度最快可高达每小时205千米，成为世界上最快的过山车。而旅游项目功能拓展方面的例子也是不胜枚举。

总之，"人有我优"的创意策划原则表明对旅游项目较小的改进也是创新的有效途径之一。由于该类型项目创意的方法以现有的项目为基础，因此，较为简便易行，也是在旅游创意策划中使用较多的一种方法。

3. 人优我新

"人优我新"是指当一个旅游项目在别的旅游地已经发展较为成熟，且在目前条件下，无法通过创新措施使本地在该类型旅游项目上获得竞争优势时，旅游项目策划者应该主动放弃这种类型项目，转而求其次，寻找其他的新市场空间。这里的"新"既包括新的市场空间，又指新的项目类型。

"人优我新"原则真正落实到实处需要项目创意策划人员具备较高的市场分析和预测能力，更需要一定的勇气和魄力。旅游市场的竞争是激烈的，退出市场与进入市场面临同样的挑战。因此，项目创意策划人员应该努力挖掘旅游资源的内在潜力，力求所设计的旅游项目能在原有其他项目的基础上有一定创新。当这种项目策划模式无法获得成效时，应及时转换思路寻找其他的方向和市场。

"人无我有、人有我优、人优我新"，这是旅游创意策划必须坚持的主要原则。这三句话构成了统一的整体，强调了旅游项目的创意策划以创新性为标准，而创新的角度则是多元化的，作为旅游项目策划者，应具备从多种角度进行项目创新设计的能力。

（二）旅游创意策划的基本原则

旅游创意策划过程中除了要遵循以上的总体原则之外，还要以下列基本原则为指导。

1. 可行性原则

"实践是检验真理的唯一标准"，任何一个策划在本质上都是一种想法，无论其看起来多么完善，但在实施的过程中可能会存在各种阻碍，甚至会半途而废。旅游策划也不例外，在制订策划时必须考虑其可行性，包括在经济上、环境上和技术上的可行性。

2. 创新性原则

创新是事物得以发展的动力，是人类赖以生存和发展的主要手段。"创新是经济增长的四大车轮之一"，而人类社会的进步就是在一次次创新中完成的。中国旅游产业的发展也是伴随着一次次大到政策创新、制度创新，小到具体的服务操作程序和布景的创新等一次次的创新中完成的。就我国目前的餐饮业来看，酒店内的餐饮业无法与社会上的餐饮业进行拼争，原因之一就在于社会餐饮业不断地进行着创新，从服务的方式、产品更新到店面设计。目前北京各种主题餐厅各领风骚，而酒店餐厅由于受到管理方式等方面的限制而停滞不前。

3. 信息性原则

在信息时代的今天，谁拥有更多的信息就拥有更多成功的机遇。作为旅游策划，它本身就是一种信息，即将旅游产品传达给旅游者的信息。该信息是否能收到预期的效果则很大程度上取决于信息本身的完整性、及时性和确切性，而这就取决于策划是否是在充分地掌握了旅游资源和受众方的信息基础上制定出来的。具体来讲，包括以下几项要求。

（1）信息的全面性。不同地区、不同部门、不同环节的信息的分布密度是不均匀的，信息生成的大小也不相同，因此，在收集原始信息时范围要广，防止信息的短缺与遗漏。

（2）信息的可靠性。原始信息一定要可靠真实，要经过一个去伪存真的过程，脱离了实际的浮夸的信息对旅游百害而无一利，一个良好的旅游策划必然是建立在真实、可靠的原始信息之上的。

（3）信息的及时性。市场是变化多端的，信息也是瞬息万变的，过去的信息对现在的策划往往毫无用处，因此对一个旅游策划人来说，必须做到及时收集新的信息并对其进行加工，指导策划，使策划效果更加完善。

（4）信息的连续性。任何活动本身都具有系统性和连续性，尤其作为策划的一个分支——旅游策划更是如此，对一事物发展的各个阶段的信息进行连续收集，从而使项目策划更具弹性，在未来变化的市场中，更有回旋余地。

4. 特色原则

这是旅游策划的中心原则，必须通过对各种分项旅游产品和服务来突出某一产品的独特之处，通过对自然景观、服务方式、建筑风格、园林设计、节庆活动等来塑造与强化旅游产品的特色。做到"你无我有，你有我优，你优我新，你新我奇"。鲜明的特色和个性往往能减少与其他旅游产品的雷同和冲突，能使旅游者产生深刻的印象且难以忘怀，因而更有吸引力，发展个性已成为现代旅游竞争中获胜的法宝。

5. 保护原则

旅游产品本身的愉悦功能和所有权的不可转移性要求旅游策划对各种旅游资源可持续开发，从而保证满足旅游者需求的同时实现旅游业的可持续发展。

6. 弹性原则

旅游需求是随着时间的变化而不断地变化的，因此旅游策划必须保持相当的弹性，为后续策划留有余地。

7. 大旅游产品原则

旅游产品的策划根据现代旅游产业高度关联性和高度依附性的特点，打破行政区划和行业界限，同时考虑旅游产品内外各种因素，树立"大旅游产品"的观念和良好的旅游形象，努力策划出高品位、高市场占有率、高效益的特色旅游产品。

二、旅游创意策划的内容

（一）旅游创意项目的名称

项目名称是旅游者接收到关于该项目的第一信息，因此，项目名称的设计关系到项目在第一时间内对于旅游者的吸引力。有创意的项目名称能够激发旅游者对于该项目的浓厚兴趣，如"海上田园""天涯海角"等都能引发旅游者的无限联想和向往。

（二）旅游创意的风格

项目策划者需要将项目的大致风格用文字或简要的图示描述出来，为下一步的创意设计工作提供依据和指导。具体而言，旅游项目策划者在风格限制方面，应明确指以下三点。

（1）旅游创意项目中主要建筑物的规模、形状、外观、颜色和材料。

（2）旅游创意项目中建筑物的内部装修的风格，如建筑内部的分隔、装修和装饰的材料。

（3）旅游创意项目相关的旅游辅助设施和旅游服务的外观、形状和风格，如旅游项目的路标、垃圾箱、停车场、购物商店、洗手间以及旅游餐馆（餐厅）所提供服务的标准和方式等。

（三）旅游创意项目的选址

在地域空间上，规划要明确每个旅游项目的占地面积及其地理位置，项目的选择主要表现为以下三个方面。

（1）旅游创意项目的具体地理范围。

（2）旅游创意项目中建筑的整体布局，整个建筑物的位置以及建筑物之间的距离。

（3）旅游创意项目所提供的开放空间的大小和布局。

（四）旅游创意项目的内涵

旅游项目的创意策划，要明确该旅游项目的产品内涵和体系，如主导产品、支撑产品和辅助产品等，具体可以分为以下两个方面。

（1）规定旅游项目所能提供的产品类型。

（2）确定主导产品或活动。

（五）旅游创意项目的管理

除了对项目的开发和建设提供指导外，优秀的项目策划者还会对该项目的经营和管理提供相关的建议。因此，旅游项目的创意策划应针对该旅游项目的工程建设管理、日常经营管理、服务质量管理以及经营成本控制等问题提供一揽子的解决方案。

三、旅游创意策划的过程

在实际工作中，旅游创意策划一般可分为以下几个步骤。

（一）分析旅游开发地的环境

旅游开发地环境分析是进行项目创意策划的首要步骤。环境分析实际上是收集旅游地的各种信息和资料的过程。具体而言，就是对旅游地的内部和外部环境进行调查和研究。内部环境的分析主要涉及旅游地所占有的资源；外部环境的分析则主要针对各类旅游项目的市场竞争环境和发展态势。

（二）分析旅游开发地的资源特色

旅游项目的内涵和形式要以当地资源特色为基础，这就需要项目策划者在旅游资源调查过程中，对旅游开发地的旅游资源进行详细分析，并总结出不同旅游功能分区的资源特色，以及作为各功能分区旅游项目策划的基调。

（三）旅游创意构思

旅游创意是一个复杂的心理和思维过程，既受到个体智力、知识、思维风格、人格特质、动机的影响，又受到外界环境诸要素的制约。根据罗伯特·斯滕伯格（Robert J. Stenberg）、德托·陆伯特（Todd Lubart）的研究，智力是旅游创意的基础，知识是旅游创意的翅膀，思维风格决定旅游创意方式，动机是旅游创意的驱动力，旅游创意必须具备一些人格特质（如面临困境坚持不懈、愿意承担合理风险、容忍不确定的情形等），影响旅游创意的环境变量包括工作环境、任务约束、角色榜样、家庭氛围等。

1. 旅游创意的前提：主观动机

旅游创意的主观动机是创意活动的动力因素，它能推动与激励个体投入和维持创意活动。正确、高尚的创意动机能够推动人们克服各种障碍，充分调动创造性思维，孜孜不倦地进行思考和探索。强烈的责任感、事业心、求知欲、好奇心是树立创意动机的必要条件，适度的物质刺激和精神激励是形成创意动机的外部因素，适当的压力对于创意动机的形成具有一定的促进作用。

2. 旅游创意的基础：知识和经验

旅游创意从本质上来说是各种与旅游相关的旧元素的新组合。所谓"旧元素"实质上是指创意的原料和素材，而所谓"新组合"则是建立联系的过程。古人云：巧妇难为无米之炊。"旧元素"的数量和质量不但意味着原料和素材的多少与好坏，而且直接影响着和其他元素建立联系的数量和水平，因而在很大程度上决定着创意活动的成败。通常而言，个体的知识越渊博，经验越丰富，视野越开阔，创意活动的成果也就越多。

3. 旅游创意的方法：创造性思维

如果说"旧元素"是通过知识、经验、实地考察、查阅资料获取的，那么"新组合"则是通过创造性思维完成的。从这个意义上说，旅游创意是创造性思维的产物，是个体运用创造性思维方法进行一段时间的集中思考、智能聚焦之后产生并通过各种形式表现出来的。这里提到的创造性思维是指新颖、开放、求异、灵活、积极、主动的思维方式和方法，以发散性思维为代表，包括联想、想象、知觉、灵感、顿悟、类比、逆向思维、侧向思维等。应该指出的是，产生合理、可行的旅游创意的创造性思维是建立在逻辑思维基础之上的；创造性思维取决于创意者的思维风格，同时与智力和人格特质密切相关。寻找旅游创意的方法通常有以下四种。

（1）借鉴法。通过广泛的调查和收集资料，可能得到一些与策划对象相类似的创意，在此基础上，结合策划对象的具体情况，对相类似的创意添加新内容，加以修改、变更和加工，形成新的构思。

（2）感性认识法。策划活动虽然是一个创造性的思维过程，但仅靠策划人员袖手枯坐、绞尽脑汁想点子是不够的。需要策划人员走出工作室，对策划对象进行实地考察、市场调查，积极参加到旅游产品的生产、经营、消费过程中去，同各种旅游产品的生产者、批发商、零售商和消费者进行交谈，经常拜访同行业精英，多举行座谈会，多到具有成功策划经验的企业去考察，以求获得感性认识。在此基础上，往往会获得新的灵感和创意。

（3）积累法。很多好的创意是在资料和信息的日积月累的基础上产生的，好经验的再应用常常会产生新颖的创意。常见的积累途径有摘抄、剪报、实地观察、参加策划座谈会和学术研讨会，以及学习策划方面的新理论、新思想等。

（4）联想法。联想法是把一种事物和现象与其他事物和现象联系起来加以思考，从

而获得创意的方法。它可以分为相关联想法、不相关联想法、类似联想法、逆向联想法、自由联想法等。

4. 旅游创意的触媒：信息和刺激

在旧元素建立新组合的过程中，外界信息和其他形式的刺激担负着重要的角色。有些情形下，信息作为"旧元素"的组成部分起着原料和素材的作用，在另外一些情形下，信息起着桥梁和纽带的作用，把两种或两种以上的"旧元素"联系、组合在一起，在少数情形下，信息发挥着上述两种作用。信息的表现形态多样，与创意对象相关的资料、表面看似无关的文字媒介、和其他人的谈话都蕴含着可能触发创意的重要信息。当然，信息只有在一定条件下才能转化为创意的触媒，这一条件就是较为强烈的创意动机和较长时间的集中思考。

5. 旅游创意生成

旅游创意看似是"眉头一皱，计上心来"，实际上是一个"十月怀胎，一朝分娩"的复杂过程，可以分为准备、酝酿、豁朗三个阶段。其中，准备期的任务是围绕主题，根据相关度由远及近、由粗及细，大量收集浏览相关的知识和资料，收集并分析研究同类问题创意的经验与教训；酝酿期主要是探索、多方寻找解决问题的新思路，需要对所要解决的问题进行多角度的反复思考；在经过长时间的充分酝酿后，个体就创意任务重新进行全面思考或审视，或者暂时把它放下来进行别的活动甚至休息、放松之后，创意在不经意间闪现，此为豁朗期。

（四）旅游创意构思的评价

在经过了一番分析和思考之后，策划人员应拥有数个可供选择的项目构思。此时，就需要借助目标市场需求调查以及开发成本和收益的估算等方法对项目构思进行甄别，将那些成功概率较小的旅游项目构思淘汰，而保留那些成功机会比较大的策划概念。

（五）旅游创意项目的策划

旅游项目策划是对认定为可行的项目构思进行深入和全面设计。该阶段与前面的构思相比，在内容上更加丰富且更具有可操作性。

（六）旅游创意策划书的撰写

在上述工作结束后，项目策划者应着手开始编写项目策划书。项目策划书的主要结构包括以下几项。

1. 旅游策划目的介绍

主要包括以下三个部分，或视具体项目策划的要求而定。

（1）旅游项目策划背景的介绍。包括项目发起人的一般情况、发展战略以及本项目对企业的作用介绍等；项目所在地的政治经济发展趋势，以及本项目的社会价值与现实意义介绍等。

（2）旅游项目策划范围的介绍。包括项目自身的范围、项目策划的具体范围以及适用时间的介绍。

（3）旅游项目策划目的的介绍。

2. 项目财务分析

项目财务分析涉及项目财务管理的各个层面。其中，既有项目预算、成本控制、融资分析的内容，也有项目财务预测和风险管理的内容。

3. 政策依据介绍

交代旅游项目策划的依据，这些依据主要涉及国家相关的法律、法规，地方政府的政策规定、特殊行规以及国家标准等。

4. 项目方案分析

主要内容包括项目的目标，具体策划以及实施控制的介绍。具体策划是主要内容，涉及项目人力资源、组织结构、市场营销、财务管理等。

5. 营销方案分析

根据项目战略方案分析，进行具体营销方案策划。其内容如果涉及市场调查，则对调查方法和调查结论进行介绍，以及针对市场竞争状况而进行的产品、价格、渠道和促销策略设计。

6. 环境分析

外部环境分析一般涉及宏观环境和产业环境的介绍，内部环境则是对企业和项目的分析。其中宏观环境主要涉及政治、经济、文化、社会、自然、技术等。产业环境主要涉及竞争对手、消费者、产品、价格、渠道、促销方式等。

7. 组织结构分析

组织结构设计一般与人力资源管理结合在一起，具体内容包括项目组织结构分析、组织结构设计、团队建设、岗位职责分工、预测需求人数、组织招聘等。

8. 进度控制分析

项目计划和进度控制一般都采用特定的时间分期，分阶段设定各种目标，来保证项目按时、按质地完成。进度控制分析主要内容包括进度控制、质量控制和费用控制三个部分。

四、旅游创意策划的影响因素

总的来说，旅游项目的创意策划主要受到策划者能力和开发商实力及要求、旅游资源的赋存状况以及旅游市场需求状况三个因素的影响。

（一）旅游策划者能力和开发商实力及要求

旅游策划者和旅游项目的开发商是旅游项目创意策划中主动性要素，只有充分调动

他们的积极性和热情，才能保证项目策划工作具有较高的效率。通常情况下，旅游策划者在项目创意策划时最重要的素质当数项目策划的经验丰富程度和所拥有的信息量。

1. 旅游策划者的能力

旅游策划者的经验决定了旅游策划创意的技术性，旅游策划的可实施性、落地性。旅游策划对工作经验的要求较高，丰富的策划经验可以为策划者提供更多的思路。因此，策划者要善于从实践中学习和积累，只有见多识广才能胸有成竹。但是旅游项目创意策划中的创新性要素也是不能缺少的一个重要内容，而年轻人往往在创新性的思维和能力方面具有相当的优势，因此，策划组成员要注意年龄的合理搭配。

2. 旅游策划工作的信息度

在信息时代的今天，谁拥有更多的信息谁就拥有更多成功的机遇。旅游策划本身就是一种信息，即将旅游产品传达给旅游者的信息。而该信息是否能收到预期的效果则很大程度上取决于信息本身的完整性、及时性和确切性，而这就取决于策划是否是在充分地掌握了旅游资源和受众方的各方面的信息基础上制订出来的。

3. 旅游开发商的实力及要求

旅游项目的策划、建设和管理全过程都需要投入大量的资金和时间，因而，旅游开发商的实力也会对旅游项目的创意策划产生一定影响。因此，为避免出现不负责任的项目开发，通常一些大型的旅游项目的创意策划都有大型企业或政府出面主持开发。此外，开发商对于策划内容提出的要求也会对项目创意策划产生影响。

（二）旅游资源的赋存状况

旅游地的旅游资源赋存状况决定了项目创意策划的素材来源。通常旅游资源较为丰富的区域，在项目的创意策划题材上选择性较强。因此，旅游资源的赋存状况对项目创意策划的影响是先天性的，在缺乏创作素材的情况下，单纯依靠设计师的聪明才智很难有所突破。

（三）旅游市场需求状况

首先，在市场经济条件下，旅游项目需要在市场中实现它的价值，旅游项目创意策划的成效需要在市场中予以客观评价，只有在旅游市场上受到旅游者青睐的旅游项目才能说得上是一个成功的创意，当然这种创意要符合国家的大政方针、法律规定的范围。其次，旅游项目定位与旅游地的市场定位保持一致，旅游项目的创意策划要以市场需求为导向，市场中旅游者的行为模式和未来需求的发展方向是对项目策划影响较大的两点内容。

第三节　旅游创意策划的方法

　　旅游创意策划方法是一个体系，包括组织方法、思维方法、技术方法、程序方法和激发方法。从组织形式来看，旅游项目创意有个人创意和集体创意之分。旅游创意策划实践中，常用的组织方法主要包括头脑风暴法、德尔菲法、灰色系统法。最新方法有李庆雷提出的一种具有操作性的综合方法，即破（突破）—连（连接）—选（优选）旅游创意策划三部曲。

一、头脑风暴法

　　头脑风暴法又称集体思考法或智力激励法，于 1939 年由奥斯本首先提出，并在 1953 年将此方法丰富和理论化。所谓的头脑风暴法是指采用会议的形式，向专家集中征询他们对某问题的看法。策划者将与会专家对该问题的分析和意见有条理地组织起来，得到统一的结论，并在此基础上进行项目策划。

二、资源创新法

　　资源创新法是在所有可能的项目种类的基础上，按市场选择、资源制约两大因素进行筛选，直到选定合适的项目。

三、体验设计法

　　体验设计法是一种以旅游者为中心进行旅游策划的方法，其核心是将消费者的参与融入设计中，是企业把服务作为舞台，产品作为道具，环境作为布景，使消费者在商业环境过程中感受到美好的体验过程。

四、借题发挥法

　　借题发挥法，就是指通过"古题今做""小题大做"等种种方式，增加景区的资源含量，从而使景区的内容更加丰富，特色更加鲜明，具有更强大的竞争力。

五、实验法

　　实验法适合于范围有限、界定明确的概念与假设，实验法也特别适用于假设检验。这在旅游项目策划过程中似乎是一种不存在的"理想状态"，但在没有更多的数据和经验作为参考的时候，实验法也会派上用场。比如，策划出的概念性旅游产品的市场测试。虽然产品没有开发出来，但了解市场各方对此的看法和需求是非常必要的，实验结果可以发挥重要的导向作用。

六、实地调查法

实地调查法可以是实地踏勘，也可以用问卷调查、深度访谈，或者长期居住观察（常在半年以上，旅游项目策划中较少使用）等。直接参与的观察与思考，可以给研究者提供系统的数据并帮助其形成较全面的观点。实地调查法是旅游项目策划过程中最常用的研究方法。

七、非介入性观察法

非介入性观察法即无干扰研究，又叫无反应研究，即让研究者作为"旁观者"进行要素考察、资料分析和历史比较研究。非介入性研究者就像侦探一样，寻找线索，发现问题。

八、旅游创意策划三部曲

旅游创意策划三部曲将旅游项目创意活动核心过程分为如下三个环节。

（一）破：突破

"破"是旅游项目创意的第一步，只有突破现状、跳出原有框架才可能产生新的构想，正所谓"不破不立"。在旅游项目创意中，"破"主要表现在突破思维定式、传统认知和项目资源现状三个方面。思维定式是存在于人脑所习惯使用的工具和程序，其形式化的结构和强大的惯性容易导致遇到问题时头脑的"自我应答"，是旅游项目创意的最大障碍；传统认知即既有的知识与经验，往往束缚着新构想的产生，是创意的重要制约因素；项目资源现状与开发条件容易限制创意人员对未来发展的想象，影响着创意者的激情与意志。在"破"的过程中，除了动机、兴趣、激情、情绪、意志等非智力因素以外，旅游项目创意人员的视角泛化起着十分重要的作用。所谓旅游项目创意视角泛化，就是指借助头脑本身具有的转换认知框架的能力，从非同寻常的角度去观察旅游项目的建设条件、资源依托、发展前景与要素设计，使事物显现出以前尚未发现的不寻常属性，以促进创意的产生。根据已有总结，视角泛化可以分为五种类型，即定性泛化（包括肯定、否定视角）、历时泛化（包括往日、来日视角）、主体泛化（包括自我、非我视角）、比较泛化（包括求同、求异视角）和操作泛化（包括无序视、有序视角）。

（二）连：连接

"连"是旅游项目创意的第二步，只有与其他领域的事物连接、搭配、组合，才有可能产生新功能或新事物。旅游项目创意就是旅游项目元素与其他领域不同元素之间的混合搭配、重新组合。一般而言，"连"包括一个点与另外一个点的连接（即单线连接）、一个点与另外千百个点的连接（即辐射连接）、一个点通过另外一点影响其他点的连接（多维连接）。在旅游创意策划实践中，"连"可以分为两个不同的环节，即发散和连接。其中，前者提供关联要素的来源，回答了"和谁相连"的问题；后者则说明连接的方式，解决"如何连接"的问题。发散体现的是创意人员思维的广度，可以扩大联想的范围和数量，提供尽可能多的备选连接对象，因此被称为旅游创意策划的关键。作为一种思维方法，发散应坚持怎么都行、禁止批评、推迟判断的原则，寻求尽可能多且方向各异的新信息。

（三）选：优选

在经历了"破"和"连"之后，会同时产生数量不等的创意备选方案，这时就进入"选"这一环节，从中选出最佳创意。因为旅游项目类型多样，创意遴选的标准也有所不同。不过，一般而言，遴选创意项目的主要标准包括新颖独特程度、游客体验指数、技术难度、实施成本四个方面。在创意优选阶段，关键工作就是确定理想方案的标准，尽量采用科学的方法评估各方案，在此基础上选出最佳方案。在思维科学中，爱德华·德·博诺（Edward de Bono）提出的六项思考帽就是可以应用于创意遴选的思维工具，它用白（客观帽）、红（情感帽）、黄（乐观帽）、黑（谨慎帽）、绿（创造帽）、蓝（指挥帽）六顶颜色不同的思考帽从六个不同的方向对方案进行全面评估，有利于克服创意遴选中的片面性。可拓学则是突破了定性评价的弊端，采用数学的思想，提出了根据社会、经济、技术及可行性等方面标准，赋予不同的权重，进行定量评价，根据优度确定最佳方案的方法。

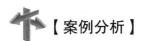 【案例分析】

中国旅游三大经典创意

中国旅游产业的发展始终充满创意，无论是三亚借助选美赛事推广"美丽三亚、浪漫天涯"的城市形象，还是《印象·丽江》带来的丽江风情，抑或战斗机穿越天门山引发的轰动……创意为旅游的发展插上腾飞翅膀，留下一篇篇绝美的创意营销诗篇。

一、案例一：三亚借选美赛事营销城市

从 2003 年到 2005 年，世界小姐桂冠的"美丽角逐"连续在三亚上演了 3 年，2007 年世界小姐选美比赛又在三亚成功举办，于是，三亚这个城市由此和"美"紧密地联系在一起。

人们对于美的事物总是会争相追逐。2003 年 11 月，第 53 届世姐赛给刚试营业不久的喜来登度假酒店带来了不错的业绩。通过覆盖全球的电视转播，喜来登当年的营业收入超过 1 亿元，房价、入住率飙升居亚龙湾度假酒店之首。而靠 3 年"世姐之家"的持续效应，三亚喜来登成为喜达屋度假村集团知名度最高的酒店。

在世姐赛之后，一批重量级国际活动及会议也纷至三亚，整个城市焕发出勃勃生机。可以说，世姐赛给三亚带来了空前的知名度和美誉度。

而对于三亚来说，借助世姐赛来营销城市旅游是件"何乐而不为"的事情。3年的世姐赛，三亚打出的"美丽"、"时尚"的名片，有效地激活了旅游产业。在2000年以前，三亚90%的境外游客来自港、澳、台，外国游客仅占10%。而随着世界小姐选美赛事在三亚的连续举办，三亚的客源结构已经发生转变，形成多元化的市场格局，化解了单一客源带来的市场风险。2005年，三亚骄傲地打出"中国的度假天堂"口号。

二、案例二:《印象·丽江》营销丽江

2006年7月23日，大型实景演出《印象·丽江》雪山篇终于在海拔3100米，世界上最高的实景演出剧场——云南丽江玉龙雪山的甘海子蓝月谷剧场正式公演。

整个演出以雪山为背景、民俗文化为载体，由500名来自10个少数民族的演员倾力出演。来自纳西族、彝族、普米族、藏族、苗族等10个少数民族的500名普通农民是《印象·丽江》雪山篇的主角，他们的家乡就是云南的丽江、大理等地的16个村庄。这些非专业演员，用他们原生的动作、质朴的歌声和滚烫的汗水带给了观众心灵的震撼。

于是，《印象·丽江》大获成功，很多旅行社纷纷将观看《印象·丽江》演出添加到旅游产品的行程当中，以吸引游客。而正是以《印象·丽江》为代表的这些旅游演出成功的典型事例，正改变着我国文化艺术的生产方式和生存方式，极大地促进着文化产业的发展和创新。

三、案例三:张家界天门山飞机穿越

1999年12月8日至11日，以"穿越天门，飞向21世纪"为主题的张家界世界特技飞行大奖赛在张家界天门山下隆重举行。来自美国、匈牙利、俄罗斯、捷克、斯洛伐克、立陶宛、德国、法国、哈萨克斯坦9个国家的15名运动员上演了"空中芭蕾"。

作为张家界天门洞的首次穿越，此次比赛被定位为飞行比赛，15名参赛选手驾机在空中完成9项造型动作。同时，穿越天门洞的Extra 300s特技飞机是一种轻型运动机，它的飞行速度为每小时250千米，翼展7.5米。

时隔7年，2006年3月17日至19日，俄罗斯空军"俄罗斯勇士"飞行表演队、格罗莫夫试飞院在湖南省张家界市进行了3天飞行表演。作为2006俄罗斯国家年的开场大戏，"俄罗斯勇士"飞行表演队在3天的表演中，可谓拼尽全力，吸引了诸多游客的眼球。在最后一天的表演中，苏-30演出结束后两次从天门洞上空"忽悠"过去，为此次特技飞行表演画上了句号。此次穿越一直伴随着"是否穿洞"的争议，但是通过此次活动却让更多的人知道了张家界。

（资料来源:《从几个经典创意看旅游活动策划方案》，https://www.docin.com/p-1461247261.html.）

☞ 案例思考

分析这三个旅游策划方案的创意体现在哪里，总结这三个旅游策划方案的成功经验。

 【思考练习】

1. 你是如何理解旅游创意策划的概念的？

2. 旅游创意策划如何分类？

3. 谈一谈旅游创意策划的作用。

4. 旅游创意策划应遵循哪些原则？

5. 旅游创意策划的方法有哪些？

参考文献

［1］李庆雷. 旅游创意策划初步研究［J］. 乐山师范学院学报，2011（1）：74-78.

［2］李庆雷. 旅游创意：缘起、内涵与特征［J］. 北京第二外国语学院学报，2011（1）：26-29.

［3］李庆雷，吕文艺，王峰. 旅游创意的价值表现与生成机制［J］. 吉首大学学报（社会科学版），2012（6）：141-147.

［4］李庆雷. 旅游项目创意的基本原理与方法体系初步探讨［J］. 云南地理环境研究，2011（3）：45-52.

［5］马勇. 旅游规划与开发［M］. 北京：高等教育出版社，2012.

第 三 章

乡村旅游

【学习目标】

了解乡村旅游的概念、特点和作用及乡村旅游的开发类型与发展模式；掌握创意乡村旅游的定义、类型和发展策略；理解创意乡村旅游商品开发、创意乡村旅游市场营销、创意乡村旅游解说系统。能够分析乡村旅游发展的影响因素，科学地分析乡村旅游发展的对策，能够对乡村旅游产品进行创意设计。

【案例导入】

武隆县石桥苗族土家族乡，距武隆县城仅20千米，全乡都被石油沥青路所覆盖，拥有秀美芙蓉湖和13千米的国际山地户外运动公开赛的山地自行车赛道，有着独具特色的苗族土家族民族文化。近年来，石桥乡将发展乡村旅游定位为"生态、休闲、运动"，挖掘地方独特的自然资源和区位优势，使得该地得到了快速发展。

每年的3~8月，芙蓉湖上会举办自行车、湖钓、登山、游泳等户外运动赛，芙蓉湖户外运动营地的形象逐渐在大家心目中树立起来。因为户外运动赛事的大力举办，村民们利用得天独厚的湖边区位优势，打造出以生态鱼、屠工文化（杀年猪）、一般仰（推豆花）、二旋毛（炖土鸡）、三啼挎（打糍粑）等民俗文化的主题农家乐。除了主题农家乐外，石桥乡还围绕本地优势产业，发展特色效益产业，科学规划瓜果、花卉种植以及家畜、家禽等资源，以及建成了一个金银花观光农业园，两个四季瓜果常绿的绿色生态观光农业园，60亩大脚菌示范种植基地，500多亩花卉苗木示范基地。

现在石桥乡因生态运动型乡村旅游、特色效益产业、新农村建设的成功打造，吸引了越来越多的游客前来，不仅提高了外界对石桥乡的关注，也提高了这里居民的生活质量，未来石桥乡借着芙蓉湖这一源头活水，将进一步提升项目建设，建立系统的环湖生态保护长效机制，主动对接芙蓉洞等旅游区，丰富旅游内容，实现"大旅游"布局。

（资料来源：微信公众号"旅游归话"推送的文章《探索生态运动型乡村，看石桥乡如何发展》。）

思考

1. 石桥乡为何能发展运动型乡村旅游？

2. 乡村资源与生态、运动等元素融合形成的新型乡村旅游，给我们发展乡村旅游带来了哪些启示？

第一节　乡村旅游的概念、特点和作用

一、乡村旅游的概念和特点

随着近年来城市居民闲暇时间的增多，国内旅游蓬勃兴起，以乡村生活、乡村民俗和田园风光为特色的乡村旅游发展迅猛。

乡村旅游，是以具有乡村性的农业文化景观、农业生态环境、农事生产活动以及传统的民族习俗为旅游吸引物，在传统农村观光游和农业休闲游的基础上，满足旅游者观光、休闲、求知和回归自然等需求的旅游活动。目前，我国各地开展的乡村旅游均朝着融观赏、考察、学习、参与、娱乐、购物和度假于一体的综合型方向发展。

乡村旅游作为旅游业的分支，既具有一般旅游活动的特点，如综合性、文化性、市场性，同时又有自己的独特特征。

（一）资源的丰富性

乡村既有自然景观，又有人文景观；既有农业资源，又有文化资源。独具特色的自然风光，丰富多彩的乡村民俗风情，充满情趣的乡土文化艺术，风光迥异的乡村民居建筑，形态各异的农用器具，气息浓郁的农事节气活动等，都是乡村旅游可以挖掘利用的资源。

（二）地域的差异性

我国农业在漫长的发展过程中，由于各地的地理环境、生产方式等的不同，逐渐形成了强烈地域特色的农作文化和传统习俗，表现在各种生产生活方式、器皿工具、房屋建筑、饮食习俗、礼仪服饰及婚恋庆典、舞蹈语言等方面。

（三）活动的季节性

由于农业生产是自然再生产与社会经济再生产密切结合的生产过程，其生产的各个阶段对光、热、水、土等条件有不同的要求，从而导致乡村旅游随季节的变化其内容也有所不同，具有明显的季节性和周期性，如三月桃花节、五月采茶游、八月葡萄节等都是和季节条件密切相关的乡村旅游项目。

（四）内容的广博性

乡村旅游是农业与旅游业结合的产物，包含宽泛、丰富的内容，既有自然景观的特征，如独特的农村田园风光、不同季节的农事活动，又具有人文景观的内涵，如农村的民俗文化和风土人情、耕种文化、建筑文化等，旅游者可以通过视觉感受来领略乡村丰富的自然和人文景观。

（五）形式的多样性

乡村旅游不仅是单一的观光旅游，还包括娱乐、民俗、休闲等活动，具有较强的实践性和体验性，游客可通过直接品尝农产品或参与农业生产和生活实践，从中体验乡村的民俗民风，感受乡村文化。

（六）人与自然的和谐性

乡村景观反映出人类自然的生存状态，是人类长期以来适应和改造自然而创造出的和谐环境，既保持了原始风貌，又有浓厚的乡土风情，这种古朴、纯真的乡土特点，使乡村旅游具有贴近自然、返璞归真和人与自然和谐共处的特点。

二、乡村旅游的作用

发展乡村旅游，是推进社会主义新农村建设的重要内容和切入点。乡村旅游的发展，对农业来说，有利于促进农业结构调整，拓展农业发展的内涵和外延；对农村来说，有利于扩大城乡交流，推动城市的资金、信息、技术、消费向农村流动；对农民来说，有利于开阔视野、更新观念、扩大就业、增加收入，实现富余劳动力的就地转移。乡村旅游的发展不仅能够改变我国农村经济结构单一的情况，而且能充分利用农村剩余劳动力，增加当地经济收入，从而达到经济效益、社会效益的双赢，促进我国农村社会经济的可持续发展。

（一）乡村旅游有利于农产品附加值的提升和农村产业结构的优化

发展乡村旅游，把农业生产过程、农村风情风貌、农民劳动生活作为旅游资源进行加工转化，形成旅游产品并推向市场，可促进农业结构调整，拓宽农业发展的内涵和外延，发挥农业本身具有但以前不被重视的观光旅游、文化传承等功能，为农村经济的发展创造了新的增长点。在开展乡村旅游的地方，地照常种，庄稼照常长，粮食照常收，但都产生了附加值，有力地促进了生产发展。乡村旅游把大量旅游者送到农民家门口，为农副土特产品的销售提供了潜力巨大的消费市场，架起了农产品与外部大市场联系的桥梁，推动了农业种植、养殖结构的调整优化，有效地带动了当地农副产品的精深加工。

（二）乡村旅游是促进农村文明进步的重要手段

发展乡村旅游，有效地调动了政府、集体、农民等多方面投资改善农村基础设施、保护自然生态的积极性，许多乡村的面貌因此发生了巨大变化，实现了村容整洁。大量游客的涌入，把现代文明带进了乡村。搞农村旅游的乡村，不再是封闭的乡村。每年接待几万人次甚至几十万人次的海内外旅游者，既带来了财富，也带来了外部世界新的信息和理念。许多农民正是在接待服务中学习掌握到更多的卫生、医疗、金融、法律等原本距离他们比较遥远的知识。他们要直接面对游客，要争取到客源和市场，就必须逐步适应现代的生活方式，这些进一步提高了整个乡村的物质文化和精神文明水平。

（三）乡村旅游有利于农民增收，缩小城乡差距

乡村旅游的开发，不仅可以促进农民在景区、餐饮、住宿等方面的直接就业，而且通过旅游的产业延伸，也会带动数量可观的间接就业。农民变成了景区设施的所有者、经营者、服务生、导游、指导员、农事培训师……农村旅游吸引了城市居民、外地甚至海外旅游者。伴随着人流而来的，是城市财富的转移，农民收入的增加。社会保障、医疗保险等制度进入乡村旅游区，真正使农民实现向"市民化"的转变，进一步缩小城乡差别。

（四）乡村旅游能为农民提供新的就业机会

旅游是一种劳动密集型产业，乡村旅游的发展有利于吸收农村剩余劳动力。通过发展乡村旅游，可以形成以其为中心的产业链，推动农村产业分工，具体可以拓展到乡村旅游的经营、农副产品加工、运输业以及相应设施的装修建筑等方面。从事乡村旅游的人员门槛比较低，对年龄、学历、教育背景等都没有过多的限制。乡村旅游可为农村剩余劳动力提供就业平台，实现落地就业，在解决农业剩余劳动力就业方面堪称捷径。

第二节　乡村旅游的发展概况

一、乡村旅游的发展现状

由于客源市场与供给市场的双向需求，乡村旅游呈现出了勃勃的发展生机，旅游经

济的附加改变了农村单一经济的结构，达到了"兴一处旅游，富一方百姓"的目的。

目前，我国的乡村旅游在国内市场上表现出对旅游景区、农业生产的收获活动和传统节庆活动的极大依赖性，突出表现在游客对部分乡村旅游活动项目的偏爱。国内游客参加频率和重游率最高的乡村旅游项目主要表现在：以"住农家屋、吃农家饭、干农家活、享农家乐"为内容的民俗旅游；以收获各种农产品为主要内容的采摘旅游；以春节、元宵、端午、重阳等民间传统的节庆活动为内容的乡俗节庆旅游。也有一些专为退休老人设计的"租住农家房、耕种农家地、采摘农家菜"度假产品。

我国乡村旅游在国际市场的需求上，则表现为对环境优美、民族文化韵味浓郁类型的偏爱；从旅游目的来看，度假、考察、学习的比例在逐年提高；在旅游地逗留的时间在逐年延长；游客年龄结构中，青年人所占比例在逐年上升。

与国际旅游者比较，国内旅游者的需求层次表现出初始阶段的普遍特征。目前，各地乡村旅游的开发状况也表现出起步阶段的种种迹象。多数地区缺少对乡村旅游的总体规划，一般是在原有农业的基础上稍加调整就开始接待游客。然而调整的结果，既不具备大规模观光、游览的气势，也丢弃了传统乡土文化，未形成乡村旅游应有的氛围。多数乡村旅游业的经营者目前对乡村旅游的内涵、本质归属尚在探索期，因此在开发经营中缺少对生态环境营建和传统文化保护的意识，甚至出现一开发就破坏的现象。同时，受长期以来投资观念的影响，乡村旅游在开发投资方向上，也一直存在着重设施建设、轻环境营造的现象。

二、乡村旅游的类型

（一）国际乡村旅游发展模式

乡村旅游源于19世纪中叶的欧洲，但真正意义上的大众化乡村旅游起源于20世纪60年代的西班牙。20世纪70年代后，乡村旅游在美国和加拿大等发达国家的农村地区进入快速成长期，显示出极强的生命力和发展潜力。目前，乡村旅游在德国、奥地利、英国、法国、日本等发达国家已具有相当的规模。总的来说，国外乡村旅游发展呈现出以下特点。

1. 政府大力支持

为了发展乡村旅游，各国政府都不同程度地采取了一些促进措施。从立法上确定乡村旅游的地位，制定强制性标准，确保乡村旅游的发展质量。同时，政府还通过低息投资贷款、减免税收、补贴等方式，对乡村旅游给予特定的支持和帮助。另外，政府在科技文化方面向农牧业生产者提供乡村旅游知识和技术上的培训，提高当地农民的整体素质和能力，掌握乡村旅游工作的服务技能。

2. 强调休闲性

乡村旅游方式轻松愉悦，因此乡村旅游经营者都会在营造休闲惬意的氛围上下功夫，让参与的游客从身到心远离都市喧嚣，全然地投入乡村旅游的休闲氛围中。

3.发挥特长和优势，因地制宜

大部分国家的乡村旅游项目的开展是综合型的，既有休闲观光，又有农事参与，以适应不同的旅游消费人群。主要形成了如下五种国际乡村旅游发展模式。

第一，政府主导发展驱动模式，以韩国和罗马尼亚为代表。是指国家或地方政府为了促进本国农村和农业的发展，在其规划下，采取多种措施给予乡村旅游开发积极的引导和支持。在乡村旅游发展初期，他们建立了相关的管理部门对乡村旅游的发展进行规划、管理和监督。

罗马尼亚政府在确定了乡村旅游的发展目标后开始对农村的基础设施进行投资，并对参与乡村旅游的农户给予税收优惠，以促进当地乡村旅游的发展。韩国政府对本国乡村旅游业的供给主体的支持和管理力度较大。对当地旅游农园的发展规模、发展方向做出了严格的限定，而对于发展较好的农园给予数额较大的低利率贷款和较为宽松的还贷环境。

在实际运作中，当地政府部门并没有真正介入旅游产业的经营过程，也没有参与旅游业的收益分配，主要目标是通过旅游业的发展找到农村地区新的增长点，最终带动农民收入的增长。

第二，"政府＋公司"发展模式，以英国为代表。英国中央政府农村发展委员会自1991年以来，提出向包括景点在内的明确的私人开发项目提供资金；农业、渔业和粮食部也按计划对一些以农业为基础的景点开发给予财政支持，同时向通过发展旅游使经营多样化的农场主提供资助；农村发展委员会也向改善乡村地区旅游设施的项目提供资助，这些政策对于推进英国乡村旅游的全面发展起到了积极作用。

第三，"公司＋农户"发展模式，以意大利为代表。旅游公司和当地农户建立起稳固的经济关系，农户作为旅游消费品的主要供给方给公司提供住宿场所、餐饮服务等内容。意大利政府规定，旅游公司应与旅游所在地的农户联合接待游客。如规定接待游客用房必须是非农业生产活动用房；游客的食物全部或大部分必须是本地农场或当地农场的产品；乡村旅游应该以从事农业活动为主要内容；乡村旅游主要利用农场的现有条件和资源，允许维修原有的庄园或别墅。参与经济活动的主体是公司和农户，政府很少干预产业的发展，由市场自动调节乡村旅游的变化趋势。

第四，"公司＋乡村旅游协会＋农户"发展模式，以美国为代表。美国早在1992年就建立了国家乡村旅游基金这一非营利性组织，从事乡村旅游项目的规划、宣传和项目资助等工作，乡村旅游的市场宣传和推广工作主要依靠协会来进行，从目前情况看，协会在提高乡村旅游场所的知名度、鼓励乡村旅游的可持续发展等方面起到了较大的作用。

第五，个体农庄发展模式，以法国为代表。农户在旅游发展项目开发之前有知情权和决定权，居民有权利否决居住地的旅游发展，政府没有规划和决策的绝对权力。这种模式的优点是可以充分调动农户的积极性，使其在竞争中不断得到提升。而这种模式的缺陷主要在于受当地农民的经济实力和专业素质的限制，乡村旅游规模产品的开发和资

源的利用效率受到较大的制约，不利于乡村旅游的持续发展。

（二）国内乡村旅游发展模式

与欧美发达国家相比，我国乡村旅游发展总体比较晚。最初的乡村旅游者主要是国际游客，这些旅游者不再前往那些传统的旅游热点，而是前往中国的内陆和边远地区，甚至是尚未开发的地方去旅游，强烈地方特色和民族风情是这些地方共同的吸引力。随着到乡村旅游的参与者越来越多，乡村旅游从"养在深闺人不识"到被接纳、被推崇，并且逐渐形成了旅游热点和爆点。经过多年的发展，我国乡村旅游的开发模式主要形成了三种类型，即市场依托型、景区依托型及资源依托型。

第一，市场依托型。又称客源依托型，由于乡村旅游的目标客户群是城市居民，利用都市郊区发展乡村旅游是目前市场接受度比较高的一种类型。从目前的运作情况来看，该类型的基本定位是为都市居民提供休闲游憩的"后花园"，借助与城市风格迥异的田园、村落景观及采摘、捕钓、品尝等体验活动，吸引都市居民前来度假休闲，给旅游者提供短期休憩度假旅游产品。

第二，景区依托型。该类型的乡村旅游是借助著名旅游景区本身的知名度和客源优势，带动景区周边乡村的旅游住宿、餐饮、购物等配套服务的发展，同时拉动当地农副产品、土特产品的销售。

第三，资源依托型。又称特色村寨型，是指利用当地村寨的生态、民俗、建筑、人文等特色资源进行旅游接待的一种模式。这种类型的乡村旅游一般距市区较远，现代化程度较低，交通不甚发达。而交通阻隔，往往正是这些乡村能够保持自己特色的原因。

根据上述我国乡村旅游的开发类型，主要有如下代表性的乡村旅游项目。

（1）"农家乐"项目，是一种村民利用自家院落及田园风光，以低廉的价格吸引旅游者前来吃、住、游、玩的旅游形式。主要以赏农家景、住农家屋、吃农家饭、干农家活、享农家乐、购农产品等形式为主的旅游过程，各地根据实际情况，又可分为单一经营型、综合经营型、集中经营型和分散经营型。

（2）旅游镇村项目，是以镇村为开发区域，通过多元化投资方式和经营模式开发形成的综合型旅游社区。产品项目开发以生态环境资源、农林牧副渔业资源、乡村田园资源、乡村风景资源、乡村历史文化资源等为主要依托，具有参观考察、旅游观光、休闲度假、文化体验、民俗采风、教学研修等多种功能，旅游者的旅游过程与消费选择也体现出多元性、全方位的特点。

（3）民族民俗风情项目，即以乡村和少数民族地区特有的传统建筑、居民生活习俗、传统农事活动、民族传统文化和民俗传统节庆、奇异风情等为基础，开发形成独特地域和民族风情的乡村旅游项目。

（4）生态旅游项目，是以山岳、森林、河流、湿地、溪谷等自然生态环境资源，以及生态农业生产项目中独特的观赏、游憩价值为灵魂和吸引物，开发形成的度假休闲型乡村旅游区。

（5）租赁农园项目，是指农民将土地或家畜出租给市民，市民通过养殖或种植这些动植物获得农事体验，农民从中收取一定租金的一种体验旅游形式。

（6）休闲农业园区项目，是利用现代农业生产园区、田园风光、种植养殖业生产、实验和科技示范基地等资源，开发形成的度假休闲型乡村旅游区。

三、我国乡村旅游存在的问题

乡村旅游已经成为当前旅游业发展的重点，但我国各地乡村旅游总体上还处于起步阶段，认识不足、服务不够、发展水平低下、配套要素滞后等大大制约了乡村旅游的发展。目前国内乡村旅游发展中还存在不少亟待解决的问题。

（一）盲目建设，缺乏必要的规划管理

首先，多数乡村旅游没有进行过专项旅游规划，发展盲目性很大。其次，行业管理不健全，大多数"农家乐"协会形同虚设，许多开发和经营行动没有规范。最后，营销上，许多乡村旅游点尚未形成品牌，也没有系统的营销战略，还处于原始、粗放阶段，宣传手段单一，传播方式简单粗暴，缺乏市场的细分。

（二）开发水平低，产品单一，产品雷同现象严重

旅游产品单一，服务项目大同小异是众多的乡村旅游景区（点）的通病。这种设计类型趋同、千篇一律的活动模式，难以形成持久的旅游吸引力。此外，乡村旅游景区（点）对民俗文化的挖掘有限，本身知识性、参与性又十分欠缺，乡村旅游景区（点）彼此间竞争加剧，加大了市场开发难度。另外，众多的乡村旅游产品尚停留在住宿和餐饮的低层次开发，很少甚至没有当地文化内涵包装的产品，随着游客文化素质的不断提高以及旅游参与度提升，游客的旅游成熟度无疑对乡村旅游提出了更高层次的要求。

（三）从业人员素质不高，经营管理和服务水平较低

乡村旅游是第一产业向第三产业的延伸，对管理和服务水平的要求远高于单纯的农业生产，目前大部分乡村旅游从业人员以当地农户为主，文化素质不高，且缺少旅游专业培训。此外，乡村居民在长期的生产活动中形成了散漫、自由、不受约束的习惯，服务意识淡薄，经营管理和服务水平较低，与旅游接待服务的要求存在较大的差距。

（四）缺乏相关配套政策，制约了乡村旅游的进一步发展

乡村旅游虽然具有第三产业的一些特性，但仍属于农业范畴，因此在资金、税收、土地使用、道路建设、水电供应、门票收费等方面，应对乡村旅游的发展实行较为优惠的扶持政策。缺乏相关的配套政策，特别是在土地政策方面，对少部分改变土地使用性

质，仍以农业生产活动为主的乡村旅游项目，建议可按农业内部结构调整用地执行，利于乡村旅游的进一步发展。

第三节　乡村旅游创新升级的策略和方法

经过多年的发展，我国乡村旅游取得了有目共睹的成就。同时，国内乡村旅游发展也面临着资源同质性强、产品创新力度小、游客重游率低、综合效益不高等问题，制约着乡村旅游转型升级和持续发展。

随着创意理念与文化、艺术、休闲等满足人们精神需求的产业的高度融合，各类传统产业中也逐渐融入了创意理念，成为传统产业转型升级的重要动力。

一、创意农业和创意乡村旅游

创意农业起源于 20 世纪 90 年代后期，是用创意产业的思维方式和发展模式整合农村生产、生活、生态资源，创新农副产品，完善多层次的产业链，创新农业发展模式。具体来说，创意农业以农业生产场所、过程、产品为依托，以文化创意、艺术创造和技术创新为核心，以丰富农业功能、开拓市场需求、提高农业附加值为目的。借助创意产业的思维逻辑和发展理念，人们有效地将科技和人文要素融入农业生产，进一步拓展农业功能、整合资源，把传统农业发展为融生产、生活、生态为一体的现代农业，即所谓的创意农业。例如，密云金叵罗玉米迷宫利用玉米等农作物种出了一幅中国地图，游客除了可从观景台俯瞰迷宫全景，还可以在"各省市"掰鲜食玉米，在"新疆""西藏"等地采摘五彩椒等蔬菜。人们在游玩、采摘的同时，可了解中国的地形和各省市主要农作物等知识，并将农业特性与拓展训练、旅游购物等巧妙结合起来。实践证明，创意农业可以延伸农业产业链条，促进资源充分利用，增加农民收入，改善乡村环境，促进农业遗产保护，更好地满足游客的需求，因此成为乡村旅游升级换代的新载体。

创意与乡村旅游业的融合，是以乡村资源为基础，用创意来改造乡村旅游，形成创意乡村旅游，这样的模式可以延伸乡村旅游产业链，使其从单一的链条结构，扩展成"铰链式"发展，有利于旅游资源的永续利用，有助于旅游目的地的鲜明性、品位的独特性，同时创意乡村旅游更加注重旅游者的体验性和参与性，多角度、多方位地满足他们的需求。简言之，创意乡村旅游是创意农业与乡村旅游有机融合的产物，是新时期农业发展的新形态，它在传统农业生产场所、过程和产品中融入了文化创意、艺术创造、技术创新，以满足城镇居民观光、休闲、购物等旅游需求。

二、创意乡村旅游的类型

根据创意乡村旅游的来源，可以将其分为三种类型。

一是科技创新型，指在农业生产中运用现代科学技术，形成新型农业景观和产品，以新、奇、特为主要吸引力，主要载体是各类农业科技示范园，如北京小汤山现代农业科技示范园、青岛蔬菜科技示范园、陕西杨凌现代农业观光标志性品牌旅游区。此外，科技还可以广泛应用到各个方面，如在安宁都市农庄规划时提出的升级版网上百姓菜园，就是将传统百姓菜园、实景传输技术、网络平台结合在一起，游客租种菜园，闲暇时间来实地种菜，平时通过电脑甚至手机查看蔬菜生长情况，并可委托经营者送货上门、在网络上对外出售或者与其他游客进行交换。

二是艺术创造型，是用艺术的眼光和创造性来改造传统农业，将农作物种植当成艺术创作，以形成特色景观和产品，最具有代表性的就是农田艺术景观、盆栽食用菌、玻璃艺术西瓜、麦秸画、美术葫芦等。以盆栽食用菌为例，突破传统食用菌栽培方式，将食用菌栽培和盆景艺术相结合，还可以结合套种技术，开发出盆栽食用菌灰树花、草莓套种食用菌鸡腿菇等家庭栽培食用菌盆景。这些盆景不但可以组合成创意旅游景观，也可以出售给游客，让游客在体验食用菌栽培乐趣的同时营造阳台菜园新景观。

三是文化创意型，就是用文化包装农业，利用传统农业文化、挖掘农产品的文化内涵、塑造农业生产及相关活动的象征意义。例如，山东栖霞创作了《农具交响乐》，生产出亲情苹果、生肖苹果、艺术苹果，利用苹果制作的"感恩农业赋"和康熙皇帝的耕织诗，为农业增添了浓郁的文化情调。各民族千百年来形成的传统文化也是文化创意的宝库。例如，哈尼族的梯田景观、稻田养鱼、祭祀土地神、开秧门等，为文化创意型农业提供了丰富的素材。

三、创意乡村旅游的发展策略

培育和发展创意乡村旅游应树立一种理念、促进两个结合、利用三类资源、营造四种体验、满足五种需求。

"一种理念"是指创新的理念，通过举办培训、组织外出考察、提供智力支持等途径提升农民的学习能力、创新能力和把握市场的能力。

"两个结合"是指农业发展规律和休闲旅游需求的有机结合，在尊重农业生产客观规律的基础上，结合都市农业发展趋势，考虑都市居民的休闲旅游需求，在农业生产中融入观光、娱乐、购物、教育等功能。

"三类资源"是指科技研发、文化创意、休闲旅游三个领域的资源，前两者是创意的来源，后者是创意价值实现的重要环节，在规划、建设、运营阶段应发挥文化创意、科技研发、休闲旅游部门的积极作用，做到有创意引领、有技术保证、有市场支撑。

"四种体验"是指旅游创意农业应塑造特色景观与环境，组织参与性、娱乐性活动，完善解说与导引系统，为游客提供遁世、审美、娱乐和教育四种类型的体验，这是体验经济的基本要求，也是决定创意乡村旅游成败的核心要素。

"五种需求"是指创意乡村旅游应满足游客视觉、听觉、味觉、嗅觉、触觉五种感

觉的要求，努力做到好看、好闻、好吃、好听、好玩。

四、创意乡村旅游产品

从活动的多样性、发展形成过程、开发形式等不同分类方法出发，乡村旅游的类型也各不相同，从游客的角度，将乡村旅游产品分为如下七个类型。

（一）观光型乡村旅游产品

观光型乡村旅游以良田、特色蔬菜、花卉苗木、乡村农舍、溪流河岸、园艺场地、绿化地带、产业化农业园区、特种养殖业基地等自然、人文景观为主要内容，主要满足游客回归自然，感受大自然的原始美、天然美，在山清水秀的自然风光和多彩多姿的民族风情中放松自己的需求，从而使他们获得一种心灵上的愉悦感（见表3-1）。

表 3-1　观光型乡村旅游类型

类型	具体项目
田园风光类	花海（油菜花、向日葵、薰衣草等）、稻田、梯田、果园、麦田怪圈
水上类	荷塘、观鸟、水上农田
建筑类	特色民居、生态建筑、仿生建筑
遗址类	早期人类活动遗址、名人旧居、旧工厂（作坊）
农业生产类	传统农业生产、畜牧养殖
设施农业类	立体种植、容器种植、无土栽培、拇指西瓜、热带农作物北方温室栽培、温室花卉、未来农业
乡村博物馆类	农耕文化博物馆、民俗博物馆、民居馆、民间工艺馆、乡村艺术馆
手工企业类	养蚕、刺绣、织布、制陶、糕点制作、草编、竹编

（二）休闲型乡村旅游活动

休闲型乡村旅游是以乡村风景为背景，以静宁、松散的乡村氛围为依托，提供棋牌、歌舞、观光采风等休闲娱乐活动服务，也将村居民的生产、生活场景、器皿工具、房屋建筑、屋内陈设、饮食、服饰、礼仪、节庆活动、婚恋习俗以及民族歌舞和语言等方面的传统特色纳入休闲型乡村旅游中（见表3-2）。

表 3-2　休闲型乡村旅游类型

类型	具体项目
水上类	垂钓、游泳、泛舟、漂流、冲浪、快艇、航行
田园类	放风筝、露天影院、星空营地
乡村类	农家乐、棋牌室
休闲活动类	乡间度假、观鸟、观察野生动植物、写生、摄影

（三）度假型乡村旅游活动

根据研究，度假型乡村旅游利用乡村"蓝色的"天空、"清新的"空气，让游客乘着习习凉风、呼吸着清新的空气，听着泉水韵律、望着流星明月，感受"天人合一"的审美境界。乡间散步、爬山、滑雪、骑马、划船、漂流等乡村度假健身、娱乐活动也属于这一类型（见表3-3）。

表3-3　度假型旅游活动类型

类型	具体项目
特色住宿类	农家院、渔庄、酒庄、树屋、船屋、土屋、帐篷
养生类	呼吸乡间清新空气、温泉SPA、中医理疗、药膳、长寿茶、拜访长寿老人、园艺疗法、健康课堂
养老类	庄园、家庭农场
健身类	生态运动馆

（四）体验型（参与型）乡村旅游活动

体验型（参与型）乡村旅游主要与当地的民俗文化、农业生产和农副产品相结合，通过参与民俗活动、农事活动等体验乡村生活的质朴淡雅，体验耕种收获的喜悦，是一种"房归你住，田归你种，牛归你放，鱼归你养，帮你山野安个家"的整体体验方式（见表3-4）。

表3-4　体验型（参与型）乡村旅游活动类型

类型	具体项目
特色交通类	徒步、骑马、大篷车、狗拉爬犁
特色餐饮类	乡村酒吧、做农家土菜
文化体验类	稻米文化体验、民俗文化节日；乡村民谣、乡村音乐节；学习民间传承、手工艺
农事体验类	播种、收割、放牧、捕捞、采摘、酿酒、农产品加工、狩猎、耕地、打水井、推独轮车
农场类	家庭农场、各类主题农场
手工业体验类	磨豆腐、打铁、手工编织、推石碾、刺绣、织布
竞技赛事类	赛龙舟、搬粮食、运南瓜、扎稻草、剪羊毛比赛、赶鸭子上架
乡间文艺类	踩高跷、扭秧歌、板龙灯、花灯节
娱乐活动类	"盲人"搬瓜、乡间动物运动会、乡间马戏团
亲子活动类	放生鸽子、放生鱼、小蝌蚪找妈妈
儿童活动	泥巴园、模拟田园、动物认领、田园认领、童话屋

（五）求知型乡村旅游活动

求知型乡村旅游一方面以少年儿童为对象，普及农业、农科知识，使他们了解乡村

民风与民俗，投资建成青少年科普教育基地或中小学生农业和自然实习基地。另一方面，以特殊兴趣的人为对象，以考察研究先进农业、特色农业或农业文化、学习农业技艺为主，通过农村留学、参观考察、教育培训等形式，开展农业文化考察、特色农业考察、农业技术培训、花木栽培装饰培训、工艺品制作培训、农业知识学习等研修型乡村旅游活动，发挥乡村农业的教育功能（见表3-5）。

表3-5　求知型乡村旅游活动类型

类型	具体项目
生物认知类	田园认知、蔬菜认知、果树认知、家禽认知、家畜认知、昆虫认知
农业科技馆类	组培室、育苗室
自然教室类	植物、动物、昆虫认知
绿色学校类	田园课堂、农作物认知

（六）购物型乡村旅游活动

购物型乡村旅游是以洁净新鲜的特色蔬菜瓜果、禽畜水产、美丽花卉、别致盆景、土特产、手工艺品、古朴雅致的农民书画等为资源而开展的旅游活动（见表3-6）。

表3-6　购物型乡村旅游活动类型

类型	具体项目
民间艺术工坊类	民俗工艺品街（豆腐坊、铁匠铺、油坊、酿酒坊、染坊、陶艺坊）
农产品展类	城乡贸易大会、乡村大集、农民画展、庙会

（七）综合型乡村旅游活动

综合型乡村旅游是指将上述几类乡村旅游活动集中于一体的旅游产品（见表3-7）。

表3-7　综合型乡村旅游活动类型

类型	具体项目
主题型农业活动类	主题农事活动，如葡萄节、草莓节、苹果节
婚庆类	婚纱摄影基地、彩色花木园、情侣木屋、蜜月酒店
香草类	香草规模种植、芳香花卉园、粮草盆景、香草精油、香草婚礼
中药类	中药规模种植、药草园、药用植物园
花木类	花木集中展示交易、特色花木销售、盆景、盆栽、花木创意工坊、园艺器具市场、花木种植、丛林撒欢乐园、丛林酒吧
商务活动类	小型会议、团体激励训练、企业拓展训练
拓展训练类	荒野求生、"爸爸去哪儿"线下版、"CS"野战营地
农场类	点心农场、狩猎农场、竹屋部落

五、创意乡村旅游商品开发

乡村旅游商品的开发不仅是发展乡村旅游业的重要环节，也是我国美丽新农村建设的重要举措。开发乡村旅游商品，能够更好地开发和利用广大乡村地区的自然风光、文化传统、生产工艺等资源条件。一些乡村居民日常使用的工具、食品、服饰等随着开发的深入，都可能成为旅游商品生产的资源或条件；一些以原料或初加工产品形式销售的商品，随着旅游发展的需要得到了深度加工，产业链延伸拉长，产品附加值大大提高，收益率也相应提高。

（一）乡村旅游商品的资源条件

商品取材与主题设计要紧紧依托所在地的资源条件。乡村可以成为旅游商品的资源条件有很多，如物产、环境、生产劳动、生活起居、民风民俗甚至人物故事等，凡此种种，从中都可以挖掘出开发成旅游商品的物质材料、传统工艺、文化主题和产品生产基础。

1. 地方物产

地方物产一方面是地方的特产，具有地域性；另一方面可能其他地方也存在，但在产品质量或品质上存在差异；或者是相同的物产其他地方虽然也有出产，但在旅游商品开发上寻求到了地方差异性，如黑龙江省同江市赫哲族少数民族地区以鱼皮为原料开发的乡村民族旅游服饰、工艺、日常生活类商品，是名副其实的专属的、民族的、传统的特色商品，在其他地方是没有的。茶叶在我国虽然产地众多，但并没有影响到各个地区将茶叶作为旅游商品开发的热情，也没有影响到旅游者购买的热情，原因是我国茶叶类型众多，各个地区不同，即便相同，不同地区也有不同的品牌和质量。

2. 乡村的历史、人物和故事

这些内容也可以成为乡村旅游商品开发的重要资源。浙江兰溪诸葛八卦村利用三国著名人物诸葛亮后裔最为集中分布的地区特征，在旅游开发上重点打造与诸葛亮或三国相关的品牌，开发成效显著，成了国家4A级旅游景区，在旅游商品开发上也利用了与历史人物的文化渊源关系，开发出诸葛亮标志性的生活用品——羽毛扇，产品深受游客的欢迎。

3. 乡村饮食

乡村饮食文化中的众多元素都可以开发成乡村旅游商品。在我国乡村普遍存在的泡菜，是绝大多数的乡村居民的日常饮食，后来逐渐开发成为旅游商品，韩国人甚至把泡菜开发成为国家的主要商品。此外，还有江南地区的霉干菜、湖南和江西地区的烟熏腊肉等都有开发成乡村旅游商品的巨大潜力。

4. 地方性服装服饰

包括用特色材料制作的服装、不同制作工艺或不同款式的服装；也包括各类装饰物

品，如服装上的装饰用品，用于头部、颈部、手上、胸腰部等的修饰用品，这其中比较有代表性的如苗族妇女的银饰品、傣族妇女的彩色编制饰品、贵州安顺地区的蜡染织物饰品等。

（二）乡村旅游商品的开发

1. 建立一支旅游商品开发的人员队伍

商品开发，设计是基础，在乡村旅游商品设计上形成了众多设计模式，如汲取历史文化传统，挖掘发挥民间艺人才智，建立相对独立的设计单位部门，或在相关的生产企业内部建立设计队伍，或与相关的设计院所、高校和企业联合举办设计大赛等，努力实现旅游商品设计的创新发展，为旅游商品开发奠定基础。在乡村有大量以传统和现代手工艺制品为主的旅游商品，其创作、设计和制作需要大量的人员队伍，产品质量直接与生产制作人员的技艺水平密切相关，制作的同时也是创作的过程。

2. 构建一个旅游商品开发的优秀组织

形成一个包括组织管理、设计研发、技术生产、销售服务人员在内的配套的优秀组织。人员可以采取引进、兼职聘用、教育培训、联合已有企业部门扩充队伍等方式建立起来。这支队伍是形成旅游商品设计开发与市场价值实现的重要保证，大力培养设计人才、生产人才、销售人才，并在相应的收入分配上形成有效的激励机制，政府、企业在人员培训上应该发挥其更大的作用。

3. 建立起乡村旅游商品开发的依托——企业

大量的乡村旅游商品需要企业进行加工生产。乡村旅游商品生产的组织形式是多样的，不同的旅游商品根据生产的特点要求可建设起不同的生产加工模式，形成高效、经济、优质的生产格局。可以采取独立投资建厂，可以通过项目招标引进企业开发，可以与外资或本地、外地企业联合建设生产企业，也可以采取利用本地或外地已有企业代加工，一些商品还可以联合农户分散加工生产。

4. 形成政府全方位扶持旅游商品开发的机制

政府是乡村旅游商品开发的重要环境因素，表现在通过一系列的政策措施来引导、组织、支持、规范乡村旅游商品的开发。组织人力、物力、财力集中建立设计机构和生产机构，组织展览、展销、设计大赛活动，出台税收、贷款等优惠政策，提供研发基金、规范市场秩序。在目前的乡村管理体制下，政府主导型的乡村旅游商品开发仍然是主流。

（三）乡村旅游商品的销售

1. 确定购买对象

从商品的设计开始直至商品的消费使用的全过程，都需要市场进行深入的分析，要清楚知道谁会来乡村旅游，谁会成为旅游商品的购买群体，群体的消费支付能力，对乡村旅游商品功能与设计艺术文化的喜好，商品需要携带的时间距离等角度上进行具体的分析，只有充分了解了市场，才能够有针对性地进行商品的设计开发。对市场进行深入的调查，具体调查的内容包括乡村旅游群体从哪里来（距离），来的是什么人（性别、年龄、学历、职业、收入、城乡、个人喜好等），分别来多少，怎么来的（散客还是旅行社组织、集体还是家庭、自驾游还是公共交通），来旅游的主要目的（观光、购物、度假还有其他），这些信息对于旅游商品的营销来说都十分有益。

2. 制定合理的商品价格

乡村旅游商品价格在制定时要注意以下几个问题：一是面对大众化的消费群体开发一些市场容量大且价格适中的商品，在开发中要注意商品的价格能够让游客感到物超所值。二是要了解旅游者的差异性需求，在条件允许的情况下，应开发少量高价位的高端旅游商品，满足对价格不敏感的旅游者的需求；面对老年人开发的旅游商品价格应以中低价位为主，对于白领阶层可以走个性化，特色明显的中高价位的质量好、工艺精的商品开发战略，对青年时尚性消费群体可以走个性化特色明显的中高价位商品开发战略。三是商品要使旅游者能感到物有所值，不可无依无据地使价格虚高，艺术性和纪念性较高的旅游商品与一般性旅游商品的价格在制定上要有所区别。

3. 选择适当的媒介进行宣传

广告宣传是旅游商品走向市场必不可少的手段，可以进行市场宣传的渠道有很多，如：参加不同层次和类型的旅游商品博览会、展示会、推介会，参加大型旅游商品交易活动，参加旅游商品设计开发大赛等。通过全国及地方的电视、报刊、电台等新闻媒体宣传介绍，目前大多数乡村旅游商品的市场宣传主要集中在地方媒体上。通过相关的网站、网页、微博、微信公众号等进行商品的介绍宣传。通过影视节目宣传也是很有效的一种渠道，电视剧《刘老根》中"翠花，上酸菜"的广告语性质的台词，将东北地区的农家菜推到了旅游商品的行列。

4. 树立旅游商品品牌形象

创建乡村旅游商品品牌是扩大商品市场影响度的关键性举措，如宁夏枸杞、伊春黑木耳、沧州金丝小枣等品牌，都是经过长期历史积淀形成的。也有的商品传播是通过短期借势营销形成的，宜春大包子是佐证。

5. 建立多样化的销售渠道

多样化的销售渠道是乡村旅游商品更好地走向市场的保证。一是建立旅游商品专卖店，在乡村旅游景区附近的城镇、村庄、景区附近建立旅游商品专卖店，用以销售乡村旅游商品；二是在大型商场、超市设立旅游商品专柜；三是前店后厂，这种方式在国内外乡村旅游商品销售中被广泛应用，如法国一些乡村农场的奶酪制作与销售采用的就是这种模式。旅游者可以亲眼见到旅游商品的加工过程，对商品加工原料、制作工艺、加工环境等都有直观的认识，并在现场品尝试用，一来保证商品生产厂家的真实性，二来保证了消费者购买商品的及时性。

六、创意乡村旅游市场营销

我国乡村旅游由于地理位置、生活配套设施、经济效益等的限制，对于懂旅游、擅营销的高素质旅游人才吸引力不足，成为乡村旅游进一步发展的"瓶颈"之一。在乡村旅游发展较为成熟的国家和地区，通常会有政府、同业联盟或企业出面组织的乡村旅游服务和营销网络，政府在其中扮演的角色不言而喻。但我国不少地方仍存在着"先等当地旅游发展起来，再拿钱来宣传促销旅游"的落后观念。农户的自我销售意识不强，在宣传方面较多依赖村委会，销售方式陈旧无新意，难以引起旅游者共鸣，更不用说形成一套属于自己的预订和销售系统了。由于没有形成有序的横向和纵向的网络体系，乡村旅游地区与当地或周边大城市的旅行社、知名景区（点）联系不密切，既没有形成合力整体营销，也不会"借船出海"差异化营销。乡村旅游经营者和从业人员基本上以当地村民为主，文化层次较低，缺乏先进的营销知识，致使乡村旅游营销乏力，缺乏系统性，更没有充分利用"绿色营销""文化营销"和"网络营销"等新的营销方式。此外，我国乡村旅游的经营者多依靠传统方式招徕游客。调查显示，我国乡村旅游经营者一般都过于迷信"回头客"和口碑宣传，采用最多的宣传促销手段是发传单或发名片，但也局限于熟人范围。有少数经营者在互联网上设立了宣传网页，取得了一定的营销效果，但由于网页的知名度有限，再加上信息量少、功能单一等原因，仍然无法对乡村旅游市场形成强有力的支撑。

（一）乡村旅游市场营销的观念创新

观念创新是乡村旅游市场营销的先导。传统的乡村旅游市场营销未能深入挖掘乡村旅游资源的文化内涵，不能满足多层次游客尤其是青少年求知、求真、求趣的需要，营销意识的淡薄和营销理念的落后严重制约了乡村旅游的发展。乡村旅游必须转变观念、更新策略，将体验经济理念融入旅游市场营销观念中，让游客感受亲切，建立依恋感情，还要具有旅游的知识观，拓宽游客的视野，在经营乡村旅游的同时保护环境，将"绿色"营销观念深入乡村旅游市场，协调旅游发展与生态环境保护，才能顺利地完成市场升级。

1. 平等化的乡村旅游营销观念

传统的市场营销观念强调的核心是顾客至高无上，亲情化的乡村旅游营销观念强调把游客当"朋友"或"亲人"，与游客们通过吃农家饭、住农家屋、参加农活劳动等形式，建立一种新型的亲情关系，对游客的"情感投资"获取重游率，从而实现游客的"货币投资"。

2. 知识化的乡村旅游营销观念

乡村旅游应当集学习知识、考察、娱乐于一体，对游客起着拓宽视野和增长见识的作用，尤其对于青少年学生，知识化的乡村旅游提供了一种深入了解农村、农业和农民的途径。具体可以通过农业教育园、农业科普示范园、农具陈列馆、农业博物馆等形式，在轻松愉快的氛围中完成以农业科普为主的休闲娱乐活动。

3. 网络化的乡村旅游营销观念

网络渠道的建立可以选择借助知名的旅游网站和自建景区网站两种方式。国外一份权威调查显示：企业在获得同等收益的情况下，对网络营销工具的投入是传统营销工具投入的1/10，而信息到达速度却是传统营销工具的5~8倍，以互联网作为支撑的网络营销渠道逐步成为旅游景区的重要选择。在人人都是自媒体的今天，公众号的营销、微信朋友圈的传播使得旅游区（点）的传播深度和远度达到了历史最高峰。

（二）乡村旅游市场营销的体验创新

乡村旅游市场营销的体验创新，应该从主题提炼、体验线索设计、场景设计、体验氛围营造、活动策划和体验过程等方面入手。其中，主题是体验的基础和灵魂，有吸引力的主题可以激发旅游消费者对旅游产品的现实感受，主题鲜明的旅游产品能充分调动消费者的感觉器官，使之留下难忘的经历，强化旅游体验活动是体验的关键，没有好的活动项目的支撑，美好的体验只能成为泡影。在主题鲜明、活动丰富的基础上，对乡村旅游产品的场景、氛围等细节加以强化，才能让游客美好的体验成为现实。

（三）乡村旅游产品的特色创新

乡村旅游产品由核心部分、外形部分和延伸部分三个部分构成。各个部分相互联系、相互影响，融合为一体组成旅游产品。

在开发乡村旅游产品时，应该尽力增加具有地域风土人情、感人故事、农事农活等能展现本地魅力的旅游活动，在实施产品策略时，必须采用新思路、新方法，以提升产品的质量。一是要改善旅游接待设备设施的安全、卫生；二是要开发互动项目，增加游客的参与、体验和娱乐性，如开展乡村艺术节、舞蹈、射击、歌曲、植树和体育等活动；三是要增设休闲环境，增加景区（点）周边的休息、娱乐场地，如草地、体育设施等；四是要突出农村特色，以乡村景区为中心，各乡村以农事活动、农村聚落、农民生活、农业生态和农业收获物、农家饮食等作为旅游资源的凭借，开发乡村旅游的潜力；五是要创造优质服务，在食、住、行、游、购、娱的服务中，服务者应以实际行动感化游客，超越那些凭借独特资源的普通旅游服务，树立"乡村"服务形象；六是要突出新主题，根据各地资源，组织研究适应当今游客的心理需求的乡村文化，挖掘和突出适宜新时期的乡村本质内容。另外，在开发乡村旅游产品时，应尽量保持旅游资源的原始性和真实性。具体表现在不仅保持大自然的原生韵味，而且保护当地特有的传统文化，避免因开发造成文化污染，避免把城市现代化建筑、设施移到乡村景区。旅游接待设施也应该与当地自然及文化协调，保证当地人与自然的和谐关系，提供原汁原味的"真品"和"精品"给游客。

七、创意乡村旅游解说系统

解说是人与人、人与环境之间沟通的工具与互动的桥梁，游客通过解说人员优秀的解说，可进一步丰富临场体验视、听、触、嗅、味等感觉，也可通过与解说人员的双向交流，提升个人观察与欣赏环境的能力。此外，在各种科技的协助下，解说的形式与媒体越来越多样化，经由解说媒介的转化，引导游客去感受环境的多变性与自然之美，让游客留下知性与感性的体验。

旅游解说系统是目的地诸要素中十分重要的组成部分，是旅游目的地的教育功能、服务功能、使用功能得以发挥的必要基础。解说系统的含义就是运用某种媒体和表达方式，使特定信息传播并到达信息接收者中间，帮助信息接收者了解相关事物的性质和特点，并达到服务和教育的基本功能。

（一）当前旅游解说系统存在的问题

乡村旅游的解说系统仍停留在传统观光旅游层次，解说系统的内容和形式缺乏乡村旅游所应具备的旅游教育、环境保护等功能，难以体现乡村旅游的特色。

1. 导游人员自身素质有待提高

向导式解说系统是当前我国乡村旅游区（点）最主要的解说方式之一。它以专门的导游人员向旅游者进行主动的、动态的信息传导为主的表达方式。因此，向导式解说系统所提供的信息的可靠性和准确性取决于导游人员的素养。当前国内众多的乡村旅游景区（点）的导游员往往缺乏本景区生态知识的专业化培训，对于旅游的保护与教育功能缺乏足够的知识和认识。

2. 解说牌示的设计忽视了生态保护的功能

解说牌示是解说服务中最基本、应用最广泛的一类设施。首先，在解说牌示的设计上，当前旅游解说系统的解说标识牌在选材、样式、颜色、内容等方面存在诸多与乡村生态环境保护相悖的因素。如许多景区的牌示选择用砷或铜等处理过的防腐木材作为材料，其本身就成了一种污染物；部分景区的牌示样式和风格与景区主题和生态保护不协调；各类标牌样式、颜色混杂等。其次，各类解说牌示文字、图形和语法组织混乱。如乡村旅游景区（点）解说标牌的多语种解说薄弱，外语语法和用词不当现象较为普遍；交通标识路线混乱，不够醒目，图形应用不符合规范；景物解说或过于简陋或过于繁杂，不利于旅游者阅读；警戒忠告牌示用语强硬，造成旅游者心理上的不适；服务导引牌示不够明晰等。

3. 解说内容陈旧、缺乏知识更新

景物解说内容缺陷是当前乡村旅游解说系统存在的最大问题。首先，从解说内容所占比例来看，当前旅游景区的景物解说中象形解说和玄幻传奇占据了重要地位甚至主导地位，围绕这些景物编出许多传奇神话。其次，解说内容的翔实性存在较大问题，景物解说内容普遍存在虚构、杜撰、夸张等弊病。景物解说信息的来源经不起推敲考证，牵强附会者甚多。最后，景区解说系统缺乏更新，解说内容刻板陈旧，缺少时间上的更新变化。当前许多景区在解说系统的设计上存在一个误区，认为解说系统是一个静止的范畴，不需要更新，一个景区的景物解说往往在该景区建设初期确定以后就一成不变。在信息化的今天，旅游者对景区的了解变得相对简单，一成不变的解说系统使游客出游时仅具有按图索骥的寻觅感，而缺乏旅游活动的新奇感，平淡无奇的浏览感觉很突出。

综上所述，当前旅游解说系统存在较大问题，在许多方面已经与旅游发展现状不相适应。如何对现有旅游解说系统进行改造，建立适应乡村旅游大发展的旅游解说系统迫在眉睫。笔者就当前旅游解说系统的现状和游客对解说系统的期望，在此基础上提出了乡村旅游解说系统创新的几个关键因素和建设原则。

（二）创意乡村旅游解说系统的关键因素和建设原则

解说不是碎片与单个项目的讲解，应该是连贯的整体，其最重要的作用是让旅游者获得知识性与拥有更好的服务体验感。

1. 创意乡村旅游解说系统的关键因素

（1）基本的向导与信息说明。游客来到乡村旅游景区（点）最迫切需要知道的是到底他们在这里能"玩到什么"，当然这里的"玩"是指乡村旅游设计提供的体验项目。简洁明了的解说系统应以多样化的方式给游客提供旅游目的地的基本信息和服务导向功能，使旅游者在乡村旅游景区（点）有便利、舒适、愉悦的感受，这应是解说系统的第一要务。

（2）教育功能。教育功能是旅游解说系统的核心功能之一。旅游解说系统的教育对象包括旅游者、社区居民和目的地经营者，其中以旅游者和社区居民为主要对象。教育的内容包含以下几方面：当地的自然、文化和社会价值；乡村旅游的原则及其在产品中的体现；保护乡村自然的意义和有效方法；解说农作物及其种植过程中应具备的专业技能。帮助旅游者在真实的基础上了解旅游资源的价值，获取美的体验。

（3）旅游者与目的地互动交流的平台。乡村旅游解说系统应致力于建立和加强旅游者与旅游目的地的互动交流，包括旅游者与旅游资源之间的"人—物"交流和旅游者与目的地居民之间的"人—人"交流。与游客直接的交流正是在解说的过程中发生，乡村旅游景区（点）不是单项地向游客进行信息传播，同样也接收游客的反馈信息。

（4）保护乡村自然资源。乡村旅游解说系统的另一个关键因素是自然保护。旅游解说系统需制订环境保护计划，包括当地自然保护的意义、减少环境影响的有效方法以及在文化、环境敏感区域的恰当行为，还包括自然环境监测和评估数据及影响该数据的各类行为。游客的不文明行为常常会在乡村旅游景区（点）发生，尤其当景区（点）的接待量大时，这种破坏会更加明显，乡村旅游景区（点）通过一些提示与帮助信息，巧妙地提醒游客在体验享受乡村资源时，维护乡村的美丽。

2. 创意乡村旅游解说系统的建设原则

（1）生态兼容原则。主要指解说牌示的材料选择符合生态保护和可持续发展的要求，所选用的材料以就地取材为原则，采用再生建材，不使用砷、铜等元素处理木材，摒弃不可降解的人工材料。

（2）景观兼容原则。主要指旅游生态解说系统的建设应确保与周围的自然和文化环境相协调，尤其是各类解说牌示的样式、色彩应与周边环境保持景观上的一致性，景观敏感地段应充分考虑解说牌示的位置。

（3）系统实施原则。旅游解说系统由人员、解说牌示、游客中心、可携式出版物等解说要素组成的一个有机系统。解说系统的建设以系统的观点统一设计实施，将各解说要素综合考虑，根据游客的需求提供差异化的解说方式，解说内容的取舍详略也要充分考虑解说要素自身的特点，各有侧重，有偏有全。

（4）人文关怀原则。解说的人性化，在设计时充分考虑旅游者的需求，充分尊重游客。这体现在解说人员不仅需要具备良好的服务态度，也要求解说用词摒弃生硬的禁止用语，采用温婉的劝诫忠告词汇。还要求解说引导内容通俗易懂，旅游者易懂易做。最后，解说系统的设计要注意便利性，充分考虑残障游客的需求。

八、创意乡村旅游从业人员的培养

乡村拥有丰富的旅游资源，但有眼光、懂经营、会管理的乡村旅游人才，特别是乡村自有人才严重缺乏，导致旅游资源得不到充分的发掘和利用。即使通过聘请专家学者制定出了好的创意和策划，往往也因为缺乏能够对优秀的创意、策划、规划实施和运作的经营管理人才，而使乡村旅游蓝图无法顺利实现。另外，在住宿、餐饮、游览等各一线岗位上从事具体接待服务工作的人员，大多是从农业战线上"半路出家"的，对于旅游服务行业的规范标准知之甚少，这也严重制约了乡村旅游向更高层次的延伸发展，因此无论是从当前乡村旅游开发的现状，还是乡村旅游今后的长远发展考虑，乡村旅游人才培养刻不容缓。

（一）乡村旅游人才的发展现状

1. 乡村旅游从业人数较多但文化素质偏低

目前来看，从事乡村旅游管理的大多数都是当地的农民，文化素质偏低，对于旅游业没有具体的认识，不能很好地参与旅游业的管理，甚至有些偏远地区的农民不知道当地的自然风光可以开发为拉动经济增长的旅游业，对于乡村旅游持排斥、抗拒的态度，就算是支持发展旅游业的农民在变成旅游从业人员之后也因自身的局限性不能长远持续地发展。

2. 乡村旅游从业人员缺乏专业、系统的培训

一直以来，虽然乡村旅游业已经开始崭露头角，但是国家及政府各部门对于乡村旅

游从业人员的培训工作却一直不够重视，从业人员接受培训的比例较低。

3. 相关旅游院校培养的旅游人才没有真正进入农村

随着旅游业的发展，旅游管理为旅游业培养了大量的专业人才。但是由于乡村经济水平、工资水平和生活条件的限制，大部分旅游专业的学生宁可改行，也不愿意到乡村去从事乡村旅游开发工作，致使人才严重流失。

（二）对于培养乡村旅游人才的几点建议

乡村旅游不同于原有的生产和生活，它对从业人员提出了新的要求。当前乡村旅游从业人员文化层次普遍较低，专业素质不高，难以满足乡村旅游发展的需要，乡村旅游的迅速发展与从业人员素质低下的矛盾日益突出。

乡村旅游人才的来源，一是从外面引进，二是自己培养。从实际情况来看，在乡村旅游开发初期，主要依靠自己培养。对乡村旅游目的地的村民进行培训，合格以后从事乡村旅游经营管理和服务。

1. 加强政府的引导和管理

政府要加大对乡村旅游人才培养的重视力度，从制度层面上加强对乡村旅游业的指导和管理，制定合理可行的人才政策，吸引优秀的经营管理人才投身乡村旅游业。还要加强对从业人员的培训，提高对乡村旅游开发的认识，认识到乡村自然、民风民俗等资源里面蕴含的旅游价值，同时加强旅游知识和技能的培训，提升业务能力、服务意识和管理理念。

2. 全方位、立体的培训

将乡镇分管领导、农村旅游单位管理者、市场营销人员、一线工作人员区分开来，根据各自的特点和需求分别进行相应的培训，提高领导认识，更新管理者经营观念，提升营销人员业务水平，强化一线员工的基本技能。

建立政府、企业、从业人员个人共同组成的培养体系。随着乡村旅游的发展，要逐步建立起政府组织、企业组织、个人自觉参加的人才培养体系。政府和相关部门在乡村旅游开发初期以基本培训为主，当乡村旅游逐步走上正轨后侧重于执业资格和执业技能鉴定的培训和认证。在这个层次的工作实施中，政府应该设置行业准入要求、上岗资格要求，并规范管理各级各类旅游教育培训与认证机构。

建立企业内部的培训体系，在政府的引导和支持下，针对自身实际，划拨专项经费，安排专门人员负责，通过"走出去"和"请进来"的方式，针对企业基层员工或专业技术人员或高层管理者开展相关的培训工作。乡村旅游从业人员要逐步增强自我培训、自我提高，通过自修、远程教育、函授、业余学习、外出参观考察等多种方式获取乡村旅游的新知识、新信息。

3. 坚持培训模式的多样性

（1）培训形式多种多样。为了有效扩大乡村旅游人才总量，提高乡村旅游人才的整

体素质，必须坚持长期培训与短期培训相结合，联合培训与独立培训相结合，集中培训与分散培训相结合，自学与面授相结合。重点可以采取以下几种培训方式：

①本地基础性培训。秉持从业人员需要什么培训什么的原则，积极开展各种形式的旅游实用技术培训；利用生产经营淡季和闲暇时间，集中人员开展针对性培训，培训内容以公共知识和操作技能为主。

②专项培训。主要针对村民进行旅游知识和技能的培训，对于乡村旅游规划人才、乡村旅游管理人才、乡村旅游经营人才等专项人才的培养，可以通过与旅游院校合作来完成。一方面，旅游院校可以开展"订单教育"，为农村培养"留得住，用得上"的旅游人才；另一方面，乡村旅游从业人员可分期分批地到院校进行系统培训。

③参观考察学习。组织从业人员赴农业旅游示范点或乡村旅游开展得好的地方学习旅游发展的先进经验，参观考察便捷直观，学习效果较好。

④从业人员自学。从业人员最了解自己需要学习什么，学习的主动性最高。通过自己购买书籍阅读、收听收看广播电视、登录互联网等形式，参加远程教育与培训。

（2）有针对性地选择培训内容。乡村旅游人员因素质不同、要求不同，参加的培训项目和培训内容要体现差异化。一般的培训项目与内容有以下方面。

①公共知识培训，主要包括服务礼仪、卫生与环保、消费心理学、家政筹划、组织纪律、法律常识、经济常识等方面的培训。

②专业操作技能培训，如茶艺、厨艺、美容美发、铺床、餐巾折花、蔬菜果树的栽种和护理等。

③专业技术知识的培训，如旅游企业管理知识、乡村旅游产品开发知识、市场营销知识等。

（3）选择合适的培训机构和师资。可以在高等院校、职业学校和培训机构中选择一批教学管理规范、积极性高、培训实力较强的单位作为乡村旅游人才的培训基地。抓好乡村旅游专业师资队伍的建设，选拔、建立一支专业知识扎实、实践能力强、素质较高、乐于奉献、能够满足乡村旅游人才培训要求的专兼职师资队伍。

4. 加强和各大院校的合作，吸收专业、先进的人才

目前全国已经形成了从职业高中、中专、大专、本科到研究生的完善旅游教育培养体系，开设各类旅游专业的院校数百所，旅游专业在校生人数达数十万，专业涉及旅游管理、酒店管理、景区管理、导游服务、宾馆服务、旅游策划与营销、旅游规划等，起步较早、条件较好的乡村，可以招聘高校旅游专业毕业生充实乡村旅游人才队伍。很多学子来自农村，他们基础知识扎实、专业技能强，如果能够吸引其中一部分人回到乡村、扎根农村，投身乡村，必将大大地促进乡村旅游的发展。

总而言之，人是一切工作的核心动力，对乡村旅游业人才的培养一定不能马虎，针对目前乡村旅游人才培养方面出现的问题，政府、经营者以及从业人员自身都要加强重视，积极采取措施，开拓新的乡村旅游业发展前景。

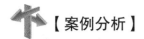

【案例分析】

德清乡村旅游创意发展纪实——培育旅游新业态　引领行业新方向

2015年4月1日，央视一套《新闻联播》以德清县为典型案例，报道了"浙江十年坚守生态富民"。在总时长2分多钟的新闻报道中，有1分半钟是在讲德清通过生态建设绿了青山、富了百姓的美丽景象，介绍了该县以绿水青山为依托，大力发展乡村旅游，带动富民增收，形成生态旅游发展与百姓增收致富相互促进、绿水青山就是金山银山的良好发展局面。一时间，德清的乡村旅游吸引了无数目光的关注。时隔不到半年，德清又成了国内外旅游人士聚焦的中心点，2015国际乡村旅游大会在这里举行，会上，德清成功入选"世界十大乡村度假胜地"。2016年1月8日，国家旅游局公布了中国国际特色旅游目的地创建名单，浙江莫干山榜上有名，被列为中国国际乡村度假旅游目的地，杭州都市圈仅此一地入选。这意味着德清乡村旅游走出了一条高端精品之路。

从2007年德清第一家"洋家乐"诞生至今，德清西部已有各类农、洋家乐350多家，其中以"洋家乐"为代表的精品民宿有70多家、床位750余张。民宿业态的崛起，让德清乡村旅游走出了一条独具创意的发展之路。

一、先进理念为乡村旅游定位

乡村旅游虽然在中国已经有了较长的发展历程，但在以往很多人的心目中，乡村旅游的代名词是"农家乐"，主要是由农民利用自有闲置住房经营为主，传统的农家乐意味着经济实惠的价格，结伴而来的城市居民，喧嚣的农村集市。这种发展模式虽然满足了普通游客的需求，但对于处于消费高端的白领、金领甚至是外国游客来说却不适应，这个小众群体需要更好的服务、更高的享受。在这样的市场需求下，德清"洋家乐"应运而生。

德清坚持把高端度假作为乡村旅游发展的主线。2007年，来自南非的一位投资者高天成在德清西部莫干山下创办了首家精品民宿，因相当一部分客源是居住在上海、杭州等地的外籍人士，而被称为"洋家乐"。随后，法国、英国、比利时、丹麦、韩国等国投资者相继而来，"洋家乐"也很快成为德清精品民宿的代名词。目前，德清西部已有外国人士及上海、杭州和本地人士开办的"洋家乐"70多家，彰显了德清乡村旅游高端度假的主题。大部分"洋家乐"租用村民闲置旧房进行改造，用材上就地取材变废为新，在个性化设计的同时保留乡村味，并采用标准化排污系统，确保不破坏当地自然环境。在服务方面，它们提供管家式、一站式的高品质服务，同时充分挖掘本地自然环境和人文风情优势，满足消费群体的个性需求。"洋家乐"主要客源是跨国公司高层和都市白领等高端消费者，他们注重旅游过程的新鲜感、体验性和高品质，是高端度假的主要消费人群。针对这一群体，各"洋家乐"突出自身文化特色，提供管家式、一站式的高品质服务，充分挖掘本地自然环境和人文风情优势，全力打造以休闲度假为主的高

端旅游品牌，满足消费群体的个性需求，"洋家乐"好评率达 90% 以上。

游客选择来山区度假，看中的就是这里原生态的自然环境，因此从 2005 年开始，德清就实施了西部山区生态补偿机制，10 年来累计投入 2.6 亿元，用于关闭、搬迁原有工业企业，有效保护了该县西部环莫干山区域的青山绿水。近年来，德清县又结合"五水共治""三改一拆""四边三化""和美家园"建设等工作，先后对环莫干山区域内的笋厂、氟石矿、竹拉丝企业等开展专项整治，对该区域生猪养殖一律实行关停禁养，生态环境面貌得到了明显改善。正是在这样先进理念的引领下，德清"洋家乐"的发展也是以低碳环保和生态消费为主要特色。在这里，大部分"洋家乐"都是租用村民闲置旧房进行改造，在个性化设计的同时保留"乡村味"，改造用材全部就地取材、变废为新，同时采用渗透式排污系统，确保不破坏当地自然环境。同时，"洋家乐"还积极推广生态消费观念，要求消费者节约用水用电，禁止室内抽烟，鼓励公共交通出行，切实保护了生态环境。

二、科学规划为乡村旅游导航

德清县委、县政府高度重视乡村旅游发展，针对德清发展实际，结合新农村"中国和美家园"建设，提出乡村旅游发展要充分依托莫干山品牌优势，从低端粗放型向精品特色型转变。为此，德清县立足休闲度假这一定位，制定了《莫干山国际休闲旅游度假区总体规划》和《莫干山国家山地户外运动基地总体规划》。同时编制了《民宿旅游项目专项规划》，按照高端、生态、精致、特色的休闲度假发展方向，做出全面细致可操作的民宿产业规划设计，明确了产业发展定位、空间、时序，形成可持续发展格局。此外，按照打造特色、实现多元化发展的要求，该县还将民宿产业发展纳入了民宿较集中的镇、村经济社会发展规划。

在乡村旅游发展过程中，德清县通过推进环莫干山异域风情观光线和莫干山国际休闲旅游度假区建设，将莫干山镇、筏头乡各民宿连接成片，有效提升了西部山区旅游环境容量。同时，户外运动体验中心、慢生活示范区、环西部山区自行车绿道等一批具有鲜明特征的旅游配套项目也开始启动建设。旅游咨询公共网站、公共场所旅游咨询中心的打造，公路交通网络和道路标识系统的完善，更是提升了西部山区交通容量及安全系数，推进了旅游便捷化。

为了让德清"洋家乐"呈气候发展，德清县加大了选商引资力度，鼓励和引导民资、外资共同参与民宿产业发展。该县在精心甄选民宿业主时，不仅会考量其经济实力，更是会关注其资源掌控能力、项目运营能力等，以便把最好的资源配置给最好的项目和最有能力的企业。为此，该县还制定了高端民宿产业的准入门槛，提高"亩产"收益，确保有限的旅游资源开发利用经济效益和社会效益最大化。据了解，目前，除裸心谷、裸心乡、法国山居外，后坞生活、清境·原舍、大乐之野等不同规模、不同风格的项目已相继营业，"洋家乐"集聚效应进一步显现。

三、高效服务为乡村旅游护航

为了让乡村旅游能够更加健康有序地发展，德清县在县旅游部门指导下组建了"洋家乐"行业协会，为各"洋家乐"提供业务指导，规范管理服务，调解矛盾纠纷，并为解决项目建设经营过程中的问题和困难提供平台。通过充分发挥行业协会桥梁纽带和行业自律作用，各"洋家乐"之间广泛开展业务交流合作，联合开展宣传促销，同时对日常业务、服务质量进行监督检查，促进"洋家乐"行业提升发展。据统计，目前该协会已有成员单位30余家。

为了给"洋家乐"的发展提供更多资源，德清县引导西部山区各行政村充分整合盘活旧村委、旧厂房、旧校舍等闲置资产，推进有条件的旧房改建民宿。针对部分村民闲置旧房因"建新拆旧"政策无法开发利用的情况，积极探索由村集体收购盘活、统一管理的运作模式，在有效保护古民居的同时，合理利用开发乡村旅游。目前，莫干山镇已排查出50处闲置农房和6处闲置村级集体房屋，将进行分片规划，统筹管理。

同时，德清县还成立了县涉外休闲度假项目服务小组，加强了对项目审批、建设的指导和服务。今年以来，该服务小组多次召开专题会议，研究解决裸心堡、御庭精品度假酒店、捷安特山地车公园等项目推进中的问题。同时通过调查研究，出台了《德清县民宿管理办法（试行）》，整合各部门职责，加强消防、治安等方面的管理，建立"一户一档"，详细登记经营和入住的涉外人员，实行动态管理。2015年5月，德清还发布了全国首部民宿地方标准规范《乡村民宿服务质量等级划分与评定》。

四、德清乡村旅游典型展示

莫干山御庭·安缇缦度假村位于莫干山镇长林坞水库周边，是一个集旅游、休闲、度假、文化为一体的旅游综合体项目。项目总占地面积约1200亩，规划建设用地约92亩，计划总投资10.5亿元，由上海御庭酒店管理有限公司与德清县兴隆房地产开发有限公司共同成立德清御隆旅游开发有限公司进行合作开发，建设内容包括酒店住宿、餐饮配套、商业设施、服务中心等，总建筑面积70000平方米，客房总数660间，项目预计2016年年底前竣工。

目前，项目一期B地块对外试营业，面馆及湖边餐厅完成建设并对外开放，云顶餐厅及欢迎中心正在建设，道路正进行绿化完善。

与Discovery·Channel（美国探索频道）合作的探索极限基地项目情况：计划总投资1.66亿元，建设内容包括露营基地、野外生存训练、障碍训练、树上探险、山地车、攀岩、徒步、滑索、室内及儿童活动区等设施。

（资料来源：培育旅游新业态 引领行业新方向——德清乡村旅游国际化纪实，http: // ehzrb.hz66.com/hzrb/html/2015-09/10/content_248090.htm.）

☞ **案例思考**

1. 试分析莫干山"洋家乐"火爆发展的背景。

2.试分析乡村旅游给德清带来了什么，以及给我们发展乡村旅游带来了什么启示。

【思考练习】

一、名词解释

乡村旅游　创意农业　创意乡村旅游　创意乡村旅游市场营销　创意乡村旅游解说
创意乡村旅游人才培养

二、简答题

1.乡村旅游的作用是什么?

2.创意乡村旅游的类型有哪些?

3.乡村市场营销的创新体现在哪些方面?

4.创意乡村旅游解说系统包括哪些?

三、论述题

1.结合实际情况分析我国创意乡村旅游的发展前景。

2.谈谈对创意乡村旅游人才培养的认识。

参考文献

［1］刘华云.文化创意思维中的乡村旅游［N］中国文化报,2016-03-03.

［2］刘芬.乡村旅游市场营销创新研究［J］.和田师范专科学校学报（汉文综合版）,2009,28（6）:25-26.

［3］刘志蜂.关于乡村旅游人才存在的问题及其对这些问题的几点思考［J］.现代商业周刊,2003（32）:34-35.

［4］陆素洁.如何开发乡村旅游［M］.北京:中国旅游出版社,2007.

［5］肖佑兴,明庆忠,李松志.论乡村旅游的概念和类型［J］.旅游科学,2001（3）:8-10.

［6］郑群明,钟林.生参与式乡村旅游开发模式探讨［J］.旅游学刊,2004,19（4）:33-37.

第 四 章

城市创意旅游的策划与开发

【学习目标】

了解城市体育旅游的开发理念，熟悉创意产业旅游的策划与开发途径，了解城市旅游事件开发的策划思路。对创意旅游的内涵，创意旅游对城市发展的影响有较为深入的掌握，具有一定的城市事件型旅游的策划与开发能力。

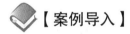【案例导入】

低空跳伞——城市空中的视觉盛宴

作为极限运动的一种，低空跳伞运动是一项极具观赏性的极限体育运动。从 20 世纪 70 年代起，越来越多的西方人开始从低空跳伞这项运动中寻找新的刺激和挑战。现在低空跳伞已经发展成为一项富有国际性、时尚性和挑战性的极限运动。把低空跳伞作为城市旅游事件进行开发，将大大增强城市旅游的活力，提升城市旅游形象。

一、上海金茂大厦的惊险低空跳伞表演

2003 年，上海金茂大厦首次举行低空跳伞表演，这是中国最早引进的低空跳伞表演活动，活动不仅为上海的旅游做了热点促销，也把上海金茂大厦的旅游开发推向了高潮。

2004 年金茂大厦再次举办国际低空跳伞表演，来自 17 个国家的 38 名跳伞选手从大厦的 89 层飞身跃下，为观众上演了一场国际高楼跳伞的视觉盛宴。当天，"中华第一高楼"金茂大厦跳伞表演中首次出现了三男、三女六名中国运动员的身影。领跳的是中国运动员丁建平。丁建平携带着一面中国国旗以每秒 30 米的速度急速下坠，在他到达

金茂大厦中部位置时鲜艳的烟火向外喷射,伞花也瞬间弹开,鲜艳的五星红旗随之迎风飘扬。半分钟后,丁建平平稳降落在草坪上。

精彩的第一跳后,选手们轮番登场,单人跳、多人跳,还有脚踩火轮跳,有的前滚,有的后翻,真是八仙过海,各显神通。一位来自挪威的运动员还捧着一条三文鱼一同触摸上海的蓝天。压轴戏是集体跳,由 11 名运动员带着缤纷的彩练依次跳下,一朵朵伞花在空中盛开。数万名观众在主会场以及金茂大厦附近观看了这场精彩绝伦的表演。

二、北京中央电视塔的低空跳伞表演

2005 年 11 月 5 日,有 25 名世界跳伞高手参加的 2005 “金圣之秋”北京低空跳伞公开赛在中央电视塔举行,从距地面 233 米的塔顶纷纷飘落的选手们让大雾笼罩着的首都天空绽放开朵朵“伞花”,为北京市民带来了一场惊险刺激的视觉盛宴。

10 点 30 分比赛准时开始,两位身挂五星红旗的中国选手丁健平、张宏伟从电视塔上纵身跃下,落至塔柱一半高度时两只降落伞同时打开。伴随着观众的欢呼和掌声,两人准确地降落到指定着陆点。在随后的比赛中,各国高手陆续表演了双人跳、三人跳、倒立、翻腾等高难度的跳伞动作,最后 6 名选手一同从塔顶跳下,用一个精彩的 6 伞组合图案为比赛画上圆满句号。

这些具有某种悬念与刺激的旅游事件的开发,是通过一种更为巧妙的方式吸引人们眼球、敲击游客好奇心理,不仅可以借势媒体与大众的主动传播,也可以为旅游事件本身直接的旅游宣传推广起到重大的推动作用。同时,也是营销城市旅游活力与旅游形象的一种十分有效的策略。策划好这些悬念型旅游事件,不仅可以获取直接的旅游收入,更可以获得旅游的品牌附加值,为城市旅游开发做出积极贡献。

(资料来源:胡小武.传承与升华:城市旅游开发与营销战略[M].东南大学出版社,2008:196-198.)

👉 **思考**

1. 城市创意旅游开发的构思来源是什么?
2. 事件型旅游开发对丰富城市旅游开发内涵的作用与价值。

第一节　城市体育旅游策划与开发

一、城市体育旅游的兴起

今天,体育运动已经成了一种生活时尚,旅游也是一种时尚,两种时尚合二为一的体育旅游便成了一种超级时尚。在这个背景下,将体育和旅游融为一体的体育旅游,成为现代旅游开发策划的重要内容。人们在日常生活中的体育健身娱乐活动是丰富多彩的，可以概括为以下类型：第一类是观赏性体育活动，即通过观看各种体育比赛或表演，获得心理满足。第二类是体力性活动，即以亲身体验参加为特征的各种健身娱乐活动。第三类为智力活动，如棋牌活动。作为体育旅游，其目的是使人们善度余暇、健身强体、消除疲劳，获得生理和心理上的满足与放松。它首先必须具备旅游业的基本特征，即旅游是人类以前往异地寻求审美和愉悦为目的而度过的一种具有社会、休闲和消费属性的短暂经历，它是人们对未知世界的一种好奇——体验差异，是一种与人们日常生活状态完全不同的活动，具有明显的异地性、暂时性、消费性和休闲性。但是在狭义的理解上，也可以把体育旅游看作离开家门去一个特定的场所，并非完全离开自己所属的城市的异地去体验、参与、观赏体育运动的一种旅游形式。

体育旅游已经逐渐成为城市旅游的一种新时尚。高尔夫旅游、环法自行车旅游、世界杯旅游、奥运会旅游、F1赛事旅游、滑雪旅游、大师杯网球旅游等都大大开拓了城市旅游的新市场。体育旅游不仅仅是旅游的一种形式，更是旅游产业与体育产业交叉渗透产生的一个新的领域，因而成为现代城市日益重视开发的产业项目。体育旅游开发策划将面临崭新的机遇。

发达国家非常重视体育旅游发展，也培育了较为成熟的体育旅游市场及产业。这是由于发达国家早已开始了整体性的国家产业、生产方式与生活方式的升级。这被称为"后工业社会"的都市体育休闲产业转型。在欧美国家，体育旅游已经形成了巨大的市场，瑞士仅滑雪旅游一项，每年接待外国游客1500万人次，创汇70亿美元左右；以"足球工业"为主体的意大利，体育旅游的年产值从20世纪80年代的180亿美元增加到目前的500亿美元左右，超过了汽车制造业和烟草业产值；韩国和日本仅通过联合举办2002年世界杯，就分别创造出88亿美元和245亿美元的产值。

体育旅游还大大改善了旅游客源构成，因其吸引大量专业人士的效果，同时可以成为城市形象营销的绝好机会。资料显示：悉尼奥运会期间除了吸引万余名的运动员和官员以及1.2万多名媒体记者外，还吸引国内外游客达50万人次。悉尼奥运会期间大量外国游客的涌入，不仅给悉尼商界带来了颇丰的收入，也为悉尼在国际上进行市场宣传奠定了坚实的基础。赛事期间最直接的客源不仅来自参赛队伍本身，除了人数众多的运动员、教练员、服务人员、体育官员、媒体记者以外，还有大量的"啦啦队"和观众。赛事活动为举办地带来大量的优质客源，获得了巨大的经济效益。仅此就足以证明体育旅游业的蓬勃生机和巨大市场潜力。

大型赛事推动城市体育旅游发展。大型赛事成为体育旅游最直接、最强劲的拉动力，其含金量早已为各国实践所证明。以著名的F1赛车为例；最先开展F1赛车的英国银石赛道，餐饮、宾馆、交通、娱乐、服务等综合收益达3000万英镑。国际著名的AC尼尔森公司的专项调查显示：F1中国大奖赛期间，上海的高档酒店当月业务量增额估计为2.8亿元，赛事期间酒店房价比平时上涨100%左右，不少团队客户甚至在一年

前就开始预订房间。F1 中国大奖赛吸引了众多现场观众，这些观众约有 1/3 来自境外，1/3 来自上海之外国内其他地区。举办 F1 比赛的上海国际赛车场，已经跟东方明珠、中共一大会址、上海大剧院、上海野生动物园、上海新天地等一起成为上海的经典旅游景点。

在我国长江三角洲地区，各种健身休闲渐成风尚，高尔夫球、游艇等高端项目更令不少外地游客慕名而来。南京的钟山国际高尔夫、银杏湖高尔夫、珍珠泉昭富高尔夫等俱乐部，已经吸引了韩国、港澳地区的游客前来打球与度假；原本实行会员制的杭州西湖国宾馆的练习场对普通大众开放后常常满员，节假日和黄金周期间更是营业到深夜。不管是高端体育项目，还是登山、攀岩、漂流、蹦极等健身休闲活动，方兴未艾的体育旅游事实上已成为长三角旅游经济的新引擎。

主题体育活动、大型体育赛事等催生的城市体育旅游逐渐成为城市旅游的一个新的"黄金机会"。如何构建具有特色的、具有市场营销力的城市主题型体育赛事，将一个"动感魅影"式的运动冲击波带给体育旅游的消费者，这是城市体育旅游开发的一个重要机会，也是一个需要高端策划的城市旅游开发内容。

二、体育赛事的城市旅游开发理念

"量体裁衣"是一种体育策划的务实型理念，旨在通过切合城市体育赛事发展的那些价值成长型体育赛事，并根据城市对于体育赛事的政策及财力投入开发出具有可持续发展的体育旅游项目。

在人类体育活动史上，有数以百计的体育比赛项目存在于城市生活当中，而且根据规模的不同和冠名的不同，各类现有的体育比赛项目数量大大超过了我们的想象。根据某体育研究机构调查显示，全世界体育赛事类项目总数已经有了 10000 多项次。另外，还有无数不断创新出来的体育竞技赛事，如因 F1 大奖赛衍生出了汽车越野赛、汽车漂移赛、卡车大奖赛、卡丁车大赛、无限制改装车（怪车）大赛等。

（一）城市体育旅游开发的项目选择

如何从缤纷体育世界中获取属于自己城市的体育赛事，成就城市体育旅游品牌开发项目，可以从几个方面入手，即从体育项目类型、规模、创新三个维度去策划出一些可行的赛事活动项目。

1. 从类型上考量体育赛事项目的选择

根据国际奥委会的资料，奥运会比赛项目划分为：大项、分项和小项。与雅典奥运会一样，北京奥运会的比赛项目是大项 28 项，这 28 项为田径、赛艇、羽毛球、垒球、篮球、足球、拳击、皮划艇、自行车、击剑、体操、举重、手球、曲棍球、柔道、摔跤、水上项目、现代五项、棒球、马术、跆拳道、网球、乒乓球、射击、射箭、铁人三项、帆船帆板和排球。2008 年北京奥运会加了一项武术，小项总数为 302 个。除纳入奥运大家庭的运动项目之外,还有如自行车、汽车、拳击、高尔夫、滑雪、棋类、摩托车等大量非奥运体育运动项目种类,这些都具有很高的城市体育旅游开发策划的典型性意义。体育赛事的"量体"工作还具有很大的拓展空间,这就更需要从深度策划的角度去思考与选择何种类型的体育运动赛事是具有竞争力与营销力的活动。在种类繁多的体育赛事项目上,如何结合城市地方特色与资源条件,选择并开发出具有一定推广力与影响力的体育赛事,将给各城市带来大量可供选择的条件与机会。

2. 从规模上考量体育赛事的定位

体育赛事可以在种类的基础上考量与策划,也可以从规模上去考量与策划。国际型的有夏奥会、冬奥会、世界杯、世锦赛、巡回赛等类型;洲际型的有欧洲杯、亚洲杯、美洲杯、亚运会、东亚运动会等类型;国家型的就更多了,有 NBA、CBA 和各种足球的超级联赛等类型;以及区域级的、省级的、市级的、横向行业型等不同规模的体育赛事。而基本上每一项赛事都依托在某一个城市或几个城市举办,那么从这个角度来看,上百个种类的体育赛事加上几个级别的规模差异,很多城市都可以有机会开发策划出属于自己城市体育旅游赛事的品牌项目。正因为有这些不同层级与规模的体育赛事,才给更多的城市提供了潜在的机会。各城市可以结合自己的优势,开发策划举办合理层级的体育赛事,通过打造品牌型适度规模的体育赛事,开发城市的体育旅游,提高城市的影响力。如南京年成功举办了第十届全国运动会,带来了几十亿元的体育旅游收入。江苏泰州举办的全国少年乒乓球比赛,也大大提高了其体育旅游收入与城市的知名度。

3. 从创新上考量体育赛事的开发

创新是人类进步的灵魂。旅游开发策划本来就是一种对于创新极为苛求的工作,在体育赛事开发策划的过程中,如何从体育赛事种类上、规模上、形式上进行创新、创造,更是一个极为重要的关键之处。纵观那么多新型的城市品牌性体育旅游开发项目,都具有很强的创新价值含量,而且很多城市还在一直不断地进行体育运动赛事的策划、开发。因为这是一个体育运动蓬勃发展的时代,体育运动赛事经过市场化的运作,越来越具有完善的配套与服务,从而越来越得到人们的认同、认可与参与。体育运动不仅是一项运动,也是一项健康的娱乐活动,参与的人与观赏的人都能从中寻找到快乐的意义,如老年保龄球赛、老年汽车拉力赛、攀越大赛、广场象棋大赛、国际龙舟赛、机器人世界杯等。还可以根据不同的城市特点与城市体育运动基础,策划设计出具有竞争力与品牌性的城市体育运动赛事。

(二)城市体育旅游开发策划理念与原则

城市体育旅游开发,必须作为一项城市的发展战略来设计,从政策、资金、经济增长、环境保护、可持续发展、多元化、营销、城市管理优化、城市文明提升等各个方面进行理念改造。

1. 城市政策法规先行，战略理念要明确

体育旅游是一个新兴产业，有针对性的法律、法规很少，应予以完善。体育旅游发展规划的制定应纳入城市社会和经济整体规划之中，听取各部门、各相关群体的意见，参考当地经济、社会、环境和资源现状及承载能力。应加大城市宏观调控力度，调整管理结构，坚持先规划、后开发，防止盲目开发及重复建设。必要时可以考虑体育旅游业的"适度超前"发展，体育旅游业适度超前发展是大多数国家在旅游初始阶段的普遍做法，在发展中国家更是如此。因此，可以专门结合体育运动的特点制定专项城市体育与旅游开发的法规，以确保将城市体育旅游开发纳入一个受保护、受鼓励也受约束的明确规定之下，这样可以大大提高市场参与的热情与开发市场的透明度。

2. 财力投入产出的有效安排

所谓"量体裁衣"理念需要在进行有效的体育运动赛事项目的选择与策划过程中把投资主体所做的预算或所计划投入的资金统一起来考量，做到可行性与可操作性的结合。有了政府的体育旅游开发的政策规划，政府、协会、企业都可以有参与投资开发体育赛事的平等机会，都可以公平地参与市场竞争。在财力投入的安排上，可以有政府的投资、民间的投资、国外的投资，但前提是必须对项目开发资金进行落实，然后才能有一个完整的开发计划与标准。任何一个体育赛事项目开发，都不能缺乏商业性操作，不能不考虑投入产出、投资回报。因此，不论是投资主体，还是投资总量，都需要有好的安排，如组织模式创新、融资渠道创新、项目运作的创新等都必须成为解决财力投入这个体育赛事开发的前提条件。

3. 树立产业观，打造产业链

体育产业和旅游产业都从属于第三产业且发展较快。由于行业从属不同，加强体育行业与旅游行业的整合，通过产业链的方式将体育旅游产业有效结合，必须强化相关行业的横向合作，通过政府的总体协调将体育旅游相关要素有效整合，把体育旅游做大、做强，达到共同受益的目的。体育旅游是城市形象与城市经济发展的重要载体，可以通过大力开发城市体育旅游项目，把产业链做长、做强。如房地产业就可以同体育旅游形成互惠关系，大型体育设施的开发建设、人流物流的兴起必然带来城市房地产的价值增值。南京河西奥体中心地产板块，由于有了奥体中心这一大体量的基础设施与景观，大大强化了这一地产板块的区域形象与品质，其居住品质与地产价格也水涨船高，这一切完全得益于体育旅游这一核心主题。还有其他各个相关行业如餐饮、宾馆、交通运输、通信、电力、商业、制造业、传媒等也可以从体育旅游开发的层面获得相关收益。因此，如何从城市总体层面完善体育旅游配套设施建设，提高体育旅游开发效益，打造一个完整的产业链，形成城市经济新增长点，是一个可以深度挖掘的方向。

4. 多元化开发原则

城市体育旅游应与观光旅游、生态旅游等旅游产品相结合，以满足不同游客的不同兴趣与爱好。多元化开发，应做到产品结构的多层次，以适应不同年龄、不同阶层、不同区域人群体育旅游的需要。体育旅游具有参与性、观赏性，还有一个重要的是"主题性"明确，在一个主题体育旅游的激发下可以产生很多横向旅游效果，本来到一个城市参加体育旅游的游客，可能会对城市其他旅游项目发生兴趣。因此，开展多元化开发，透过体育旅游的主题，做好游客资源共享的工作，是一个重要的旅游开发策划的内容，也是城市开发策划体育赛事所带来的综合旅游收益的重要来源。

5. 加强城市体育旅游的宣传与营销推广

城市体育旅游开发意味着一项新的旅游产品的营销。对于一项新的体育运动赛事，做好宣传策划及推广，并使体育运动赛事真正转化为可以提升城市旅游的载体，对于城市旅游开发具有重要的意义。加强体育旅游开发要配合到城市营销的各个层面。首先要尽量纳入政府行为当中，通过政府为主体的营销，把体育运动赛事推广升级，如可以通过政府重点工作计划、政府公共活动的新闻发布会等进行推广。其次，要将其尽量纳入相关体育运动协会与团体的组织化推广体系中，通过组织化的活动与会议增强体育赛事的辐射力，如可以通过相关体育协会的报纸或会议传播体育赛事的倡议与计划。另外，可以运用影视、歌曲、广告、互联网等多种宣传促销形式，提高宣传促销的影响力、覆盖面和科技含量，增强城市体育旅游宣传促销实效。

三、怀柔体育旅游项目开发策划

体育运动赛事旅游开发策划，具有运动本身的独特魅力，有高度的公众参与属性，同时因为体育运动赛事的开放性与户外性，因此也就具有很强的旅游开发的潜力。体育运动旅游开发，应基于资源便利性和体育运动的参与度，把一个城市所有的资源潜力很好地开发与利用起来。

北京怀柔慕田峪长城的体育运动赛事旅游开发策划———慕田峪长城国际拉力赛，是把长城元素、山区元素、运动元素、文化历史元素整合在一起所开发出的一个具有强烈国际化色彩的体育运动赛事。

（一）资源禀赋

历史文化及国际影响力。据文献考证，慕田峪长城是明初朱元璋手下大将徐达在北齐长城遗址上督造而成。慕田峪长城 1987 年被评为新北京十六景之一，1992 年被评为北京旅游世界之最，是万里长城的精华所在。慕田峪长城的构筑有着独特的风格，敌楼密集，关隘险要，城两侧均有垛口。东南面有三座敌楼并矗一台的正关台，为长城之罕见；西北面有建成在海拔 1000 多米处名曰"牛犄角边"和建在刀削一般的山峰上称为"箭扣"及"鹰飞倒仰"的长城，其势险峻峥嵘。整段长城依山就势，起伏连绵，如巨龙飞腾。克林顿夫妇 1995 年访华时，没有去八达岭长城，而是去了慕田峪长城，成为慕田峪的国际贵客，增加了慕田峪长城的国际化要素。

特色资源丰富。怀柔境内有大量具有独特的风格与特色的野长城、古长城、水岸长

城，并且有北方不多见的红螺湖、雁栖湖等湖景设施。怀柔境内还有高原、平原两种地貌，这些都是非常适宜户外体育运动赛事的优质景观资源。

发展战略定位明确。北京将怀柔定位为生态涵养区，鼓励发展旅游休闲、体育运动及教育培训基地。怀柔作为北京的一个郊区城市，也是北京市规划的北部山区生态涵养区，重点发展成休闲、旅游、教育培训基地。如何依托首都北京，将长城、山川、湖水等资源，还有沿途比较完善的交通设施，进行更深层次的旅游开发，是一个值得思考的战略方向。

积极利用慕田峪长城的知名度，扩大慕田峪长城的旅游与运动休闲产业的发展，可以更加丰富慕田峪长城的品牌旅游产品，因此从差异化与现实操作的层面开发出具有综合类型的国际拉力赛，充分发挥资源与地理优势，结合北京的区位背景，打造"慕田峪长城国际综合拉力赛"，是一个可以选择的城市体育运动赛事及旅游开发项目。

（二）慕田峪长城国际综合拉力赛基本策划理念

1. 活动主旨

攀登长城酬壮志、国际拉力合作促和平。

2. 国际拉力赛项目

（1）国际攀越拉力赛。

（2）长城竞跑拉力赛。

（3）长城自行车拉力赛。

（4）竞走拉力赛———老年组拉力赛、青年组拉力赛、少年组拉力赛。

（5）长城自行车特技表演赛。

（6）国际汽车拉力赛。

（7）怀柔国际摩托车拉力赛。

（8）怀柔卡车平原拉力赛。

（三）相关主题活动

1. 慕田峪长城建关 600 周年旅游文化节

通过开展对慕田峪长城品牌旅游产品与线路的讨论、长城文化的学术会议、野长城保护开发等一系列的活动，发动全面健身与登长城活动，扩大慕田峪的旅游宣传效果。

2. 黄花城"野长城"旅游节

黄花城是怀柔另一段较为有名的长城景观带，其水岸长城非常具有特色，另外还有很多段野长城也特别吸引爬越者的兴趣。因此开展黄花城"野长城"旅游节，可扩大九渡河沿线区域的生态旅游和农家乐产业发展。

3. 国际攀越文化节

攀越长城、攀岩等都属于现代旅游项目，对于开发个人潜能、增强合作都有积极意义。开展国际攀越文化节，讨论攀越产品与攀越技术，传递攀越文化，对于拉动相关产业的发展有积极作用。

（四）经济效果

透过慕田峪长城这个主题，不断挖掘系列长城文化与旅游文化品牌，去扩大旅游资源与产业开发，形成一个十分安全且环保的产业开发链，如运动器材的开发设计、旅游接待的提升、旅游门票收入的提高以及其他产品的开发销售，达到一个传播怀柔、发展怀柔的良性产业发展阶段。

（五）社会效应

通过开展慕田峪长城国际拉力赛，扩大怀柔的旅游品牌知名度，增加怀柔的相关产业的发展，提升就业容量，提升怀柔的产业升级以及增强怀柔的区域文化形象，为怀柔的各种行业发展带来外部收益。

第二节　创意产业旅游的策划与开发

一、创意产业旅游概述

（一）创意产业的崛起

创意产业是全球化条件下，以人们的精神文化娱乐需求为基础，以高科技技术手段为支撑，以创意为核心，向大众提供文化、艺术、精神、心理、娱乐产品的新兴产业。早在 1986 年，著名经济学家罗默就曾撰文指出，新创意会衍生出无穷的新产品、新市场和财富创造的新机会，所以新创意才是推动一国经济发展的原动力。但作为一种国家产业政策和战略，创意产业理念的明确提出者是英国创意产业特别工作小组。1997 年 5 月，英国首相布莱尔为振兴英国经济，提议并推动成立了创意产业特别工作小组。这个小组分别于 1998 年和 2001 年两次发布研究报告，分析英国创意产业的现状并提出发展战略。1998 年，英国创意产业特别工作组首次对创意产业进行了定义，将创意产业界定为"源自个人创意、技巧及才华，通过知识产权的开发和运用，具有创造财富和就业潜力的行业"。近年来，欧洲、美国、澳大利亚和其他国家发布的报告和研究成果大大丰富和推进了关于创意部门和创意产业的新观点。

创意产业被称为 21 世纪全球富有前途的产业之一。创意产业的发展建立了一条在新的全球经济、技术与文化背景下，适应新的发展格局，把握新的核心要素，建构新的产业结构的通道。纵观当今世界，创意产业已不再仅仅是一个理念，而是有着巨大经济

效益的直接现实。全世界创意经济每天创造产值达 220 亿美元，并以 5% 的年增长速度递增。如今，创意产业已经成为许多国家和地区经济发展的支柱产业。

国内的北京、上海、深圳、成都、杭州等城市也已建立起一批具有开创意义的产业创意园区。上海创意产业在最近几年里获得了快速发展，建立了一批具有很高知名度的产业园区，举办了国际电影节、电视节、音乐节、艺术节、各类设计展等活动；同时通过开发改造利用 100 余处老上海工业建筑，逐步形成了一批独具特色的文化创意产业工作园区，如泰康路视觉创意设计基地、昌平路新型广告动漫影视图片生产基地、福佑路旅游纪念品设计中心、共和新路上海工业设计园、"8 号桥"时尚设计产业谷和天山路上海时尚产业园等，闯出了城市改造融入文化创意产业园区开发的新路。在北京，创意产业的发展得到了政府的大力支持，北京数字娱乐示范基地、中关村创意产业先导基地、德胜园工业设计创意产业基地、国家新媒体产业基地、东城区文化产业园、798 艺术区六大文化创意产业成为北京市"十一五"规划的发展重点。

（二）创意产业成为旅游发展的新天地

1. 创意旅游的发展背景

创意旅游作为国际上近 10 年来发展起来的新理念，对旅游产业的发展、旅游研究的深入以及以创意为核心的城市建设，都具有积极的推动意义。

创意旅游产生于世界范围内普遍兴起的创意产业背景，包括三个层面的内容。其一，有创造性的游客超越观光层面，进行参与性体验与真实性体验的旅行，置身于诸如摄影、烹饪、雕刻、音乐、舞蹈等创意活动并与目的地居民互动互助，共同开发分享创造潜能；学习并体验旅游目的地文化、艺术、传统、遗产及生活方式等。其二，游客在度假时通过独自从事探索潜能的某一个特定活动开发技能从而提升成就感。其三，直接参与以被动和互动形式表现的诸如建筑、电影、时尚、设计等"创意产业旅游"。

创意旅游促进旅游业向纵深拓展。创意旅游不是"创意"与"旅游"的简单融合，"创造"是社会发展的重要源泉，是创意旅游的核心。创意旅游产品因双方深层体验和共同创造而具有高附加值。创意旅游不仅包含体验性的旅游形式，而且包含着主动参与和双向互动互助的动态创意过程。游客和目的地居民同时都具有创意消费者和创意生产者的地位，不仅深入文化旅游、生态旅游、科学旅游等深层内涵，而且深入游客及目的地居民社会生活的方方面面，与人的全面发展提升乃至社会的进步密切关联。

创意旅游强调的是用创意产业的思维方式和发展模式整合旅游资源、创新旅游产品、锻造旅游产业链，其依托更多的是文化创意元素，强调的是一个体验、互动、个性、参与、休闲的旅游愉悦过程。需要强调的是，创意旅游有广义与狭义之分。所谓狭义的"创意旅游"，是指旅游产业与文化创意产业诸如影视、艺术等融合而形成的新业态，如影视城、主题公园、艺术园区、旅游演艺等；而广义的"创意旅游"，是指以创意产业的发展理念、发展模式为指导，形成旅游业的一种新的产业发展思路。本节所阐述的主要为狭义的"创意旅游"。

因此，创意产业旅游并非创意与旅游的简单合并。创意产业旅游是一种新的旅游产品，强调的是运用创意产业的思维方式和发展模式整合旅游资源，其更多来源于文化创意元素的注入，从而在原有基础上创新旅游产品，构筑旅游产业链，实现旅游产业与其他产业的互动共赢。

2. 创意产业旅游发展

在创意产业发展中，旅游业扮演着重要的参与者和展示者角色。有的创意园区本身已经成为一个景点。被美国《时代》周刊评为最有文化标志性的22个城市艺术中心之一的798艺术区如今已成为北京旅游新地标，吸引着全世界游客的目光。许多游客到北京要看的不再只是故宫和长城，还有798的文化。在上海，"海上海"文化创意园区日益引人注目，游客说，看过去的上海去"南京路"，看今天的上海去"新天地"，看未来的上海要去"海上海"。

创意产业关联着诸多行业，这些行业的生产过程可以通过旅游业来展示。设在北京上地西路的联想创新设计中心看起来更像一家私人博物馆：玻璃门里是一排嵌在墙壁里的造型精巧的青铜器，另一侧的墙壁里则放置了象征中国古文化中"五行"的彩色矿石，走廊两侧的画板布满了风格各异的图案……只有身着制服端坐在电脑前的研究人员和他们的成果才显示出这是一家IT企业。中央电视台的新楼设计也预留游客通道，以便游客参观。

二、创意产业旅游的策划与开发

（一）创意为王：寻求碰撞和越界带来的创意

实际上，几乎所有的产业都需要创造性，那为什么还要提出创意产业概念？因为，创意产业的根本观念是通过"越界"促成不同行业、不同领域的重组与合作。通过越界，寻找新的增长点，寻求创意产品的多样性与差异性，推动文化发展与经济发展，并且通过在全社会推动创造性发展，来促进社会机制的改革创新。在一些传统的行业或领域中，创造性只是一种附属品而不具有产品的核心地位。而按照创意时代的创意理念，创意或创造性成了特指的产业方式的核心，并决定了产业的性质，进而决定了产业的管理与操作。

创意产业的精神性、流动性、易逝性决定了创意产业的根本：创意为王。创意旅游产业生产的产品，更多的是精神性、文化性、娱乐性、心理性的产品，但是这种需求又有很大的不确定性，存在着时尚潮流、个体嗜好、传播炒作、时机选择、社会环境、文化差异、地域特色等多种不确定因素。需求的不确定性与产业的风险，更决定了创意产业旅游的核心仍然是创意，要通过新颖独特的创意产品赢得市场。

（二）强调创意群体的团队组合

创意产业的组织结构与交易过程是与消费社会的架构方式相表里的，因而创意产业的组织结构就十分强调创意群体的团队组合，以在一个更高的层次上展开。它既要求创意产业建立在现代企业制度的构架之上，又具有自身对文化传承、精神创造、意境营构和可遇不可求的艺术天才及其灵感的追求，实现经济学家所说的增值生产功能。

作为高度推崇个体创造性的创意产业来说，创意人才更具有举足轻重的意义。美国学者理查理德·佛罗里达在他的《创意阶层的崛起》一书中强调了创意人才及其团队对于创意产业的极端重要性，认为蓝领阶层兴起于 19 世纪，白领阶层滥觞于 20 世纪，而21 世纪则是创意阶层的世纪。创意阶层的崛起挑战了现有经济结构，改变了城市发展路径，重塑了我们的生活方式。事实上，几乎所有保持了长久生命力的世界著名企业都是创意高度发达的企业，而多数世界著名企业家都是富有创意、推崇创意的企业家。通过市场化的运作，跨地区、跨行业整合各种资源，尤其是高级专业人才资源，在创意理念的引导之下，将智力因素和思想的火花与原有的资源完美结合，进一步提升原有产品、服务的体验性和吸引力，以适应不断更新的市场需求。

（三）发掘资源和地域文化，找到旅游文化创意的切入点

创意旅游是通过文化内容创新和旅游项目开发来满足消费者求知、求新、求奇需求的，因此，特色是创意旅游的灵魂，文化是特色的基础。在打造创意产业旅游产品之前，必须对选址地的历史、旅游资源进行分析，深入发掘文化资源并对其进行再塑造，利用现代的、创新的、商品化的手法，通过文化主线的选择和定位，确定整个文化旅游产业园区的发展方向。

位于上海建国中路 8 号的"8 号桥"，前身为上汽集团所属"上海汽车制动器公司"，占地 11 亩，建筑面积 1 万余平方米，这里每一座办公楼都有天桥相连；在重建过程中，保持了原来厂房的大体框架结构，引进了时尚元素，如今已经成为一个设计创意产业集聚区，而且改造后的旧工业厂房可以作为一个桥梁，将过去的历史和现代的理念融合起来，将国内和国外的文化与人才连接起来，这一举措开了上海将工业历史建筑进行保护性开发的先河，并注入了新产业元素，使工业老建筑所特有的底蕴、想象空间和文化内涵成为激发创意灵感、吸引创意人才、集聚创意产业的新天地，为国内外创意设计构筑了美丽独特的"巢"。

在"襄樊隆中文化旅游产业园区项目"中，以诸葛亮文化和三国文化为魂，整合区域资源，打造隆中旅游产业集聚区，形成以旅游业为核心，包含会展、地产、商业、文化创意产业在内的产业聚集结构，以旅游产业聚集区发展模式，实现了区域的发展突破。再以大型演艺《长恨歌》为例，就是借助华清池这一首批国家 5A 级景区的唐代皇家园林、6000 年的温泉沐浴史、中国戏曲的发祥地和唐朝皇帝的爱情故事等，抓住了

"让沉寂的历史鲜活起来"这一切入点。

（四）基于服务大众的着眼点，处理"高立意"与"通俗化"的关系，力求雅俗共赏

大众旅游者的普遍需求决定了文化创意必须通俗化。因为我们做的是旅游产业，不是纯艺术。但提供给游客的又必须是"高立意、高水准"的旅游产品，这就必须掌握好"高立意"与"通俗化"之间的度，进行游憩体验方式的创新。

以"襄樊隆中文化旅游产业园区项目"为例，有策划团队提出在深究古隆中及诸葛文化的基础上，以古隆中独特的风水结构及诸葛亮自身具有的风水文化元素为原点，打造古隆中风水文化系列产品，运用风水文化调整景区园林景观和小品景观，形成风水游览线路，给予古隆中诸葛故居以全新的旅游体验，并借助目前的市场认知度，从朝圣体验、祭拜的角度改变古隆中景区传统的单一观光旅游产品。另外，还通过文化包装主题乐园，突破机械游乐与文化资源的隔膜，利用三国时期的建筑园林景观、文化符号、历史故事与人物题材，通过仿古景观设计、文化包装等手段，以动感化的旅游设计手法，从三国时期的政治军事、经济、民俗、文学艺术等方面取材，设置三国文化意境下的互动型项目，通过与三国文化的"零距离接触"，为游客提供全方位的愉悦感，打造以诸葛亮文化和三国文化为文化原点、文化背景区的三国文化五感游乐功能区。

三、创意产业旅游策划实例：旅游演艺——一种创意旅游的新范式

旅游演艺以旅游地为依托，以发掘旅游地文化资源为导向，以展示旅游地民俗风情和历史文化底蕴为内核，以娱悦游客为宗旨，以打造旅游品牌为目标，在吸引游客、强化景区文化内涵、推介旅游品牌、拉动地方经济发展等方面，具有其他营销形式不可替代的作用。

旅游演艺的策划，要在创意、选址、策划、设计、编排、音响效果、视觉效果、表演效果等方面匠心独运，以打造精品。

（一）演艺策划原则

一要时尚创新。要捕捉流行元素，引发游客观赏兴趣，让游客感觉到有深意、有新意。

二要独特。游客于欣赏中能真切体会到与其他景区演艺别有的民俗风情和异质文化的独特魅力。

三要"造梦"。通过场面、环境、气氛、灯光、音效、歌舞等演艺要素，营造高科技造就的梦幻情境，让游客不虚此行。

四要雅俗共赏。演艺必须超越游客的个性差异，能引发群体共鸣，具有持久而广泛

的认可度。打造高端演艺品牌是实现旅游演艺营销目标的前提，演艺规格、档次、水准和品质直接与游客传播关联，这就要求技艺一定要高标准定位，同时又雅俗共赏、老少同乐。

（二）演艺节目策划

第一，突出地域文化资源，让游客体验当地不一样的情趣。杭州的《宋城千古情》，通过多种多样的表演，生动再现了杭州几百年前"东南形胜，三吴都会"的繁华。如果把《宋城千古情》视为吴越文化的标本，那么，《蜀风雅韵》《芙蓉国粹》《锦城云乐》则是巴蜀文化的代表。

第二，挖掘传统文化元素。山东曲阜三孔景区《杏坛圣梦》是一台广场乐舞，策划者立足孔圣做文章，使之成为活化了的孔子旅游品牌形象。西安华清池景区推出的大型实景剧《长恨歌》，以唐明星和杨贵配的缠绵爱情故事为内容，令游客长吁短叹。云南丽江的《纳西古乐》、河南登封的《禅宗少林·音乐大典》、辽宁沈阳的《努尔哈赤传奇》，无不反映了当地特有的传统文化。

第三，紧扣民族文化元素。《云南映象》利用了云南少数民族原生态歌舞元素，如彝族的打歌、佤族的牛头舞、纳西族的面具舞和东巴舞、基诺族的太阳鼓舞等，成为少数民族风情演艺的丰碑。《魅力湘西》被评为国家文化产业示范基地，凭借的也是对苗族、土家族、侗族等少数民族文化资源的巧妙利用。

（三）演艺场所选择

演艺场所是旅游演艺的硬件，有大、有小、有朴素原始的、有豪华现代的、有实景动态的、有舞台静态的，根据地理位置、占地面积、舞台筑造、观赏环境、情境打造以及资金等情况而定。总体来看，国内旅游演艺的场所一般有以下三种。

第一种是以村寨景点为核心的演艺平台，大多采取随境造型方式，选取一块相对开阔的空间展演，显得自然朴素，如大西南地区少数民族村寨景点的演艺平台。

第二种是以城市为基地的演艺平台，或定点于封闭的剧院空间，或定点于城市广场、城市主题公园广场，设施齐全，显出都市特有的大气和强烈的现代感。如中国首座全景式环球舞台——深圳世界之窗世界广场大舞台，由40多块大型构件组成，能根据演艺需求上下机动、分合自如。

第三种则是以景区为基地的演艺平台。如《印象·刘三姐》以方圆2千米的漓江水域为舞台，以沿江十二座山峰为背景，将刘三姐经典山歌、广西少数民族风情、漓江渔火等元素创新组合，巧借春夏秋冬的自然景观，配以变幻莫测的灯光，创造出了"天人合一"的艺术境界。

第三节　城市事件型旅游开发策划

一、城市事件型旅游开发的价值

旅游事件主要指那些在特定时间与空间内发生的可以迅速激活旅游信息注意力、传播力以及刺激人们旅游动机与行为的相关事件，如城市庆典、城市嘉年华、城市狂欢节、城市节庆日、特技飞行表演、名人参访等。城市旅游事件是基于特定城市空间所形成的具有集聚人气、吸引注意力、形成知名度与美誉度的与旅游消费行为相关的各种事件。城市旅游事件开发是现代旅游创意开发的重点方向，各地都在通过开发主题型旅游事件促销城市的旅游资源、旅游产品与旅游形象。例如，越来越多的城市开始通过打造城市的旅游文化节、引进大型旅游娱乐品牌活动、举办别具一格的冒险性活动、挑战吉尼斯纪录活动、万人广场婚礼活动、明星演唱会等来提升城市的知名度与美誉度，从而吸引人们的旅游注意力。

城市旅游事件，以不同的内涵与性质为界限大致可以分为以下九大类。

（1）文化庆典类事件：节庆、狂欢节、宗教事件、大型展演、历史纪念活动等。

（2）文娱事件：音乐会、特技表演、授奖仪式、慈善演出等。

（3）商贸会展类事件：展销会、交易会、博览会、会议、广告促销、募捐／筹资活动等。

（4）体育赛事类事件：职业比赛与业余竞赛等。

（5）教育科学事件：研讨班、专题学术会议、学术讨论会等。

（6）休闲事件：游戏、趣味体育、娱乐事件等。

（7）政治／政府事件：就职典礼、授职／授勋仪式、贵宾观礼等。

（8）时尚事件：新型城市主题日、冒险刺激型表演等。

（9）私人事件：个人庆典、周年纪念、生日庆典、家庭聚会、宗教礼拜、舞会、同学／友谊联欢等。

这些事件，大多本身就伴随有旅游行为的发生，如展销会、博览会、研讨会、联谊会、贵宾观礼等。还有一些事件可以激发出新的旅游行为，如特技表演、狂欢节等。除了像会展、会议、比赛、汇演等活动有专门的旅游主题开发模式外，城市节庆节会活动、城市时尚类活动事件、城市庆典类活动，是现代城市旅游事件开发的重要内容。

城市节会性事件塑造城市旅游文化品格。城市传统节会的开发，对城市的旅游开发与城市形象提升具有特别的意义与作用。节会活动不仅形成独特的城市特色文化活动，更可以成为品牌性的年复一年的旅游事件，通过持续的事件影响，提升城市的文化与品格，并给城市的旅游形象增加更多有利元素。

（一）传统节会活动是市民对城市历史的年复一年的认同与记忆

巨大、无序、快速变化的现代城市在市民心理上造成强大的紧张感和失落感，漂移与焦虑、流失与流离成为当下许多中国城市市民的普遍心态。人是文化的动物，现代市民需要感情的依托，需要对土地的认同，需要对家园的记忆。通过城市旅游节会的开发，强化市民的参与，使节会活动成为社区的节日，成为城市的心理皈依，促进市民的认同意识与地方观念。通过有延续的城市主题节会，"使人们获得社会交流的机会，显示人们对本地区的关注和责任感，证明地方的团结，塑造地方性，因此，从更广泛层面上节会对于地区社会关系的构成具有重要意义"。旅游节会活动必将因促进市民与社区的交流、促进参与、促进融合而使城市具备更多的"社区感"与"群体感"，让城市充满人情味与居住品质，使得城市社区的价值不断得以提升。日本是一个城市节会活动非常著名也从中大获其益的国家。自 20 世纪 70 年代以来，日本全国各地共举办了大小节会活动 18440 次。有些地方专门还成立了"未来之梦管理局""故乡创生事业""一村一品"等开发管理组织，对于日本的经济发展、旅游促进、文化保护、历史传承、社区认同、人际关系等产生了积极的推动作用。

（二）城市旅游节会活动成为保存传统文化的重要手段

文化可以提升城市的品位，许多城市主题旅游节会如庙会、元宵灯会、民俗节、音乐曲艺节、民族舞蹈节、龙舟赛、游园会等可以从各个角度、各种层面推动城市传统文化在动态中得到传承、得到保护。可以通过这些节会活动不断提升市民对于传统文化的喜爱，从而更为有效地推动城市文化传统与历史遗存的继承性保护。联合国教科文组织也已经开始认定此类遗产，如 2000 年首批认定的"世界文化遗产"（World Culture Heritage，WCH）中，就有韩国的旧王朝礼仪、玻利维亚的狂欢节等项目。如果城市可以从旅游节会与文化保护、历史传承关系理解城市文化与城市发展，无疑将对城市的个性、魅力、品位产生重大的推动作用。

城市节会活动，很多都是源自城市的历史文化传统，因此，通过节会制造一些如申遗活动、狂欢节、龙舟赛、庙会等，可以大大提升城市旅游知名度与形象传播力，从而为城市的整体旅游开发提供一个"符号性"价值。同时，这些事件与活动本身也是一个很好的旅游项目，可以为城市的旅游增添活力。如陕西长陵、湖南永州、河南新郑举行世界华人祭祖活动便给这些本来不太知名的城市一个隆重亮相的机会，并成为其旅游开发的一个重要窗口形象。

城市时尚新潮事件创意城市旅游热点。城市新奇时尚事件也会大大提升城市的知名度与旅游形象，如 2004 年天津举行天津卫建城 600 周年庆典活动、圣彼得堡 2005 年举行建城 300 周年庆典活动、上海金茂大厦低空跳伞特技表演、北京中央电视塔的国际低空跳伞特技表演、奇人阿迪力的走钢丝表演、飞机飞越张家界天门洞表演、飞机穿越太湖桥洞表演，还有娱乐之城长沙经常举办一些时尚电视栏目如"超级女声"和"金鹰电视节""玫瑰之约"等大型活动，这些都以时尚新潮的事件不断地将人们的眼球与脚步吸引到举办城市，并且这些活动都可以大大提升城市的知名度与美誉度。天津卫600周年的城市庆典，使得天津大大加快了城市改造与更新的步伐，并使得其旅游形象获得了空前的提升，从一个默默无闻的北方经济中心城市开始向旅游城市纵深发展。而俄罗斯圣彼得堡的建城300周年庆典，更是堪比举办了奥运会，城市改造得更为漂亮，吸引了众多世界媒体的关注，并间接吸引了全世界的旅游爱好者前去参观旅游与度假。因为这些城市建城几百周年的活动，目前还属于城市时尚新潮类事件，所以有很强的吸引人们眼球的热度。

人们对于新奇冒险的事情总是有一种潜意识的好奇与追逐，而这些事件又是新闻媒体最喜欢报道的。因此，很多城市都费尽心机去开发与引进这样的"制作性事件"，从而通过获取媒体的关注，吸引人们的眼球，并同时获取人们的旅游消费动机与行动。国内好几次的冒险刺激性事件，最终都内化为了一个旅游事件，并转化为一种旅游资源与故事，获取了旅游附加值的品牌性资源要素。如壶口瀑布因为影星柯受良的汽车"飞黄"、朱朝辉摩托车"飞黄"等大大刺激了人们的旅游观赏兴趣。阿迪力走钢丝横穿长江三峡、横穿南岳衡山主峰的事件也成为一种旅游事件而大大提升了人们对于这些地区的认知度。张家界的两度"飞机穿越天门洞"则更是让天门洞成为一个世界共知的旅游景点。因为这些惊险刺激的"事件"传递给了媒体与大众，从而将事件转化为旅游营销的一个重要渠道。据黄龙洞股份公司透露，自飞机飞越天门洞之后，张家界的旅游知名度与旅游收入直线上升，几乎到了要限制游客的极限容量。这就是城市旅游事件开发策划所带来的重大收益。

二、城市旅游事件开发的策划思路

城市旅游事件开发，从广义来讲，包括所有城市旅游产品的开发与营销活动，应把城市每一个旅游产品都看作一个旅游事件来开发策划。但这里所侧重的旅游事件开发策划则是基于更为狭隘层面的具体的旅游事件的开发策划，更侧重于一种脱离策略性的旅游营销的角度而从事件内容与形式本身来创意及策划。

这是一种基于发掘故事、讲故事、演故事的理念。城市旅游事件的开发策划要通过构建一个美丽的、吸引人的故事去打动人心，然后再把故事演绎出来让人们获得听故事与看故事（或参与演故事）的体验。

（一）要善于发掘有价值的城市故事

城市旅游事件必须是一些具备多个点位的故事，就像一个噱头，得要由一些能提起人们兴致或能令人耳目一新、眼前一亮的要素组成。这些要素除了新鲜、刺激、奇特、高难度冒险之外，还不能有很高的旅游者参与成本。虽然故事本身或许要花很大的代价

与成本，但这些代价与成本不能直接转嫁到游客、观众与消费者身上。比如，世界顶级魔术大师大卫的城市巡回表演，北京、上海的低空跳伞表演，张家界的战斗机穿越天门洞表演，汽车飞越长城、飞越黄河等故事，就是因为从前很少听过、玩过、见识过，所以才新鲜、刺激。并且很多都是冒险性活动，能激发出人们对于人类勇敢之心的潜意识向往与实现愿望。还有一些如俄罗斯圣彼得堡的建城300周年庆典，因为普京总统将邀请世界各国首脑政要出席观礼及会谈而成为一个很大的噱头，提前刺激着媒体与大众的敏感神经。再如苏州寒山寺的撞钟仪式，虽然已经有了20多年的历史，但是每年都把故事翻新、再版，不断地强化吉祥如意、祈祷赐福的终极意义，也不断地感染大量国外游客（特别是日本游客）与国内朋友的心灵，很多人都期待着能有机会去获得花钱撞钟祈福的体验。

（二）要善于讲故事

所谓讲故事，就是预先热炒事件，把城市旅游性事件通过各种方式、渠道去渲染、包装与传播。这不是大声吆喝，而是通过对精心挖掘"事件"的整合包装，去推销给最广泛的受众，获取高度的注意力与关注度。讲故事需要有舞台，这就要求相关主办方要围绕制造出来的故事进行持续的升温预热。

故事预热的方式可以是立体化的。可以通过各种再制造的过程不断在故事中添加细节、添加意外、添加内涵、增加颜色，延长讲故事的持续时间。比如，当年柯受良汽车"飞黄"事件，就是一个持续讲故事的好例子。因为柯受良是一个电影明星，故事参与各方就不断地发掘柯受良的出身、成长、家庭、奋斗历程等与"飞黄"没有直接关系的额外故事，并一一散布出来，吸引人们对于故事主人公的关注，从关注事件到关注个人，又从关注个人不自觉地关注事件。主办方还一直从挖掘柯受良的赞助方、汽车的性能、天气、壶口瀑布等相关信息不断地花样翻新地把故事讲出来，吸引了大量媒体，同时也将主要故事作为重复标题去吸引人们的注意。更有趣的事是把柯受良实地考察、反复演练的过程都以电视转播的方式一遍遍地炒热主题故事，还将柯受良以前所进行的汽车飞越表演的电影场面拿出来播放，堪称经典的讲故事的策略。

讲故事的策略还可以是制造出一些很具争议的相关故事来完善一种吸引眼球的系统策略。譬如，2004年，从澳大利亚低空跳伞专家辛普森在上海金茂大厦低空跳伞特技表演中不幸受伤的事故之后，北京还坚持搞中央电视塔的低空跳伞国际表演，当时很多人质疑其危险程度太高，不能再开展。这些有争议的东西，通过各种高超的"讲故事"手法之后，反而使低空跳伞演变成一项极有观赏价值的冒险性刺激活动，把人们对于精彩与危险的双重猎奇心态都激发出来，成了一个广受关注的城市特技表演事件。还有环球嘉年华城市巡回活动，也是不断地受到争议与非议。可是就是因为这些争议与非议，为其惊险、刺激的城市娱乐增加了热度与兴奋点。人们的猎奇心态与冒险心态总是被误读。所以越有争议的故事，越能激发人们的兴趣。

（三）演绎故事的逼真效果与体验

城市旅游事件开发策划，最后一环是要让"事件"发生，也就是必须把故事演绎出来。这要求事件的发生要与当时所挖掘的概念和所讲故事的内容前后一致。这就关系到组织与执行层面是否能够将策划的细节和各环节都表现出来。这在很多情况下都是由专业人员或专门的代理机构一并操办，从大多数城市旅游事件的演绎来看，都基本能够按照所想象的与诉求的内涵表现出来。比如，被誉为世界三大全球娱乐品牌的环球嘉年华城市巡回展基本都能够给城市留下"疯狂的娱乐事件"的效果。因为大多数的这类旅游事件的全过程都经过了很成熟的运作与实践，经过了十分周密的可行性论证，更是经过反复操练证明可以顺利完成的制造性"旅游事件"。

总之，城市旅游事件的开发策划，是一种如何找故事、讲故事与演故事的过程，每个环节都需紧密相扣、前后一致，并通过各种渠道使得城市旅游事件的开发能够提升城市的知名度、美誉度以及旅游的关注度和参与度。这是城市营销的重要策略，也是旅游开发策划的重要内容。当然整个过程需要借助政府的鼎力支持，因为这些是提升城市价值的事件，在当今城市竞争激烈的时期开发的这些"大事件"，很多都是由城市政府相关部门开发、组织的大活动，所以一般能够得到当地城市政府的有效支持。

三、圣彼得堡的城市庆典游

俄罗斯是一个具有伟大传统的国家。当年的彼得大帝于17世纪修建了一个伟大的城市——圣彼得堡。300年后，一个具有"嫁人就要嫁像普京一样的男人"魅力的俄罗斯总统普京，为圣彼得堡搞了一个隆重的事件——圣彼得堡300周年建城庆典。这是一个浓缩了政治、经济、文化、国际交流于一体的旅游事件。有了这个事件，圣彼得堡在世界掀起了一波旅游高潮，世界各地的游客们纷纷涌向这个俄罗斯连接西方、东方的波罗的海出海口城市。

圣彼得堡是俄罗斯的文化和历史名城，以建筑的精美闻名于世，素有"地上博物馆"之称。彼得保罗要塞、彼得大帝夏宫、斯莫尔尼宫、冬宫、喀山大教堂、圣伊萨克大教堂等建筑高雅华贵、多姿多彩。闻名遐迩的冬宫，坐落在圣彼得堡皇宫广场。1917年沙皇被推翻以后，这座昔日沙皇的宫殿便成了十月革命的象征。1922年，它成为与之相邻的国立艾尔米塔什博物馆的一部分。另外，普希金、莱蒙托夫、高尔基等许多俄国著名诗人和作家都曾在此生活和从事创作。而且圣彼得堡还是一个"英雄城"，1917年的二月革命和十月革命均在这里爆发。炮轰冬宫的"阿芙乐尔"号巡洋舰如今还靠在涅瓦河边，发出十月革命第一声炮响的大炮还昂首指着冬宫。"二战"时期的圣彼得堡保卫战更是令人荡气回肠，圣彼得堡因此成为俄罗斯的"英雄城"。

（一）城市庆典——一个吸引眼球的机会

从 2005 年 5 月 27 日起，俄罗斯历史名城圣彼得堡开始举行丰富多彩的庆祝活动，隆重纪念该城建城 300 周年。俄罗斯总统普京在接受媒体采访时说，圣彼得堡历来是一个开放的城市，是整个大欧洲的一部分，是了解俄罗斯的桥梁。他认为，举行建城 300 周年庆典是让世人进一步了解圣彼得堡的一个机会。普京对圣彼得堡有一份特殊的感情。圣彼得堡是普京的出生地：普京于 1952 年 10 月 7 日生于列宁格勒（1991 年年底苏联解体后改称圣彼得堡）。列宁格勒是普京获得爱情的地方：普京夫人柳德米拉 21 岁那年，曾在列宁格勒休假。在一个剧院的台阶上，柳德米拉与普京相识了。列宁格勒也是普京从政的起点：1990 年任列宁格勒苏维埃主席索布恰克的顾问；1991 年至 1992 年任圣彼得堡市对外联络委员会主席；1994 年任圣彼得堡市第一副市长兼对外联络委员会主席；1994 年至 1996 年任圣彼得堡市第一副市长。有评论认为这次城市庆典活动同时也是一个普京个人政治声望、外交的大舞台。从政治的题材中把庆典提升到国家荣誉层面，这是一次非常成功的吸引眼球的城市旅游事件策划。

城市庆典的狂欢——30 万民众观看涅瓦迷人仙境。27 日夜晚，流光溢彩的圣彼得堡，一场名为"涅瓦仙境"的水上激光灯火晚会把圣彼得堡 300 年庆典活动推向高潮。古老的涅瓦河上激光灯交相辉映，30 万圣彼得堡民众云集河畔，群情激扬。激光晚会前是绚丽的焰火晚会。据圣彼得堡市市长介绍，这场庆典在该城市是"破纪录"的，第一是人数破纪录，该城 450 万居民中 30 万人参加了狂欢；其次，这场焰火晚会邀请了世界顶级焰火师设计，并且斥资 100 万美元。

（二）庆典故事多

（1）祭奠城市之父。白天，圣彼得堡市各界人士纷纷前往"青铜骑士"——彼得大帝纪念雕像敬献鲜花。

（2）渲染城市传统。当天，世界著名的艾尔米塔什博物馆及其他博物馆均免费向游人开放。冬宫广场上，举行了老式的士官生阅兵仪式。圣彼得堡歌剧院举行了歌剧《彼得大帝》的首演式。

（3）大炮与歌声的祝福。临近中午，彼得保罗要塞的大炮鸣炮 3 响。在《伟大城市之歌》乐曲声中，挂在城市奠基纪念标志上的幕布被徐徐揭下。

（4）45 位政要参加康宫翻修创奇迹。在举行庆典的 10 天内，圣彼得堡举行了 4000 多场国际性庆祝活动，45 位国家元首和政府首脑应普京总统的邀请前往圣彼得堡参加庆典活动。元首庆典活动从 30 日晚开始，为期两天，主要的庆典活动都将在新修复的康斯坦丁宫举行。康斯坦丁宫的修复花费了 2.8 亿美元，经过数千名工人夜以继日的忙碌，翻修工程终于完成。康斯坦丁宫建成于 1720—1750 年间，由于年久失修而变得相当破旧，一开始人们都认为修复工作根本无法赶在圣彼得堡 300 周年庆典之前完成。但事实证明，该修复项目是一个高速、高质的工程奇迹。修复工作主要根据历史图纸进行，但在浓郁的古典风格中也掺进了一些高科技的味道。除了大理石厅、椭圆厅和蓝厅之外，康斯坦丁宫还有50个房间。每个房间都是风格独特的艺术珍品，水晶吊灯、壁刻、油画和拱顶等让人心驰神往。

（5）三位幸运婴儿获赠政府公寓。为了庆贺这一历史性时刻，圣彼得堡的最高行政长官弗拉基米尔·雅科夫列夫宣布，庆典活动的10天内，圣彼得堡市第1位、第27位和第300位出生的婴儿将成为本次庆典活动的幸运婴儿，他们每人将从圣彼得堡市得到一套免费公寓房。这三个数字分别代表了圣彼得堡的不凡意义。

（三）外交大舞台、城市大手笔

耗资13亿美元搭起外交大舞台。莫斯科政治分析评论家认为，圣彼得堡300周年大庆成了俄政府向世界展示自己、提升国际地位的良机。俄政府选圣彼得堡作为展示俄罗斯的舞台，是因为圣彼得堡是彼得大帝所建。昔日，彼得大帝领导的是个国力强盛的国家；如今，普京领导的俄罗斯也正在迅速重新崛起。

根据华盛顿经济研究机构提供的相关数据，俄罗斯每年需要吸引外国投资500亿~1000亿美元。然而，从1992年到1999年1月1日为止，俄罗斯累计吸引外资仅为353亿美元，平均每年吸收外资约为50亿美元，与俄罗斯所需要的外资相距甚远。此次，俄政府借圣彼得堡市300周年庆典之际，既可以向世界宣传推广自己，又可以借机吸引更多的外资。为了这次庆典，俄罗斯耗资400亿卢布，约合13亿美元。

（四）文化大交流、旅游大丰收

这次城市庆典一个重要的核心目的是通过展示城市魅力，吸引外国投资，吸引旅游。圣彼得堡负责外联工作的官员弗·丘罗夫说，圣彼得堡从74个姐妹城市那里得到了数千件祝贺其建城300周年的礼物。为纪念建城300周年，57个国家在这里举办文化活动。庆典期间，这里立起由基辅赠送的亚历山大二世纪念碑。日本大阪市向圣彼得堡赠送了象征幸运的1000株樱花树苗。当天晚上，人们首次在这里听到由汉堡赠送的钢琴发出的美妙旋律。安特卫普和梅赫伦送的是一架钟琴，这是欧洲最大的钟琴。上海赠送了价值60万美元的"中国友好园林"。墨尔本送给圣彼得堡的是长椅。阿拉木图赠送的寿礼是诗人贾巴耶夫的纪念碑，这位诗人曾在列宁格勒被围困的年代里写过这样的诗句：列宁格勒人，我的孩子们；列宁格勒人，我的骄傲！丘罗夫说，这些礼物都是这座城市同姐妹城市友好关系的见证。这些交流都极大地丰富了圣彼得堡的对外交流，大大提升了其城市的知名度与旅游形象。2005年之后，圣彼得堡的旅游收入从2004年的6亿卢布增长到了20亿卢布，而且还在不断地快速增长。

借着圣彼得堡的2005年城市建城300周年庆典所取得的巨大成功，2006年俄罗斯作为首次八国峰会轮值主席国，将主办城市设立在圣彼得堡，又通过一次世界级的峰会

事件强化并提升了圣彼得堡的城市知名度、城市形象与城市地位。

从圣彼得堡的城市庆典与八国峰会召开的两次事件来看，我们可以认识到一个本身具有深厚历史文化传统资源的城市，通过如城市庆典这样的大事件去重新焕发出活力与魅力、增进城市旅游知名度是十分有效的手段。但这也与具体国家的高层领导的支持和重视、中央政府的有效动员以及城市所在地政府的有力公关密切关联。2004年，中国南京历史名城博览会召开，这是我国城市第一次举办这样的"类城市庆典"活动，也在很大程度上推荐了南京，并带旺了当年的南京旅游市场。所以，国家支持、政府动员、城市发力，开发出城市庆典这样的活动，不仅对国家交往、城市交流有益处，对增强城市凝聚力与活力，增强城市旅游的知名度与美誉度都有着十分重要的意义。

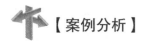【案例分析】

手足博览宫主题公园策划

一个创想：替亿万人的手和足树碑立传，歌功颂德！

一个构思：在人类历史上首度以手足造型的支柱为基础，营造一座后现代建筑，以手足造型的群雕、人工岛屿为基地营造一座后现代公园：手足博览宫主题公园！

一个目标：传承人类手足文明，开拓创新手足文化及其产业！激发人们崇尚、探索、关爱、保护人类文明与前途的基础——手和足！

一、绪言

人类手足的形成是人脑产生的根源。人类所有创造都是手足与人脑智慧结合的产物。

手足，是人类文明与前途的基础，是人类崛起的关键！

手足，自人类有史以来即形成的文明体系，具有非常强烈的个性特征及社会性、科学性、人文性，并涉及每一个人、每一个领域，其文化、科学的承载量、含金量呈裂变数，非常巨大。

手足博览宫主题公园的创设，将成为人类有史从来首次全方位、全立体地探索、发掘、收藏、保护手足的庞大行动！是人类自体文明与进步的一个非常经典的策划项目！

历史将告诉人类：崇尚手足、探索手足、关爱手足、典藏手足，正是维护、夯实、保卫人类文明与前途基础的体现！

一个人的掌纹指印倘能在这个天下"手足第一宫"内铭留传世，将会成为毕生极具生命价值与人文意义的郑重留言和物证！

谁会是举手赞同、出资、创建此宫（园）第一人？

谁会是涉足启动、落成、揭幕、留印第一人？

几十亿人类都将会拭目关注！

二、策划背景资料及分析

1. 可行性研究

本策划凸显人类手足在文化、科学、医学、艺术、收藏以及生命科举、人类学等诸多领域中的作用与地位。

本策划传播手足是"人类文明与前途的基础"的伟大意义,倡导人类"崇尚手足、探索手足、关爱手足、典藏手足"的精神与物质文明,具有异常鲜活的主题与目的性,并富有强烈的个性与人文特色。由于以人类自体文明为载体,其社会性、人文性、通俗性的广泛与深入便毋庸置疑,而在社会环境、民族习俗中的推广更趋于实际;本策划创想、创意、创新都"以人为本"、手足为媒,使策划一经提出即具有强大的生命力以及巨大的展示延伸空间,而对于手足主题富有想象力、创造性的拓展,又能更好地表达主题和实现既定的目标。

本策划以人类自身器官中最杰出、最值得歌功颂德的手足作为主体与载体,将人类器官、情感与手足文明及其文化、科学、医学、医疗、艺术、收藏、商贸、旅游等整合起来,非常适宜现代公众的心理、心态和情趣,并可极大地促进人类身心、智能、情操的健康与发展,本策划项目与系列活动的公益性以及助残助弱行动等都有可能具有很好的融合性;本策划各方财力资金来源的可能性将随项目的可行性而成为现实。

2. 构思与依据

(1)总体布局。若干平方千米的以形似人类手足掌印为造型而进行人工勘造的一个岛屿群;岛屿四周浅水弥漫;掌印状岛屿以及周边的小岛相间隔的浅水湾处,以小桥小隧相连;中心岛屿名称:手岛、足岛。手岛上有:手掌心岛、大拇指岛、食指岛、中指岛、无名指岛、小拇指岛;足岛上有:脚掌心岛、大脚趾岛、二脚趾岛、三脚趾岛、四脚趾岛、小脚趾岛。

(2)建筑名称。岛上建筑小品名称:手印堂、禽印堂、克隆堂、手艺堂、足艺堂、金莲堂、手饰堂、手绢堂、手套堂、手表堂、手袋堂、指戒堂、甲戒堂、足饰堂、足履堂、足衣堂、美甲堂、修脚堂、浴足堂、做撒堂、义肢堂等。

(3)岛上官殿。建手足博览宫、手博览宫、足博览宫。

手足博览宫中主要内容:手足溯源、手足崇拜、手足文明、手足艺术、手足科学、手足医学、手足收藏、手足时尚、手足灾难、手足运动、手足为媒,手足高新科技极品推介,手足权限的创造力;手足吉尼斯纪录的创造;手足文明、文化的理论研究成果。

手博览宫中主要内容:手的性质与演化(结构、功能、演变等),手的文明和文化(人生第一工具、第二张脸、人类最杰出的器官、手指纹、掌纹、手势、手科学、医学与走撒现象、手的运动、手的珍闻、习俗、典故),手上艺术表现与杰作;手上工艺表现与杰作,手的掌纹指纹研究成果与意义;伟人、名人、巨人手纪录(文物、名物、文印等)。

足博览宫中主要内容：足的性质与演化（结构、功能、演变等），足的文明和文化（人的第二心脏、人体中富有性感能传递性信号的器官、足迹、足道、足具、足殇；足的科学、足的医学、足的医疗、足的运动、足的珍闻传奇、足的习俗典故、足履、足衣）；足艺术表现；足工艺的表现与杰作；足掌纹趾纹研究成果与意义：伟人、名人、巨人足纪录（文物、名物、文印等）。在上述手岛、足岛及其他次岛屿上，分别建有相应的展示馆、留印馆、演出厅、演讲厅等，并展开手足产业整合的商贸展销活动等。

在岛上所有的道路上，都印有各界人士、各式人种铭留的手印足痕……

（资料来源：陈来生.旅游创意与专项策划［M］.天津：南开大学出版社，2013：161–163.）

☞ **案例思考**

1.该主题公园策划创意对旅游开发的创新启示是什么？

2.该主题公园策划对推动城市创意旅游发展的作用与意义是什么？

 【思考练习】

一、名词解释

城市体育旅游　主题公园旅游　城市事件型旅游　创意旅游产品

二、简答题

1.城市创意旅游的特点是什么？

2.主体公园兴起和发展的背景是什么？

3.我国主题公园的发展现状和存在问题有哪些？

4.简述创意产业旅游的策划与开发。

三、论述题

如何看待旅游演艺这一成功的创意旅游产品？

参考文献

［1］陈来生.旅游创意与专项策划［M］.天津：南开大学出版社，2013.

［2］习宗广.旅游开发中"非遗"文化的创意性和真实性［J］.社会科学家，2015（2）：85-88.

［3］范长征.英美文化遗产创意旅游与"参与式"体验［J］.甘肃社会科学，2017（4）：216-220.

［4］管若松.文艺院团与旅游结合：文化产业发展的新增长点［J］.艺术百家，

2015（4）：67-71.

　　［5］胡慧源.文化创意产业与相关产业融合路径研究［J］.中国出版，2016（7）：33-36.

　　［6］胡小武.传承与升华：城市旅游开发与营销战略［M］.南京：东南大学出版社，2008.

　　［7］黄炜，孟霏，朱志敏，等.旅游演艺产业内生发展动力的实证研究［J］.旅游学刊，2018，33（6）：87-96.

　　［8］刘昌雪，汪德根.城市创意旅游资源空间效应及发展模式［J］.地理研究，2016，35（5）：977-990.

　　［9］刘宪辉."新常态"下贵州省民族文化创意产业的发展调适［J］.贵州民族研究，2018，39（1）：184-187.

　　［10］潘文焰.基于"人口—产业"视角的节事资源旅游产业化开发路径研究［J］.旅游科学，2015，29（2）：86-94.

　　［11］任毅，李宇，赵敏燕.基于事件旅游理论的张家口市旅游业与冬奥会对接模式研究［J］.城市发展研究，2015，22（7）：7-11.

　　［12］王慧敏.上海发展文化创意旅游的思路与对策研究［J］.上海经济研究，2015（11）：113-120.

　　［13］王佳元.文化创意服务业：发展与选择［M］.太原：山西经济出版社，2012.

　　［14］王欣.文化创意旅游发展研究——机制与模式［M］.北京：旅游教育出版社，2018.

　　［15］韦得生，刘宏盈.民族文化创意与区域旅游发展研究［M］.北京：人民出版社，2016.

　　［16］吴丹丹，马仁锋，张悦，等.杭州文化创意产业集聚特征与时空格局演变［J］.经济地理，2018，38（10）：127-135.

　　［17］徐兆寿.旅游文化创意与策划［M］.北京：北京大学出版社，2015.

　　［18］杨力民.创意旅游［M］.北京：中国旅游出版社，2009.

　　［19］张胜男.创意旅游发展模式与运行机制研究［J］.财经问题研究，2016（2）：123-129.

　　［20］张小林，孙玮，刘兰.少数民族特色村寨体育文化旅游资源创意开发研究［J］.贵州民族研究，2015，36（1）：156-159.

　　［21］张毅兵.创意旅游：开启新业态蓝海战略［M］.郑州：河南人民出版社，2014.

　　［22］张玉蓉，等.创意旅游：理论与实践［M］.成都：西南财经大学出版社，2014.

　　［23］张玉蓉，鲁皓，张玉玲.产业融合视域下旅游业与文化创意产业的互动发展

研究［J］.理论与改革，2015（2）：75-79.

　　［24］郑琦.创意旅游——产业创新与规划研究［M］.上海：上海社会科学院出版社，2012.

　　［25］钟蕾，李杨.文化创意与旅游产品设计［M］.北京：中国建筑工业出版社，2015.

　　［26］周彬.海洋文化创意与浙江旅游发展［M］.杭州：浙江大学出版社，2015.

　　［27］周锦，熊佳丽.产业融合视角下农业与文化创意产业的创新发展研究［J］.农村经济，2017（5）：103-108.

　　［28］邹统钎.创意旅游经典案例［M］.天津：南开大学出版社，2011.

第 五 章

主题公园的创意旅游开发与发展

【学习目标】

通过本章的学习，认识主题公园这一重要的旅游对象，辨识其概念与特点，了解国内外主题公园创意旅游发展的历程与特征，掌握主题公园创意旅游的开发与发展方式。

【案例导入】

荷兰库肯霍夫公园

荷兰库肯霍夫公园位于盛产球根花田的中心城市利瑟，15世纪时是贾各巴女伯爵的狩猎场，因园内种植烹调用蔬果而得名。目前已成为世界上最大的郁金香公园、世界上被拍摄最多的地点、荷兰最受欢迎的景点，数次荣获欧洲"最具价值旅游景点"，每年开园2个月，吸引游客约80万。在欧洲诸多景点中，荷兰库肯霍夫公园如何能成为"之最"？

该公园现有规模32公顷，距荷兰首都阿姆斯特丹40分钟的车程，周围城市设有开往公园的环保公车，并且机场专门设置15分钟一班的班车，发于巴黎、柏林及布鲁塞尔的国际列车也在史基浦设有站点，交通十分便利。

公园整体的景观设计以英式的风格为主，如高大的乔木、蜿蜒的小径、青翠的草坪、幽静的水池等。此外，库肯霍夫公园还有三个设计独特、用皇室名字命名的展厅：会集各类鲜花的威廉－亚历山大馆，每年开园期间举办全球最大规模的百合展；碧翠斯馆主要展出世界各地的兰花，每周都会有令人称奇的新品花展；奥兰治－拿骚馆展示荷兰风情，如地标、特色自行车等。

园中的各个花园大小各异，从50平方米至120平方米不等；每座均拥有自身的特点和主题，从古典到超现代感，风格百变。花园每年都有一个开园主题，如2015年主题是梵·高，以纪念梵·高逝世125周年，主题亮点在于由上千朵郁金香、葡萄风信子组成的250平方米的梵·高像。游客可在区内既可通过影音、图片等方式学习丰富的园艺知识，也可在库肯霍夫公园的摄影工作室学习由专门的摄影师指导的摄影技巧。

公园会举办一年一度的"郁金香节"，每年都会选择一个创新主题，游客可在活动期间看到满载百万株鲜花的主题花车驶过库肯霍夫巡游大道。该公园设计启发人们，项目创新是休闲农业的持续动力，荷兰库肯霍夫公园每年举办不同主题的节庆，变化展示花卉的种类，每年以特色新颖的形象展示，这就是游客络绎不绝的关键。

（资料来源:《主题公园创意案例：荷兰库肯霍夫公园》，文创产业评论，略有修改。）

 **思考**

荷兰库肯霍夫公园的主题是什么？其创意之处有哪些？同时，请延伸思考一下，主题公园究竟为何物，主题乐园和主题公园是同一个概念吗？

第一节　主题公园概念

一、主题公园与 theme park

提起与"主题园类"相关的国外迪士尼抑或是国内的方特，存在"主题公园""主题乐园"的不同说法。这是因为在英语"theme park"的直译中，"park"一词具有多种释义导致的。在陆谷孙主编的英汉大辞典中，park 的第一条释义是"公园、（国家）天然公园"；第二条是等于"amusement park"，这意味着 park 可以是游乐园的简称。同时，该部词典还收录了"theme park"一词，释义用的就是"主题乐园"。此外，目前英美较为流行的两本词典 Oxford Advanced Learner's Dictionary 和 Webster's New World Dictionary 对 theme park 的解释分别是一种围绕某中心主题的游乐园，如梦幻乐园、未来世界或历史年代，一种建立在一个或一组创意主题基础上的游乐园。值得注意的是，在这两本词典里都把 theme park 看作带有主题的娱乐性的园区（amusement park）。尽管主题乐园作为一个专业名词在国际上也没有统一的、权威的定义，甚至在《大英百科全书》《大美百科全书》等大型权威工具书中都没有 theme park 的条目，但这两本百科全书在迪士尼乐园的词条中都称其为游乐园（amusement park），而非"主题公园"（《中国大百科全书》也是如此）。因此，从外文直译的角度看，所谓"主题公园"实际上就是有"主题"的游乐园。

但现实中，有些主题园说教功能大于消遣娱乐功能，如一些微缩景观、民俗村、蜡像馆，以展示、表演、宣传"文化"为主，由此用主题公园取代主题乐园的称谓似乎更准确。因此，主题公园首先也必须是公园。公园是一个界线明晰、设施齐全、园林环境配套的地域，这里园林绿化科学、环境幽美，是城市居民游憩之地。

基于上述，本书用主题公园这一范围更广的名词来指代那些具有一定主题的、不论其是否有娱乐功能的旅游体验场所。

二、主题公园相关的定义

（一）国外主题公园定义

从美国迪士尼乐园（1955年7月，洛杉矶）诞生以来，主题公园就引发了人们的兴趣和关注，尽管现代主题公园在国际上已有60多年的发展历史，但国内外对主题公园的概念尚无一致的界定。这主要是因为创新理念下的主题公园在内容与形式上随着时代不断变化，特别是随着旅游者旅游体验的需求不断增强，各种休闲设施功能呈现趋同性，主题公园与其他景区的功能界限变得越来越模糊。唯有"theme park"是英文国家对这种旅游目的地形态的比较一致的称谓。以下代表性定义供读者参考。

（1）美国国家娱乐公园历史协会（National Amusement Park History Association, NAPHA）认为，主题公园是指"乘骑设施、吸引物、表演和建筑围绕一个或一组主题而建的娱乐公园"。

（2）美国"主题公园在线"（Theme Parks Online）给出的定义：主题公园是"这样一个公园，它通常面积较大，拥有一个或多个主题区域，区域内设有表明主题的乘骑设施和吸引物"。

（3）美国马里奥特（Marriott）公司的定义是"以特定的主题或历史区域为导向，将具有连续性的服装和建筑结合起来，利用娱乐和商品提升幻想氛围的家庭娱乐综合体"。

（二）国内主题公园定义

我国学术界、实业界和舆论界对主题公园的称谓经历了"微缩景观""人造景观""人造景点""人工景区"等阶段。这种称谓上的变化，一方面反映了旅游主题公园在我国发展的不断创新和提高，另一方面也反映了人们对这种旅游新业态的认同和接受。

1.微缩景观
微缩景观是世界旅游业共同采用的一种旅游产品表现方法，在我国景点建设中广泛

使用。微缩景观具有微缩、密集、跨时空、非自然等性质，它是按照一定的比例对原有景物进行缩小，如深圳"世界之窗"中的法国巴黎的埃菲尔铁塔的比例为1:3，北京"世界公园"中的美国曼哈顿街区的比例为1:10。微缩景观又具有密集的性质，如湖北宜昌兴建的"三峡集锦"，将湖北宜昌葛洲坝至重庆朝天门之间长江两岸的37个景点浓缩于一处（因建设选择与经营不善，已被拆除，这是许多微缩景观共同的教训）。所谓神州景观尽收眼底、一日游遍世界等比喻正是就微缩景观的密集性而言的。微缩景观还有跨时空的性质，如北京的世界公园就微缩了古今中外的诸多事物。同时，微缩景观都是人工仿造而成的，具有非自然的性质，其中也不乏造型逼真之作。微缩景观就其反映的内容而言，可以分为综合型、主题型和个体型三类，如天津凯旋王国就是综合型，杭州中华石窟艺术集萃园则是主题型，山东曲阜六艺城礼厅中的"天子朝贺仪"和"大阅礼"则属于个体型。

2. 人造景观

人造景观是相对于自然景观而言的，凡是人工制作的景物都是"人造景观"，如水族馆、蜡像馆、动物园等，是一种重视"视觉"体验的人造旅游吸引物，基本上只能满足旅游者"看"景的需求；在景观开发技术上，或对原景观进行复制模仿，或以创意打造新景观。

3. 人造景区

人造景区，顾名思义就是指人工建造的景区。当前，在一些旅游景区教材中，一般将人造景区作为一种特殊的不同于自然与人文类的景区介绍，专指为保护或展览等目的而由现代人人为建造的一类景区，以与人文古迹类景区相区别。人造景区重点包括三种类型：博物馆、主题公园和现代休闲街区。往往具有潮流时尚、经营主体多元化、无明显季节性的特征。

4. 主题公园

主题公园传入中国以后，国内学术界对主题公园的各个层面的问题都有涉足，按照我国《城市绿地分类标准》（CJJ/T 85—2002），主题公园属于G13专类公园中的一种。《园林基本术语标准》中，采用的称谓是"纪念公园"，其定义源于"中国现代主题公园之父"马志民先生提出的"主题公园是作为某些地域旅游资源相对缺乏，同时也是为了适应游客多种需要与选择的一种补充。"众多学者也一直试图给它一个准确的定义。其中，比较有代表性的有以下一些。

（1）保继刚认为主题公园是一种人造旅游资源，它着重于特别的构想，围绕一个或几个主题创造一系列有特别环境和气氛的项目吸引旅游者。之后，保继刚在发表的论文《主题公园发展的影响系统分析》对此定义做出了进一步补充，认为主题公园具有特定的主题，由人创造而成的舞台化的休闲娱乐活动空间，是一种休闲娱乐产业。

（2）魏小安则认为主题公园是以特有的文化内容为主题，以现代科技和文化手段为表现，以市场创新为导向的现代人工景区。

（3）董观志先生提出"旅游主题公园"之说，认为"旅游主题公园是为了满足旅游者多样化休闲娱乐需求和选择而建造的一种具有创意性游园线索和策划性活动方式的现代旅游目的地形态"。

（4）周向频将主题公园定义为一种以游乐为目标的拟态环境塑造，或称为模拟景观的呈现。它最大的特点就是赋予游乐以某种主题，围绕既定主题来营造游乐的内容与形式，园内所有的色彩、造型、植被等都为主题服务，共同构成游客容易辨认的特质和游园的线索。

（5）楼嘉军认为主题公园是现代旅游业在旅游资源开发过程中所孕育产生的新的旅游吸引物，是自然旅游资源、人文旅游资源、信息资源与旅游企业经营活动相结合的休闲度假和旅游活动空间，是根据一个特定的主题，采取现代化的科学技术和多层次空间活动的设置方式、集诸多娱乐内容、休闲要素和服务设施为一体的现代旅游目的地。

（6）马志民认为，主题公园具有特定功能，是作为某些地域旅游资源相对贫乏，同时也是为了适应游客需要与选择的一种补充。

（7）徐菊凤认为主题公园是为了旅游者的休闲娱乐而设计的一个活动场所，具有多种不同的类型的吸引物，围绕一个或多个主题，包括购物、餐饮等服务设施，开展各类活动，实行商业性经营，最终获取利益。

（8）章尚正认为主题公园是为了满足旅游者多样化休闲娱乐购物需求而建造的具有创意性游园主题的旅游空间。

上述代表性定义在表述上各有不同，但是不难发现，在主题公园这一事物的认识上有几个共同之处：一是主题公园是旅游吸引物，具有满足旅游者旅游的功能；二是主题公园具有一种或多种主题或以某个线索贯穿其中，所有的活动或载体能够反映主题；三是具有商品特性，以营利为目的。综上所述，我们可以认为主题公园是为满足旅游者旅游体验而人为建造的一种人造景观，它围绕某种或多种主题将体现主题的建筑物、游乐设施、服务、表演事项组合起来而形成的一种旅游场所。

三、主题公园的特性

（一）主题性

主题也就是特色，主题性是主题公园的核心特性，也是主题公园区别于其他公园的主要特征。没有主题的公园不能称为主题公园，缺乏主题也就意味着主题公园失去了灵魂。一般公园的设计往往凸显功能，强调为市民或游客提供游览、娱乐、休憩等，而主题公园中所有的内容均在主题的统筹下进行格式化设计，从主题名称、主题建筑、景观元素的组合、活动事项的开展以及服务外观与风格，都围绕特定主题开展，以赋予主题公园的特色性。

（二）创意性

主题公园的主题是此种旅游场所宣传的重点和所要表达的中心思想，而千篇一律的主题公园导致的主题特色不鲜明、竞争低下的场景往往是主题创意不足的结果。因此，创意性是主题公园的重要特性，是由主题公园的主题性所决定的，创意是主题公园可持续发展的永恒旋律，因为有创意，才能使旅游产品具有市场竞争力。如深圳"锦绣中华"让游客惊艳于"一步迈进历史，一日畅游中国"，是主题创意的一种典型表现。

（三）文化性

主题公园不仅要让游客有游之有兴的吸引力，还要有游之有味、回味无穷的感召力，而这离不开主题公园的文化性。文化性是一个主题公园内涵的概况，是主题的凝结与反映，富有文化的主题公园能够深化游客体验，给游客带来视觉与心灵的碰撞。例如，民俗主题公园可通过展现某民族或多民族的服饰、饮食、建筑、节庆等民俗文化让游客融入民俗氛围；恐龙园则用声光电等高科技手段模拟展示恐龙时代的环境特征，以及各种恐龙的体貌、声音、习性、演化的生理，达到复原逼真的教育功能。

（四）易于模仿性

在现实运营中，成功的主题公园被仿造甚至原样"拷贝"的现象并不少见，这是因为主题公园的设施、活动、服务皆是人为创造，模仿起来并不难。尽管有些主题公园成立了设计公司，以专利出售他人或移植外地，到外地推销建设的方式开拓市场，但是可模仿的空间大大存在，这就为主题公园的竞争力提出了挑战，因此，基于一定客源市场的独创性、维护主题公园的形象成为主题公园管理的难点。

（五）高投入、高风险性

主题公园的兴建是一项庞大的系统工程，需要巨额的资金投入，尽管资金与建设规模具有一定的正相关性，但主题公园的开发建设的资金投入远远高于一般景区，如深圳世界之窗（占地约48万平方米）兴建时投资6.5亿元，华侨城欢乐谷（占地35万平方米）总投资8亿元，即使是国内的小型城市主题公园投资也在0.5亿元或1亿元以上，而且随着时代的发展，主题公园的投资建设成本不断增加。例如，宜春温汤镇明月千古情景区总投资约14亿元，正在建设的西塘宋城演艺谷计划总投资100亿元。主题公园的高投资主要用于策划、土地与建筑物成本、项目维护、项目更新、人员薪资、培训等费用。而高风险性则源于主题公园一旦建成很难短时间进行拆改，因此面临客流量考验的市场风险。

四、主题公园的类型

由于主题公园的概念一直在延伸，主题公园的分类尚且没有很权威的固定分法，一一般是从规模和主题内容来区分。来自于 Economics Research Associate，一个专门研究娱乐经济的咨询公司的 Chris L. Yoshii 先生把主题公园按规模分成五类，每一类在游客数量、市场范围、品牌构建、投资金额方面有不同的特点（见表 5-1）。

表 5-1　按规模分类的主题公园及其特点

按规模	年游客量	市场范围	投资数额	举例
大型主题公园	500 万人次以上	全国市场和国际市场	多不超过 10 亿美元	迪士尼乐园、环球影城等
地区性主题公园	150 万到 350 万人次	省内市场和邻省市场	2 亿美元左右	海洋世界、海洋公园等
游乐园	100 万到 200 万人次	所在城区或整个城市	8000 万至 1 亿美元	Tivoli Gardens；Elitch Gardens
小规模公园和景点（家庭娱乐中心）	20 万人次到 100 万人次	所在城区或整个城市	300 万到 8000 万美元	城市周围、室内或室外的一些景区
教育型景点	此类景点是主题公园概念扩大的结果，由传统的娱乐性功能向教育启示功能转变。其运作管理的理念遵循主题公园的模式			科技中心、博物馆和水族馆

资料来源：Chris L Yoshii. 国际主题公园的发展对中国主题公园的启示与帮助［A］. 世界中国主题公园发展论坛［C］. 北京：中国旅游出版社，2003：60.

国内学者也提出了以功能、科技含量、规模等不同的分类标准，著名学者邹统钎（2013）总结了当前沿用的大致几种分类方法，本书将其整理成表 5-2 以供读者参考。

表 5-2　邹统钎总结的主题公园分类

标准	类型				
按照功能和用途分类	微缩景观类	影视城类	活动参与型	艺术表演类	科幻探险类
	如北京"世界公园"	如无锡"三国城"	如苏州乐园	如华侨城"中华民俗文化村"	如常州"中华恐龙园"
按规模分类（中国）	大型主题公园		中型主题公园	小型主题公园	微型主题公园
	投资 1 亿元人民币	占地 0.2 平方千米	投资在 2500 万到 1 亿元	投资额在 1000 万元以下	投资额在 300 万元以下
按主题内容	自然主题公园		人文主题公园		
	生命类	非生命类	文化类	非文化类	
	各地的野生动物园和海洋馆等	以模拟自然景观为主题，例如宜昌的"三峡集景"	如各地的世界之窗和民俗园	包括机械类和智能高科技类	
按活动类型	静景观赏型	动景观赏型	艺术表演型	活动参与型	项目挑战型	复合型
按区域背景	城市主题公园	城郊主题公园	海滨主题公园	交通干线沿线主题公园	乡村主题公园

资料来源：邹统钎. 旅游景区管理［M］. 天津：南开大学出版社，2013.

第二节　中外主题公园创意旅游开发与发展概况

一、国外主题公园创意旅游开发与发展历程

随着时代的发展，人们的生产方式、生活方式发生了巨大的改变，机械化水平的提高逐渐解放了人类的劳动时间，人们的休闲时间随之增多，加上一般的日常休闲活动越来越难满足人们休闲需求，主题公园随之应运而生并得以迅猛发展。在欧洲，人们由居家休闲向户外休闲转变，群体约定时间、地点举办舞会、到街头观看魔术杂耍或进行博彩娱乐，这些场所逐渐演变成户外的游乐场。

工业革命后，城市开始吸纳大量的农业人口，重复枯燥的机械劳动进一步诱发人们的休闲需求，也因为机械制造业的发展，先进的机械化游览设施成为机械游乐园诞生的条件，给人们带来了新的、刺激的乐趣，进而游乐园的主题性开始显现出来。但在"二战"以后，由于经济的萧条和电影技术的进步，机械化的游乐园逐渐衰落。

从时间上看，欧洲主题公园兴起的标志是马德罗丹微缩景观型公园的建立，该公园建于 1952 年，地点在荷兰海牙市郊区；世界主题公园时代的来临则以 1955 年迪士尼乐园的诞生为标志，是一个具有真正主题公园概念的公园；20 世纪 60 年代起，环球影城从摄影基地逐渐成为电影主题的游乐园；1974 年，美国六旗主题公园开张，代表以乘骑为主要吸引物的主题公园的大规模兴起，德国的欧洲乐园、意大利加达云霄乐园也在 70 年代建成，而同一时期，海洋公园类也逐渐形成，如我国香港的海洋公园。在此期间，迪士尼在佛罗里达创建了世界最大的主题公园度假地，包括 4 个主题公园和几十种度假设施。1982 年修建的东京迪士尼乐园和 1989 年开业的韩国的乐天世界标志着亚洲主题公园的兴起；之后，迪士尼继续进军海外，于 1992 年建成巴黎迪士尼，90 年代的欧洲不仅迎来了迪士尼，也是本土大中型主题公园和游乐园开业的集中期。随即，多个国际品牌的主题公园加快落户世界各地，如 1998 年马德里华纳电影乐园、巴塞罗环球影城、2001 年日本环球影城、迪士尼海洋公园、2005 年香港迪士尼乐园、2016 年上海迪士尼乐园等。如今，这些国际品牌活跃于新加坡、韩国和中国的各个城市，正在谈判、筹划或建设中。

二、国内主题公园创意旅游开发与发展历程

从主题公园发展的雏形到发展过程中的特征看，我国主题公园历经了探索、崛起、波动与创新再发展不同的时期，在这些不同时期中既有本土特色、也有国外借鉴、又有国际品牌的缩影。

（一）初创期

杂耍应该是我国主题公园孕育的前身，它以新奇性特点吸引人们驻足观看，但传统杂耍往往被定为街头巷艺，虽无固定场所，但多在人员流动较密集的地方。我们熟知的庙会、灯会、划龙舟等传统民俗活动则有相对固定的地点和观览、参与的人群，这些被视为主题公园产品的类似形态。20 世纪 80 年代初，一批以机械游乐项目主打的游乐园兴起，如建于 1984 年的广州东方乐园（2004 年歇业）、1985 年的上海锦江乐园、珠海珍珠乐园等。

（二）提升期

在中国，作为较完整意义上的主题公园，1989 年 9 月建成的深圳锦绣中华被认为是中国现代主题公园创始标志，它在当时中国的旅游业中，较早地引入了国外这类主题公园的创意，以一种较为成熟的模式，向国人展示某种类型的主题公园的形态，凭借其优良的策划、精致的建造、深厚的内涵、较高的管理服务水平在一年内收回初期投资，震动了中国的旅游业界，为后期国内主题公园的建设起到了示范作用。

20 世纪 80 年代末 90 年代初，一批影视拍摄地逐渐以景区形式对外开放，如北京大观园（始建于 1984 年，1986 年部分对外开放，1989 年全部开放）、上海大观园（1988 年全部对外开放）、无锡水浒城（1994 年对外开放）等，这些园区参与了相应的 A 级景区认定，由此，影视主题类公园兴起并吸引越来越多的游客探访影视拍摄地。

在接来的时间，随着国内旅游市场进一步蓬勃发展，主题公园的建设与投资不断增加，主题内容也呈现多样化特点。这些再建的主题公园或延续前期建设经验进行主题拓展，如华侨城继续在深圳投资建成并开放了中国民俗文化村（1991 年）、世界之窗主题公园（1994 年）、欢乐谷（1998 年）并随即进行地域拓展，先后在北京、成都和上海投资建设欢乐谷；其他的发达城市或地区也投资建设了新的主题公园，如上海嘉定的美国梦幻乐园、上海环球乐园、杭州宋城、江苏吴江福禄贝尔科幻乐园、苏州乐园等。

（三）竞争期

从时间上而言，主题公园发展的提升期与竞争期有伴随发展之态，主题公园集中建设而同质化的现象导致市场竞争剧烈，前期巨大的投入成本和后期经营管理的成本致使不少主题公园开业不久就负债累累，同时因经营不善，一大批主题公园纷纷倒闭，时间约在 20 世纪 90 年代中期至 21 世纪初，代表性的如江苏福禄贝尔建成后仅一年就倒闭（1998 年倒闭）、上海美国梦幻乐园（2001 年倒闭）、上海环球乐园（2000 年歇业）。数据显示，入不敷出和倒闭的主题公园占当时建设量的 70% 左右，很大部分主题公园只运营了 1~3 年的时间，生命周期较短，令人遗憾。

（四）多元竞争与创新时期

经历了竞争波动的市场阶段后，我国大陆的主题公园产业进行了深入反思并于2002年后开始趋于成熟。一方面，开始走连锁扩展路线和产业链之路；另一方面，走创业创意发展之路。前者以深圳华侨城集团、杭州宋城集团为代表，如宋城景区＋宋城演艺现已分布多个省市；后者则表现在创意主题发展，如香港中旅国际投资有限公司的珠海神秘岛主题乐园，深圳华强集团的方特欢乐世界系列主题公园，号称是中国的"第四代"主题公园，电影企业长春电影制片厂建立了电影主题的娱乐园——长影世纪城，横店集团大手笔打造了横店影视城。

与此同时，中国潜在的巨大的消费市场吸引了国外主题公园的目光，以美国为代表的迪士尼乐园、环球影城及其他国家的主题公园等纷至沓来，与中国大陆经济发达城市或旅游发达城市对接洽谈建设事宜。已建成营业或正在建设的国际品牌主题公园与本土主题公园同期竞争发展，必将迎来新的竞争并促进创新发展。

第三节　主题公园创意旅游开发与发展的兴起

一、背景

（一）源自政府强大的支持

主题公园是重要的旅游吸引物，在旅游业发展中发挥着越来越重要的作用，由此产生的旅游经济价值如改善城市基础建设、扩大内需、增加就业、吸引外来流动人口等功能，往往能够得到当地政府部门的大力支持。政府往往会在配套的基础建设上，如土地征用、动迁、交通配套、环境整治等各方面给予支持。例如，迪士尼决定选择佛罗里达奥兰多建迪士尼世界时，佛罗里达州的奥兰多当时还是一大片未被开发的土地，当时的州政府看好迪士尼的落户将会对区域开发和区域功能定位起极大的作用，同意以极低的价格，让迪士尼公司购买了11106公顷土地，这几乎相当于一个旧金山市的面积。迪士尼公司随即接连开发建成了5种主题公园（包括水公园）组成的迪士尼世界，随即环球影城也在这里兴建了第二个环球影城主题公园，其他一些主题公园如水上娱乐园等也纷纷在这里落户。现在，奥兰多已成为全美最大的会议、休闲、度假旅游的胜地之一，佛罗里达州的区域功能定位也逐渐明确起来。

国内也不乏如此，如浙江横店集团，在名不见经传的山区开辟了5000多亩横店影视城的实景基地，建设了13个大型影视实景及中华影视名人荟萃园、电影梦幻乐园、中华历代皇帝大观园等配套景点，通过吸引境内外上百家影视关联企业入驻，力求打造世界上最大的影视实景基地。自此，中外导演和明星云集于此，游客观光不断，横店影视城成为演艺业、商业、地产的整合之地。并经国家相关部门批准，横店影视城于2004年成为全国第一个国家级影视产业实验区。

区位优势显著的城市如上海、北京、天津、大连等皆对主题公园投入了极大的关注，对像迪士尼乐园、环球影城这类国际性的主题公园在本地的落户都表现出最大的诚意，这不仅是为了提升城市地位和影响力，更看重其作为创意产业对整个城市的带动作用。上海迪士尼乐园历经10年谈判、5年建设，终于在2016年6月16日开园迎客。

（二）文化创意产业投资与发展的新方向

主题公园，特别是文化型主题公园是以创意的形式进行文化元素的凝结与再现，在文化创意市场繁荣的今天，主题公园成为文化创意产业投资与发展的时代选择，它以其规模化的旅游市场为依托，以其产业链效益为优势，吸引了无数的投资者涉足其中。主题公园的效益不仅仅来自园区硬件设施或项目本身，同时有产业链中的度假区、地产、商品、酒店、媒体等，一个公园可以通过满足游客食、住、行、游、购、娱的所有需求获得更多的效益，这样有效益的创意当然受到业界的欢迎。

以迪士尼为例，就主题公园和影视传媒这一块来看，迪士尼公司主题公园广告、项目设施形象塑造与项目内容体验方面与其影视传媒息息相关。在迪士尼乐园的米奇大街园区，游客能够亲眼见到行走的米奇、唐老鸭、黛丝、布鲁托等经典动画角色，在梦幻世界园区，游客可置身于"奇幻童话城堡"或探索"爱丽丝梦游仙境迷宫"，这些迪士尼影视中的镜头满足了游客身临其境的体验，而游客置身园区的亲切感、兴奋感也是影视传播影响的结果。迪士尼作为全球影视产业的巨头，除了有自己的IP资源外，接连收购了Pixar动画工作室、Marvel影业、Lucas影业及福克斯的电影电视资产，未来迪士尼乐园项目形象必将会受益于此，越来越多样化。

二、主题公园创意旅游开发与发展的必要性

（一）主题公园是城市旅游的重要吸引物之一

主题公园是旅游需求的产物，是旅游资源创新利用的结果，作为人造型景区的代表，丰富了旅游景区类型，对现代旅游业发展起到非常重要的作用。主题公园以经济优良、交通优良的城市为依托，往往能够成为一个城市的代表性景区或特色，为城市旅游发展提供了资源媒介，也为本地区居民休闲提供了场所。

（二）主题公园不断创新是其保持长久吸引力的保障

随着旅游者旅游活动的不断深入，非特色的旅游项目对游客的吸引力逐渐弱化；随着旅游者旅游经验的不断增加，游客消费决策、消费方式逐渐趋向成熟，个性化的旅游

需求不断增强，游客旅游的目的越来越明确。因此，那些无主题、杂乱无章的旅游活动越来越不受欢迎，游客不仅要求参观游览，更要求参与体验，自设旅游线路的游客变得越来越多，这些旅游需求的不断变化促使主题公园不断创新。

（三）主题公园行业高模仿、高竞争促使其旅游产品不断升级

中国的主题公园在发展中也普遍存在项目雷同、质量粗糙、布局不合理，盈利模式单一、主题产品衍生产业缺乏等问题。与自然旅游景区和人文古迹类旅游景区不同的是，主题公园的可模仿性极强，硬件的安置与娱乐活动的安排极具模仿性，也较难实施专利保护，因此，一批缺乏可行性分析的主题公园因为同质化问题人流稀少，勉强经营后不得不关门大吉，使得高额的投资付诸东流，这样的教训应该为主题公园的创新提供警醒。优质的主题公园须进行严格的前期分析，待可行性分析通过之后通过科学的策划、创意的选取、有质量的打造，才有可能赢得市场。例如，中华民俗村较早的将中国民族文化、习俗进行专题打造，并选址在旅游资源缺乏而经济发达、交通发达的深圳，才成为国内主题公园的典范；国际性的主题公园也因为不断创新才得以以高品位、高适应性的品质进军海外、扎根他乡，因此，创新、独特是主题公园成功的关键。

第四节　主题公园创意旅游的开发与发展

一、主题公园创意旅游开发设计原则

旅游主题公园作为一种综合性人造旅游景区，它围绕一个或几个主题创造一系列有特别的环境和气氛的项目吸引游客，是集文化、休闲、娱乐等内容于一体的旅游设施和服务的综合体；它一般投资大、周期长、成本回收慢。这些特征使得主题公园的规划和管理显得尤为重要，如何进行主题公园旅游项目的创意设计值得探讨。从主题公园的市场特性与产品形成过程看，主题公园创意设计尽力遵循如下原则。

（一）主题上的市场性原则

主题公园是新土地上进行综合规划、项目打造的纯人造景区，不同于一般的自然旅游景区或人文古迹景区有天然可依托的旅游资源，这就使得主题公园在资金的投入方面成为市场上最多的一种景区，大量资金的投入能否收回、多久收回与旅游市场的认可息息相关，因此，那些贴合市场需求的主题公园才能获得市场收益。纵观国内外主题公园成功运营的案例，都是基于对客源市场数量特征、经济特征、消费特征、心理特征的准确把握，进而确立主题公园的主题选择和建设规模的。科学的主题选择首先是贴近市场文化背景和迎合或引导大众旅游需求，一个注重收入疲于消费的区域消费群是很难支撑

起当地的休闲市场的，而主题公园的规模往往与客源市场的数量成正比。

（二）交通上的可进入性原则

交通的便利性对景区发展的重要性已经是一个不言自明的话题，随着现代人消费节奏的加快和自驾游市场的兴起，人们外出旅游时越来越注重通过比较路上时间与体验时间的差考虑游览的性价比，甚至以此作为选择某个目的地的考虑因素。已有研究同时表明，那些交通便利的城市的游客吸引半径是交通不便城市的几倍或几十倍。对于高投入、高风险特征的主题公园而言，选址中的交通要素对扩大市场范围、保证游客顺利抵达具有重要的现实意义。因此，主题公园交通的外部可进入性体现在两个方面，一是所在城市与其他城市的连接交通是否便利，如航线、铁路等；二是城市交通节点到主题公园入口处的交通便利性，如从机场或火车站到达景区处的交通线路、从高速出口到景区处的路况、主题公园与这些交通站点的相对位置等。

（三）产品设计的衍生性原则

在旅游行业竞争日趋激烈的当下，"门票经济"屡屡被人诟病，并被创新旅游产品、延伸旅游产业链这一新共识取代。创新旅游产品，是主题公园占领市场高地的根本，也是获取效益的保障。美国迪士尼公司的成功就是源于影视—公园—商品—商标图案一系列产业链的相互影响，如让活跃于动画的米奇行走在公园的街头，做成毛绒玩具置于商店，作为平面图案印于饮料外包装或衣服的一角，或者打造米奇主题的客房，迪士尼形象"无孔不入"的局面给受众带来极大的印象，其消费市场不仅仅限于旅游，更扩大到日常生活。

（四）多元化的形式原则

随着现代人们旅游阅历的增加和审美水平的不断提高，游客对单一感官的体验越来越觉得乏味甚至厌倦，只让游客走一走、看一看的旅游产品形态已然过时，国内不少主题公园的失败多是因为产品形式单一，这些失败的主题公园或囿于创意人才缺乏、或囿于资金建设不足等问题，在旅游产品形式上难以拓展，致使开业后勉强维持经营，游客回头率低甚至没有回头率、没有好口碑，自然难以成功。因此，主题公园的产品形式一定要尽力满足游客多方位、立体化的感受，给予游客视觉的新颖感、听觉的刺激感、嗅觉、味觉的满足感，进而让游客达到身心愉悦的目的。

二、主题公园开发的创意路径

主题是内容思想的一种集中表现，是创意者智慧的结晶，主题公园创意的核心首先在于主题的定位，其次是主题的表现手法。无论是定位的取向还是手法的选择，都是衡量创意水平的标准。纵观国内外主题公园的发展经验和已有研究，主题公园开发的创意路径有一定的规律可循，具体如下。

（一）利用已有影响力的文化资源，进行市场延伸

主题公园是经过选址进行新产品塑造的一类景区，是一种人造型旅游资源，它不同于一般的自然类旅游景区有固定的资源天赋，也不同于一般的人文古迹类景区在开发之前就有历史价值的属性，对主题公园而言，最难的莫过于选用何种资源，资源对游客的吸引力有多大。事实证明，选用已有影响力的文化资源是打造主题公园的一条捷径，如影视资源向主题公园转化，满足人们由屏幕之前到身临其境的休闲需求，著名的迪士尼乐园和环球影城就是这样的代表。

众所周知，北美一直拥有世界最大的电影市场，在世界的影视产业中占有最重要的地位。据美国电影协会（MPAA）公布的数据，北美 2018 年票房达到 119 亿美元，占国际影视票房总收入的 29%（国际总收入 411 亿美元），出口电影是美国进行对外贸易的重要商品之一，因此美国电影在全球的影响力和传播力长盛不衰，其影视角色与情节具有广泛的影响力。在这一背景下，有影响力的美国电影向主题公园创意就显得事半功倍了。作为好莱坞历史最悠久的电影制品厂，环球影业公司在影视市场的影响力可谓家喻户晓，其制作发行的《侏罗纪世界》《神偷奶爸》等作品吸引了无数观众，观众的好奇心可能随处萌发，基于观众对影视拍摄基地好奇的心理，环球影业公司在 20 世纪 60 年代创意性地开放好莱坞环球城，满足游客游览的需求，使得环球影业公司利润倍增。在观众对影视制作过程、镜头特技不解的时候，环球影业公司决定为游客开拓主题公园，这里将有哈利·波特魔法世界、变形金刚历险、神偷奶爸小黄人乐翻天、侏罗纪公园河流大冒险等娱乐项目，让游客与经典影视角色进行近距离互动，身临其境地了解电影制作过程和特技特效的形成原理，并将主题公园从好莱坞拓展到世界其他国家和地区。

以环球影城为例。美国的电影是美国出口最多的产品之一，在全世界占有很大的市场。美国好莱坞电影在世界各国电影市场上的份额之大、影响之广、电影人物形象传播之广泛，目前是其他国家的电影无法比拟的。这里不说好莱坞电影对世界电影业的好坏得失，只是讨论这种在全世界已有的文化影响力是如何被用来作为主题公园的创意的，这种被全世界关注的电影市场是怎样被用来创造另一个市场——主题公园市场的。

著名的迪士尼乐园的创意也是如此。华特迪士尼公司是一个多业务经营公司，主题公园只是其业务之一，除此之外还有娱乐节目制作、图书、玩具、电子游戏和传媒网络。该公司创造了无数经典的动画片，如《白雪公主和七个矮人》《灰姑娘》《皮诺曹》《彼得·潘》等，片中梦幻般的场景和童话般的生活勾起了无数观众的向往，迪士尼乐园创意性地打造了梦幻乐园区，让观众走进故事，成为迪士尼主题乐园的一大特色。区别于自然景区的创意程序，迪士尼是创意为先，由创意影视再到创意人造景观，其主题公园的建筑品质精良、园区布局科学合理，色彩运用富有梦幻与审美，行走的童话人物与奏响的音乐为游客带来逼真的欢乐氛围，这种身临其境的感受令游客流连忘返。

迪士尼与环球影城并不是进行市场延伸的个案，现在越来越多的影视投资者将目光投向主题公园，如华纳兄弟电影公司的华纳兄弟电影世界、派拉蒙主题公园等，并试图进入中国市场。

（二）一园多文化，塑造差异，紧抓游客新奇感

一园多文化即在一个园区展示多种文化样式，向游客传递丰富的文化信息，在差异性文化的刺激下避免单调乏味的感觉。以微缩景观著称的世界之窗，将世界著名景观以一定比例进行复制再现，让游客一园走遍世界，在这里，走过巴黎凯旋门即可仰视埃菲尔铁塔，再走一段路即可目睹埃及金字塔，经过非洲居民区就跃入北美区，欣赏尼亚加拉大瀑布、探索美国大峡谷，走过美国总统山，近观自由女神像……这样的跨越若干国家与地区的经典景观满足了游客不出国门就能领略异域名胜的心理，每一个景观都是独具特色的，这种差异带来的新奇感是推动游客继续游览的推动力。

其实各地的民俗文化园也是如此，通过利用民族间文化的差异性，为游客带来新奇、趣味的感受。如云南民俗村就是一个展示云南区域内的 25 个少数民族文化的集中地，流转于园区村寨，游客可以了解到不同民族的建筑类型、各具特色的服饰、多姿多彩的舞蹈、不同信仰的风俗，多样化的展示满足了游客的求知、求趣的心理，云南民俗村不仅成为 4A 级旅游景区，也成为民族文化基地。成都的非物质文化遗产国家公园，云南、海南等地的民俗文化村、美国夏威夷的玻利尼西亚文化中心、新西兰毛利人文化村等都是以民族文化的差异来创意主题公园的，这些主题公园或主题景点对不同国家的游客描述了不同时代、不同文化的新、奇、趣，这些都是创意主题公园的基本法则。

通过利用异域文化命名项目增加新奇性和神秘性也是一种创意方法，如在华侨城，以"飞跃地中海"命名过山车，以"加勒比旋风"命名戏水区域，里面还有异域风情，如南美风情景观、加勒比海盗的故事演绎等。

因此，利用文化差异创意主题公园有两种方法，或引入异域文化，或深入挖掘利用本土文化。利用异域文化吸引本地和周边的游客，如欢乐谷、深圳世界之窗、北京世界公园及美国之外的迪士尼乐园和环球影城等。利用本土文化吸引外地或国际游客，如美国夏威夷州的玻利尼西亚文化中心为外地游客展示原住居民玻利尼西亚人的生活方式、历史与传统等；新西兰罗托鲁瓦市的毛利人文化村，一个专门展示毛利人的建筑、工艺、饮食等文化的场所。不论以文化吸引本地游客还是国际游客，所选择的文化与游客文化背景存在差异性是产生吸引力的根源。

所以，利用文化差异进行创意，必须利用或引进那些优秀的文化、精致的文化，同时还要注意文化环境的真实性，进而可能有新奇感和趣味性。

（三）探寻潜在需求，利用需求谋创意

随着人们的眼界越来越开阔、生活水平、生活方式的不断变化，消费需求也随之发

生潜移默化的改变，一成不变的供给必将受到淘汰，越早发现这种改变，就越能抓住市场的先机。主题公园要想成功要想立于不败之地，必须紧抓潜在需求，及时进行产品创新，迪士尼乐园的成功便在于此。迪士尼乐园最初用影视动画角色、场景构造项目十分成功，但随着机械制造技术的提高，具有冒险、刺激特点的乘骑类游玩项目吸引了青少年儿童的注意力，迪士尼公司把握了这一新需求，大胆地在2001年将加州阿纳海姆迪士尼乐园的停车场拆掉，创意性地建设了迪士尼冒险乐园，内设飞跃加州、怪物营救、恐怖塔等惊险刺激的体验项目，迪士尼乐园得以继续繁荣。而迪士尼乐园以需求为导向的创意从未停止，2017年2月，运营了十几年的恐怖塔项目结束，取而代之的是银河护卫队项目，而这正是青少年对宇宙、对太空充满好奇的时代。曾经的青年慢慢成年，打造一批适合成年人游玩的项目，让曾经的老客人继续访问公园是迪士尼一直致力于满足宾客需求的思路，东京迪士尼海洋就诞生于这样的背景，成为现代都市人摆脱繁重紧张节奏的好去处。

潜在的文化需求是主题公园的创意的起点和归宿，潜在文化需求未来的规模是决定主题公园市场力关键，因此，潜在的文化需求需要投资方敏感的把握、科学的认识，进而将有效需求转化为主题公园的创意，这样的主题公园必将能够赢得市场。

（四）评估创意，谋求长期市场

主题公园的成功并非有无创意那么简单，它有自身的市场规律、受到多种因素的影响。事实上，许多主题公园的失败可能不是因为没有创意或创意不够，而是因为创意的可变现性、拓展性存在问题，因此，有必要对创意进行科学、严格的评估，在评估其可行性之后方可投入市场。

1. 考察、评价潜在需求的趋势

人类的精神文化需要是多种多样的，以需求为导向可以创造出各种各样的文化产品，但需求趋势影响企业经营发展的长久性，因此，真正适用于主题公园的需求应当具有广泛性、符合时代性，能在相当长时间内满足大量游客的需求，这需要做周密的市场调查。如地质灾害型主题公园对那些经历过地质灾害的人而言是痛苦经历的回忆场所，也可能是揭露伤疤的痛苦之地，如果在地质灾害区设置这样的主题公园，其中的娱乐项目是否符合伦理道德，其中的娱乐体验需求是否存在？再比如，建于墨西哥中部地区的"偷渡美国主题公园"，初衷是让游客以非法移民身份体验"通往美国之路"的危机四伏和在美国生活的艰苦。但若生搬硬套地在国内模仿，无论是主流意识形态还是传统观念，显然行不通，属于生搬硬套。欢乐谷进北京的市场规模有多大，当时的市场调查就做了这样的评估：从不利的方面讲，北京是世界闻名的中国古都、文化名城，北京每一个供游览的历史遗迹景观都是具有享誉世界的历史价值、文化价值的，这种久负盛名、历史积淀是人造景区不能同日而语的；但另一方面，这些静态的、富有年代感的人文古迹缺乏了现代人所需要的灵气与活力，难以满足都市居民休闲娱乐的需求，欢乐谷经过

分析后认为以欢乐为主题的欢乐谷可以填补这样的市场空白，也就因此论证通过了。

2. 考察、评价潜在需求的规模

主题公园是高投入、高风险、回收期长的行业，少量的、不成规模的需求很难保证主题公园的投资回收问题，因此，要特别考量创意的转化投入能够创造的市场规模，依据规模确定主题公园是否可建、建设规模、建设区域等问题。

上面所述的墨西哥"偷渡美国主题公园"，从创意上说，符合主题公园创造性特征，能够为游客带来惊险、刺激的参与性体验，但这一主题对那些有偷渡历史或盛行移民文化的国家和地区，对安土重迁的广大中国人而言，这个主题显得非常另类，而"偷渡"是国际上严厉打击的非法行为，因此，不适宜进行广泛复制。事实上，许多失败的主题公园在投入之前都没有做过这样的评估，或评估流于形式，致使一些貌似较好的创意也不能在实践中创造长久发展的市场。

3. 评估创意转化的条件

创意的实质是一种思想或思维，如何将创意转化到主题公园的实体项目中是一个值得探究的问题。选用怎样的技术支撑创意、现有的设备能否体现创意、转化成本能否回收的一系列技术、材料障碍影响创意的转化。

许多创意或是因为技术上不成熟，或是因为材料设备不足，或是因为资金缺乏而夭折，有许多的主题公园因为对创意勉强转化导致不伦不类而没有吸引力。例如，曾经的采矿区演变成地质公园，如何创意利用废弃的采矿坑道呢，一些创意者提出可以设计矿井作业的场景体验，包括危险事故如塌方、地震、地下水漫灌等，但因为技术问题，这些创意只能是纸上谈兵。

而像迪士尼乐园和环球影城这些国际主题公园，正是因为具备转化创意的最先进的制作技术和在一支配套的设计师与技术人员队伍。如环球影城"侏罗纪公园"中恶意凶猛的"恐龙"、危险奇异的侏罗纪丛林、危难当头的"水上世界"、如临其境的"回到未来"，又如迪士尼乐园的"幽灵公馆"中飘荡幽灵的全息摄影（360°）、"加勒比海盗"里栩栩如生的海岛门是以机器技术制造的。同时美国主题公园的产业化程度非常高，各种专门的主题公园娱乐项目设计公司和制作公司可以为行业提供创意变为现实的服务，这是其他国家和地区所欠缺的。

4. 评估创意的生命力

主题公园的创意还必须具备长久的魅力和生命力，能够在一段相当长的时间具备市场吸引力，同时还要注意这种创意迎合时代变化发展的可能性，进而评估其是否具备及时更新的可能性，这一方面源于主题公园的高投入、回收期长的特性，另一方面源于游客需求的不断变化和要求的不断提高。因此，在创意主题公园时，创意的生命力显得非常重要，要防止陷入创意暂时性、无更新余地的困境。迪士尼就是一个特别注重创意无限性的主题乐园，秉承"永远建不完的迪士尼"这一口号，经营管理采用"三三制"原则，为不断增加游客的新鲜感，每年有1/3的硬件设备遭到淘汰，1/3的新项目上马，

所以，屡有迪士尼改建项目见诸报端，宾客便闻讯而来，迪士尼永远不缺游客，这就是创意的生命力的价值所在。

三、主题公园创意发展的路径

（一）创意——主题公园长久发展的旋律

主题公园和任何旅游产品一样，都具有一定的生命周期，绝大多数主题公园的年游客人数在开业头几年达到某一峰值后便呈现下降趋势，更新后略有回升，但一般很难再次超越开业之初的景象，延长主题公园的生命周期是主题公园经营中的现实难题。

那些经过时代变迁的主题公园无不是胜出在"创意"二字。"二战"后，随着科学技术迅猛发展、经济繁荣复苏，曾经的机械式游乐园的衰落，以现代技术为依托的现代主题公园兴起，它通过对声光电的利用与调节，让游客感受全方位的视觉、听觉体验，并以此搭建奇幻的时空舞台，打造"全天候"的或时节性环境，给游客创造出惊险刺激、新奇梦幻、趣味盎然的高品质旅游体验。这说明持续创新是满足人们时代新要求的法宝。

创意可以投射到主题公园的各个方面，如深化主题文化内涵、创意产品结构层次、产品功能的复合创新、依托技术的更新、景观设计的别具匠心、表演活动的别出心裁等，可以增加主题公园的效益、丰富游客体验并延长其逗留时间，这是提高主题公园竞争力、延长主题公园生命周期、增加主题公园重游率的重要举措。

（二）创新谋划发展战略

发展战略就是一定时期内对主题公园发展的方向、速度、质量、卖点及发展能力的重大选择、规划及策略。主题公园的发展目标并非一定要打败竞争对手，而是保持自身市场的吸引力，市场需求的变化要求主题公园在发展战略上进行不断创新。

1.创建品牌、输出品牌

一个成功的品牌不仅有利于企业进行产品销售，还有利于企业业务拓展，更有利于产业链的发展。迪士尼品牌不仅让它的主题乐园形象深入人心，也在影视、传媒、玩具、服饰等多个领域占有很大的市场影响力。深圳欢乐谷的成功使其在北京、上海的项目无须过多营销，其原有的品牌影响力可以让北京、上海的项目在建设之初获得当地居民的认知。

2.整合资源优势提升竞争力

成功的主题公园从来都不是单一产品的销售体验，而是多种资源优势互补的结果。总面积达124平方千米的美国奥兰多迪士尼世界是目前世界上面积最大的迪士尼乐园，如此大的面积上除了建设迪士尼常规大型主题乐园和相配套的32家度假饭店、上千家餐厅及各式商店外，还建设了5座国际标准高尔夫球场和综合运动园区，这里将娱乐、住宿、购物、休闲运动等诸多资源集合在一起，如此齐全的供给在类似区域中是没有的。

3.延长产业链进行规模化经营

完善产业链条，增强竞争实力，充分利用主题公园的品牌和环境效益，与房地产、传媒业、影视业等其他行业联姻，追求旅游业的附加值，将开发重点从单一的资源开发向多元化业务拓展。作为中国大型文化集团的杭州宋城集团控股有限公司，其产业链现已覆盖旅游休闲、现场娱乐、互联网娱乐，该集团旗下的宋城演艺是世界上拥有大型剧院最多、座位数最多的演艺公司，其演艺秀已遍布杭州、三亚、丽江、九寨、龙泉山、宁波、宁乡、桂林、宜春多个省份的县市，业务上除了文化演艺和旅游景区外，娱乐综艺、主题酒店、休闲地产也是其主要业务方向，总资产超过700亿元，是一个名副其实的规模化经营公司。主题公园的高投入、高风险特性更需要有资本、有实力的大型企业做后盾，因此主题公园相关的企业必须具备长远发展、业务拓展的能力和目标。

（三）经营管理手段的创新

1.树立信息化理念，构建"网络化主题公园"

智能手机的普及不仅让主题公园信息传播速度更快更广，也让游客出行更加便利，主题公园经营管理应当紧随信息化时代的特点，及时建立App或借助其他旅游网络平台进行智能传播与服务，订票、咨询、导览、评价、投诉等一步到位，并尽力通过网络化管理提高管理的效率。

2.价格策略多元化

根据游客停留时间或是否在园区住宿等情况进行灵活定价，如设计整体套票或不同分区的组合套票，满足游客定向选择、时间有限的一些问题，或对二次游览的游客给予优惠以吸引游客故地重游，或对选择主题酒店的宾客给予一定的项目折扣等，以提升主题酒店的入住率。

3.创新营销机制

科学合理的营销方式有助于主题公园打开市场、提升知名度。世界上著名的主题公园或依赖于原有的文化产业或依靠自身的传媒公司，在市场营销上具有一定的优势，但不具备如此条件的主题公园则需要更多的营销手段，如线路营销、网络营销、电视营销、旅游推介会等。

第五节　深圳华侨城的文化主题公园创意

我国的主题公园历经30年的时间得到快速发展，为丰富人们的娱乐旅游活动、提高人民的生活质量、推动社会经济的发展发挥了积极的作用。现阶段，我国主题公园正处于快速发展期，拟建项目继续增加，年游客量继续攀升，据《2018中国主题公园项目发展预测报告》数据，中国主题公园的年平均游客量从1993年的近100万人次提高

至 2017 年的 150 万人次，预测至 2020 年，整体游客量将超越美国。受欢迎的主题公园不仅有国外进驻的公园，也有本土兴起的公园，本节特选取深圳华侨城这一成功案例供读者学习借鉴。

一、深圳华侨城简介

深圳华侨城位于深圳经济特区的深圳湾畔，面积 4.8 平方千米，经由国务院于 1985 年 11 月 11 日批准成立，由华侨城集团开发、建设和管理，其规划、建设和管理的目标即"规划科学合理，功能配套齐全，城区环境优美，风尚高尚文明，管理规范先进"，经过多年努力，已建成为一个现代海滨城区，被誉为深圳湾畔的一颗明珠。

深圳华侨城内著名景点先后建成并走向异地开园之路。1989 年建成的"锦绣中华"是我国最早的文化主题公园，开了我国主题公园建设的先河。1991 年 10 月，"中国民俗文化村"建成开园；1994 年 6 月，"世界之窗"营业纳客；1998 年 10 月，新一代大型主题乐园深圳"欢乐谷"正式运营；2006 年 7 月，"欢乐谷"在北京开园。华侨城主题公园主动准确地把握了市场，实现了一次又一次的成功飞跃。其中，"锦绣中华"投资 1 亿元，创造了 9 个月收回投资的奇迹；"世界之窗"投资 6 亿元，3 年半的时间收回；欢乐谷分期投资，单期进账收益也较为惊人。根据公司数据，游客接待量处于年年增长之势，2017 年接待游客达 3500 万人次，实现营业收入 423.41 亿元。

二、深圳华侨城主题公园创意体现

（一）开本土主题公园建设的先河

在国内旅游市场规模日益扩大，国内旅游者旅游需求不断深化的背景下，作为沿河经济开发特区的深圳，具有位置优越、交通便利、经济发达、城市基础设施完善的优越性，这些优越性为深圳旅游业发展奠定了基础条件。然而，在旅游业赖以发展的核心资源即旅游吸引物方面，深圳地区是较为欠缺的，既没有天然地貌名胜，也没有历史悠久的人文资源，成为旅游业发展的短板。1985 年深圳特区华侨城建设指挥部宣告成立，1989 年的"锦绣中华"，以微缩景观的形式创造了深圳绝无仅有的文化主题园，华侨城旅游业的创始人马志民在谈到创办"锦绣中华"的初衷时说："那时并不是从经济效益上考虑，而是考虑如何宣传中华民族 5000 年的文化，通过建造主题公园来表达对中华民族的一种感情。"在弥补资源不足、迎合市场需求和体验的新颖性的综合作用下，赢得了旅游者的青睐，不足一年就收回了投资成本。

"锦绣中华"创新了传统游乐园的建园理念，创新了娱乐方式，将各民族民间艺术、民俗风情和民居建筑荟萃一园，突出文化主题性，实施企业化运营管理模式，创造了收益奇迹，所以被业界认同为中国现代主题公园开始的标志。

（二）表现形式的创意——旅游文化演出

主题公园在问世之初，以展示园区优美的环境、精美特色的建筑及各类辅助设施等为主。但随着市场的进一步发展，游客对静态展示越来越不满足，流于观览形式的旅游方式越来越难适应游客变化了的消费需求，富有创意的华侨城应市场而动，及时找到了旅游文化表演的形式，用舞台化的手法向游客生动形象地展现各种文化。实践证明，旅游与文化演出的有机结合能发挥资源整合、优势互补的积极作用，有效促进文化与产业的融合发展。旅游文化演出也成为华侨城的重要产品创新形式，文艺表演转化为村寨景点表演、剧场式演出以及大型广场艺术等多种产品，华侨城开创了旅游文化演出的新市场形式，也使得旅游演艺逐渐成为华侨城经营的重要内容和核心竞争力之一。

据其官网介绍，华侨城文化演艺的整体规模属全国最大，各景区已创作并上演《金戈王朝》《东方霓裳》《龙凤舞中华》《幻城》等大型室内演出或舞台剧，及《咆哮山洪》《地道战》等大型室外实景表演。目前，华侨城已拥有 27 个千人以上专业剧场及表演场地，演职人员近 3000 名，累计推出各类原创的演艺节目 61 台（场），累计接待观众近 1 亿人次。与此同时，华侨城每个主题公园都有贯穿全年的节庆活动；欢乐谷的国际魔术节已经连续举办了 10 届（2018 年）。

华侨城的文化旅游演出开创了我国内地的多个"第一"，如文化演艺规模全国最大；《梦幻深圳》是国内首台大型都市主题情景剧；《天禅》是国内第一部以禅茶文化为主题的大型多媒体交响音画晚会等。

除此之外，华侨城主题公园在园区内设置了多种互动性节目，现已形成"月月有节庆、街头处处有表演"的景象，让游客能感受到主题公园为他们营造的体验氛围，得到游客较高的认同感，并产生将公园推荐给亲朋好友的意愿，维持公园较高的满意度和美誉度。

（三）产业链管理创新

过去华侨城以"旅游＋地产"模式取得了一定的成绩，当前，华侨城集团正在积极以"文化＋旅游＋城镇化"模式进行新一轮的布局，积极参与中国新型城镇化建设。这是华侨城历史模式内涵的进一步丰富。

华侨城从未墨守成规，而是在产业链道路上越走越宽。实现文化旅游与科技的融合，是近三年华侨城打通旅游产业链的一次成功尝试，并进一步实现华侨城旅游的智慧化转型。

其"文化＋旅游＋科技"模式并非将科技手段与现有的产品和服务进行简单的相叠加，而是以文化旅游为平台，打造华侨城智慧旅游系统，形成富有内涵且具有前瞻性的"文化＋智慧＋旅游"新模式，把特种影视、光机电一体化、虚拟仿真等高新技术手段置于 360° 全景天地剧场、影视跳楼机、时光飞车、飞行影院等，进一步增强了游

客的临场感、参与感和体验感，取得了良好的市场效益。

事实上，用科技手段"武装"文化旅游产品只是华侨城"文化＋科技"战略的一小部分，真正让华侨城文旅科技公司"与众不同"的是侨侨城智慧旅游终端与华侨城自主研发的高科技文化旅游项目，构建了全新的华侨城智慧旅游系统，主题 App 与主题项目相互支撑、相互促进，打通文化旅游产业链上下游关联节点和技术难点，凭借该系统，华侨城获得了"亚洲智慧旅游企业示范单位"的荣誉。为建设完全自有知识产权的智慧旅游型主题乐园奠定良好的技术基础与内容支撑。

三、华侨城的成功之道

（一）区位优势，政策支持

深圳是一个经济发达、消费水平高、交通便利的城市，明显的区位优势为华侨城主题公园的建立与发展奠定良好的条件。而当地政府的相关政策为华侨城的成功提供了重要保障。随着全国景区建设之风兴起，深圳市政府及时将旅游业纳入城市发展的重点行业，在深圳市第十个五年规划中明确提出培育新兴服务业，结合自然山海景观与人文景观，建设高品位、多功能的主题旅游公园；在第十一个五年规划中明确提出积极鼓励、引导和支持各类非公有制经济主体、旅游业和现代服务业等行业，活跃区域经济及重点引进和培养旅游业管理人才在内的人力资源，增强经济竞争力。此外，在涉及旅游发展外部环境的基础建设方面，深圳市在投资和发展方面均采取了扶持鼓励政策，大大促进了旅游业的进步。

（二）注重服务品质，提升品牌

华侨城主题公园通过创新服务理念，提高服务品质，不断与国际标准接轨，用标准化、个性化的服务让游客满意、给游客惊喜。其标准化服务以相关的服务标准或规范去培训员工，并以此作为检验服务质量的标准。早在非典时期，制定出台了国内首个旅游服务质量标准规范；2006 年制定《华侨城主题公园标准》，2008 年首次正式承担国家标准的起草与修订工作《旅游娱乐场所设施与服务规范》《游乐园（场）安全和服务质量》，足见华侨城服务理念与践行方面受到了外界的高度认可。修订的《华侨城旅游服务规范》明确提出了华侨城旅游服务的理念、工作环境、知识技能等一般性的服务要求，同时将公园岗位进行岗位细化，针对每个岗位相应的技能要求、工作标准和有关禁忌。这为规范和提升华侨城旅游服务水准起到了重要的引导作用。

为契合 2012 年"服务品牌年"的活动精神，全面提升东部华侨城景区服务质量和员工的服务意识，公司工会主办的"金牌主持"大赛；2018 年引进品牌舆情公关。在以服务促品牌的道路上，华侨城一直在努力。

华侨城旅游的个性化服务体现在员工与游客的"一对一"服务中，以游客个性为服务个性的标准，通过有技巧的沟通、交往，或化解矛盾，或拉近距离员工，或创造惊喜。它以"人本、创造、坚定、卓越"为品牌个性，承诺做"切合中国人民日益增长的品质需求，依托优秀团队的无限想象力，我们敢为人先地创造，以坚定的意志，不断追求卓越，为人们提供更具个性化的生活体验"的品牌。游客需求被贯穿于主题公园的规划建设和服务发展的全过程。

（三）特色主题，强调创新

华侨城的创新体现在两大方面：首先，模式上的创新。根植于"文化+"的创意思维下先后建设了锦绣中华、民俗文化村、世界之窗、欢乐谷，这些园区主题各异，每一个主题都各具特色。主题独创性是主题公园的命脉，鲜明特色的个性是主题公园的灵魂，是影响旅游者旅游选择的魅力因素。例如，锦绣中华和民俗村以中华文化为立足点；世界之窗根植于世界名胜、世界文化；欢乐谷则瞄准文化时尚性与参与性；东部华侨城以"让都市人回归自然"的生态休闲文化吸引大众，由此建成了一个内涵丰富、功能齐全的旅游城。同时，华侨城主题公园产品实现了"静—演—动"（展示静态景观—欣赏艺术表演—参与动态娱乐）的立体展示模式的转变。

其次，"维新—更新—创新"的发展思路。公园每年投入一定的资金进行更新改造和维修维护，保持外观常新的视觉印象；同时通过设计新项目或设计不同时节的节庆活动，如踏春度假季、浪漫度假在山海、六一节、母亲节、周年庆、迎新年等各种活动丰富多彩，以保持主题公园体验的新鲜感。2018年下半年，华侨城文化旅游节引起业内关注。华侨城紧随文旅融合的时代背景，开始提供覆盖多个业态的文旅融合旅游产品。另外，在主题公园领域，华侨城旗下近20个主题公园联动，七地欢乐谷推出了国际魔术节、潮玩节、冰火狂欢节、国际街头艺术节等。同时，以中国原创IP为主题的黑科技XD乐园"V谷乐园"也进行全面升级，以"小凉帽"原创IP为核心内容，配套当前先进VR虚拟现实等黑科技。由此可以看出，文旅企业为吸引消费者，不断强化文化IP的挖掘①。

（四）创品牌，走向连锁经营之路

1998年，深圳欢乐谷问世，它破天荒地集成了高科技游乐设施、都市演艺精品、主题文化体验，满足了旅游需求从单纯的观光旅游向体验娱乐式的转变，一经推出就成为中国旅游市场的"欢乐神话"，一度刷新中国假期游客量的纪录。随后，欢乐谷北上北京、东进上海、西入成都、中据武汉，成为中国自主创新的连锁主题公园第一品牌。如今，实现了欢乐谷连锁品牌在深圳、北京、成都、上海、武汉、天津的布局，实现了规模经营、规模效益的发展之路。

---

① 摘自：2018中国主题公园十大新闻事件。

2016 年年底，在欢乐谷连锁发展新战略发布会上，华侨城推出了欢乐谷"百亿发展"新战略。2017 年，欢乐谷集团正式成立，标志着欢乐谷连锁经营管理将进入新阶段。

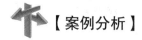【案例分析】

主题公园与自然景区在创意上的区别

创意无论是对主题公园的创立还是对自然景区的投资开发都是一个关键和核心的问题，但是两者对创意的要求是有较大差别的，在主题公园的实践中我们也可以隐约看到有些地方把对自然景区的创意方法轻易地运用到主题公园的创意上来而导致了失败。所以分清这些差别，从而把握主题公园创意的特征，是进行主题公园创意的第一步。

自然景区的创意是把现有的自然景观，依据当地的文化、地貌、物产、历史人文特征、气候，通过适当的想象、推论、联想，去组织一种旅游线索，来提高这些景区对人们的吸引力，满足人们对自然文化遗产的缅怀，对自己的祖国、祖先的爱戴和对大自然的崇敬。譬如杭州灵隐被称为飞来峰的一座山，因为正面对着千年古寺灵隐寺，山虽不高，却以其奇特风貌独具一格，容易使人与杭州这个南宋的古都，与古寺和著名的西湖联想在一起。于是，就有了以一个传说来创意的范例，说是灵隐的开山祖师慧理和尚到达此地，初见山峰，不由失声惊问："此古印之灵鹫峰，何时飞来此地？"众人不信，高僧说这山应在印度，山中他曾饲养灵猴一只，说着就大声叫唤，灵猴果然应声而出，众人方信此山确从印度飞来，飞来峰由此得名（亦有另一传说，是四川一座山飞来，要掉在此地的村庄，被在村中的济公和尚发现，济公背起村里的一个新媳妇就走，村民急追，由此救得一村人口）。

安吉是位于浙江的著名的竹乡，安吉地区的毛竹存量相比中国其他的毛竹产地是最大的。安吉的观赏竹木之多、之奇，气势之大在电影《藏龙卧虎》中可见一斑，当安吉周边的南浔、乌镇、临安以江南水乡的古镇为特色建成旅游景点时，安吉就在毛竹上做文章，形成竹博物馆、竹文化公园，开发竹笋、山核桃、竹工艺品和各类竹产品，规划了农家休闲度假区、高山探险观光度假区、竹林漂流等旅游线索。因此，安吉是一个以竹为创意从而去开发的自然景区。

自然景区的这类创意方法和途径已被广泛采用，如在日本北海道、美国夏威夷、新西兰的北岛利用火山的地热形成的温泉度假区，在美国、阿根廷、新西兰及中国的西藏、四川，以及一些欧洲国家在冰山区域的冰川旅游，中国新疆、澳大利亚西部利用奇特的沙丘创意的汽车冲沙和滑沙等。

自然景区的创意也要注重自己的独创性、愉悦性、新奇性的原则，自然景区的原生态也要靠在规划时的创意使它成为可作为旅游目的地的、可经营的旅游产品。

（资料来源：赵抗卫.主题公园的创意和产业链［M］.上海：华东师范大学出版社，

2010：62.）

 案例思考

主题公园创意与自然景区的创意有什么区别吗？能否说一下这些区别？

【思考练习】

1. 简述主题公园的定义、特征。

2. 简述主题公园创意的必要性。

3. 简述主题公园的创意法则。

参考文献

［1］蔡雄彬，谢宗添．城市公园景观规划与设计［M］．北京：机械工业出版社，2014.

［2］陈来生．旅游创意与专项策划［M］．天津：南开大学出版社，2013.

［3］方四文，朱琴．立体构成［M］．北京：中国轻工业出版社，2014.

［4］冯锦凯．解读中国主题乐园［M］．北京：中国水利水电出版社，2013.

［5］黄成林，刘云霞，王娟．旅游地景观变迁研究［M］．芜湖：安徽师范大学出版社，2013.

［6］李志飞．主题公园开发［M］．北京：科学出版社，2000.

［7］吕俊芳．旅游规划理论与实践［M］．北京：知识产权出版社，2013.

［8］王晓云．微缩景观简论［J］．华东师范大学学报（哲学社会科学版），1996（6）：94-95.

［9］张凌云．旅游景区管理［M］．北京：旅游教育出版社，2009.

［10］张玉蓉．创意旅游理论与实践［M］．成都：西南财经大学出版社，2014.

［11］张祖群，张宏．旅游地策划：文化·创意·空间［M］．北京：化学工业出版社，2007.

［12］赵煌庚．城市旅游［M］．北京：科学出版社，2010.

［13］赵抗卫．主题公园的创意和产业链［M］．上海：华东师范大学出版社，2010.

［14］邹统钎．创意旅游经典案例［M］．天津：南开大学出版社，2011.

［15］邹统钎，李飞．旅游景区管理［M］．天津：南开大学出版社，2013.

第 六 章

演艺旅游

【学习目标】

掌握演艺旅游的概念和特征，了解演艺旅游在中国发展阶段和趋势；理解演艺旅游产生的原因，了解演艺旅游业态的社会价值和经济价值；掌握演艺旅游的四大类型。理解演艺旅游业态的基本概念与相关知识，具有一定的认知能力；理解演艺旅游产品创设思路与路径，形成一定开发与设计能力。理解演艺旅游业态运作模式，具备基本演艺旅游运营管理能力。

【案例导入】

杭州宋城集团，一个原来并不起眼的民营企业，投资 6000 多万元，建了一个宋城主题公园，编排了大型歌舞《宋城千古情》，从 1996 年开始到 2011 年，已经演了 15 年，平均每年演出 800 多场，每天观众至少 4000 人次，2011 年收入近 2 亿元。

宋城是一个主题公园，对《清明上河图》进行了实物复原，再现了南宋杭州城的遗风。走进公园，青砖城墙，大理石雕成的九龙柱，仿宋的古建筑，小吃街上卖艺的、杂耍的、叫卖的，喧嚣热闹。你可以和那些脸上笑盈盈、穿着宋代服装的店主、侍郎们聊天，品尝历史著名小吃，也可以和他们一起参加"泼水节""抛绣球"等婚俗活动。这些生动、丰富的场景体验，好像时光倒流，将你带回了千年前的宋朝。

等你玩够了、转够了，天也黑了的时候，演绎着杭州的历史典故、神话传说的大型歌舞《宋城千古情》，使你在如梦如幻、跌宕起伏的强烈的视觉震撼中，对杭州历史文化的印象更加深刻，真可谓"给我一天，还你千年"。

就在这个主题公园里，大型歌舞《宋城千古情》用一流的演出水平，成为游客到杭州晚上必看的剧目，也成为杭州一台标志性的剧目。

（资料来源：节选自《大型歌舞〈宋城千古情〉为什么常演不衰》。）

☞ **思考**

为什么大型歌舞《宋城千古情》常演不衰？

第一节　演艺旅游概念、特征及在中国的发展

一、演艺旅游的概念

（一）演艺旅游与旅游演艺

1. 演艺的概念与类型

演艺在《现代汉语词典》中的解释有两种意思：①戏剧、歌舞、杂技等表演艺术；②表演的技艺。生活中，　　谈到演艺，就会想到音乐、歌舞、戏剧、戏曲、芭蕾、曲艺、杂技等这些具体的表演艺术。因此，演艺通常是一个综合性概念，指通过人的演唱、演奏或人的肢体动作、面部表情等来塑造形象、传达情感从而表现生活的艺术。

按照舞台艺术形式，演艺可以分为音乐、歌舞、戏剧、戏曲、芭蕾、曲艺、杂技等。按照演出受众和目的，演艺可以分为文艺演艺和旅游演艺。

文艺演艺是通过人的演唱、演奏或人体动作、表情来塑造形象、传达情绪和情感，从而表现生活，达到陶冶情操的目的的表演艺术。因此，文艺演艺最终的目的是丰富人民群众精神世界，满足人民群众精神需求。

旅游演艺是旅游与演艺相结合的新型产品，是文化与旅游市场嫁接融合的重要媒介，演绎着旅游与文化的双重魅力。旅游演艺是主要依托著名旅游景区景点，表现地域文化，注重体验性和参与性的形式多样的主题商业表演活动。

承上而言，旅游演艺并非简单的文娱演出。具体来说，它的观众来源主要是游客；它是长期进行的驻场演出；它的演出地点大多在室外或旅游地的剧院中；它的演出时间基本是在游客晚间休闲的时段；它的演出内容为旅游城市或景区的特色文化，如民俗风情等。

2. 演艺旅游与旅游演艺

旅游业与演艺业的联姻形成了文化共生体和产业联合体。旅游业发展为演艺业发展创造条件和环境，获得更高的社会与经济效益，促进演艺市场繁荣。演艺业发展为旅游者提供休闲娱乐机会，吸引旅游者、留住旅游者，形成旅游的品牌，不断推动旅游业发

展。因此，不管是演艺旅游，还是旅游演艺，都是旅游业和演艺业有机融合的产物。

旅游演艺立足于产品的视角来表现旅游业和演艺业的联姻，更多地表现为一种文化共生体。旅游演艺包括：①地域性的文娱演出；②相匹配的多功能综合型娱乐剧场（剧院）；③以演出为核心产品之一的主题公园；④项目周边的旅游休闲综合配套区；⑤围绕演艺项目构建历史文明的话语体系；⑥产权质押和股权交易。

演艺旅游立足产业的视角，指由当地著名旅游演艺节目的文化影响力而带动的一种新型旅游业态；从供给的角度讲，是运营商在旅游目的地为满足旅游者观赏和游乐需求而组织安排的各种演出活动；从需求的角度来讲，是指旅游者通过观赏目的地的演出，而满足自身对于当地文化、艺术、民俗等的好奇心理。从上述中发现：①演艺旅游以地方特色文化曲艺资源为依托，打造知名节庆或者演艺旅游产品；②演艺旅游产品是文化与旅游相结合的新型产品；③旅游者是因演艺而旅游；④演艺在旅游活动中占据主导地位，以其强劲的产业带动作用，促进社会经济发展。总之，演艺旅游立足于产业视角来表现旅游业与演艺业的联姻，更多地表现为一种新生的产业联合体。

总而言之，（1）演艺旅游与旅游演艺所表述的是演艺业与旅游业联姻的新生事物，内容实质是一样的。但旅游演艺是从产品的视角来阐释的，演艺旅游是从业态的视角来论证的。（2）演艺旅游和旅游演艺都是创意的产物。但演艺旅游是以演艺产品为内核，依托富有创意的演艺产品来创新旅游产业发展渠道，优化旅游市场，提升旅游发展空间与效益。旅游演艺是随着旅游市场发展，不断创新演艺产品内核及其表现形式，吸引着旅游者参与与体验。（3）演艺旅游和旅游演艺诠释了旅游业与演艺业联姻的演化规律。演艺旅游阐释的是产业联合体的流变，旅游演艺阐释的是文化共生体的流变。但文化共生体是产业联合体的基石。

（二）演艺旅游的概念

比较了演艺旅游和旅游演艺，发现两者不仅同根同源，而且旅游演艺是演艺旅游的有机组合体，演艺旅游通过旅游演艺产品营销、体验性消费，不断衍生出内容丰富的产业链。

演艺旅游中，演艺具有如下几个特征：（1）必须是一个旅游产品，通过唯美的画面和震撼的效果将旅游者拽入一个又一个超越现实的场景，去了解、追索并理解一个旅游地的历史、生活、文化和当地民族的精神源头。演艺范畴包括广泛的内容，既可以是历史文化的，也可以是民俗风情的，具体的表现手法则既可以继承传统的精髓，也可以融入现代的时尚等。（2）必须建立在挖掘娱乐精神消费需求基础上，强调旅游者欣赏性与参与性。（3）拉动产业链，产生巨大的溢出效应，可以丰富旅游产品，提升城市和景区品牌形象，使食、住、行、游、购、娱等旅游要素环节产生溢出效应。

简而言之，演艺旅游是以旅游演艺作为吸引物而不断拓展延伸旅游产业链条的旅游业态。

二、演艺旅游的特征

（一）注重异地性，凸显旅游者文化需求和旅游客体供给的有效性

对于演艺旅游来说，演艺本质上是一种演出活动，是一种为"旅游"而生的演出活动。旅游的异地性特征，决定了演艺旅游客源市场的异地性。旅游者的求新、求异、求美、求奇的精神文化需要和娱乐体验、情感体验和文化体验的体验需求，决定了演艺旅游的异域性与体验性。因此，演艺旅游项目，尤其旅游演艺，在内容、表现风格上，要凸显异域价值观念、伦理道德、宗教信仰、风俗习惯等文化色彩，展现不同于旅游者日常生活的文化色彩，以营造超越寻常的旅游体验氛围。

（二）注重娱乐性，强调旅游者欣赏性与参与性的结合

演艺旅游的精髓在于"娱"。因而，演艺旅游项目在保证演艺产品艺术性的前提下，更要注重其易懂性和娱乐性。首先，综合运用多种艺术表现手法，如舞蹈、歌曲、杂技、武术等，使演出氛围欢快热闹、喜闻乐见。其次，充分利用声、光、电等高科技手段强化视听效果，激起观众兴趣，使其获得更多愉悦的体验。最后，通过台上与台下的互动，增强观众的参与性。如江苏周庄的实景演出《四季周庄》和长江三峡里"三峡人家"景区的土家文化表演都有这样的内容。

（三）注重文化浓缩性，聚焦地域文化内涵和产品个性创意

旅游的核心价值在于地域的不可替代性。文化是一个地域的灵魂精髓和活力源泉，因此，聚焦地域文化内涵和产品个性创意的演艺旅游项目，才能产生持续的人气聚集。这就需要在时间有限的演出中要尽可能地对当地历史文化、民俗风情和自然山水等各种元素进行浓缩式的呈现。最终让旅游者在"欣赏中触摸到当地的历史人文脉搏"。

演艺旅游本质上更要聚焦内容与形式统一。内容即"魂"，要聚焦于意蕴深刻，耐人寻味的"意"。形式即"体"，要聚焦于浅显易懂，喜闻乐见的"象"。二者相辅相成，是"体验经济"，对演艺旅游项目的创设具体要求。如《汉秀》璀璨，但产品个性有所失焦，主题意境不鲜明，结果"悦目"有余而"赏心"不足。

（四）注重商业特性，追求衍生性和溢出效益

演艺旅游的目的是通过旅游演艺吸引旅游者，延长其在旅游地或景区的逗留时间，从而产生住宿、餐饮、交通等多方面的溢出效应，带来高额商业利益。值得强调的是，旅游演艺投资者与开发者因为演艺开发周期长、投资大，主观上想通过开发衍生产品，形成产业链，回收资金。同时，旅游演艺场次多、生命周期长、社会影响大，客观上促进旅游演出衍生品——音像制品、出版物、纪念品、玩具等的推出，尤其是衍生出新的

旅游线与旅游点。如《云南映象》的策划者就希望利用已有品牌资源，提供更大平台，衍生出"云南映象"的餐厅、服饰系列和影像制品等，甚至因此推出"云南映象"专线旅游。

三、演艺旅游在中国的发展

（一）国外演艺旅游发展现状

国外演艺旅游起步早，现在已经形成较为成熟的开发运作模式和丰富的表现形式。最著名的有美国百老汇和伦敦西区，它们也已成为两大世界演艺旅游中心，成为当地的文化符号和运作典范。最典型的演艺旅游项目有音乐节、演唱会和亲子节目。

音乐节是一种融音乐产业、会展业、旅游业等于一体的综合性产业。巴斯音乐节、北山音乐节、奥尔德堡音乐节、伍德斯托克音乐节、拜鲁伊特音乐节、莱比锡哥特音乐节、波纳若音乐节等世界著名音乐节成为举办市镇的旅游名片。旅游景区景点对音乐节的策划和引进可以提升旅游景区景点的竞争力。

演唱会经过长期的发展，已经成为演艺旅游连贯性的品牌性活动，成为旅游景区景点沟通旅游者的品牌媒介。伦敦克勒肯维尔区从"贼窝"演变为英国著名的文化艺术区。美国纽约麦迪逊广场花园、英国伦敦温布利体育场、澳大利亚悉尼歌剧院、德国法兰克福展览中心2号展厅、美国红石露天剧场、日本东京巨蛋等世界知名演唱会中心成为旅游者们向往的音乐胜地，周边也形成了针对旅游者的产业体系。

亲子电视节目成为另类的国外演艺旅游名片。韩国MBC电视台推出《爸爸，我们去哪儿》亲子节目，通过与传统旅游演艺节目不同的叙事表达形式和媒介传播形式向旅游意向群体传播旅游区的资源禀赋特质，坐拥全国同时段收视冠军。从而更广泛、更深度地推销了拍摄旅游区，使得江原道元德川村、济州岛面寿洞村、无人岛等地成为热门旅游区。

（二）我国演艺旅游发展现状

伴随旅游业的快速发展，我国演艺旅游迅速崛起。现在，演艺旅游行业规模不断扩大，品牌项目稳定增长，演艺市场票房收入稳健增长，市场格局已基本形成。2017年在全国各重点旅游城市和旅游景点定时定点上演的演艺旅游项目为268台，较2015年的195台增长37.43%。2017年我国旅游演艺市场票房收入达51.46亿元，较2016年的43.03亿元增长19.59%。2017年的演艺旅游的观众数为6821.2万人，较2015年的4746.7万人增长43.7%。可见，演出观众大幅增长，旅游演出进入散客时代；宋城、华夏以其成型的文旅商业模式，开始异地复制全面扩张；旅游演艺已经扎堆，"马太效应"凸显；演艺景区乐园化，景区乐园演艺化。

我国演艺旅游形成了长三角、珠三角、西南地区演艺旅游三大热点片区和华北地区

（包括北京、河北、山东等）、江浙地区（包括上海、江苏、浙江等）、广东省、四川省、云南省、陕西省六个比较集中的区域格局。其中，广东——主题公园演艺旅游"发源地"，云南和广西——印象系列"发祥地"，浙江——千古情系列"示范地"。

自《仿唐乐舞》始，中国演艺旅游已经经历三个阶段。

（1）萌芽阶段。中国的演艺旅游形式最早出现在20世纪80年代。以1982年9月陕西省歌舞剧院古典艺术剧团在西安推出的《仿唐乐舞》为标志，宣告了我国演艺旅游已经萌芽。它的出现让到西安参观秦兵马俑的国内外游客不再"白天看庙，晚上睡觉"，丰富了旅游者的文化体验与情感体验。

（2）市场化阶段。进入20世纪90年代，演艺旅游项目的数量逐渐增多，市场化水平进一步提高。以1995年7月华侨城旗下的中国民俗文化村推出的《中国百艺晚会》、1995年12月世界之窗推出的《欧洲之夜》和1997年3月宋城景区推出的《宋城千古情》为标志，宣告了我国旅游文化演艺行业逐渐步入了市场化阶段与繁荣发展的时期。

（3）成熟期阶段。随着实景演出和主题公园特色演出出现，我国真正掀起演艺旅游热潮。2004年由著名导演梅帅元总策划制作的大型山水实景演出《印象·刘三姐》在桂林阳朔推出，仅在2009年就演出了497场，观众达130万人，演出收入逾2.6亿元，成为国内文化产业成功运作的典范，也由此引发了国内大型实景演出以及旅游演艺产业发展的热潮（见表6-1）。

表6-1　国内大型实景演出情况

序号	项目名称	演出地点	类型
1	仿唐乐舞	西安	仿古乐舞
2	吴桥杂技	吴桥杂技大世界	杂技表演
3	宋城千古情	杭州宋城	室内立体全景式大型歌舞
4	纳西古乐	丽江	大型古典管弦音乐
5	蜀风雅韵	成都	戏曲文艺表演
6	吉鑫宴舞	昆明	大型歌舞伴餐
7	梦幻漓江	桂林	大型山水情景表演
8	丽水金沙	丽江	旅游歌舞晚会
9	创世纪	深圳世界之窗	大型音乐舞蹈史诗
10	云南·映象	昆明	大型原生态歌舞集

（三）中国演艺旅游发展趋势

一是业态的创新。业态的创新是由单一的演出业态向综合配套的业态进行转型。通过联合与融合方式，整合食、住、行、游、娱、购等资源，不断衍生与延伸，形成新的综合体。

二是款型的创新。运用高科技与新技术，用新的方式与手段、新的观念颠覆传统方式，打破过去的空间界限，多层次表现联动，使观众身临其境。如《又见平遥》是行进式的，呈现形式与过去完全不同；又如《寻梦龙虎山》用了新的手段和方式，令人耳目一新。

三是模式的创新。"今后的旅游将是全域性的，全游客、全产业、全资源，也就是通过需求供给再到供给需求的互相融合"。过去我们所有的产品基本上都是针对旅游者，而现在将会包括商务客人以及本地的常住居民。从全产业链的角度，实际上不仅仅是旅游的行业，还包括了商业、地产和其他的行业。从全资源的角度，不仅仅是自然资源，还包括了人文资源和社会资源，一切完全是新的架构，也是现在必须创新的一种方式。宜居必须宜游，现在西安和杭州都是用这种方式进行了全新的尝试，取得了较好的效果。

四是营销创新。具体是指由各自为战的传统营销模式向专业品牌机构的综合营销模式的转型，如万达、阿里、宋城等。希望联盟也能起到这样的作用，现在正在构建的行业网络平台，就是希望通过这种方式进行全产业链的价值更新与提升。

五是市场的创新。过去更多是在国内做演艺旅游，现在开始向国际转化，如港中旅的天创演艺机构，也是目前在海外唯一拥有自己剧院的机构。因此，可以做到一台演出两地演，这样的方式特别值得复制、学习和推广。

第二节　演艺旅游兴起的原因和作用

一、演艺旅游兴起的原因

（一）地域文化的源驱动

综观《印象·刘三姐》《丽水金沙》《土风苗韵》《禅宗少林》《宋城千古情》等成功的演艺旅游产品可以发现，国内外知名演艺品牌，无不是深度挖掘和通俗表现了地域文化的精髓，让沉默、静态的历史文化变得生动鲜活，满足了旅游者在欢娱中领略地域文化的期望，增加了人们对久远历史的理解与敬重，从而有效地激活了旅游演艺市场，增强了本地区旅游观光业的市场竞争力。

众所周知，旅游者前往某个国家和地区旅游，除了一览大自然的鬼斧神工，更渴望了解该地风土人情和历史文化。演艺旅游，就因此借一场将主题、艺术形象与地方文脉相结合，并通过不拘一格、多姿多彩、富有地方特色、具有鲜明个性的文艺演出来回报旅游者，使旅游者"得意忘言"。因此，地域性文化是演艺旅游产品的核心竞争力所在，地域性文化是促使演艺旅游发展的原动力。

（二）社会经济的原驱动

社会经济实力增长拉动了演艺旅游扩张，自由可支配收入和空闲时间决定了旅游的发生。同时，按照国际经验，人均国民生产总值超过 5000 美元时，人的文化需求、精神满足将成为主流。演艺旅游的兴起，就是迎合了人的社会需求。表 6-2 中2007—2015 年的数据充分说明了社会经济实力是拉动演艺旅游的原驱力。国民经济发展，使得人均国民生产总值增加，从而拉动旅游消费，进而旅游消费的档次发生变化，促动演艺旅游收入不断增长。

表 6-2　2007—2015 年相关数据对照

年份	2007	2008	2009	2010	2011	2012	2013	2014	2015
GDP（亿元）	265810	314015	340903	401513	471564	534123	588019	635910	676708
人均 GDP（元）	20337	23912	25963	30567	36018	39544	43320	46531	49351
国内旅游人数（亿人次）	16.1	17.1	19	21	26.4	29.6	32.6	36.1	40
国内旅游总收入（亿元）	7771	8749	10184	12580	19306	22706	26276	30312	34195
演艺旅游票房收入（亿元）					24.75	26.56	22.62	27.05	35.7

数据来源：中国统计年鉴和道略演艺数据库。

民营资本的全面介入为演艺旅游注入活力。演艺旅游产品，尤其是大型演艺旅游产品创作周期长、投资巨大。民营资本的全面介入为演艺旅游得以发展提供了资金保证。在文化体制改革前，演艺的投入由国家和地方两级财政拨款，民营资本根本没有可能参与；改革后，尤其 2002 年《营业性演出管理条例实施细则》修订出台后，大量社会资本、民营资本涌入旅游演艺市场。民营资本对旅游演艺市场的切入有两种方式：一种方式是在比较著名的旅游景点进行演艺产品的生产和营销，如《禅宗少林》《宋城千古情》《云南映象》。另一种方式是盘活原国有艺术表演团体来进行生产，如《丽水金沙》。民营资本以其灵活的机制和良好的运营策划能力，成为撬动旅游演出市场的有力杠杆。因此，我国现有知名的演艺旅游品牌，无不与民营资本的介入有关。民营资本已成为演艺旅游项目运营中最为活跃的因子。

（三）国家政策行为的强有力支持

国家旅游政策和文化政策为演艺旅游提供制度保障。在社会经济发展过程中，"文化软实力"的重要性日益凸显。同时，旅游产业升级，文化价值力量越发强大。因此，国家不仅出台一系列政策，而且把文化与旅游两个部门合二为一，以加速文旅融合。尤

其在《文化部、国家旅游局关于促进文化与旅游结合发展的指导意见》《国家"十二五"时期文化改革发展规划纲要》等政策引领下，相关演艺旅游活动的开展逐渐形成异彩纷呈的局面。

国有文艺院团的转企改制为演艺旅游的发展提供了人力资源保障。国有文艺剧团转企改制，促进国有企业与民营企业联合，共同打造演艺公司涉足旅游演艺。这样，既可解决民营旅游演艺公司的人力不足缺陷，双方又可互相提供智力资本。如《丽水金沙》的成功就与丽江市民族歌舞团的转企改制密不可分。丽江市民族歌舞团在政府牵线搭桥下，与深圳能量公司联合组建了"丽水金沙演艺有限责任公司"，推出了大型民族风情舞蹈《丽水金沙》，成就了丽江市文化旅游市场的一大"亮点"和全国重要的文化品牌。

演艺旅游得以发展离不开地方政府政策行为的强力支持。地方政府对演艺旅游的推动主要表现在以下几个方面：一是资金支持。演艺旅游项目运作经验显示，地方政府提供的前期启动经费是演艺旅游成功的一项较为重要的前提基础。二是政策支持。为促进旅游演艺的快速发展，政府往往会把旅游演出作为专项文化产业列入当地的文化发展规划中，有重点地加强培育和引导。三是对旅游演艺项目的积极宣传。项目公演后，地方政府会大力向国内外媒体进行推介，以扩大项目的知名度。四是对旅游演艺市场的研究。旅游演艺项目往往是大投入工程，为了避免失败，地方政府都会组织相关部门对旅游演艺市场进行调研，提出本区域旅游演艺开发的思路和对策。此外，政府在演出场地、节目内容主导等方面也都会发挥作用。

（四）旅游者消费多元化需求的强劲推动

依据马斯洛需求层次论，人的需求是层次化的，呈现一种由物质到精神、由低级到高级的趋势。从旅游需求方面来看，随着中国经济发展水平的提高，旅游者的旅游消费意识的增强，旅游者不再满足于以前"走马观花""蜻蜓点水"等只能满足感官上需求的旅游方式，更加注重在旅游过程中的参与性和受教育性，重视旅游项目的文化品位和文化底蕴的欣赏层次。总之，旅游者消费需求倾向性已不是传统旅游项目所能满足的，这自然导致具有休闲、娱乐、参与性和文化内容的演艺旅游项目应运而生。

（五）科学技术水平不断提高

由于信息技术和科技手段的迅速发展和不断完善，演艺方式不再仅仅局限于有限的舞台空间和传统的布景演出技术手段，多采用高科技手段如多媒体技术和实景相结合的方式，为演出打造出美轮美奂的场景和生动逼真的舞台效果。不仅满足了旅游者的视听的感官享受，更丰富和完善了旅游的内容和形式，创新了演艺的形式。如《印象·刘三姐》运用先进的声光电技术和现代歌乐舞理念对演出内容加以诠释，这种创意化的文化挖掘和展示方式符合现代审美诉求，不仅增加了演艺产品本身的附加值，还有益于观众解读和品味演艺的艺术魅力。

二、演艺旅游的作用

（一）演艺旅游创新与传承人类历史文化，产生良好社会效益

演艺旅游就是一种建构文化原真性的重要方式，是旅游目的地主动建构与展示地域文化的过程，是地域传统价值观的现代诠释过程。演艺旅游使旅游文化的概念从单纯的寻访名山、名水、名胜古迹演变成一种心灵感悟历程，观看旅游演艺，能使人的身心升华到一种忘我境界。《印象·刘三姐》凸显红、绿、蓝、金、银等表层文化符号及表层原真性，加上其壮观的场面、恢宏的气势，让人获得视觉、听觉的震撼。《印象·刘三姐》剧情的文化元素解读如表6-3所示。

表6-3　《印象·刘三姐》剧情的文化元素解读

篇章	主题	地域差异性文化元素提炼
红色山歌	刘三姐传说山歌印象	山歌传唱、刘三姐风情、红色丝绸、民族音乐、民族舞蹈、民族服饰（蓝黑色衣裙、衣裤式短装、绣花围裙、百褶裙、腰带）、渔网
金色渔火	漓江渔民古朴的生产生活方式	满江的金色渔火、篝火、竹排、蓑衣、鱼鹰、游动的竹排、帆船、落霞、炊烟、牛群、牧童、村妇浣衣、拉网捕鱼
绿色家园	广西少数民族的民间生活场景	绿水、青山、竹林、木楼、帆影、渔火、荡舟、自行车、少女、青年男女的对歌声、耕牛归家
银色盛典	刘三姐传说中的民间庆典	民族盛装、银灯服饰、民族歌舞、身着粗布白衣的渔民、拉网收鱼、竹筏、牛羊、农具、山歌、鱼虾满仓

资料来源：根据相关资料整理所得，有改动。

因此，演艺旅游是通过展示物态文化、制度文化来实现传统文化价值观与游客自我本真的互动。演艺旅游扮演文化内涵挖掘载体的角色，将固化的历史和文化活化成真实的视听感受，不仅使目的地游客停留时间变长、促进消费增长，而且改变了一个区域的行业形态。

（二）演艺旅游丰富旅游目的地产品体系，实现了社会效益与经济效益双赢

演艺的进入，能极大地丰富旅游产品打捆式的营销方式，衍生出众多新型的旅游产品，以此拓展旅游发展空间。演艺旅游产品对于旅游目的地来讲最明显的一个作用就是极大地丰富了整个产品体系。对于资源贫乏产品单一的地区来说，演艺旅游无疑让其多了一个卖点。对于旅游业本已发达的地区而言，演艺旅游产品无疑锦上添花。如《印象·西湖》的出现则让西湖旅游具有了更丰富的内涵。

演艺旅游产品对于旅游目的地而言，可产生良好的社会经济效益。如宋城集团每年只需注入1000万元到《宋城千古情》，就能产生2亿多元的票房收入，其利润率之高，

令业内同行羡慕不已。此外,《印象·刘三姐》的成功,增加了当地农民的收入。参加演出的 300 多位农民,每月可以领到上千元的工资,连剧中那头温顺可爱、憨态可掬的水牛,每月也可领到 300 元"出场费"。

（三）演艺产品品牌化,使僵化的、静态的地域舞动起来,增强吸引力

演艺旅游产品,尤其是一些知名的产品,在丰富地方旅游内涵的同时,还对旅游目的地有着良好的营销效果。具有较高知名度的演艺旅游产品通常是大手笔制作,具有"三高"特质,即高数额的投资（一般都要上亿元,至少是几千万元）,高知名度的创作团队（如梅帅元、张艺谋、王潮歌等人的组合）,高水平的演出效果（场面宏大、精美,观众流连忘返,甚至可能二次消费）。这样的产品必然因为具有较高的美誉度而成为一个品牌。它在一定群体中的传播,不仅是其作为一个产品自身的传播,同时也是对产品所在地的宣传。如提到《印象·刘三姐》,必然会想到桂林阳朔,提到《禅宗少林·音乐大典》,必然会想到嵩山。

（四）为文化与旅游的结合提供了具有启示意义的范式

"文化搭台,旅游唱戏""文化为魂,旅游为体"或者"文化为里,旅游为表",对于文化与旅游融合,有着良好的引导意义。但在涉及具体的操作层面,还是两张皮。在创意经济背景下,演艺旅游为文化与旅游融合提供了具有启示意义的范式。而这种范式就重点体现在对演艺旅游产品相关特性（以挖掘和表现地方性文化知识为主）的把握和生产经营的"三高"模式上。

第三节　演艺旅游的类型

《关于促进文化与旅游结合发展的指导意见（2009）》出台后,中国演艺旅游就从常规演艺进入演艺成为独立景点或旅游吸引物的发展历程。杭州《宋城千古情》、广西《印象·刘三姐》、云南《云南映象》、陕西《长恨歌》等一批优秀的演艺旅游产品品牌剧目,以其清新独特的艺术魅力,以一种新的艺术表现形态与营销方式,成为受旅游者欢迎的文化精品。"白天观光休闲,夜晚观影赏秀"成为旅游市场一个类型化的道路。

一、演艺旅游类型研究现状

演艺旅游已经走在类型化路上,但学者对演艺旅游业态的看法迥异。李幼常（2007）根据演艺场所的不同,把旅游演艺业态类型分为广场类（含景区广场类和社区广场类）、实景类、剧院类、宴舞类四种;徐世丕（2009）根据演出产品的类别,把我国旅游演艺划分为民族风情、山水实景、文化遗产三种类型;罗曼丽（2010）则把国内大型旅游演艺

产品分为山水实景表演、综合性歌舞表演、原生态民俗风情表演三类；等等。

朱立新（2009）按照演艺旅游产品不同的类型，对演艺旅游进行了不同的分类（见表6-4），汪克会（2010）则对我国旅游演艺产品发展历程进行了详细梳理与总结，总结出36种旅游演艺产品的类型（见表6-5），他们两人的分类具有一定的代表性。

表6-4　按演艺旅游产品不同的分类

分类	类型	业态特征	业态产品简况
移动性	驻场式	有固定的、长期的演出场所。构成特殊的文化景观，成为旅游地的标志和象征（绝大部分演艺旅游属于此类）	"印象"系列分别在广西桂林、云南丽江、浙江杭州，《梦回大唐》和《宋城千古情》分别固定在西安大唐芙蓉园和杭州宋城
	巡演式	没有固定的演出场所，通常采用巡回演出的方式来展示自己的风采，是目的地的产品走向客源地的观众，具有宣传旅游地形象，吸引潜在游客	云南的民俗风情演出《云南映象》，上海的《金舞银饰》
	驻场与巡演结合式	采用的是驻场与巡演相结合的演出模式。一方面在旅游景点一天数场循环演出；另一方面，在全国各地乃至国外也频频登场、大放异彩	嵩山少林寺推出的《少林雄风》
场地	实景演出	以人文景观或自然景观作为真实背景的大型演出	歌剧《阿依达》以埃及金字塔为演出背景，歌剧《图兰朵》以故宫太庙作为演出背景，以及各地影视城以外景基地为背景的演出项目；后者如最著名的张艺谋的"印象"系列
	广场演出	按照广场所在的位置差异，分为景区景点广场演出和街道社区广场演出。景区景点广场演出相对固定，演出内容有杂技、小品、武术、服饰、综艺，也有大型旅游演艺节目	深圳"世界之窗"每晚都会在此推出大型演出。街道社区广场演出往往并不固定，而是跟特定节庆活动（如元宵、庙会、旅游节等）联系在一起
	专业剧场演出	可能出现于景区内旅游演艺专用剧场，也可能出现于景区外的专业剧场	杭州宋城的《宋城千古情》；上海马戏城《时空之旅》
	宴饮场所演出	可能出现于专门的演艺餐厅，也可能出现于街头巷尾的茶馆、酒吧。演艺餐厅的演出通常被叫作"宴舞"	九寨沟的《藏王宴舞》、昆明的《吉鑫宴舞》、北京的《北京之夜》、西安的《唐宫乐舞》。北京老舍茶馆的戏曲杂技表演、上海和平饭店的老年爵士乐表演
演出内容分类	百戏杂技表演	具有视觉冲击力强、时间长短自由、舞台要求较低等特点，为一般景区景点的小型演出广泛采用同时，大型的演艺节目大多也会掺杂进此类元素	包括马戏、杂技、魔术、木偶、武术、特技等，上海《时空之旅》、河北《吴桥杂技》、河南《少林雄风》等，可以算是此类节目的代表
	戏曲文艺表演	传统戏曲表演方式融入现代演艺元素，使传统戏曲在旅游演艺领域大放异彩	北京的长安大戏院、梨园剧场、湖广会馆的旅游京剧是其中尤为著名的案例，三大剧场每年接待的旅游者达40余万人次
	民俗歌舞表演	以歌舞形式表现民俗文化，无疑是最具吸引力的旅游节目。对于民俗文化的演绎阐释，可以让旅游者真切地感受到文化的空间差异与时代差异	饮食民俗，如茶艺；服饰民俗，如时装；人生礼俗，如婚嫁；生产民俗，如狩猎；宗教礼俗，如祭祀等。不同时代的习俗，如秦朝的军阵、汉代的角抵、唐代的歌舞、宋元的戏剧等
	卡通小品表演	大型主题公园内，在每日固定时段内出现的卡通人物游行以及娱乐小品表演。主要作用是延长游客逗留时间、营造高潮气氛	迪士尼公园、常州恐龙园等卡通人物表演；宋城、清明上河园、欢乐谷、横店影视城等安排在固定时段的小品表演等

分类	类型	业态特征	业态产品简况
表演主体	演员表演	节目是由演员来承担演出的，只有专业演员和群众演员之分	巴黎红磨坊歌舞，泰国人妖表演，丽江纳西古乐，桂林《印象·刘三姐》
	动物表演	旅游演艺的表演者有时也可以是动物，这类表演被广泛运用于动物园、海洋公园、养殖场之类的旅游景点	泰国的大象表演、鳄鱼表演；香港地区海洋公园的海豚表演、雀鸟表演等
	高科技表演	越来越多的高科技媒体，如音乐喷泉、激光、动感电影等	奥运会开幕式的激光与焰火表演、上海旅游节世纪公园的激光音乐表演、西安大雁塔广场的音乐喷泉表演、杭州西湖烟花表演等

资料来源：朱立新.中国当代旅游演艺［J］.社科纵横，2010（4），编者对该作者说法进行了整理。

表6-5　我国演艺旅游36种演艺旅游产品类型

业态类型	项目名称	省市	企业单位
大型山水实景演出剧	印象·刘三姐	广西	桂林广维文华旅游文化产业有限公司
	印象·丽江	云南	丽江玉龙雪山印象旅游文产有限公司
	梦幻漓江	广西	桂林梦幻漓江演艺传播有限公司
	天门狐仙·新刘海砍樵	湖南	张家界天元山水旅游文化有限公司
超级多媒体梦幻剧	时空之旅	上海	上海时空之旅文化发展有限公司
立体全景式大型歌舞剧	宋城千古情	浙江	杭州宋城旅游发展股份有限公司
	西湖之夜	浙江	杭州金海岸文化发展股份有限公司
剧场曲艺杂技	京剧演出	北京	北京首都旅游国际酒店有限公司前门梨园剧场
	东北二人转	辽宁	辽宁民间艺术团有限公司
	相声、戏曲	天津	天津名流茶馆
	冰上杂技	黑龙	黑龙江冰尚杂技舞蹈演艺制作有限公司
	魔幻传奇	广东	长隆国际马戏大剧院
	吴桥杂技大世界园区演出	河北	吴桥杂技大世界旅游有限公司
	升堂系列剧	山西	平遥县衙博物馆
	蜀风雅韵	四川	成都蜀风雅韵文化旅游发展有限公司
	扬州杖头木偶表演	江苏	扬州市木偶剧团
	飞翔	北京	北京朝阳剧场、四川德阳杂技团
	功夫传奇	北京	北京天创寰宇功夫剧院有限公司
大型实景音乐剧	禅宗少林音乐大典	河南	郑州市天人文化旅游有限公司
	灵山吉祥颂	江苏	无锡灵山实业有限公司

续表

业态类型	项目名称	省市	企业单位
大型原生态歌舞剧	云南映象	云南	云南杨丽萍艺术发展有限公司
	多彩贵州风	贵州	多彩贵州文化艺术有限公司
	丽水金沙	云南	丽江丽水金沙演艺有限公司
	藏谜	四川	九寨沟县容中尔甲文化传播有限公司
	张家界·魅力湘西	湖南	张家界魅力湘西旅游开发有限公司
	幸福在路上	西藏	西藏珠穆朗玛文化传媒有限公司
大型原创舞剧	月上贺兰	宁夏	银川艺术剧院
	孔子	山东	济宁市曲阜孔子文化艺术团
	天域天堂	青海	西宁市歌舞团
大型山水实景历史舞剧	长恨歌	陕西	陕西华清池旅游有限公司
大型综艺晚会	天地浪漫	广东	深圳世界之窗有限公司
	圣水观音	北京	北京天龙源温泉旅游发展有限公司
	梦幻之夜	湖南	湖南红太阳娱乐管理有限公司
	又唱浏阳河	湖南	湖南红太阳娱乐管理有限公司
	天禅	广东	深圳东部华侨城有限公司
大型多媒体现代歌舞	徽韵	安徽	黄山茶博园投资有限公司

资料来源：梁永康，郑向敏.我国文化旅游演出项目开发研究——以首批国家重点旅游演出项目为例［J］.企业活力，2011（5）.

二、演艺旅游的基本类型

通过对文献的梳理与借鉴，本书把当前旅游演艺业态主要划分为如下四大类型，同时，每种业态类型内的产品具体特征又彼此存在一定的差异。

（一）业态类型一：山水实景演艺

山水实景演艺为演艺旅游面向当代进行业态创新的杰出范例，也让整个演艺旅游产业备受世人关注。罗曼丽（2010）把它定义为"以自然山水为舞台和背景，突破了传统舞台的空间限制，将真实的自然环境转化为演出的有机组成部分，演出内容具有明显的地域性特征"。进一步强调"这类演艺产品的投资成本很大，常借助于高科技手法对当地的民风民俗、神话传说、历史传奇等人文资源进行展示和表演。旅游者置身于自然环境中，愉悦地观赏山水美景，积累人文知识，并在声、光、色等的配合中增强了审美体验"。它主要表现在以项目所在的地域自然山水为演出背景和舞台，以地域文化为灵魂，以主创团队的创意为架构，以声光电等高科技技术为产品实现的手段，所创作出的演艺形态（见表6-6）。

表6-6　国内目前代表性的山水实景演艺产品

业态类型	业态特征	代表性项目	项目地点	推出时间
山水实景演艺	大型山水情景演出	梦幻漓江	桂林	2001
	大型山水传说实景演出	印象·刘三姐	阳朔	2004
	大型民族风情山水实景演出	印象·丽江	丽江	2006
	大型山水实景演出	印象·西湖	杭州	2007
	大型革命红色圣地实景演出	印象·井冈山	井冈山	2007
	大型嵩山少林峡谷实景演出	禅宗少林·音乐大典	登封	2007
	大型水上实景演出	大宋·东京梦华	开封	2008
	大型实景演出	印象·海南岛	海口	2009
	大型草原实景演出	天骄·成吉思汗	呼伦贝尔	2009
	大型高山峡谷实景演出	天门狐仙·新刘海砍樵	张家界	2009

数据来源：黄炜.旅游演艺业态创新驱动因素的扎根研究［D］.天津：南开大学，2012.

（二）业态类型二：综合性歌舞表演

综合性歌舞表演发源于早期传统的在主题公园内、景区或酒店内进行的各种歌舞、武术、杂技等的综合性表演，通过不断的持续创新，发展成今天具有较大影响力的演艺业态。以杭州的宋城主题公园内的《宋城·千古情》等产品为代表。罗曼丽（2010）对这类演艺业态的归纳为"采用传统的舞台表演艺术形式，通常对舞台硬件设施和舞美设计有着很高的要求。节目内容主要包括地方文化、民俗风情、历史典故、神话传说等，演出的节目一般都有较高的艺术水准，且场面宏大，演员阵容大，常由专业文艺团体或专业演员承担演出任务，演出时间和地点比较固定，形式新颖、独具特色"（见表6-7）。

表6-7　国内目前代表性的相关产品

业态类型	业态特征	代表性项目	项目地点	推出时间
综合性歌舞表演	大型孔子文化广场演出	杏坛圣梦	曲阜	2001
	大型动作舞台剧	功夫传奇	北京	2004
	大型原创功夫舞剧	风中少林	郑州	2004
	大型诗乐舞剧	梦回大唐	西安	2006
	大型情景式晚宴乐舞	龙舞京城	北京	2006
	大型音乐舞蹈史诗	千古风流	深圳	2006
	大型音乐舞蹈	走进延安	延安	2006
	大型原创音乐舞蹈诗	紫塞风华	承德	2007
	大型佛教文化禅宗歌舞	盛世佛韵	五台山	2007
	大型海南民俗文化歌舞诗	浪漫天涯	三亚	2008

数据来源：黄炜.旅游演艺业态创新驱动因素的扎根研究［D］.天津：南开大学，2012.

（三）业态类型三：原生态民俗风情表演

原生态民俗风情表演主要集中在我国西南、西北的少数民族聚居地区，这些地区借助丰富的民族文化资源，以浓郁的地域民族风情为主要元素，通过主创团队整合少数民族地区最具代表性的文化意象，全方位地展示了当地的民族文化和民族精神，从而形成的一种非常具有少数民族地域文脉特色的演艺旅游。罗曼丽（2010）对这类演艺业态的归纳为"此类演艺产品在节目的编排上，无论是演出的内容还是表演的艺术形式都力求原汁原味，民族文化的多元与丰富切合了现代社会人们追求自然、回归传统和渴望真实的精神消费需求。原真性的舞蹈与音乐元素、土生土长的本土演员和极具民俗情韵的道具服装为观众带来了更多的新奇和震撼体验"（见表6-8）。

表6-8　国内目前代表性的原生态民俗风情表演产品

业态类型	业态特征	代表性项目	项目地点	推出时间
原生态民俗风情表演	大型歌舞伴餐	吉鑫宴舞	昆明	2000
	大型旅游歌舞晚会	丽水金沙	丽江	2002
	大型原生态歌舞集	云南映象	昆明	2003
	歌舞宴	藏王宴舞	九寨沟	2004
	超级歌舞秀	勐巴拉娜西	西双版纳	2004
	大型民俗歌舞	土风苗韵	张家界	2005
	情景歌舞剧	香巴拉映象	香格里拉	2006
	大型原生态歌舞剧	藏谜	九寨沟	2007
	大型湘西民俗音乐舞蹈史诗	张家界·魅力湘西	张家界	2008
	大型民俗传说歌舞史诗	希夷之大理	大理	2010

数据来源：黄炜.旅游演艺业态创新驱动因素的扎根研究［D］.天津：南开大学，2012.

（四）业态类型四：城市传统曲艺及延伸业态

国内一些具有深厚历史文化底蕴的大城市，积极拓展城市的旅游功能，发掘城市旅游文化资源，产生了一类独具城市特色的旅游演艺新业态。此演艺旅游与上述三类演艺旅游业态存在较大区别：一是基于城市传统文脉而形成；二是不仅面向城市的旅游群体，还面向城市常住居民。它包含曲艺、相声、二人转等具有鲜明城市和地域文脉特色的业态形式等。代表性业态：以郭德纲的"德云社"为首，其延伸业态以周立波的"海派清口"为首（见表6-9）。

表 6-9　国内城市传统曲艺及延伸业态代表

业态类型	业态特征	代表性项目	项目地点	推出时间
城市传统曲艺以及延伸业态	相声	德云社	北京	2000
	东北二人转	刘老根大舞台	沈阳	2003
	民族舞蹈诗	杨丽萍系列舞剧	云南 / 城市巡演	2003
	山西经典民歌汇	唱享山西	太原	2008
	海派清口	艺海剧院	上海	2008
	相声、戏曲集萃	名流茶馆	天津	1991
	杂技	吴桥杂技大世界	河北吴桥	1993
	木偶戏	扬州杖头木偶表演	扬州 / 城市巡演	2000
	县衙升堂剧目	升堂系列剧	山西平遥	2000

数据来源：黄炜.旅游演艺业态创新驱动因素的扎根研究［D］.天津：南开大学，2012.

第四节　演艺旅游的创意开发策略

《关于推进文化创意和设计服务与相关产业融合发展的若干意见》强调要开发具有地域特色民族风情的旅游演艺精品，鼓励文化创意和设计服务进入旅游业，提升文化旅游产品开发和服务设计水平，鼓励文化创意、演艺、工艺美术与旅游资源整合，开发具有地域特色和民族风情的演艺旅游精品和旅游商品，加快培育文化旅游精品等相关内容，鼓动演艺旅游的创意开发。但成功的演艺旅游项目须具备 3 个要素：①好看和接地气；②观演形态要有创意；③在市场上具有可持续营利能力。这充分表明了演艺旅游创意开发要避开风险，需要讲究一定的原则和策略。

一、演艺旅游的创意开发原则

（一）以市场需求为支撑

演艺旅游产品作为休闲经济中的一种新型体验性产品，通常投资巨大，需要在推出市场以后，具有稳定而充实的客源，这样才能确保投资的回收和盈利。正如《印象·刘三姐》总策划梅帅元所说，每年 200 万游客是大型实景演出的客源基础，离开这个基础条件，演艺产品将变成无米之炊。200 万游客仅仅是基础数字，客源的可开发程度还跟很多因素有关，如游客逗留时间、过夜旅游人数等。而张家界《天门狐仙——新刘海砍樵》等演艺产品的持续发展，也是源于张家界作为自然遗产地和世界地质公园，其旅游者规模的不断攀升的现实情况。2010 年游客接待规模和收入再创新高，分别达到

128

2350 万人次和 125 亿元，较上年分别增长 21.9% 和 24.8%，随着张家界旅游演艺市场发展，游人中观赏演艺节目的越来越多，目前已达 54.6%。

（二）以中国传统文化为根基

真正的旅游实景演出应该以中国传统文化为根基，准确描绘出当地的文化特性，与当地的山水风景真正融合，共同构成一个演出的整体，同时应考虑地域、文化和市场的需要，让旅游文化市场和本土文化形成有效的互动。演艺旅游产品一旦失去历史文化底蕴，就会如同外表金黄但果实无肉的风干之橘。任你投资如何巨大，画面如何震撼，音乐如何曼妙，都不会构成真正的吸引力。因而，深刻和全面地挖掘地方历史文化内涵，并给予巧妙的表现，是打造一个演艺旅游产品最基本也是最根本的要求，这样的工作可以保证产品的区别性和不可复制性，对于旅游者具有独特吸引性。如大型实景演出《鼎盛王朝·康熙大典》以河北承德独特的自然元素和人文元素为创作基础，整场演出汲取康乾盛世时期的历史脉络与皇家文化元素，依托元宝山独具特色的丹霞地貌景观及周围的山脉走势，实景演绎了康熙大帝的传奇经历。

（三）以适宜的地方特色为主题

特色化的主题是演艺旅游产品的核心和主线。演艺旅游产品作为生动展现景区形象的重要手段，要在进行市场分析、了解游客需求的前提下，设计出能从不同方面表现、深化景区主题形象的表现内容。如《印象·刘三姐》的主题是"天人合一"，把漓江的真山真水作为舞台，刘三姐文化作为内容，融合现代艺术，每一场演出都围绕"天人合一"的主题展开，使人们在诗意的山水中体验着传统文化的博大精深。正是由于它抓住了这个现代社会流行的主题，抓住了观众回归传统的心理，才将刘三姐文化打造成了一个既富有内涵又有视觉冲击力的文化旅游产品。因此，在旅游演艺产品的开发设计中，必须以资源为依托、市场为导向，构建鲜明、适宜、符合市场需求的特色主题，并围绕主题进行产品内容组合、创新和艺术重塑，树立广为流传的市场品牌，从而在旅游市场上立于不败之地。

（四）不断地进行艺术创新

尽管演艺旅游产品是集合了许多人的智慧经历较长时间才推出市场的，起初往往反响较好，但这并不意味着这样的产品在以后不需要进行修改和完善。因为受到主观和客观影响的一部作品，很难避免其遗憾地方的存在。另外，随着时间的推移，环境的变化，观众的审美需求、审美水平也在发生变化。这些都决定了为了长时间地保持演艺旅游产品的吸引力，必须适时地对其进行修改。也就是说，要不断地进行艺术创新。如《禅宗少林·音乐大典》自推出以来，每年都在进行着艺术方面的创新。其新增的千米大佛颂和谐、清凉水景解禅意、梦幻舞美如仙境，使得演出更加完美。

（五）强调互动体验

体验性和互动性是演艺旅游坚持的底线。演艺旅游在把人们广为熟知、极具生活气息的风俗和场景进行艺术再现的同时，更要让旅游者亲身参与感受其中乐趣，体悟此间风情，才能长久不衰。如梦回延安保卫战演出后期，在表现军民欢庆胜利的场面时，演员将花生、红枣等"胜利果实"送到了每一位观众的手里，那份喜悦让许多人不由自主地加入到欢庆队伍中去，扭起秧歌、唱起歌来。因此，演艺旅游产品的设计既要讲究纯艺术的追求，又要展示原汁原味的纯民俗，还要充分采用各种载体形式和艺术手段，强化演艺旅游产品本身的表现力和感染力。只有集趣味性、知识性、娱乐性、艺术性、参与性于一体，演艺旅游产品的生命力才能得到延长。

二、演艺旅游的创意开发基本思路

成功的演艺旅游产品离不开产品创设和运作。产品创设是根据资源特性、市场需求特征，将自然资源与文化资源经过文化的设计与包装，加工成具有特定主题且适销对路的旅游产品。产品运作则是通过选择适宜的经营与管理模式、营销策略等实现产品的健康且持续发展。只有正确处理两者的关系，才能保证旅游演艺产品的成功开发。

（一）创设路径

1. 结合资源优势与市场需求的特征，确立鲜明且适宜的特色化主题

挖掘具有地方文化特点和民俗特征的资源要素，要格外重视旅游者求奇、求新的心理特性，选取具有独创性的文化主题。牢固树立市场意识，积极引进社会资本参与到旅游演艺项目中来。创新演艺企业经营方式，采取科学灵活的价格策略，加强星级服务管理，实行旺季抓服务质量、淡季走普惠路线，使游客看节目赏心、享受服务舒心、得实惠称心。加强内部管理和成本控制，在演员雇用、服饰道具的配备、各种设备的更新及其他服务外包等方面精打细算，注重节约成本，使经营企业有效益，使演艺不断演起来，使演艺发展可持续，保持强大的生命力。

2. 以高品质的编创、演出团队和高质量设施配备为保障，打造兼具好看与耐看的精品

一流的、高品质的文人奇才、剧作高手和策划团队进行策划创作，能凸显当地的地域特色，创造鲜活的人物个性、生动的故事情节，以及脍炙人口的流行语言。一流的实景舞台创作团队设计和打造实景舞台演艺，能实现主题清晰、创意新颖、制作精良、全球视野的目标。在编排上，既要注重人文特色和地域文化，也要遵循舞台表演规律，尽可能"讲好中国故事"；在内容上，兼顾"阳春白雪"和"下里巴人"，既要坚持思想性、艺术性、高雅性，又要兼顾普通游客的需求，善接地气，讲老百姓听得懂的话，演老百姓看得懂的剧情，唱老百姓能传唱的歌，增强观赏性；在艺术表现手法上，兼顾歌舞、说唱、杂技、武术、魔术等多种艺术形式，使演出欢快、热闹、幽默；在技术上，充分运用声、

光、电、景等手段，强化视觉冲击力和现场感染力，让游客在感受震撼场面的同时，充分融入情境表演；在表演形式上，注重互动性与体验性，使节目有看头、有听头、有玩头。

3. 重视节目的娱乐性与参与性设计，彰显产品个性

旅游演艺产品虽然要求具有丰富的历史文化内涵，只有那些人无我有、无法复制的旅游精品才能最大限度地吸引旅游者，但如果没有充分的娱乐性，就会使观众有了距离感，难以让观众和旅游演艺节目产生共鸣，达到应有的娱乐休闲效果，从而实现不了旅游创意产业化的目标。重视节目内容的参与性和娱乐性设计，不断创新，增加产品"卖点"；最好拥有专门且固定的演出场馆，注重演出内容与场馆配套设施的协调利用，以实现特有的艺术效果和视觉震撼力。如《长恨歌》进行了多次的艺术改编，整场表演不仅是高雅的艺术诗歌朗诵，还注入了众多娱乐节目的元素，这样就能够让观众更好地欣赏、融入这场极富文化创意的旅游演艺节目中去，从而达到了艺术表演、文化展示及旅游娱乐的多重目的。

4. 注重产品适时创新，实现产品的可持续发展

旅游演艺项目要获得长足持续发展必须在实践中不断创新完善，适时投入资金进行改进，促使项目适应市场和旅游者的需要，保证项目的转化升级，更好地推动旅游发展。如《宋城千古情》之所以被旅游者喜爱，是它常改常新，用新鲜元素吸引游客。剧院版节目构思大胆、高潮迭起，细节处理精益求精。2009年版充分提炼绸伞、团扇、采茶、丝绸、江南丝竹、江南小曲等元素，增添了柔情似水的江南风情。2010年版则将原先六幕的演出改成了四个主题和尾声，并增加了流行元素和当代气息。因此，演艺旅游产品根据观众需求雅俗结合、传统与现代结合，注重对游客参与互动环节的设计，不断进行创新以迎合市场的需求，才能不断增强产品的核心竞争力。

（二）运作模式[①]

1. 采取企业化运营与管理模式，讲求效益最大化

演艺旅游一般采取私有资本为主的企业化运作模式、"政府引导、企业运作、社区参与"的一体化运营模式和股份制产品运作模式三大类运营与管理模式。私有资本为主的企业化运作模式关键在于重视市场，与市场接轨，不断创新，用新元素持续吸引旅游者，实现演艺旅游高附加值。《宋城千古情》是民营资本成功运作的典范。一体化运营模式关键在于政府的积极引导与鼎力支持，企业成为旅游演艺产品市场运作的"主角"，社区居民也成为整个项目运营的直接参与者，这样既减少了政府的经济负担，也提高了产品的质量，同时拓宽了宣传渠道，只不过合理的利益分配机制融于市场化的运营管理中是十分必要的。股份制产品运作模式中，投资方通过将投入的具有自身优势的资源折

---

① "运作模式"更多地倾向于指"商业模式"，也就是为了实现客户价值最大化，把能使企业运行的内外各要素整合起来，形成一个完整的、高效率的、具有独特核心竞争力的运行系统，并通过提供产品和服务使系统持续达成盈利目标的整体解决方案。即旅游演艺产品通过选择何种营销策略及促销方式、经营管理模式等而将产品有效地推向市场以及保障演艺产品综合效益的最大化和可持续发展。

合成相应股份，共同组建股份制公司。投入的资源既可以是有形的资金和产品，也可以是无形的品牌、知识等。通过共同联合且相互制衡为旅游演艺产品的成功市场化运作奠定良好的机制基础。

2. 运用多元营销策略和灵活多变的促销方式，制造轰动效应

根据不同的市场特征采用不同的营销策略，是有效营销的关键。《印象·刘三姐》在市场运作中，运用了其作为"中国第一部山水实景演出和世界上最大的山水实景剧场"进行宣传，着实能抓住已经看腻了传统舞台演出的观众的心；在语言使用上也有效地把汉语和英语结合，既能吸引国内观众，也极大地争取了国外观众。《时空之旅》在开拓国际市场方面采取了分阶段的市场营销策略。首先通过成功的市场营销，使其首先在国内常年演出市场立足，吸引源源不断来上海的国际旅游者前来观看，不出国门就实现了中国演出产品的"出口"。第二阶段的市场战略是直接走向世界。市场操作上是在定点演出的基础上制作国际巡演版。同时加强与旅行社的广泛合作，并积极参加旅游推介会，制定了多层次、全方位的营销策略，取得了良好的效果。

3. 树立品牌理念，实施品牌战略

地域文化内涵的深度开发，对旅游演艺产品的成功起着至关重要的作用。通过对地方人文特色和民族文化要素的深入挖掘和提炼，创建有地域文化特色的旅游演艺品牌，是满足游客感受异地文化、体验差异性民族风情的重要途径，为旅游演艺产品的质量提升提供了品质保证。如《云南映象》不仅具有精湛卓越的艺术品质和全线飘红的国内市场票房，更成为中国海外演出中少有的长销和畅销产品。它不仅是我国首部大型原生态歌舞，更是云南省旅游演艺的标志性精品。

4. 重衍生品开发与相关产业链的延伸，大力拓展盈利空间

把旅游演出作为龙头项目，延伸带动其他相关项目开发，既是对演艺产品品牌效应的充分利用，也是大型旅游演艺产品产业化开发的重要途径。从小产品上来讲，旅游演艺企业可以设计一些旅游演艺吉祥物及各色人物的玩偶，以及小饰品或手工艺品、服装、书籍、明信片等。从大一点产品上来讲，可以制作一些动漫、微电影、摄影图册、演艺明星亲笔签名照等。另外，根据不同的文化特征与景区特征，可以在旅游演艺场地建一座具有特色和标志性的建筑小品供游客拍照留念，抑或是开一些演艺主题性的餐厅、乐园、酒店或艺术博物馆等。不难看出，衍生产品的开发有力地扩大了旅游演艺产品的品牌效应，反过来也提升了旅游演艺产品的品牌知名度。旅游演艺产品在诸如房地产、食品、出版等行业的延伸也有助于扩大旅游演艺产品的品牌效应。

三、演艺旅游的创意开发策略

（一）政府支持引导，市场运作

政府主导，就是在项目的制作前、制作中、制作后，政府始终都发挥着至关重要的作用。如省政府和各级政府之间加强联系实行统筹管理，或者政府在具体问题上给予一定的倾斜，如拨款作为前期启动经费，提供良好的政策环境和优质服务推动项目发展。项目公演后，大力向国内外媒体推介，扩大项目的知名度等。在此基础上，树立市场化运作意识，实行文化产业改革制度。在投资主体上，既有国有企业，也有民营企业或个人。在投入形态上，既有资金、土地等有形资本的投入，又有创意、品牌、作品等无形资本的投入。在资金来源上，既有国家政策性扶持资金、民营企业投入股份资金、银行贷款，也有品牌的无形资产投资。采取该运营模式，为旅游演艺产品的可持续发展提供了机制保障。

（二）集聚优秀的主创团队，铸造优质的专业管理队伍

主创团队的创意是演艺旅游业突破式发展的关键，其关乎舞台表现形式和内容的创新，可以成就演艺旅游业的辉煌。主创团队在需求市场的要求与旅游地资源的启发下，基于艺术创作与市场化开发的考虑进行创意设想。当创意为管理者接受，并付诸实施而以产品形式呈现在市场为游客接受后，主创团队还要根据游客反馈继续改进产品，同时在资源上寻求创意突破，实现业态的持续改进与创新。

当业态创新处于初创期和成长期时，由于既没有可供借鉴的案例经验，也没有成熟的发展基础设施，在接受主创团队创意进行相关可行性分析与执行实施时，面临极大的市场风险。这时需要管理层对市场具有较强的敏锐性，对即将开辟的市场具有较高的信心，并为此保持坚持不懈的执着创业激情。当业态创新进入成熟阶段时，管理层更多需要考虑的是在资本运作、管理模式创新等方面维持该业态的市场竞争优势，并且应保持对需求市场的敏感性与坚持正确的经营理念，以保障业态的可持续发展，并寻求业态再创新的机遇与可能。

（三）立足旅游者多元化需求，走品牌化道路

通常按照游客的来源分类，我们把客源市场分为国内市场和入境市场两种类型，但不管是国内客源市场还是国外客源市场，随着可支配收入和闲暇时间的增加，旅游消费差异化很大，游客的旅游消费兴趣点因地域不同而不同，旅游消费倾向多元化，这就要求演艺旅游产品立足旅游者多元化需求，不断创新，力求新元素，实现可持续发展。而演艺旅游产品品牌化则是达到这一目标的必由之路。如著名舞蹈家杨丽萍在策划创编了大型原生态歌舞《云南映象》并获得巨大成功后，又指导完成了情景歌舞剧《香巴拉映象》，而由她领衔的大型藏族原生态歌舞剧《藏谜》，也取得了初步成功。在注重演艺旅游品牌创新的同时，要加强演艺旅游品牌的管理与保护，实现可持续发展。同时，加强衍生产品开发，延伸演艺产业链。

（四）加强利益相关者合作，打造命运共同体

利益相关是旅游演艺业最初发展时的有力扶手，通过利益联盟达成相互关系，谋求

共同发展。在业态初创期及成长期，行业发展的不成熟与基础的薄弱，使得新型业态的市场进入与推广受到各种障碍的限制，利益相关者的合作则有助于减轻这种限制的阻力。如旅行社凭借对客源的信息可以为行业提供可靠的客流量；可适当吸收当地居民加入表演，这样一方面可减少庞大阵容的人员需要，另一方面当地居民对当地文化的自然传承使表演更具原生性，同时可缓解当地居民的就业压力。然而，业态进入成熟期后，随着行业的发展，在与利益相关者的合作上，旅游演艺企业具有了较强的议价能力，利益相关者的利益获取将下降。

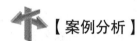 【案例分析】

张家界地区旅游演艺产品创新研究——以《天门狐仙·新刘海砍樵》为例

一、张家界地区旅游演艺产品创新现状

张家界旅游演艺市场中，观赏演艺节目的游客比重越来越大，2011年已达54.6%。近20年来该地旅游演艺产品大量出现，到目前为止，张家界旅游市场上的演艺产品已有《天门狐仙》《魅力湘西》《梯玛神歌》等十余种旅游演艺产品，这些演艺产品按照演出地点大致可以分为两类：一是以张家界《魅力湘西》为代表的剧院演出；二是以张家界天门山《天门狐仙·新刘海砍樵》和宝峰湖景区《梯玛神歌》为代表的实景演出。其中，2010年上演的《天门狐仙》获得了极大的市场反响，同年11月，被列入国家文化旅游重点项目名录，并荣获2011年度"中国国际文化旅游节旅游贡献金奖"。

二、《天门狐仙·新刘海砍樵》创新分析

（一）融于自然环境

《天门狐仙》的演出地点设在张家界天门山国家森林公园天门山峡谷大剧场，这是世界唯一的高山峡谷大舞台。演出主舞台与山峰、峡谷、流瀑、树林融为一体，共同形成一个纵深数千米，横宽和高差均逾千米的自然大舞台。露天的观众席也使观众更容易融入自然，体会到天人合一的思想境界。

（二）传承传统文化精华

《天门狐仙》是目前国内旅游演艺市场上唯一具有完整故事情节的产品。故事原型取材于湖南花鼓戏《刘海砍樵》，讲述了刘海和狐仙冲破阻挠最终在一起的爱情故事。传统故事传说给《天门狐仙》的创作搭建了一个不可多得的故事框架。而刘海和胡大姐身上所传递的正直、勤劳的传统美德和追求真诚、爱与幸福生活的美好愿望，真实地表现了人们对于真、善、美的不懈追求，是湖南民间口头文学的精品。桑植民歌等少数民族元素和现代通俗音乐的融入也是《天门狐仙》的一大特色。创造性地应用传统文化中的精华，又与时俱进，是《天门狐仙》取得成功关键因素之一。

（三）多元化、国际化的创作团队

《天门狐仙》集中了中国一流的编剧、作曲、编导、舞美、灯光、音响等专业艺术人才。项目总策划梅帅元曾任广西壮剧团团长、广西杂技团团长，现任广西戏剧家协会副主席，他在策划《天门狐仙》之前已策划过多台实景演艺产品，有着良好的文化提取再创造能力。项目同时邀请谭盾担任音乐总监，谭盾是全球最具影响力的华人作曲家之一，是格莱美、奥斯卡原创音乐奖得主，有着广阔的国际视野。谭盾作为湖南籍的音乐家，又有着深厚的湖湘文化思想底蕴。

（四）契合市场需求

虽然现代旅游者的需求趋于多样化，但追求文化、风俗、语言、宗教等方面旅游体验的旅游者日趋增多。根据经济学界的观点，当人均 GDP 超过 3000 美元时，文化消费会快速增长。2008 年我国人均 GDP 已超 3000 美元，收入的增加使人们出游的消费方式逐渐改变，也使得旅游演艺市场的发展空间逐渐迅速扩张。《天门狐仙》正是产生于我国人均 GDP 超过 3000 美元后，消费者的文化消费比重不断攀升的时候。在《天门狐仙》公演后甚至有消费者专程前往张家界观看演出，这也颠覆了传统的旅游消费方式。

（五）充分运用跨行业资源

1982 年 9 月，张家界成为中国第一个国家森林，并大力发展观光旅游业。张家界的游客量到 2010 年已突破 2000 万人次，这为旅游演艺产品的发展提供了良好的客源基础。《天门狐仙》的舞台表现离不开世界先进的软硬件技术支持，其数字视频内容制作是由有奥运会开幕式数码特技制作经验的公司所承担的。其舞台、灯光、音响等硬件设备也均运用了世界领先的科技。项目还创造性地设计了跨度 60 米、高度 32 米的伸缩机械飞桥来增添剧情表达效果。旅游业及娱乐演艺、会展产业的发展为《天门狐仙》的诞生提供了良好的基础。

（六）同行竞争与推动

一方面，旅游市场的不断发展催生了旅游演艺产品的诞生和在发展；另一方面，旅游演艺市场近年来高速发展的势头又扩大了旅游地的影响力。各大景区配备一套或几套"招牌"旅游演艺产品已经成为一种趋势。《天门狐仙》在行业竞争与发展推动下将湖湘文化加以整合、创新，推出一台雅俗共赏的旅游演艺产品是景区和游客的一种双赢。

（七）赢得政府的支持配合

2008 年 6 月，大型山水实景音乐剧《天门狐仙》露天剧场选址天门山峡谷，张家界市政府投资 1.6 亿元，修建了城区到剧场的连线公路，市政府还多次到工地现场办公，与项目运营方天元山水旅游公司积极沟通交流，给予项目大力支持。

（资料来源：节选自徐婷、黄炜、张婷婷的《张家界地区旅游演艺产品创新研究》。）

☞ **案例思考**

《天门狐仙·新刘海砍樵》给未来旅游演艺产品创新的启示是什么？

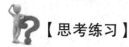

【思考练习】

一、简答题

1. 简述演艺旅游的内涵与特征。

2. 简述我国演艺旅游的发展阶段与趋势。

3. 谈谈我国演艺旅游发展的原因与作用。

4. 简述我国演艺旅游的类型和代表品牌。

二、论述题

试述我国演艺旅游的发展思路与创设路径。

参考文献

［1］晨星，李广宏.基于实景演艺中的旅游业态创新研究［J］.河北旅游职业学院学报，2015，20（4）：29-32.

［2］侯建娜，杨海红，李仙德.旅游演艺产品中地域文化元素开发的思考——以《印象·刘三姐》为例［J］.旅游论坛，2010，3（3）：284-287.

［3］黄炜.旅游演艺业态创新驱动因素的扎根研究［D］.天津：南开大学，2012.

［4］李幼常.国内旅游演艺研究［D］.成都：四川师范大学，2007.

［5］梁永康，郑向敏.我国文化旅游演出项目开发研究——以首批国家重点旅游演出项目为例［J］.企业活力，2011（5）：38-40.

［6］罗曼丽.国内大型旅游演艺产品开发现状研究［J］.黑龙江教育学院，2010，29（12）：200-202.

［7］汪克会.国内旅游演艺产品开发现状探析［J］.商业经济，2010（3）：102-103.

［8］王伟年.我国旅游演艺发展的驱动因素分析［J］.井冈山学院学报（哲学社会科学），2009，30（7）：87-91.

［9］徐世丕.旅游演艺对我国传统演出市场的冲击和拓展［J］.中国戏剧，2008（9）：14-17.

［10］徐婷，黄炜，张婷婷.张家界地区旅游演艺产品创新研究——以《天门狐仙·新刘海砍樵》为例［J］.商业经济，2012，402（7）：66-68.

［11］杨卫武，徐薛艳.旅游理论与实践前沿丛书：旅游演艺的理论与实践［M］.北京：中国旅游出版社，2013.

［12］朱虹.旅游演艺：旅游经济新的增长点［J］.井冈山大学学报（社会科学版），2015，36（3）：5-7.

［13］朱立新.中国当代的旅游演艺［J］.社科纵横，2010，25（4）：96-99.

［14］诸葛艺婷，崔凤军.我国旅游演出产品精品化策略探讨［J］.社会科学家，2005，115（5）：121-123.

［15］Ari Hyytinen，Otto Toivanen. Do financial constraints hold back innovation and growth？ Evidence on the role of public policy［J］. Research Policy，2005，34（9）.

［16］Chun-Hung（Hugo）Tang，Soo Cheong（Shawn）.The tourism-economy causality in the United States：A sub-industry level examination［J］. Tourism Management，2009，30（4）.

温泉旅游

【学习目标】

了解温泉及温泉旅游的定义、类型与特征；了解温泉旅游开发的原则、模式与对策，知晓温泉旅游产品创意设计的理念与内容。能够分析温泉旅游发展的影响因素、温泉旅游发展的对策，以及对温泉旅游产品进行创意设计。

【案例导入】

休闲度假旅游之新宠——温泉旅游

1998年年初，在中国及世界旅游市场上出现了一个新兴的旅游产业，那就是温泉旅游。

温泉旅游是旅游者通过亲身体验温泉水，得到的一种感觉，一种精神的、生理的、体能的享受，是心、身、魂的升华。旅游者在体验温泉过程中所感悟的主题就是温泉沐浴文化。所以说，温泉旅游的核心是温泉沐浴文化、养生文化、休闲文化、度假文化。

随着生活水平及生活品位的提高，观光旅游正在逐步向休闲旅游转型。当人们的脚步开始慢下来，"泡温泉"就成了一个让人身心舒展的上好项目。由于温泉有医疗保健等诸多功效，且大多在田园乡间，加上城市私家车的普及，周末去温泉度假一番已经不是可望而不可即的事情，而且天气越冷，温泉对游客的吸引就越大。

我国温泉资源很多，过去多数用在温泉疗养或引入酒店、居民住房卫生间洗澡冲凉之用，把温泉资源变为旅游资源，形成温泉旅游，还是珠海御温泉开了这条先河。

珠海特区西部原斗门县（现斗门区）斗门镇，有一处温泉资源，资料记载有1000多年的历史，出口温度达70℃以上，含偏硅酸等40多种矿物质，这些矿物质含有对人体有益的微量元素。1993 年，香港客商吴卓晋先生，在考察很多国家温泉资源开发利用之后，结合中国国情，在当地政府的支持下，开始策划、设计、建设一个奇特的，以露天温泉为主的珠海御温泉，并于 1998 年 2 月 28 日正式开业。从此结束了温泉资源由少数人享有和传统的唯一疗养所用的形式，有了新的历史性的突破，引领了温泉资源广泛开发利用的大潮，并形成了一个新兴的产业，即温泉旅游。

温泉旅游的诞生迎合了休闲时代发展的需求，给广大旅游者增加了时尚的休闲度假旅游选择。

（资料来源：改编自卓跃.东方服务：中国温泉旅游知名品牌御温泉探秘［M］.北京：中国旅游出版社，2006：154–155.）

☞ 思考

温泉旅游为何成为休闲度假旅游的新宠？

第一节　温泉旅游概述

一、温泉

（一）温泉的定义

关于温泉的定义，大多数学者是从温泉的温度、成分、成因角度来阐述的。甘枝茂、马耀峰认为：水温高于当地年均温度，低于 45℃的泉水都可以称为温泉。陆景冈等提出：温泉是指地下水经过深度循环，接受地球内部的热能而形成的，水温高于当地气温的泉水。焦维军等提出：温泉是指泉水温度较涌出地年平均气温高的或者水温超过 20℃的泉水。罗谦等从温泉所含微量元素的角度出发，提出温泉是含有多种对人体有益元素和化合物的地热水。

在中国台湾地区的有关温泉的规定中，温泉定义是符合温泉基准之温泉水及水蒸气（含溶于温泉水中之气体）。温泉水包括自然涌出或人为抽取之温水、冷水及水蒸气（含溶于温泉水中之气体），在地表量测之温度高于或等于 30℃者；若温度低于 30℃之泉水，其水质符合温泉水质成分标准者，亦视为温泉。

日本有关温泉的法规规定：温泉指地下涌出之温水、矿水及水蒸气与其他气体（碳氢化合物为主成分的天然瓦斯除外），且温度高于或等于 25℃；如温度低于 25℃，其水质符合规定的 19 种物质的其中一种及以上者也可界定为温泉。

韩国有关温泉的法规规定：温泉系指地下涌出，温度高于或等于 25℃，水质成分

对人体无害者。

部分欧美国家，如意大利、法国、德国等国将温度高于20℃的泉水界定为温泉；美国则将温度在21.1℃以上的泉水界定为温泉。

结合上述观点，本书把年平均温度在34℃以上的泉水称为温泉。

（二）温泉的形成及其分类

温泉的形成大致有以下两种情形：一是由岩浆作用形成的温泉。岩浆的产生常伴随着地壳运动的发生或者火山活动的喷发。由于剧烈的地壳运动，使部分板块隆起，或者在火山活动的地区，有部分岩浆在未冷却之前被埋在了地底下。此类岩浆温度较高，不断释放大量的热量，由于热量比较集中，就容易导致附近有孔隙的含水岩层受热产生温水，部分较高的热量则会产生水蒸气。二是地表水作用形成的温泉。地表水不断向地表下面渗透，最终深入含水层形成地下水。由于受地球内部地热的影响，地下水温度不断升高，形成过程中会产生含有以二氧化碳为主的气体，若是遇到有紧密的岩层的阻挡将导致水压越来越高，压力越大就越容易使地下热水遇缝喷出。地下热水在上升的过程中，随着与地表的接近，压力会逐渐减小，但是会导致所含气体的膨胀和蒸汽的上升。上升的蒸汽跟下渗的冷水相遇会因为密度的不同产生压力差，在反复循环中产生对流，在一些裂缝阻力小的地方，地下热水将会不断涌出，形成温泉。

温泉有多种分类标准，根据温泉的化学成分、产区出岩性、地质背景、泉水温度、酸碱度等可划分为不同类型（见表7-1）。

表7-1　温泉的分类

划分依据	温泉类别
化学成分	单纯温泉、碳酸氢钠泉、碳酸盐泉、食盐二氧化碳泉、硫酸盐泉、铁泉、酸性泉、硫磺泉、放射泉、明矾泉
地质条件	岩浆活动型、沉降盆地型、隆起断裂型
泉水温度	低温温泉（25℃~39℃）、中温温泉（40℃~59℃）、中高温温泉（60℃~79℃）、高温温泉（80℃至当地沸点）、沸泉（高于当地沸点）
排出方式	普通泉、间隙泉、喷泉、沸泉、喷气泉、热泥泉
酸碱度	酸性温泉（pH<4）、弱酸性温泉（4≤pH<6）、中性温泉（6≤pH<7.5）、弱碱性温泉（7.5≤pH<8.5）、碱性温泉（pH≥8.5）
产出地岩性	火山区温泉、岩浆岩区温泉、变质岩区温泉、沉积岩区温泉
所处空间位置	城市温泉、城郊温泉、乡村温泉

（三）温泉资源的特征

温泉资源是地热资源的重要组成部分，是能够被人类利用的地球内部热资源。其特征包括以下四方面。

第一，实用性。温泉既是能源，也是水资源，特别是矿化度低、不含有害成分的泉水可以作为淡水资源使用。而含有多种有益的矿物成分的温泉，可用于人体的洗浴、医疗、保健养生。

第二，观赏性。生态环境优美是许多温泉地的共同特征，是人们的游憩观赏的好去处。有些温泉所在地伴有奇特神秘的自然现象，成为吸引旅游者的鲜明特色。如台湾省台南县的"火泉"，温度高达75℃，点燃火柴放在水面上，顿时烟火腾空而起。

第三，科考性。温泉资源的地质地貌、物理化学特征等自身特质及其形成可以满足科学工作者、探索者和追求者的求知欲。另外，独特的沐浴文化、养生文化及造景、育景艺术也能够深化旅游者体验、激发旅游者探求其地域文脉的兴趣。

第四，循环性。温泉资源是可再生资源，要实现持续循环利用必须处理好开发与保护的关系。在开发利用中特别要注意对温泉中的有害成分和矿化度高的废热水妥善处理、合理排放，从而避免对当地环境造成一定的危害，保障温泉水的品质。

二、温泉旅游

（一）温泉旅游的定义

温泉旅游是一种通过空间位移到日常生活范围之外的温泉体验行为，关注的是旅游者的空间移动和温泉体验。温泉旅游在国外统称为SPA，是一种以温泉资源、自然环境、人文风情为依托，以感受沐浴文化和休闲文化为目的，所进行的观光娱乐、康体保健、商务会议、科普教育等休闲活动。另一种业界普遍认同的温泉旅游定义是：以感受温泉沐浴文化为目的，将原先的单一疗养的物化享受提升到符合现代消费的文化和精神层面，成为一种以健康为主题，达到养生和休闲效果的时尚体验旅游。这一定义的内涵更为广泛，包括了以温泉为核心的延伸服务业，如餐饮业、住宿业、娱乐业和交通业等。

本书认为，温泉旅游是旅游者以沐浴温泉为主要内容，以体验温泉、感悟温泉文化为主题，从而达到养生、保健、休闲、度假目的的旅游活动。

（二）温泉旅游的类型

对温泉旅游的划分，不同的分类标准有不同的类型。

1. 根据区位划分

（1）以温泉城市、温泉街区为依托，同时结合多种旅游资源，从而形成的复合型温泉旅游。这一类型温泉旅游通常是因为当地利用温泉的历史较为悠久，在逐渐发展温泉旅游的过程中，不断整合具有当地特色的旅游资源，从而形成以温泉为外包装，以各种类型旅游产品为内容的温泉旅游类型。其旅游市场既有当地的居民，也有外来的旅游者，主要是在本地居民疗养休闲的基础上发展起来，从而形成以外来旅游者作为市场主

体的旅游市场结构。

（2）近郊型温泉旅游。位于客源城市的附近，客流量相对较大，但温泉旅游资源条件相对差些。因此，可采取建设较高档的设施及露天温泉环境等一些方法来弥补欠缺。

（3）远郊型温泉旅游。温泉地往往有优美的环境，但是距离客源市场相对远些，一般从居住地到目的地车程大于 2 小时，旅途较远，若温泉地开发较好，旅游者一般会住宿。这种类型的温泉地，应该根据自身的优势，不断开发与疗养及保健相结合的各种类型旅游产品，同时，应加强旅游宣传活动，进而形成鲜明的品牌形象，扩大知名度。

2. 根据功能划分

（1）疗养型温泉旅游。疗养型温泉旅游延续了传统温泉疗养的特点，注重温泉养生、保健和医疗功能。如珠海御温泉共开设了 40 多种不同功能、不同配方的浴池和医疗设施。

（2）观光型温泉旅游。结合温泉地的整体环境，把更多自然的因素融合进来。如开发露天的观光温泉公园。

（3）娱乐型温泉旅游。注重开发可以满足市场需求，能够与温泉旅游资源相结合，并具有参与性的休闲娱乐活动，以建设多种娱乐项目设施为主。

（4）复合型温泉旅游。注重娱乐方面的建设，同时将周边的旅游资源与温泉进行联合发展，从而形成可以提供多种功能的温泉旅游类型，如阿尔山温泉旅游。

（三）温泉旅游的特征

1. 体验性强

温泉旅游强调体验。旅游者通过亲身体验温泉水得到一种精神上的、生理的、体能的享受以及心、身、魂的升华。在温泉洗浴的过程中，水温、水压、物质成分的共同作用使得旅游者洗浴后感到生理上高度轻松；通过更衣、冲洗、裸浴、着泳装混合浴、进餐休息、理容等一系列环节感悟温泉文化。

2. 重复消费性高

健康是全人类的共同追求。随着人们生活水平的提高，健康问题越来越受到重视，科学的休闲养生概念被提到空前的高度，休闲养生正成为当今社会的一种时尚。人体浸泡在温泉水中，可以帮助人们达到舒筋活络、强身健体、美容养颜、安神定惊等目的。特别是冬季，气候阴冷，人体活动量少，容易产生气血凝滞、经络不畅等现象，泡温泉可以缓解这一症状。温泉提供的愉悦氛围，可以帮助人们放松身心。

3. 季节性强

温泉旅游是旅游者直接体验水温，因而是一种与气温关联更为密切的旅游活动。温泉旅游与气候往往有着很强的负相关性，即寒冷的季节是温泉旅游的旺季，而炎热的季节则是温泉旅游的淡季。

（四）温泉旅游发展的影响因素

1. 资源条件

温泉地资源是温泉旅游地赖以发展的前提条件。温泉地资源包括温泉资源禀赋、区域内自然和人文资源等，这些要素的组合构成了温泉地的地域特色和文化特色，其中温泉资源的禀赋为最基础的要素。温泉资源本身的开发价值可以从地质地貌背景、水质、温度、流量等因素划分等级。地质地貌背景指泉水所在地的地质构造和地貌景观特点，它决定了温泉的温度、流量、稳定性及温泉地的地貌景观特色；水质指温泉水中所含的盐类成分、矿化度、气体成分、微量元素及放射性成分，决定温泉的医疗沐浴功能；温度和流量指泉水温度的高低和单位时间的流量及其稳定性，决定温泉的储量进而影响温泉旅游开发的容量规模和旅游地持续发展的能力。

2. 温泉地经济发展水平

温泉地的经济发展水平主要影响温泉旅游地的投资模式、投资规模和旅游者的消费水平。我国温泉旅游发展的时间和空间分布规律也说明了这一点。从时间上看，改革开放前，主要为当地政府投资或当地资本投资建设的小规模温泉疗养院；改革开放后，大规模、高投入的以建设高级别墅区和大型露天温泉为特色的温泉旅游度假区大量兴起。从空间上看，我国西南经济欠发达地区仅仅停留在小规模开发或简易利用的层次上，而东部沿海经济发达地区的温泉旅游发展较为迅速。

3. 区位和交通条件

区位和交通条件对温泉地旅游的发展起着重要的作用，它决定着温泉地可进入性和旅游者数量的多少。温泉旅游地与客源地之间必须有便捷的内外交通网络，以方便旅游者快速进入温泉旅游地。

4. 客源市场条件

国内温泉旅游发展规律表明，温泉旅游地的客源市场主要是以国内为主，而且80%以上的旅游者集中在3小时交通半径范围内的周边城镇群。一般而言，大型温泉旅游地所依托的城镇的人口规模应在300万以上，否则将很难达到维持经营所需的门槛游客量。这就要求温泉旅游地必须选址在经济发达、人口众多的城市和特大城市的周边地区，以保证有良好的客源市场条件。

5. 空间集聚和竞争

地质结构决定温泉往往在同一区域聚集，温泉又是一种异质资源替代性弱而同质资源替代性强的旅游资源，因此温泉旅游地开发类型容易出现同质化，从而导致温泉旅游地的空间竞争加剧。空间集聚程度越高，竞争就越激烈。

6. 决策者行为

决策者行为包括政府决策行为和投资者决策行为。政府决策行为决定了对温泉旅游发展的支持力度、温泉地投资开发方式及温泉资源的可持续利用，投资者决策行为决定

温泉旅游企业的规模、开发水平和开发方向。

第二节　温泉旅游发展历程

从世界温泉发展历程来看，随着社会经济的快速发展、人类自我保健意识的增强以及大众旅游业的发展，温泉旅游从古代服务于贵族、特权阶层的活动开始走向现代的大众化和普及化。

一、国外温泉旅游的发展

（一）发展历程

1. 早期的温泉疗养地

早在罗马帝国时期，温泉的治疗作用就已受到人们的重视，并有希腊人、土耳其人和罗马人传播到北非海岸、希腊、土耳其、德国南部、瑞士及英国。据文献记载，第一个温泉疗养地"斯巴"（SPA）于1326年在比利时南部一个靠近列日的小镇兴起，"SPA"后来便演化成为温泉旅游度假区的代名词。1562年，W.特纳医生著书论述了巴斯（Bath）温泉和欧洲大陆各处温泉对各种病症的疗效作用。1626年，E.法罗又宣传了斯卡伯勒地区查利比特矿泉质量高。这些医疗专家的宣传对温泉疗养地的发展起到了关键的作用，温泉受到了众多"求治"者的欢迎。此后，数量惊人的温泉疗养地在欧洲大地如春笋般涌现，其中最著名的当数英国的巴斯温泉。早期的温泉疗养地是温泉旅游度假区的雏形，温泉的治疗作用成为吸引众多旅游者的主要因素，但此时的温泉疗养地旅游功能单一，开发的一些住宿设施和温泉浴室疗养设施也较为简陋。

2. 传统的温泉旅游度假区

17世纪晚期欧洲文艺复兴以后，伴随着欧洲各国经济的整体增长、资本主义自由经济扩张、政治安定、都市余暇生活整体复兴，温泉开发空前兴盛，SPA在欧洲得以发展壮大。在英国，伦敦西部著名的温泉度假城巴斯成了上流社会重要的社会生活中心和高级女子时装设计与制作中心。欧洲大陆的法国、德国、意大利、西班牙、葡萄牙等国的SPA也大量发展起来。在美洲，早期的欧洲移民效仿欧洲的SPA也开发了许多有名的温泉，如美国北方纽约州的Saratoga SPA、南方西弗吉尼亚州和弗吉尼亚州的White Sulphur SPA和Hot SPA等，"享用温泉"成为当时人们的一种时尚潮流。这时的SPA仍然以温泉治疗为导向，其消费者主要是富有的上流社会人士。同时为了迎合上流社会的需要，各种高档的住宿设施、娱乐设施和服务设施如戏剧院、歌剧院、舞厅、图书馆、娱乐场、赛马场、野营地以及供休闲散步的公园急剧增加。因此，SPA已经不仅仅是温泉治疗的场所，而演变为集治疗和休闲娱乐功能于一体的温泉旅游度假区。然而，到了

18 世纪末期，随着西方医疗水平的提高，温泉的疗效开始受到质疑。与此同时，海水浴因具备与温泉相似的疗效而渐渐受到人们的青睐，海滨旅游度假区随之崛起并吸引了大量的旅游者，许多传统的温泉旅游度假区因此受到冷落而走向衰退。

3. 现代的温泉旅游度假区

19 世纪以来，随着中产阶级规模的扩大，可自由支配收入的增多，便捷交通工具的出现，尤其是工业化和城市化的快速发展，大都市生活环境日益恶化，使得大众休闲康体旅游需求快速增长，这给具有医疗性质和保健性质的温泉旅游度假区带来了崭新的发展机遇。20 世纪 20 年代，以温泉治疗为主的传统温泉旅游度假区开始向以温泉治疗和休闲娱乐并重发展的现代温泉旅游度假区转变。温泉旅游在世界范围内得到发展，其中尤以美国和日本的温泉旅游度假区最为闻名。温泉旅游度假区大都选址于自然环境良好的地区，不仅建设了高档次的康体中心，配备现代化的疗养设备、诊所、疗养院和治疗设施，提供专业化的疗养医师、舒适的住宿条件、一流的饮食服务等，而且增加了现代化的休闲娱乐旅游项目，如高尔夫球场、滑冰场、赛马场、会议中心、游乐场所和豪华沙龙等，温泉地周边的自然环境作为休闲娱乐的场所同时受到严格的保护。温泉旅游度假区的旅游者则由上层阶级向中层阶级和工人阶级转变。度假区的规模因此也随之扩大，旅游功能日趋多样化，并发展成为多功能综合性的大型旅游度假区。

（二）现代国外温泉旅游发展态势

1. 温泉旅游注重真实性

目前，一些温泉旅游发展较早的国家，普遍面临温泉旅游资源开发过度及如何可持续利用的问题。当旅游旺季来临时，因温泉涌出量不足，不少温泉旅游地出现掺水、循环用水、加温和注入化学物质等欺骗旅游者的现象。这些现象不仅使旅游者对温泉旅游的满意度大打折扣，而且稍有不慎将导致危及人身安全的重大事件发生。故而国外普遍重视温泉旅游的真实性。温泉旅游的真实性得不到根本解决，将直接动摇温泉旅游发展的根基。

2. 温泉旅游注重创新

温泉旅游地的生机活力源自多方因素，其中创新开发是首要因素，创新开发涉及多个层次。

（1）规划理念创新。旅游开发，规划先行，而理念又是做规划的核心和先行要件。国外在规划理念创新方面有许多值得借鉴的地方，如概念性旅游规划就是一个典型。概念性旅游规划是指在旅游规划编制早期的一种研讨性规划手段，是一种在理想状态对旅游开发地旅游业发展的前瞻性的和创造性的构想，是在内容结构上整体的概要性谋划。

（2）开发实践创新。国外温泉旅游开发在开发方向、市场把握、营销方式、技术运用等方面不断创新，值得我们学习。在开发方向上，首先要定位温泉地开发阶段，处于初、中、高不同阶段的温泉地其开发方向是相异的。由于认识水平在提高，消费市场在变化，因而不同阶段的开发时限应合理界定，不宜过长。国外温泉开发立足对市场正

确、科学的判断，依据资源现状开发旅游产品。例如，日本近年来在温泉开发上大胆实施"空间创新"，在东京市区中建设了诸如"大江户温泉物语"等几个温泉主题公园，这种"反亲近乡村"旅游趋势的异常举措，正好吻合了都市人日常放松的需求。

3. 温泉旅游注重空间行为尺度上的分异

在国外，特别是温泉旅游发展较早的欧美国家，随着经济的发展、交通的改善，使得温泉度假这一过去为少数生活富裕、闲暇时间自由的特权者所享有、支配的旅游活动成为大众行为。旅游动机的多样化、市场划分的精细化、可支配收入的差异化以及闲暇时间的长短不等，使得这一大众行为所涉及的旅游空间大小有所不同。一方面是随时都可以光顾的温泉地，将其视为日常生活的一部分的中小尺度旅游。这类旅游具有高频性和短期性特征，平均逗留1~3晚。另一方面是旅游者愿意花费大量的时间和金钱并投入高期望值的大尺度温泉旅游。这种旅游的范围涉及全国、全洲甚至全球，具有低频性和长期性特征，停留时间在3晚以上。

另外，对于不同尺度的旅游者在项目设计、区位选择、价格策略、地方特色及交通方式上有所区别。

二、我国温泉旅游的发展

（一）发展历程

我国温泉旅游发展经历了以下五个阶段。

1. 以"公休疗养"形式出现的温泉疗养阶段

新中国成立后，随着温泉医疗事业的发展，国家政府机构、企事业单位、部队等在温泉地建立了各种工人温泉疗养院，如广东从化温泉、辽宁鞍山汤岗子、昆明安宁温泉等。

这个时期的疗养院是社会主义计划经济时代的产物，主要用于干部、工人、劳动模范等公费或奖励性康疗保健，没有盈利的利益驱动，此时的疗养院功能单一，缺乏通过更好的服务来吸引顾客的动力，尚不具备温泉旅游的功能。

2. 由公费休养性质转变到休闲度假性质的温泉沐浴阶段

改革开放以后，随着社会主义市场经济体制的建立、旅游业的发展和医疗制度的改革，人们对休闲、娱乐、保健等旅游需求的逐步增加，公费医疗的患者大大减少，部分疗养院开始对外开放，温泉地由休疗养功能逐渐向休闲度假旅游发展，一批集观光、度假、休闲、娱乐、保健、会议为一体的多功能温泉旅游度假区开始出现，如广东省的从化温泉和中山温泉、辽宁省熊岳温泉疗养院、大连市安波温泉疗养院、北京龙脉温泉疗养院等，这标志着我国温泉旅游事业才真正地发展起来。

该阶段的温泉旅游以室内温泉为主，以温泉宾馆和温泉医院为主要开发形式，休闲因素开始初步融入温泉开发，如增加新的理疗设备，提高温泉池的装修标准，提高食宿的服务水平等，其主要特点为规模小，面向高薪阶层建设高档酒店、别墅，旅游产品不太丰富，在建设上表现为温泉室内化、硬件别墅化，旅游经营项目雷同，不注重旅游环境营造，基本上是"游泳池＋澡堂"或"温泉酒店集合体"的开发模式。

3. 以综合性的旅游休闲活动聚集形成的温泉度假旅游阶段

20世纪90年代中期至20世纪末，我国旅游业逐渐由观光旅游向休闲度假旅游转化，以观光娱乐、休闲度假、保健疗养等功能为主的大型综合温泉旅游度假区（度假村、度假城）在全国特别是在我国南方地区不断涌现，温泉旅游开发开始成为一股热潮，这标志着我国对温泉利用步入一个新的阶段。

这个阶段温泉旅游以较大型的温泉度假村、度假城为开发形式，除了继续强调开发保健功能外，更加突出了温泉的休闲功能，如建设个性化的温泉池，提供专业的美容和理疗服务，建设设备精良的健身馆和其他体育运动场地，提供专业健身教练等，呈现出规模大、功能复合、注重环境氛围的营造、旅游设施和旅游项目配套齐全、档次高，以及温泉形态和产品的多样化、旅游者类型多样化、开发投资模式多样化等特点。

4. 从休闲旅游为主向温泉养生度假为主转变的阶段

健康作为全人类的共同追求，随着人们生活水平的提高倍加关注，科学的休闲养生概念也被提到空前高度，休闲养生成为人们的生活时尚，人们越来越关注在健康方面的投资。健康投资作为温泉旅游的价值所在，已经成为该阶段温泉旅游的一个重要消费理念，其最大的特点是与SPA紧密结合，提供高档次、专业化的服务项目，以"精致型、小型化、私密性"的方式经营，更多地呈现出国际化的品格，如广东的御临门温泉度假村的巴厘岛风情、广东清新温矿泉的贵族式欧陆温泉、海南皇冠假日温泉酒店、云南丽江的悦容庄、四川九寨沟的九寨天堂，都非常具有代表性，提升了温泉休闲产业的档次。

5. 温泉旅游呈现百花齐放的阶段

温泉旅游发展至今，百花齐放已经初露端倪，随着市场布局的扩展和细分市场的经营，以前的同质化现象逐步瓦解，呈现出多元化的格局，竞争加剧、同行业兼并等现象都会出现。这个阶段温泉发展虽然没有明显的特征，但是其康益性、休闲性、文化性、服务性等功能都有所加强，其产品形式和开发模式也都更加多样化，如森林温泉、火山温泉等多种文化主题产品，音乐理疗温泉、喷涌按摩温泉、小猪打浆沐浴、水牛浸水沐浴等多种温泉泡浴方式。结合温泉饮食文化、温泉茶水文化、温泉泼水节等，通过采风吸收各地沐浴民俗精华，开发出的许多生动、活泼、有趣的沐浴民谣、沐浴歌舞及特色戏水池等，都是该阶段温泉旅游的表现形式。

（二）存在问题

1. 温泉相关法律、法规不健全

我国至今还没有出台全国性的针对温泉旅游的法律法规，温泉资源的开发利用主要是以《矿产资源法》和《水法》为依据。1999年10月1日北京市公布了《北京市地热资源管理办法》，另外除台湾地区于2003年6月颁布了《温泉法草案》以外，国内只

有云南、广东、重庆等几个省份出台了一些地方性的温泉旅游相关标准。

2. 对温泉旅游资源规划利用的水平不高

现阶段，在我国的温泉旅游资源的开发利用过程中，由于缺乏科学、合理的开发规划，普遍存在着严重的浪费现象，以及掠夺式的开发利用问题，尤其是各地区在温泉旅游旺季时过量开采，对温泉本身和周边环境都造成了极大的破坏。温泉企业由于成本、环境保护意识较弱等各种原因，对尾水处理不够重视，往往是利用后的温泉水未经处理就直接排放，给周边区域的河道流域、农田造成严重污染。

3. 温泉旅游客源市场细分不具体

目前，我国许多地方的温泉旅游开发一味追求经济利益，在开发之前，对客源市场调查分析不到位，缺乏充实的第一手资料；对消费者心理、行为等缺乏客观分析，对客源市场的结构特点、消费者的出游目的、消费能力、旅游期望等没有做深入探究。因此造成目标市场模糊，市场细分不具体，导致宣传促销缺乏针对性，难以把握消费者的需求取向，极大地削弱了温泉资源的吸引力和温泉产品的市场竞争力。这样将严重威胁到温泉旅游开发的整体经济效益和长远发展。

4. 温泉旅游项目缺乏文化内涵

感知异乡的风土人情是旅游的一项重要内容。目前开发的大多数温泉旅游产品主要是以结合温泉旅游资源为主，很少涉及温泉地的文化内容。许多温泉旅游者就是简单的洗浴、放松、休闲，把活动空间局限在温泉设施环境下，没有体会到温泉地的概念，无从了解当地的民俗风情和历史文化。

5. 缺乏特色品牌

品牌是一笔巨大的无形资产，品牌效应的力量是巨大的。在全国如此众多的温泉旅游地中，如果没有一定的知名度和自己的特色品牌是很难吸引远距离客源的。再加之我国温泉旅游资源的分布较集中，更增加了市场竞争的激烈性。

很多温泉旅游地在开发的过程中没有确定的主题，导致旅游地形象策划缺乏特色、个性不鲜明、主题不突出。由于只注重眼前利益，忽视开发建设品牌的重要性，导致开发模式雷同、产品单一。因此，目前国内的大多数温泉缺乏特色品牌，营销宣传效果有限，吸引力不足，产业发展规模有限。

第三节　温泉旅游开发

一、开发温泉旅游的意义所在

温泉旅游不但丰富了度假旅游产品、促进了人体健康，更蕴含着极高的商业价值、广阔的市场前景和极佳的投资潜力。温泉旅游产业已成为促进我国国民经济发展的又一新的增长点。

（一）推动国民经济发展

温泉为人类利用的历史悠久，但我国将温泉进行产业化开发的时间并不长。20 世纪 90 年代后期，随着温泉旅游业在广东、北京、重庆等地的迅速发展，其产业化优势日益凸显，取得了令人瞩目的经济效益，使得温泉旅游在我国得以较快发展。

随着温泉旅游在我国的深入发展，温泉旅游产业规模将逐渐扩大，其关联效应、倍增效益将更加明显。加之温泉旅游对优化旅游产业结构、合理配置各种资源、引导消费时尚发挥了不可替代的作用，因而其所带来的经济效益是不可估量的。

温泉旅游不但丰富了中国旅游产业的内涵，更带来了大量直接、间接的就业机会，同时还拉动了当地的消费，增加了地方的财政收入，推动地域经济发展，影响极其广泛。因而，单从温泉旅游业所发挥出的经济效益角度上说，温泉旅游的确是旅游这一朝阳产业中的朝阳，是促进国民经济发展的新生力量。

（二）丰富度假旅游产品

21 世纪是休闲度假旅游蓬勃兴起的时代，休闲旅游的发展推动了温泉旅游业的发展，同时温泉旅游也为度假旅游的发展注入了活力，特别是在丰富度假旅游产品、满足消费者多元化和个性化需求方面发挥了重要作用。

（三）增进人们身体健康

人们认识温泉，是从它的医疗性开始的。因温泉的水温及所含的矿物质、微量元素有益于人体健康，所以其在医学上的价值早被人类重视。人们通过综合利用温泉的气候疗法、饮泉疗法、泉浴疗法，达到消除疾病、解除疲乏的功效。人们在洗、泡温泉时，通过各种矿物质水体、水流与人体的接触和渗透，达到净身、安神、治病等良好的生理和心理调节效果。

我国利用温泉水治疗疾病在我国已有很长的历史，积累了丰富的温泉医理知识和临床经验。现代医学研究证实，温泉洗浴具有使异化的人体生理规律正常化的作用，温泉对数十种疾病都有治疗或助疗作用，对人体具有治疗、疗养和保健的功效。因此，温泉洗浴已经成为现代人崇尚养身、保健的时尚追求，特别适合当代快节奏生活的城市人群的生理和心理需要。

为更好地实现温泉旅游的主体功能，使人们通过浸泡温泉，达到放松、健身、康体的目的，温泉旅游地注意营造良好的温泉洗浴环境，凸显温泉养生保健的功能。围绕温泉的药疗保健功能可设计出不同的洗浴空间，充分发挥温泉本身的热温、冲力、浮力、压力的疗效作用，设计不同动态的出水方式，不同情趣的静态浸浴方式。结合自然景观的优势设计出以区别于城市室内洗浴场的室外浴池，使旅游者融养生于休闲之中，身体

和心理同时得到保健的效果。

（四）优化旅游地的环境

发展温泉旅游能够产生巨大的环境效益。作为度假旅游重要组成部分的温泉旅游将生态环境视为温泉旅游资源的基本构成要素之一。在温泉旅游中，优良的生态环境是旅游者的第一需求，因为环境中的空气、阳光、水等可以直接转化为度假旅游产品。温泉旅游的体验极致在于人的亲水之心融入美景之中，也就是达到了"天人合一"的超值享受。针对温泉旅游的这一特性，要求在开发时不仅要重视对生态环境的保护，而且要美化、优化环境，使温泉置于优良环境之中，以得到永续利用。

二、温泉旅游开发的模式

温泉旅游的开发模式是随着时代的变迁而不断创新。温泉旅游开发模式可以从不同的角度、不同的侧面进行分类。根据温泉旅游地所处的区位条件、资源禀赋、区域经济、客源市场，再结合温泉旅游功能，将温泉旅游的开发模式分为观光娱乐型、康体保健型、文化体验型、科普教育型、综合开发型五种。

（一）观光娱乐型

1. 含义
观光娱乐型温泉旅游以旅游区内良好的温泉资源为基础，利用优美的自然环境、完善的娱乐设施来吸引旅游者进行观光、娱乐、休闲活动。

2. 主要特点
第一，温泉资源良好，自然环境优美，温泉资源与其他资源组合较好。

第二，一般位于城郊，2~3小时车程之内，交通便利。

第三，以观光游览、娱乐活动为主，其他休闲、疗养、商务、会议等活动为辅。

第四，旅游产品多样化，可以适合各层次旅游者的需求，尤其是大众客源市场的需求。

第五，除了依托优美的自然环境外，还建设各种现代化的娱乐设施。

3. 开发思路与策略
观光娱乐温泉旅游开发模式，主要优势在于靠近大中型城市，交通便利，区域经济发达，居民消费水平较高，城市居民成为其最大的潜在客源，因此，在温泉旅游产品的开发设计过程中，应充分考虑到城市居民短途、经常性出游的需要，细分客源市场，开发具有针对性的产品，满足不同层次旅游者的需要。可以采取下列策略：

第一，注重露天观光娱乐温泉的营造与周边自然环境、人文环境相结合。观光娱乐温泉旅游以周边大中型城市居民为主要客源。长期生活在城市中的居民，厌倦了城市繁华、喧闹的生活，向往清新自然的乡村生活。充分利用温泉旅游地周边的山林、小溪、农田、果园等有限的自然资源，开发一些山林漫步、小溪漂流、田园观光、果园体验采摘等旅游产品，满足城镇居民缓解工作压力、放松紧张身心、回归自然的心理需求。

娱乐旅游产品是温泉旅游地产品体系中一个重要的组成部分。城市中的居民除了泡汤、观光之外，娱乐也是一个重要的方面，尤其是城市中周末外出休闲的旅游者，通过各种娱乐活动来放松一周的紧张情绪，可以通过修建滑草场、卡丁车、棋牌室、高尔夫等娱乐设施来丰富娱乐产品。

第二，在产品的开发方面，注重功能的多样化。温泉旅游具有观光娱乐、休闲度假、保健、商务会议等多种功能，在产品的开发过程中，应该分层次，有轻重之分。观光娱乐温泉旅游开发，以温泉资源和周边优美自然风景为基础，重点建设各种现代娱乐设施和露天观光公园以及周边自然景点的开发建设，其他功能作为辅助产品。考虑到周末家庭出游的需求，可以设计一些小型家庭旅馆，配以全家人能共同参与的娱乐设施等。

（二）康体保健型

1. 含义
康体保健型温泉旅游以旅游区内良好的温泉水资源为基础，利用水中富含的各种矿物元素和微量元素及人工配方，开发丰富的康体保健产品吸引旅游者进行治疾养病、养生健体、美容美体等各种康疗保健活动。

2. 主要特点
第一，位于城市或城市周边地区，温泉资源较好，主要以疗养为主。

第二，康体保健消费水平较高。

第三，以中老年的旅游者居多。

第四，出游方式上，以散客为主。

3. 开发思路与策略
注重将传统的保健养生手段与现代科学医疗技术相结合，如传统医学中的一些药浴的挖掘整理，现代医学中超声波技术、高科技美容仪等仪器运用。可以采取下列策略：

第一，康体保健温泉旅游的旅游者主要追求娱悦身心、舒缓心情、减轻精神压力，因此温泉旅游产品的开发要不同于观光娱乐产品，强化保健和享受功能。充分挖掘温泉水保健医疗功能，利用温泉中所含的矿物元素、微量元素或在温泉水中加上花草、中草药等制成不同的配方、不同功能、不同特色的温泉浴池，如名花汤、名木汤、名酒汤等。另外，也可以通过一些体育活动或健身器材进行保健康体活动，如慢跑、散步、钓鱼，一般的温泉旅游地还应具有各种各样的健身器材，如跑步机、哑铃等，并由专门的健身教练进行专业健身指导。

第二，利用周边优美的自然环境和开阔的场地开发各种休闲游憩产品。产品开发过程中注重环境氛围的营造，材质以石、竹、木等自然材料为主，景观以经典的日式、台式或地方特色的建筑为主，户外温泉设施要比较完善，可在大众 SPA 池旁设置休闲躺

椅、遮阳伞。

第三，开发休闲商务会议旅游产品。商务会议旅游购买能力强、消费水平高、停留时间长，旅游收益高，而成为旅游业中一个重要的收益渠道。随着我国社会经济的迅速发展，国内国际之间的商务贸易往来日趋频繁，商务考察、贸易洽谈、商品交易会等商务贸易活动已经成为重要的旅游客源。温泉旅游地由于其优美舒适的自然环境、丰富多样的休闲放松方式、良好的旅游接待基础设施，而成为商务会议、谈判的绝佳场所，越来越受到商务旅游者的青睐。

（三）文化体验型

1. 含义

文化体验型温泉旅游以旅游区内良好的温泉资源为基础，让旅游者享受、体验养生文化、民族文化、历史文化。

2. 主要特点

第一，该类型温泉旅游地具有深厚的文化历史沉淀。

第二，文化需求是一种较高层次的需求，因此该类型温泉主要是针对一些受文化教育程度较高的旅游者。

第三，消费水平较高。

3. 开发思路与策略

开发文化展示型温泉旅游项目，一方面是通过文化展示发展旅游业，促进当地社会经济的发展；另一方面是通过旅游业的发展挖掘、整理、开发传统文化，以达到开发促进保护的目的。在开发过程中，主要通过一些服饰、饮食、歌舞、节庆、独特温泉水配方等形式来充分地展示地域文化特色、吸引旅游者。在产品的设计过程中应充分地体现出参与性、体验性的特点，让旅游者融入整个过程之中，流连忘返。

第一，塑造独特的养生文化、民族文化、历史文化特色。在环境的营造方面可以突出"天人合一""顺乎自然""清静虚无"等一些哲学思想，尽可能营造一种贴近自然、融入自然，清静悠闲的生态环境，使旅游者从繁杂的生活琐事中得到解脱；同时注重对中医药疗效的研究，针对旅游者的不同需求选取不同的中药材，开设特色汤池，增强温泉的吸引力，如现在许多温泉所开发的"六福汤"等。

第二，注重地域文化的挖掘整理。地域文化融入温泉旅游开发中是温泉旅游开发塑造特色的关键所在，也是一个温泉旅游地区别其他温泉旅游地最重要的标志。而我国独特、丰富的地域文化为我国的温泉旅游开发提供了重要的保障。例如，建筑方面，中国传统建筑一直是世界建筑的重要组成部分之一，而现在的温泉开发中，多数建筑是以日本、欧美建筑为主，缺乏对中国传统园林建筑的研究和挖掘，重视对中国传统建筑的研究，建造具有中国特色的温泉景观，对中国的温泉旅游开发具有重要的实际意义。此外，我国的饮食文化也非常丰富，由川菜、鲁菜、湘菜、粤菜等构成的"中国菜"早已名扬四海。还有中国服饰文化也是相当丰富，以及各民族在自己特定的自然、人文环境下形成灿烂的民族文化，也是吸引旅游者的重要资源。

（四）科普教育型

1. 含义

科普教育型温泉旅游以旅游区内良好的温泉资源为基础，通过开展各种旅游活动，使旅游者既能够增长知识、开阔视野，又能舒缓身心。

2. 主要特点

第一，温泉旅游资源极为丰富，各种温泉类型齐全，具有较高的科学考察价值。

第二，客源市场以青少年及科考人员为主。

3. 开发思路与策略

科普教育温泉旅游不同于其他温泉，它需要通过各种途径将资源转化成产品，转化成一种知识，因此在产品的设置方面注重科学信息的提取，通过高科技技术，如激光技术、多媒体进行温泉形成的机理演示，转化成知识产品。

第一，旅游产品开发上，突出趣味性、知识性。科普教育温泉旅游期望旅游者通过旅游活动，能够开阔眼界、增长知识、增强科学精神，而不是简单的游览，因此需要设计出融趣味性、知识性为一体的旅游产品，让旅游者在轻松、有趣的环境中获得科学知识、娱悦身心。例如，为满足青少年旅游者求知、好奇的心理需求，设计一款与温泉探险相关的探险、探秘游戏。

第二，充分利用现代科学技术。由于温泉形成的特殊性，通常情况下，我们很难有效地全面、直观地了解到其形成的过程及原理，多是通过书籍、杂志、图片等静态方式参与其中，对旅游者的吸引力不强。因此可以运用现代计算机模拟技术以及多媒体技术等，集声、光、电为一体进行全面展示，从而让旅游者有身临其境的体验。例如，运用计算机技术模拟出温泉形成的过程，让旅游者直观、逼真地感受体验温泉。

第三，举办各种科普节庆。每年举办各种科普教育文化节，开展各种与科普知识普及活动，形成独具特色的温泉旅游文化。例如，举办全国青少年科技发明大赛，邀请在校师生进行参观考察等形式多样的活动，提高温泉旅游地的知名度，吸引更多的旅游者。

（五）综合开发型

1. 含义

综合开发型温泉旅游以旅游区内良好的温泉水资源为基础，利用周边优美的自然环境，开发休闲度假、康体健身、观光娱乐、商务会议等多功能旅游产品，吸引旅游者前来开展各种旅游活动。

2. 主要特点

第一，温泉旅游资源丰富，周围自然环境优美，人文资源丰富。

第二，主要针对各层次、各类型客源市场，适应范围较广。

3. 开发思路与策略

综合考虑到综合性温泉旅游地自身区位、客源条件等方面因素，以及自然环境优美、人文资源丰富的优势，其开发过程中应扬长避短采取综合开发的模式。在产品的设置过程中，应开发保健、娱乐、观光、科普科教、度假等多种功能、多层次的温泉产品，尤其注重温泉浴旅游地周边的自然环境和人文资源相结合，采取以温泉为主、集多种功能于一体的开发模式，增强温泉旅游地的吸引力。

该开发模式的温泉旅游地由于地处偏远地区，远离潜在的客源市场，往往需要通过丰富多样的旅游产品来吸引旅游者。围绕温泉旅游最基本的功能——保健、休闲、疗养开发旅游产品，包括具有各种特色的具有保健功能的温泉浴，如SPA水疗、各种药浴、鲜花浴等，不能仅仅停留在核心产品的开发上，而是不断地扩展温泉旅游地的功能，如结合周边的自然环境开发一些休闲、疗养、娱乐、观光产品，如周边散步、钓鱼、滑草、骑马、打高尔夫球、划船等，需要满足不同层次、不同类型旅游者的需求。如广东清新温矿泉地处偏远地区，采取综合式开发模式，将温泉旅游与体育、农业、民俗和观光旅游相结合，开发建设了具有东方现代园林风格的大型露天温泉，并配以各种娱乐观光项目和风格各异的住宿设施。

三、温泉旅游开发的对策

（一）加强温泉资源保护，实现温泉旅游资源的可持续发展

温泉资源是一种可再生资源，但补给过程极其缓慢，所以是一种有限的资源，并不是取之不尽、用之不竭的。我国温泉旅游资源丰富，但如果没有对温泉资源进行有效的保护，不能有效地控制开采量，一旦出现资源破坏和衰竭现象，将会对温泉旅游业产生巨大影响。同时，由于温泉洗浴后的尾水温度过高，且富含大量矿物元素，向环境排放未处理的尾水，会使得周围水体和空气的温度升高，扰乱生态平衡，对环境造成不利影响。

因此，在开发的过程中，要大力保护温泉旅游资源，严格控制开发强度，适度、合理开发，尽量避免破坏资源环境。温泉旅游景区的选址和建设要以不破坏生态完整性和协调性为宜，在温泉旅游项目的开发过程中，应当科学开发，把对环境的负面影响值降到最低。加强对温泉地的自然环境保护，做好景区的绿化工作，实现温泉旅游和生态环境平衡的共同发展。同时，开展多种形式的生态环境教育，提高经营者和旅游者的环保意识。

（二）建立健全温泉法律、法规，实行生态优先开发战略

探究现阶段温泉旅游发展的新特点和新趋势，并结合我国温泉旅游发展的实际状况，出台温泉有关的管理规范，并将温泉管理纳入法制化轨道。

建立健全温泉旅游产业法律、法规时可以兼顾以下几点，如在温泉旅游资源开发方面，温泉旅游资源的开发应以探明资源量为依据，采取开采许可和核准制度，需要具体的审批程序，严把许可和制度关，成立专门的审核小组，在科研人员的多次论证后方可有计划地开采，坚决保持温泉的水质、水位、水量的相对稳定，杜绝资源开发中的短期行为。加强监控和科学研究工作，合理开采、综合利用，建立适宜的温泉旅游资源综合利用基地，避免环境问题扩大，切实保护好资源。在经营管理方面，可遵循温泉资源的有偿使用原则，用法律手段保证市场的有序和公平竞争，将有些旅游企业经营者只顾眼前和个人利益，以破坏生态环境为代价换取利润的行为列为立法内容，用法律保护温泉旅游区的经营管理及各方面利益。在卫生环境方面，温泉旅游区应严格遵守温泉洗浴的卫生标准，加强对旅游者环境保护方面的宣传教育，增强卫生观念和环境意识。据此形成一个可确保温泉资源可持续利用、温泉旅游企业保障、温泉消费者放心的法律、法规体系。

（三）打造温泉旅游产品体系

温泉旅游产品的开发，应根据温泉旅游市场的发展规律，开发适应市场需求的温泉旅游产品系列，注重对温泉旅游资源的深度开发和产品组合，树立精品意识，塑造温泉旅游名牌产品，实施品牌战略，重视对温泉旅游主导产品——温泉沐浴产品的优化升级。此外，要不断推出适应现代生活需求的高层次的温泉旅游新产品，提高温泉旅游的综合竞争力。

同时，各地根据温泉旅游资源的特色，以温泉沐浴产品为基础，以现代体验文化为背景，大力开发以娱乐休闲、商务会议、养生度假旅游产品为主题的专项旅游产品。针对客源市场的个性化需求，设计专项精品化的温泉旅游产品，并多样化开发组合型温泉旅游产品，争取拓宽目标市场的范围。此外，应尽可能完善综合服务功能，丰富体验性活动，延长旅游者逗留时间，增加旅游者在温泉旅游地的消费。

（四）优化开发模式、挖掘温泉文化内涵、提高品牌竞争力

温泉旅游的可持续开发应当坚持多元化的发展策略，注重产品与市场和开发模式的多元化发展。我国在开发温泉旅游方面，应不断优化开发模式，在结合各温泉地周边的人文景区、自然景区以及少数民族风情的同时，充分挖掘我国传统的洗浴习俗、乡土建筑文化、特色饮食文化、文化节庆、民风民俗习惯等，并融入温泉旅游开发中，使其与温泉相互融合形成特色的温泉旅游产品，最终形成富有特色的温泉品牌。

温泉旅游竞争的日益激烈要求温泉开发与建设必须具有品牌意识。在真正理解品牌内涵，保证质量和服务的同时，应当明确温泉品牌的核心价值。旅游者心目中温泉旅游景区形象和地位就是品牌，它代表着一个企业的核心竞争力，是旅游者需求特征和景区特色的集合，更是一个企业最有价值的资产。温泉旅游是一种无形产品，提升我国温泉旅游的形象和吸引力首先应该突出温泉旅游的可持续发展特色，以此树立我国温泉旅游

的品牌。首先要建立旅游形象、实现品牌优化；其次要加强我国温泉景区的质量建设，完善温泉旅游功能，不断提高温泉服务水平，构建我国温泉旅游特色和优势；最后要加强我国温泉旅游品牌的管理，提高温泉旅游的品牌效应。

（五）提升温泉旅游从业人员素质，提供服务质量

进行温泉旅游开发时，应重视服务质量，而服务质量的提高归根到底就是人的素质的提高，而提高人的素质离不开对人才的选拔和管理。

温泉旅游企业可以通过以下途径选拔人才：从高校选拔一批相关专业、素质过硬的毕业生；从温泉旅游景区所在地或周边挑选一些勤劳能干的居民进行专业培训，从事旅游服务工作；对温泉旅游企业内部的服务人员，加强其业务技能和公关交际能力的培训工作；根据不同的培养目标，定期举办各类培训班，邀请专家讲课，传授新理念，鼓励员工参加各种旅游继续教育课程学习，以提高自身的素质和修养。

同时，温泉旅游企业必须建立一套高效率的合理有效的激励系统，包括员工工作业绩的科学考评、完善的激励制度与灵活多样的激励方法。同时温泉旅游企业的管理部门也要建立相应的约束系统，制定相关制度，减少人才的流失，以保证各单位的正常有序运作。

第四节　温泉旅游产品创意开发

一、温泉旅游产品概述

（一）温泉旅游产品定义

在温泉旅游产品相关文献之中，较少涉及温泉旅游产品的界定。仅孙丽萍和王艳平将温泉旅游产品结构划分为：以保健、休闲、疗养为主导功能；以康体、健身、度假为支撑功能；以观赏、观光、娱乐为辅助功能的圈层结构。王艳平还认为温泉洗浴旅游产品包括洗浴者、温泉水、氛围和背景四大要素。事实上，温泉开发历史悠久的温泉旅游地，其本身所积淀的独特的温泉文化和地方习俗同样具有很强的吸引力。王华和彭华就曾提出，温泉地的自然和人文景观种类越多、资源级别越高，那么整体旅游吸引强度则越大。

结合各位学者对温泉旅游产品的相关定义，本书认为温泉旅游产品是温泉旅游企业依托温泉资源，出售能满足消费者需要的有形物品和无形服务的总和。其具体包括温泉旅游产品实体、温泉旅游服务设施和温泉旅游服务接待、温泉地可通达性四大要素。其中，温泉旅游产品实体构成温泉旅游产品的核心，包含温泉洗浴产品及温泉地文化景观

两大主体；温泉旅游服务设施则是满足消费者生理、生活需求及保障消费者旅游活动进行的基础设施，包括交通、餐饮、住宿及休闲娱乐设施等；温泉旅游服务接待则是温泉旅游地服务人员所表现的服务态度、风格；温泉地可达性指进入温泉地的便利程度。这样的温泉旅游产品界定，既强调了供给方的产品整体性，又兼顾了需求方的体验性需求。

（二）温泉旅游产品特征

与其他的旅游产品一样，温泉旅游产品也具有无形性、生产和消费的同时性、不可储存性等共有特点，同时具有明显的自身独特性。

1. 稀缺性

温泉旅游产品的稀缺性由温泉旅游资源的非普遍存在性决定。天然温泉的分布受到地质结构的影响，属于非普遍存在性的旅游资源，具有稀缺性。

2. 脆弱性

温泉旅游产品的设计与开发依托于天然温泉资源。天然温泉是极易被污染的旅游资源，污水回灌、地下水位下降、盐碱化等含水层的变化都会对温泉造成严重的破坏，甚至直接影响到温泉旅游资源的正常开发利用，这足以说明温泉旅游产品具有脆弱性。

3. 季节性

温泉旅游产品是典型的极易受季节影响而导致旅游需求波动的旅游产品。一般的温泉旅游产品销售旺季多集中于严寒时令季节，尤其在冬日天寒地冻之时，搭配冬日进补、养生保健的主题，更是能够迎来消费旺潮。然而到了酷暑时节，需求就会相应地减少。而温泉旅游产品设施在淡季的维护成本相较一般旅游产品要高，所以宜采取相应的措施保持需求量的平稳。

4. 体验性

温泉旅游强调体验。温泉旅游作为"体验"，是一个通过用眼看、用耳听、用五官去综合感受外部温泉世界的美妙形象，进而由表及里洞悉体悟内在意蕴的过程。从综合的角度说，体验是一种经历，也是一种感悟，两者兼而有之。"经历"，是跟人们对外部世界的某种五官感觉的感受联系在一起；而所谓"感悟"，是人们对世界内部本质的一种深入认识和领会。温泉旅游产品的设计与开发应当从这个角度去发掘体验的真实意义，去把握体验的本质属性，才能更为准确地为体验型产品作定位。

5. 康体养生性

温泉水流至地表，已经过多年的地底化学变化过程，蕴藏了许多对人体有益的矿物质和微量元素。特别是在冬季，气候阴冷，人体活动量减少，容易产生气血凝滞、经络不畅现象，泡温泉能较好地促进血液循环、舒活经脉。

6. 运动健身性

相对于一般的运动，泡温泉是静态的康体运动。人体在温泉水的浮力作用下，肢体和器官承受最小的负荷，在水流和水中矿物质的作用下，全身的血液循环加快、新陈代

谢加速，而人本身不需要做剧烈的运动，这对于不喜欢运动和处在亚健康状态下的人来说，是非常适合的康体方式。

7. 需求的差异性

温泉旅游产品的需求市场消费水平差异较大，具有多层次特征。温泉既可开发成温泉度假村形式，走高端化路线，满足经济收入高人群的需求，也可开发成宜人温泉形式，走大众化路线，满足大众享受温泉的需求。随着区域经济的持续发展，大众旅游的需求将更加复杂多样，需要利用"多主题"开发多样化、系列化的产品。

8. 温泉旅游产品功能的综合性

温泉旅游产品以温泉旅游资源为核心，具有疗养、休闲、度假、娱乐、会议、观光等多种功能。温泉旅游度假区可根据温泉旅游功能的综合性，营造康乐、康体、康疗等多个主题，开发休闲、健身、观光、科普等综合型项目。

（三）温泉旅游产品类型

考虑到温泉的功能，温泉旅游产品主要有以下五种类型。

1. 康体型温泉旅游产品

康体型温泉旅游产品是国内外最早的温泉旅游产品类型。在我国最初表现为温泉疗养院形态，该形态一直延续至今。康体温泉旅游产品侧重于以良好的温泉水资源为基础，以温泉的功效为主题，利用水中富含的各种矿物元素和微量元素及人工配方，开发丰富的康体、保养类产品，吸引旅游者到此进行养生健体、美容美体等活动。

2. 康娱型温泉旅游产品

从日本和韩国的温泉旅游发展可以看出，亚洲温泉资源的开发利用已向着娱乐方面发展。在日本，观光娱乐型温泉已经占到83%。我国温泉旅游的开发也呈现出明显的娱乐倾向：康娱型温泉旅游产品以休闲娱乐功能为主，观光、休闲、疗养功能为辅，将温泉资源与周边的资源充分结合，形成以主题休闲游乐设计为核心，融观光、度假、休闲、娱乐、保健于一体的度假地，来满足城镇居民的短途旅游和近郊旅游需求。

3. 康文型温泉旅游产品

文化体验型温泉旅游产品侧重于以旅游区内的温泉资源为基础，让旅游者体验、享受某种文化主题。"文化"可以是地域特色文化，如陕西华清池温泉，也可以是非地域文化，即围绕某一文化主题来设置企业理念、服务程序和温泉产品，如广东"御温泉"。前者要求温泉地具有深厚的文化历史沉淀，有利于树立差异优势；后者容易被模仿，对企业的经营水平和服务水平要求较高。

4. 综合型温泉旅游产品

综合型温泉旅游产品一般是围绕温泉旅游最基本的功能——保健、休闲、疗养开发旅游产品，并不断扩展温泉旅游地的功能，开发保健、娱乐、观光、科普科教、度假等多种功能、多层次的温泉产品，力图通过丰富多样的旅游产品来克服不利因素的限制，增强温泉旅游地的吸引力。

5. 温泉组合旅游产品

温泉组合旅游产品是指温泉地尚不能够以单项温泉旅游产品吸引旅游者前来，就应考虑以温泉资源为核心采取"1+1"或"1+N"形式组合多层次、多类型温泉旅游产品，如"滨海＋温泉"。滨海与温泉结合，应强调"冷水"项目与"温水"项目在活动内容和感官刺激上的不同：白天旅游者可以到海边洗海水澡，欣赏海边风景，看日出、日落，品海鲜；晚上可以享受温泉浴，缓解疲劳。再如"温泉＋高尔夫"与"温泉＋滑雪"等"体育＋温泉"类、"民俗＋温泉"类、"观光＋温泉"类、"节庆＋温泉"类等，都可以以温泉资源为主，结合当地的文脉，开发成多形式的温泉旅游产品，以突出温泉地的温泉旅游产品的特色。

二、温泉旅游产品创意设计的理念

（一）健康的理念

健康是全人类的共同追求，现在人们越来越关注科学的健康养生概念，健康养生成为一种生活时尚。温泉旅游产品应能满足人们对身心的充分解放和对人生尽善尽美不断追求的需要，具体包括以下三层含义。

第一，身体的健康：通过为度假者提供温泉沐浴等活动设施，使人们的身体健康得以恢复。

第二，心理的健康：通过为旅游度假者提供心理咨询等服务，消除人们在日常工作及社会生活中的各种心理压力和障碍，使其树立乐观的人生观，建立良好的人际关系，恢复和保持健康的心理。

第三，社会功能的健康：在温泉旅游度假区里，人与人之间（包括度假者与员工之间、度假者相互之间）的关系是一种朋友式的、互助互爱、互相尊重、互助合作的新型关系，通过产品的消费，将有利于形成良好的社会风气。

（二）融于自然的理念

在开发温泉旅游产品之时，要以不破坏温泉所在地的优美环境为原则，尽量保持环境的自然原始状态，不污染环境、不破坏环境，将大规模园林、低密度的占有量及充裕的生态资源呈现给旅游者。同时，要善于借景、接景、用景，将人工建筑与自然美景融合在一起，营造出更多的亲山空间、亲水空间、亲绿空间、亲情空间，实现人与自然共生、共荣、共乐。

（三）以人为本的理念

在修建温泉旅游设施中要本着以人为本的理念，给予旅游者无微不至的关心和服

务。温泉旅游设施的空间尺度、细部尺寸、色彩材质、造型风格以及室温、通风、照明、声响都必须满足人际交往的需要和方便，符合人体工程学的相关标准，考虑残疾人、老年人、儿童的特殊需要，充分采用现代的高科技手段为人服务，以对每个细节的精心设计传递出对旅游者的关心和体贴。

（四）可持续发展的理念

可持续发展是指在不牺牲未来发展需要的前提下开发和使用现有资源，使当前的发展成为持续、长久、良性的发展。温泉旅游产品在设计、规划及经营管理等方面都应体现节约资源、可持续发展的原则。如对温泉水应遵循限量使用的原则，保证温泉水质、水温、水量不受破坏；利用温泉余热作为自来水热源供宾客、员工洗浴用，节约能耗开支；建筑设施具备多功能，可以同时满足客人的多样化需求，提高使用率等。总之，温泉旅游产品应崇尚健康、绿色、环保、生态的理念，实现可持续发展。

三、温泉旅游产品创意设计的内容

（一）设施与活动项目设计

包括把旅游者吸引来的设施项目和充实旅游者停留时间的各种活动项目的设计。

1.温泉旅游产品设施的设计

温泉旅游产品的旅游设施应包括以下几个方面。

公共设施：包括温泉旅游度假区广场、度假区大堂、走道、卫生间、商店等设施，这些设施美观、舒适、宽敞、干净、整洁的程度，是营造良好的酒店氛围的重要因素。

温泉沐浴设施：温泉沐浴场所对温泉旅游度假区来说是必不可少的，这是人们享受温泉度假最基本的物质条件。在国内的温泉旅游度假区中，此类设施多以温泉康乐宫或温泉水疗中心的形式出现，前者以沐浴、娱乐为主，后者则强调休闲和保健。

住宿设施：根据市场调查，客人在温泉旅游度假区普遍停留1~2天，这就需要有适量的温泉酒店客房提供。而由于温泉酒店的独特背景，温泉与客房的组合会是吸引客人的一大卖点。

餐饮设施：由于温泉旅游度假区的位置通常远离市区，周围也没有什么高档的消费场所和服务设施，更别说有特点、有个性的酒吧和餐厅了，因此客人的餐饮就会依赖于旅游度假区。温泉旅游度假区通常会有若干种餐饮设施供顾客选择，包括各种正餐厅、露天餐厅、咖啡厅、酒吧、饮料和食品供应点等。

健身娱乐设施：旅游者在温泉旅游度假区的活动中，浸泡温泉的时间并不是很长，因此需要其他内容的安排来打发时间。温泉旅游的特点是休闲、健身，所以浸泡温泉以外的活动应以体育健身、文化娱乐等设施建设和活动设计为主。这些设施内容众多，包括各类球场、健身中心及各类娱乐场所。

上述几类设施是每一个温泉旅游度假区都应该具备的。此外，随着市场范围的变化与客人需求的不断更新，温泉旅游度假区的会议与医疗保健功能越来越被人们所重视，而温泉旅游度假区中针对儿童的活动设施缺乏的问题也越来越突出。因此，现代的温泉旅游度假区还应注意以下设施的设计。

会议设施：会议市场已成为温泉旅游度假市场的重要组成部分，对平衡温泉旅游度假区的淡旺季经营起着重要作用。温泉旅游度假区的会议设施包括各种规模的会议室、展厅、宴会厅等。

医疗保健设施：无论是从引导旅游者消费、延长停留时间出发，还是从顺应时代发展的潮流考虑，医疗保健设施的设计都应成为现代温泉旅游度假区特别加强的部分。这些设施包括体检中心、保健室和各类医疗场所。

儿童活动设施：家庭旅游者在温泉度假市场中有着重要的地位，温泉旅游度假区管理者应对如何满足家庭旅游者的需求进行特别的关注。而家庭度假的特点是让家庭的每一个成员都能享受度假的乐趣，既要考虑成年人的活动，也要考虑孩子们的假日需求。同时，儿童活动设施应包括不同年龄段的设施。

此外，温泉旅游度假区的设计除了主要集中于建筑物内部的各种功能配置与设施配备上外，由于有宽阔的室外环境和特殊的地理条件，以及客人对优美环境的需求度很高，因而其设计还包括大量的室外景观美化。

2. 温泉旅游产品活动项目的设计

在对温泉旅游产品进行设计时，除了硬件设施的设计外，还应有多个活动菜单的设计，以主动引导旅游者参与活动中来。这可以考虑以下几点。

其一，适当地增加一些娱乐性的项目，以增加参与度，使旅游者一边泡温泉一边游玩，但是，只能作为一种补充，范围不可过大，位置上不能喧宾夺主，要有一个相对独立的空间，不能破坏温泉地静谧的基调。

其二，为旅游者提供可供选择的温泉产品，这些产品是为旅游者现场制作提供的，包括牛奶泉、白酒泉、咖啡泉、巧克力泉、红茶泉、绿茶泉等。同时，可根据旅游者需要，提供不同规模的温泉产品。如果可以结合地方文化，则更有吸引力。

其三，开辟温泉中医养生区。可以为旅游者提供免费的基础医学检查，以吸引旅游者，并以中医治疗为手段，开发康复养生保健项目。根据需要，为旅游者提供中药浴、漩涡水浴等，另外也可邀请有执照的医生坐诊提供针灸、推拿、按摩等中医保健服务。温泉中医养生区的开辟需要做更多的市场调研，在一定的市场需求基础上，按照高质量的标准来操作，为旅游者提供真正优质的服务。该产品成功的关键是人才，没有合格的人才，就无法从事按摩、水疗等项目。

（二）服务设计

温泉旅游为旅游者提供的产品既包括有形的设施，也包括无形的服务。从某种意义

上来说，客人对软件服务的要求，甚至超过了硬件。在竞争日益激烈的现代温泉旅游度假时代，优质服务是吸引旅游者和留住旅游者的关键性因素之一。

（三）文化设计

温泉旅游产品如果只有表面花团锦簇的感觉，却无法给人留下有品位的价值的话，就只是一种附加值低的"快餐"式的产品，很容易被新开发的温泉旅游产品所模仿。成功的温泉旅游产品，只有给人以个性鲜明的文化品位，才能成为让人印象深刻的"印记"式的产品。

文化作为一种民族、历史的积累及精神记忆和生存方式，总是给人以启迪、借鉴、参照。一旦温泉旅游产品被赋予了文化的因素，其竞争就不再是普通意义上的竞争，而是一种高层次的竞争。随着消费层次的提高，人们对品牌的依赖越来越表现为对其文化的认可。已走过千年历史的日本温泉旅馆，不因岁月抹杀其魅力，反而随着岁月的积淀显得更有味道，关键就在于日本发展出一套不同于其他各国的泡汤文化，被称为"汤治文化"。国内的温泉旅游产品有不少正是模仿日本的温泉旅馆，并将其文化也照搬过来。日式的木屋别墅、竹篱、竹架、木桶、木勺，身着传统和服的服务员，传统的日式榻榻米，日本茶道和歌舞，以及多种日式佳肴，令人仿佛置身于日本。这样的模仿并不困难，但中国的温泉旅游产品不能全部都学日本，应该表现出具有中国特色的温泉旅游产品文化。

故而，温泉旅游产品应着力挖掘温泉的形成、温泉的历史、温泉的作用、温泉的医疗保健价值等，并向旅游者做全面的展示。另外，将由温泉衍生的旅游文化、饮食文化、文学艺术等开发出来，形成一个完整体系。温泉旅游产品的规划设计应该带给人们一种想要的休闲度假生活，一种在物质形态之外的精神境界。温泉旅游产品的内涵，就是关爱健康、关爱自己、关爱他人、关爱未来，满足人们对美好生活、高品质生活的追求。

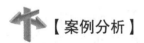 【案例分析】

步云山温泉旅游产品优化设计

一、步云山温泉旅游资源评述

（一）步云山温泉资源开发的外部环境条件

1. 区位条件

步云山乡位于辽宁省庄河市北端，全域 212 平方千米，四面环山，是典型的辽南山区乡，呈"八山一水半田半庄园"格局分布，是大连市重点水源地乡镇。距大连主城区145 千米，距丹东市区 189 千米，距营口市区 90 千米，距沈阳市区 260 千米，现已融入大连、丹东、营口、沈阳两小时经济圈和东北地区"旧游"旅游圈。先后荣获"辽宁省环境优美乡镇""辽宁省温泉旅游小镇""辽宁省经济特色名镇""国家级生态镇"等荣誉称号。

2. 交通条件

步云山乡拥有纵横交错的路网，区域内交通便捷，是庄盖高速进入庄河的第一个出入口，也是庄河旅游的主门户。境内有东西大通道、庄灿线、庄茧线、庄灿铁路。庄茧公路与 201 国道、305 国道贯通；庄盖高速穿境而过与丹大、沈大高速相连。秦皇岛市、葫芦岛市、锦州市、盘锦市、营口市的高端旅游人群也可通过 G1 京哈高速、G15 深海高速、庄盖高速进入步云山乡体验温泉主题旅游产品。

3. 自然环境

步云山乡四面环山，地貌奇特，风光秀美，资源丰富。一是拥有丰富的温泉资源，现有三处温泉井，有着"东北第一泉"的美誉，二是拥有辽南第一峰——步云山，海拔 1131.7 米，全乡境内拥有 26 万亩山林，植被茂密，生态良好，空气清新，被游客称为"醉氧"之地。三是拥有丰富的淡水资源，蛤州河境内全长 24 千米，并有总长 2 千米以上的河流 46 条。四是拥有独特小气候，步云山海拔较高，昼夜温差大，光照充足，为水果产业发展和动物养殖创造了得天独厚的优势。

4. 社会经济

依托自然山水旅游资源，步云山乡的社会经济保持着长足发展的势头。一是旅游产业发展迅猛。已形成了温泉理疗、激情漂流、登山运动、山水观光等旅游产品。二是休闲观光农业渐成规模。三是基础设施和公益设施建设稳步推进。小城镇污水处理厂、通往镇区的高速引路、温泉小学等项目现已完工并投入使用，二十三中学、敬老院及旅游项目配套工程等项目正在建设中。

（二）步云山温泉旅游资源的内在品质概述

1. 温泉水质

步云山地下热水资源丰富，已开发出的三处地热温泉，水位、水温、水量、水质变化非常稳定，日出水量 4000 余吨，最高出水温度达 61℃，经权威部门检测水中富含 26 种对人体有益的微量元素和矿物质，国内少有，可广泛用于沐浴、理疗、保健、桑拿等项目。这种温泉水质为步云山开发高品质温泉提供了强有力的保障，也为步云山温泉走向国际市场创造了可能，高品质的温泉水是步云山温泉一张无可复制的王牌。

2. 资源类型

步云山温泉有着"东北第一泉"的美誉，是从地下自然涌出的温泉水，是国内目前为数不多的地表就有泉眼涌出的真温泉。目前仍有路边地表自然涌汤泉，至今为当地村民日常洗衣、洗澡之用。步云山温泉属于纯自然温泉水，与人工温泉水有着巨大的差异，纯天然温泉水对人体微循环和肌肤保湿、抗衰老有一定的辅助作用，其中所含矿物质和微量元素可谓是大自然赠予人类的珍贵宝藏。

3. 地质类型

步云山属千山山脉南延部分，境内有辽南第一高峰 1130 米的步云山。从地理位置

看，属于千山山脉南部丘陵平原地带，恰似一个地热盆地，根据步云山的地质特征可知，步云山温泉资源属于岩浆岩活动型温泉。正是这种独特的地质构造孕育出了步云山温泉优质的温泉水，在长期的地质作用下，步云山温泉水中含有矿物质元素和微量元素，对中老年改善血液循环、美容保健均有一定辅助作用。

4. 化学特征

步云山温泉属于低矿化度、碳酸钠型水，弱碱性温泉，富含偏硅酸、锁、氟、碳酸锂等矿物元素和微量元素，具有较高的医疗价值，开发条件良好。命名为"偏硅酸·氟型复合医疗热矿泉"，是不可多得的优质双达标复合型温泉。

（三）步云山温泉旅游资源劣势

1. 同质化问题突出，文化内涵未凸显

就目前辽宁开发温泉大省的形式来看，步云山温泉属于同质化产品中的一种，虽然在温泉基础设施方面做出了调整，但要想在众多同质化温泉产品中脱颖而出，在温泉文化、区域文化方面还存在诸多不足，如何凸显地域文化和民俗文化是步云山温泉开发中需要思考的问题。

2. 国际化水平不高，基础设施需升级换代

就步云山温泉所处的区域条件来看，可以打造国际化的温泉度假区。就国际化标准而言，步云山温泉显然还存在改进的空间，如服务人员的综合素质、基础设施的升级换代和规范化等。

3. 环境污染问题未解决，开发者思维需转变

温泉开发中的环境污染问题在步云山温泉开发、经营中同样存在，如何解决污水处理和经济利益最大化之间的矛盾、如何转变温泉经营者重经济利益忽略环境问题的落后观念，协调温泉开发和环境、生态保护之间的矛盾，是步云山温泉的开发经营者和当地政府需要解决的问题。

二、步云山温泉旅游产品组合重构

步云山温泉同时拥有具备温泉度假、山地度假和乡村度假的旅游资源、构建多样化的休闲度假空间和温泉产业类型，打造集温泉度假、会议会展、休闲观光、体育娱乐、温泉住宅、乡村度假为一体的生态型情景式休闲度假温泉目的地。

（一）温泉与山地度假组合

1. 开展山地休闲运动

利用步云山自然形成的峰林石丛，开展面向自然的山地旅游，并结合游览线路的开通，在恰当位置设置几处风格朴素的风景建筑和观景平台。在适合的地段开展攀岩、户外拓展、山地瑜伽、自行车游骑等参与性山地运动。

2. 实地体验高丽文化，感受文化的历史真实性

可以考虑重建高丽古城外型，重现历史风貌。要充分挖掘其中的内涵，找出当时居住于此地的高丽名人，展开唐朝薛仁贵征东故事，开拓韩国市场，调动韩国人的旅游兴

趣，使之成为他们的一个寻根目的地。

3. 宗教文化旅游

寺院在保留原有宗教氛围背景的基础上，通过中大型的主题性建设项目来构建"佛道两教合一"的宗教文化旅游。不管是佛教文化还是道教文化，从实际角度来看，宗教养生最为切合实际，与温泉相结合，发展宗教养生文化很有潜力。

4. 打造户外休闲运动基地

高标准举办好步云山登山节和蛤蜊河漂流节，逐步形成步云山独具特色的旅游节庆活动和运动项目，如自驾车营地、生态运动基地、高尔夫球场、足球场、网球场、温泉瘦身运动中心等。

（二）温泉与乡村度假组合

1. 东北民俗文化与温泉旅游相结合

东北民俗文化是植根于东北地区的传统文化，具有有形性和无形性相结合的特点。就目前来看，东北民俗文化的精髓并未被挖掘和广泛传播，如东北满族文化、民俗戏曲、饮食文化等。可以借助步云山温泉旅游宣传东北民俗文化，与此同时，步云山温泉也可借助东北民俗文化展现自身独特之处，使打造特色温泉旅游与宣传民俗文化相辅相成。

2. 果蔬采摘与温泉旅游相结合

步云山温泉地处庄河市，水热条件优越，为发展现代农业产业园提供条件，开发以蔬果采摘、田园体验为主的农业体验游与温泉休闲游相结合的旅游线路，既可以丰富游客的旅游体验，也可以充实温泉旅游的形式和内涵。

3. 多彩民宿与温泉旅游相结合

民宿是目前的热门旅游产品，游客选择民宿不仅可以享受经济的价格，而且可以获得最真实的旅游体验。步云山温泉旅游与民宿相结合，可以增加当地百姓的收入，让旅游资源优势转变为可以惠及普通百姓的经济优势。同时，民宿也为住宿形式多样化、住宿环境多彩化提供了可能，将民宿引入到步云山温泉产品中，可以增加温泉产品的多样性。

（资料来源：季学芬.步云山温泉旅游产品优化设计研究［J］.旅游纵览（下半月），2017（1）：118–119.）

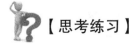 **案例思考**

如何因地制宜优化温泉旅游产品？

【思考练习】

一、名词解释

温泉　温泉旅游　温泉旅游产品

二、问答题

1. 简述温泉资源的特征。

2. 简述温泉旅游的特征。

3. 简述国外温泉旅游的发展历程与发展态势。

4. 简述我国温泉旅游的发展历程及其存在的问题。

5. 简述温泉旅游开发的原则。

6. 简述温泉旅游开发的模式。

7. 简述温泉旅游发展的对策。

三、论述题

1. 分析温泉旅游发展的影响因素。

2. 分析温泉旅游产品设计的内容。

参考文献

［1］关霜.云南温泉旅游产业化发展研究［D］.昆明：云南财经大学，2010.

［2］黄阵仙.福州市温泉旅游开发与品牌建设［D］.福州：福建师范大学，2008.

［3］姜超.基于手段目的链的温泉旅游产品顾客价值研究［D］.广州：华南理工大学，2010.

［4］李秋芳.福建省温泉旅游开发研究［D］.福州：福建师范大学，2009.

［5］裴若婷.罗浮山温泉旅游度假区旅游产品深度开发研究［D］.成都：成都理工大学，2010.

［6］宋玲玲.重庆市温泉旅游项目开发研究［D］.重庆：重庆工商大学，2011.

［7］汤晓红.辽宁省温泉旅游开发研究［D］.沈阳：沈阳师范大学，2013.

［8］王楠.河北省温泉旅游资源开发研究［D］.石家庄：河北师范大学，2012.

［9］王艳平.温泉旅游研究导论［M］.北京：中国旅游出版社，2007.

［10］向云波.温泉旅游开发模式构建初步研究［D］.昆明：云南师范大学，2006.

［11］张金忠.大连温泉旅游空间整合开发研究［D］.大连：辽宁师范大学，2013.

［12］郑兵兵.威海市温泉旅游发展研究［D］.济南：山东大学，2009.

［13］邹鸿旋.基于目标市场的福州区域温泉旅游开发研究［D］.福州：福建师范大学，2015.

［14］朱东国.我国温泉旅游开发研究［D］.湘潭：湘潭大学，2006.

［15］朱玉华.福州温泉旅游资源的整合开发模式研究［D］.福州：福建师范大学，2006.

［16］朱跃东.温泉旅游管理实务［M］.北京：中国旅游出版社，2007.

第八章

交通旅游

【学习目标】

了解交通资源和交通旅游产品的定义、分类及其特征；掌握交通资源与旅游产品的关系、了解交通旅游产品的设计思路。能够分析交通资源演变为旅游资源的依托条件，交通资源与旅游产品的关系并进行交通旅游产品的创意设计。

【案例导入】

旅游专列的运行

旅游交通从初级的"通"，中级的"快"，到最终发展为"快、舒、灵"，其交通质量已经越来越受到旅游企业和游客的关注。那么我们转换一下思路，让交通不仅仅为旅游服务，不仅仅是实现旅游的手段，让交通成为旅游的一部分。在各种交通工具中，铁路无疑占有非常特殊的地位。

铁路交通旅游就是以铁路交通工具为主要载体，有效运用满足游客旅游愿望和需求所必需的物质、人员、技术和信息协调，满足游客旅游需求的生产和服务的总和。就其实质而言，铁路交通旅游是把铁路交通和旅游二者有机结合，以便为游客提供更有效的服务。

一、旅游专列运行方案的编制原则

旅游列车到达各景点的时刻以及在各景点的停留时间应尽量方便游客的游玩。为方便游客在白天游玩，旅游专列一般选择在早上 6：00~8：00 间到达旅游景点，为充分发挥列车可作为旅馆这一优势，降低交通旅游的成本，旅游列车的出发时刻一般选在

19：00~21：00间，最晚不应迟于零点。但这些也不是绝对的，在制订开行方案时，常需根据游客需求来灵活选择列车的到发时刻。

同时，若旅游专列的停靠站距离旅游景点还有一定距离，游客下车后还需换乘其他交通工具前往景点。铁路运输企业在制订运行方案时还应考虑到列车到发时刻与其他交通工具运营的衔接配合，以方便游客的换乘。

此外，在制订旅游列车运行方案时，列车在景点所在站的停留时间应大于游客在旅游地游玩所需时间。具体来讲如果列车停留的车站距离景点较远，景点规模大，那么停留时间就会长些，反之就会短些。

二、旅游专列类型

旅游专列分为一线一游式和一线多游式两种。所谓一线一游式是指旅游列车在开行线路中仅有一处景点。列车到达该景点车站后停留一段时间待游客旅游结束后返回。所谓一线多游式旅游列车是指选择的旅游线路经过至少两个景点。列车在各景点均停留较长时间，乘坐的游客可游览多处异地景点。

（资料来源：魏垂沛.铁路交通旅游一体化理论与方法的研究［J］.经济与社会发展研究，2014（1）.）

☞ **思考**

在设计铁路交通旅游产品时，如何做到"快、舒、灵"？

第一节　交通旅游概述

一、交通旅游产生的时代背景

（一）旅游经历的过程性使旅游交通成为吸引物

旅游经历的过程性需要借助旅游交通，呈现出依托旅游交通观景与体验旅游交通本身两种形式。一是旅游者可以在旅行过程中选择不同的交通方式欣赏沿途的景观，如乘坐飞机翱翔蓝天可以俯瞰美丽的山河，乘坐火车可以欣赏铁路沿线的风光。二是旅游交通设施本身也可以成为旅游者欣赏的对象，如豪华的邮轮、退役的航母、海上大桥以及大型车站、机场、码头等现代化建筑，都可在旅游资源之中占有一席之地。

（二）旅游交通的多样性为交通旅游的产生提供了可能性

随着科学技术的发展，旅游交通形式也逐渐由以往的溜索、爬杆、轿子、蒸汽式火车演化为现代的索道、高铁、飞机、邮轮等，形式的多样化、用途的广泛化、内容的丰富化、文化的内涵化，对旅游者来说都具有很强的吸引力。旅游者在旅行途中，俯视远眺之间都是一种享受，全面丰富了旅游者的旅游经历。

（三）旅游体验个性化为交通旅游的开发提供了潜在的市场

在体验经济时代，特殊的旅游经历令人回味无穷。人们不再满足于旅游目的地的旅游活动，而对旅游的空间转移过程提出了特殊的要求。以交通设施为轴线、交通工具为载体的"过程旅游"就应运而生。同样，特种交通工具可为旅游者提供特殊的旅游感受。这些交通工具已经远远超出交通的一般功能，而成了吸引旅游者前往旅游目的地的旅游资源。

（四）旅游交通工具背景成为旅游景观

旅游交通工具的背景在景观意义上本身就是一种旅游资源，具有开发潜力。不同的交通工具所依托的背景不同。乘坐飞机可以在高空中俯视景观，乘坐汽车、邮轮可以细细品味沿途的景致。背景成为旅游吸引物，一方面可以吸引选择不同交通方式的潜在旅游者；另一方面可以从整体上促进旅游资源的连续性，以保证交通工具背景与周围旅游景观、社会文化的和谐发展。

二、交通旅游的概念

（一）交通资源的概念及其分类

一定量的交通资源在空间和时间上的形成是为人们出行和经济活动提供一定的通行能力，通行能力的大小反映了交通资源的多少。通行能力配置可以根据区域或两地之间的交通出行需求来推算，这也就是说，市场需求是交通资源的配置影响因素，而不应是交通资源本身。结合市场规律而言，交通资源是指为人们出行和经济活动提供的通行能力，它表现为一定时期在空间和时间上形成的交通基础设施。

交通资源是从事交通运输活动的条件和手段，包括固定交通资源和移动交通资源这两类硬资源，以及由运输系统中的人力、信息、组织与管理制度等构成的软资源。对旅游交通而言，交通资源主要是指动态交通资源（如交通工具）、静态交通资源（道路、桥梁、站点等）以及各种交通运输服务。

（二）交通资源演变为旅游资源的依托条件

旅游包括食、住、行、游、购、娱六要素，交通设施就是其中"行"的要素。在旅游活动中，交通设施一直发挥着进入性功能，作为旅游的辅助设施而存在，而不是旅游资源。但是，随着旅游的发展以及旅游者的不断成熟，很多原来不被看作旅游资源的设施，在实践中已经被开发为旅游产品。意大利的地铁建设中，挖掘出来的文物，就地设

置橱窗，作为景观展示。深圳的"地铁旅游"和北京的"胡同游"都是交通设施景观化利用的实例。但是需要说明的是，并不是所有的交通资源都可以景观化利用和开发，成为旅游产品的核心旅游资源（如一般的火车、汽车），交通设施景观需要具备一定的依托条件，概括来讲主要包括历史依托、资源依托、高新科技依托、产业依托和事件依托等条件。

1. 历史依托

历史依托是指那些历史遗留下来的交通设施，即交通遗产。这些交通设施在其他地方已经废弃或者消失，而在某些城市或区域仍然保留着。这种交通设施具有一定的历史意义，反映了一定时期人们的交通方式和生活方式，可以满足旅游者的怀旧旅游需求。比如我国香港的有轨电车，已经成为香港旅游不可或缺的一部分。

2. 资源依托

资源依托主要是针对交通道路或者说是交通线路资源而言的，通常可以包括自然资源依托和人文资源依托两种。上面所说的历史依托是针对交通设施本身而言的，而这里的资源依托则是针对交通道路或线路的周围背景环境而言的。

自然资源依托是指交通道路或线路沿线拥有连续优美的自然风光。道路本来是用来交通运输的，但是由于其沿线的风光对旅游者有较强的旅游吸引力，使线路本身也成为旅游产品。这类旅游产品开发得较多，如丝绸之路、古运河与青岛的滨海大道等。

人文资源依托主要指的是历史街道。通常历史街道两侧都有一些历史的建筑，历史街道和这些独特的建筑构成了历史街区。历史街区是城市文化传统的载体，是城市历史文化传统的延续和发展，是一种重要的文化资源。历史街区是人们了解历史，了解一定时期人们生活方式和文化的窗口，对旅游者有很大的旅游吸引力。例如，俄罗斯的老阿尔巴特街和上海反映近代文化、海派文化的历史街区。

3. 高新科技依托

高新科技依托主要是指那些高科技的交通工具可以开发景观化利用。高新科技的交通设施不是随处可见，一般存在于经济比较发达的城市，而现在的旅游动机主要是求新、求异、求奇，高科技产品正好满足了这部分旅游需求，如磁悬浮列车、豪华邮轮等。

4. 产业依托

产业依托主要是指依托商业和工业，主要与城市旅游、工业旅游的发展有关。随着城市旅游的发展，在城市游憩带范围内及附近的设施也可以成为旅游资源。同时一些和工业有关的港口、渡口与码头也可以进行景观化利用，吸引工业旅游者前来参观学习。

5. 事件依托

事件依托主要是指依托某项大型活动如节庆、体育赛事等促进交通设施的建设、改造及修缮等。随着事件旅游的营销和开发，与事件紧密关联的基础设施也可以成为旅游资源。如青岛市举办 2008 年奥运会的帆船赛，在青岛浮山湾修建的浮山湾大型运动中心和码头，通过事件旅游拉动青岛的旅游业，带动基础设施的更新换代，提升城市形象，对整个城市都起到更新换代的作用。

（三）交通旅游的概念与特征

1. 交通旅游概念

交通在旅游业发展过程中，一方面，交通为旅游线路设计提供主要依据，是旅游项目形成吸引力的要素，是旅游目的地获得旅游收入的主要来源。旅游交通是旅游业发展规划中的必要条件。另一方面，交通也为旅游发展开拓了一片新领域、新天地，使交通不仅仅是为旅游服务，不仅仅是旅游实现的手段，而让交通成为旅游的一部分，这便产生了"交通旅游"的概念。交通旅游是以交通为旅游消费对象，或以交通体验为主、景点游览为辅的专项旅游形式。提供一项能较全面、深入地了解现代交通、体验现代交通的旅游项目，定会有良好的市场需求和发展空间。

2. 交通旅游特征

（1）历史性和文化性。

交通旅游的历史性和文化性主要体现在两方面。一是交通工具本身蕴含了丰富的历史性和文化性。最原始的交通工具是人的双脚，之后人类就利用一些动物如马、驴子等作为乘坐工具或乘坐工具的动力（如马车），与此同时，轿子和以风作为动力的帆船也作为一种交通工具与畜力交通工具长期并存。以人力、畜力和风力作为动力的交通工具占据了人类历史的绝大部分时间。直至蒸汽机的出现，人类交通工具的发展才进入飞速发展阶段，短短数百年，人类不仅能上天（飞机、航天飞机、火箭），而且能入海（潜艇）。随着技术的日新月异，交通工具经历了蒸汽阶段—内燃阶段—电气阶段—自动化阶段的不断演变，体现了人们生活方式变迁的历史过程，不同的交通工具代表了当时不同的历史演变过程和文化意蕴。二是历史街道、文化旅游街等具有较强的历史文化价值并保持一定的原有风貌、独特的地段风貌，反映了一定的历史和社会情况；丰富的历史遗存，体现传统街道的整体风貌，烘托历史氛围，其传统文化和生活方式以其独特的魅力来吸引游人。

（2）区域性和民族性。

区域性和民族性主要是针对特种旅游交通而言的。特别是民俗型交通方式，是伴随各民族文化的发展而形成的，是某一特定地区传统的交通形式，具有很强的地域性和民族性，在某种意义上是反映各民族文化的一个重要方面。另外，民俗交通具有典型、罕有、独特的个性，且与地域环境、当地传统文化之间具有高度和谐的表现力，用其交通工具开展专项旅游或旅游活动，能使旅游者在娱乐中了解并汲取目的地的民族文化，达到以旅游促进文化交流的目的。这种交通工具除被当地旅游业开发使用外，还用于各国建立的民族园或民俗文化村中，具有丰富的文化旅游价值。目前开发出来的民俗型特种交通工具多是靠人力操纵的简便型运输工具，如我国的人力车、三轮车、滑竿、轿子、溜索、羊皮筏、牛皮船、桦皮船、乌篷船，意大利威尼斯水城中行驶的"贡多拉"小

船，吉卜赛人的大篷车等。

（3）静态性和动态性。

交通旅游区别于一般的观光旅游，具有动态性和静态性相结合的特点，是一种动静结合的产品形式。动态性主要体现在旅游者乘坐不同的交通工具在旅行过程中的动态体验过程。如"和谐号"高速列车，使旅游者带着对颇有些神秘的动车组和谐号的无数好奇和疑问，进行动感的揭秘体验之旅。静态性主要是针对交通服务而言的，如动车组"和谐号"宽敞的空间，列车的座位可以根据旅游者个人喜好以及列车行进方向进行前后的自由调整，保证了旅游者在乘车的过程中无论就餐、聊天还是读书看报，感觉都非常舒适。

（4）观赏性与参与性。

交通旅游的观赏性主要体现在交通线路旅游上，特别是公路和水运线路一般连接若干旅游景区（点），或经过风景、风情特色浓郁的地区，旅游车船多带有宽大的玻璃窗和调节座椅，以便旅游者在旅行过程中集中参加多项游览活动，领略沿途风景。另外，旅游交通工具富有特色，如具有传奇色彩的东方列车、具有民族特色的羊皮筏、具有地方风格的滑竿、具有现代特征的水翼船等，本身对旅游者就有着极大的吸引力，能够满足旅游者求新、求奇、求特、求异的多样化特殊游览目的。参与性主要体现在特种旅游交通方式上，它们一般具有极强的参与性。多数可由旅游者亲自驾驭，或利用这些交通工具组织各项竞技比赛等旅游项目，使旅游者从中得到独特、刺激的体验经历。

三、交通旅游资源的类型

本书将交通旅游资源分为交通工具旅游资源、交通道路旅游资源、交通桥梁旅游资源和交通站点旅游资源四类。

（一）交通工具旅游资源

随着科学技术的不断发展和深入，交通工具的种类日益增多。根据其交通方式的不同又可分为公路、铁路、水路、航空及特种交通旅游资源。

1. 公路交通旅游资源

公路交通工具主要是旅游汽车。随着自驾旅游的日益盛行，旅游汽车逐渐成为重要的交通工具，主要包括旅游轿车、豪华旅游客车等。旅游汽车摆脱了火车、飞机、轮船等需要停靠站港的限制，可以最大限度地满足旅游者随时上下车的需求，实现旅游区（点）串联的最优配置。在欧美发达国家，人们自驾游的主要交通工具是旅游房车，也称为休闲露营车（Recreation Vehicle），即一种类似卡车或货车的中型或较大型车辆。这种旅游房车就是"流动的家"，主要是方便旅游者前往旅游设施简陋的旅游目的地，让旅游者既能休息娱乐又能寻找旅游的特殊体验需求，构成旅游目的地的一道亮丽风景线。

2. 铁路交通旅游资源

铁路旅游交通是国内旅游者前往距离较远的旅游目的地进行旅游的主要交通方式。铁路之所以能够成为旅游资源，主要表现在三个方面：第一，旅游交通经营部门适时地提供各种娱乐项目，如在火车上播放电视、音乐和广播节目，提供扑克、棋类等娱乐工具，或者提高速度，如目前火热的"和谐号"旅游列车。第二，旅游者可透过车窗观赏沿途的景观及建筑。第三，我国不少旅游热点城市之间还开设了专门旅游列车，列车名称多与旅游地有关，如北京—承德的避暑山庄号，沈阳—大连的辽东半岛号，南京—上海的紫金号，杭州—无锡的西子号，济南—青岛的齐鲁号，深圳—韶关的丹霞号，福州—南宁的武夷号等。旅游专列的开行，对国内旅游向多元化发展、塑造旅游城市形象、实现客源东西南北对接，均产生了积极作用。另外，北京、天津、上海、广州等地的地铁，不仅是解决城市交通紧张的有效交通方式，而且是旅游者的旅游资源。

3. 水路交通旅游资源

（1）内河旅游交通。

内河旅游交通，主要指利用自然力和人力为动力的交通工具如各种船舶、排筏和其他浮运工具在内陆的江河、湖泊、运河、水库等进行的水上旅游交通方式。水上传统旅游交通工具如游船、竹筏、皮筏、摇橹是近年来受旅游者欢迎的旅游产品，适应人们回归自然潮流的漂流项目方兴未艾。在意大利威尼斯，最先吸引旅游者目光的就是水边成排的小游船"贡多拉"，它是旅游者穿行威尼斯窄小河道的最佳交通工具，已经成为目的地的一种旅游象征。

（2）沿海旅游交通。

沿海旅游交通是利用客轮和游轮在国际、相邻沿海海域和附近岛屿运送旅游者的旅游交通方式。相对河运来讲，沿海旅游交通的刺激性、探险性更强。水上游览观光活动的开展及各种游艇的迅速发展，既扩大了旅游活动的范围，又丰富了水路旅游交通工具，进一步丰富了旅游者的旅途生活，受到广大旅游者的青睐。

（3）远洋旅游交通。

远洋旅游交通是利用远洋客轮、豪华邮轮等交通工具在各大洋进行国际或地区间运送旅游者的水上交通方式。现代邮轮服务设施既完备又豪华，集住宿、美食、娱乐、休养和观赏为一体，是一座移动在海上的高级宾馆和浮动的旅游娱乐胜地，不仅是现代国际水上旅游交通的主要方式，而且邮轮旅游本身已经成为水上旅游的重要产品。

4. 航空交通旅游资源

空中旅游交通包括定期航班、临时航班、专线航班及旅游包机等。其中旅游包机是专门用来运载旅游者的空中交通方式，可在固定航线或非固定航线上飞行，连接旅游城市或飞越非旅游城市。此外，航天飞机、卫星式和登月式宇宙飞船成为未来的旅游新方式，承载旅游者太空旅行，既让旅游者亲自感受飞天的刺激，又可使旅游者领略空中俯瞰地球的风采，体验在太空中观赏日出、日落的壮丽景色和失重的感觉。近距离的直升机及飞艇等除作为交通工具外，也是一种旅游资源。

5.特种交通旅游资源

除常规现代交通方式以外，受旅行习俗、地理环境、科技发展水平等因素的影响，还存在着丰富多样的特种交通方式（见表8-1）。特种旅游交通是指除人们常用的交通方式以外，为满足旅游者某种特殊需求而产生的交通运输方式。特种旅游交通方式类型繁多、文化含量高，其典型、罕见、独特的个性决定了其具有优越的游览性。首先，它们在运输形式上千奇百怪，在功能上千差万别，能够满足旅游者求新、求奇、求特、求异的多样化游览目的。其次，它们具有极强的参与性，多数可由旅游者亲自驾驭并从中得到独特、刺激的体验经历。最后，它们的普及程度较低，一些特种交通方式只保留在偏远少数民族地区。旅游者在使用这些特种旅游交通过程中，可以体验地方民俗文化，如黄河中游的羊皮筏漂流，可以使旅游者亲身体验回族传统的水上交通文化，西南山区的溜索使人领略到少数民族的山地交通文化，绍兴的乌篷船则令人感受到水乡交通民俗。一些只在实验基地进行小规模试运行，具有浓厚的民族、地方或科幻色彩的交通方式，能够满足旅游者怀古和探知未来的特种需求。

表8-1　特种旅游交通方式类型一览

分类依据	类型	典型代表
交通背景	平地、坡地、山地、沙漠、草原、雪地、水上、水下、空中	黄包车、旱地雪橇、滑竿、骆驼、勒勒车、雪橇、羊皮筏、观光潜艇、热气球等
历史沿革	传统、现代、超现代	传统独木舟、马车和溜索，现代摩托艇、索道缆车和滑翔机，超现代磁悬浮列车和太空船等
主要功能	客运、观光、娱乐、健身、竞技	客运水翼船、观光索道、仿古娱乐游船、皮划艇竞技等

另外，有些现代特种旅游交通方式（如索道、磁悬浮列车等）还会将视觉消费和体验消费紧密结合，作为旅游资源被加以开发和利用，不仅成为被观赏的对象，还能形成景观招徕旅游者，满足旅游者的视觉消费。此外，根据视觉原理，还可以通过工程、安全措施，以及绿化美化、增设风景点、对景借景等途径，使线路与其本身协调，成为美丽的风景带。总之，特种传统方式蕴含着古朴原始的文化内涵，特种现代方式孕育着五彩缤纷的高科技未来，充分反映出人类交通运输科技文化的传承脉络，是旅游目的地极具吸引力和开发价值的旅游资源。

（二）交通道路旅游资源

交通道路的景观化实现道路从单一交通功能向交通、生态、游憩和保护等复合功能的转变。交通道路本身成为旅游吸引物，可为交通道路途经地区带来可观的经济效益。

这里所说的交通道路主要包括城市或风景名胜区内可景观化开发和利用的风景道、游步道、遗产廊道、风景小道、风景公路、自然风景路、绿道、历史路等，虽然上述这些概念名称不同，概念互有重复，有些则略微不同，但都是指路旁或视域之内在风景、文化、历史、游憩价值、考古学等方面值得保存和修复的景观道路。因此，在这里我们使用"风景道"（Parkway）的概念来统称上述各种术语。

（三）交通桥梁旅游资源

桥梁是道路不可分割的组成部分，而且常常是一种标志性建筑物，对于城市、区域或景区的旅游形象的塑造发挥着重要作用，其功能已经兼顾使用和观赏审美的双重作用。一些桥梁进行景观化设计，体现了美学特征，讲求与自然的和谐统一，如赵州桥；一些融入了时代的技术特征，如20世纪50年代的木桥，六七十年代的拱桥，80年代的梁桥，90年代的斜拉桥，20世纪末的悬索桥和立交桥等，其桥型都是桥梁结构技术进步的结果；另外一些如古典园林桥梁，体现了不同的地域文化和民族特色，注重桥下"观"桥和桥上观景，充分体现了人、景观和环境的和谐统一。桥梁是城市中最具特色的地标，不少桥梁就因其与城市景观的复合而成为城市的象征：南京长江大桥是南京的骄傲；伦敦塔桥是伦敦的象征；明石海峡大桥甚至成为日本的特指。桥梁景观强烈的可识别性特点使桥头地段也随之成为城市标志性的户外空间。这些桥梁巧妙的景观化，或展示了典型的民族和地域特色，或唤起了人们对时代精神的追忆，或是城市旅游的标志，是一种典型的旅游资源。而如何在保持桥梁景观特色的同时融入适当的旅游项目，使景观创作多元化，并使桥梁的景观资源价值得以综合发挥和利用是当前桥梁景观设计面临的新挑战。

（四）交通站点旅游资源

就车站、港口、码头等交通基础设施所产生的功用来说，大致可归划为四个方面的内容：一是交通运输功用；二是教育教学功用；三是科学研究功用；四是景观功用。就一般情况而言，人们在评价交通基础设施优劣的时候，最侧重的往往是它的交通运输功用标准，其他几项功用，或者忽略不计，或者视为"无足轻重"。对于一般地区的交通线路而言，在现实经济条件下，这原本无可厚非。但是，对于旅游城市或风景名胜区来说，它的交通车站、港口等市政基础设施的景观功用就显得尤其重要。发达国家对车站、港口等基础设施的建设特别重视，自然景观的充分利用和当地人文内涵的有机融入，使其成为城市旅游的象征和品牌，在一定程度上是旅游者进入旅游城市或风景区的第一吸引力要素和资源。

站港景观化、景观人文化、景观自然化是交通站点能够成为吸引物的关键要素。交通站点对于旅游者的吸引力主要是指客观存在的景观素质。倘若不能确立站港景观化的指导思想原则，将很难避免在进行这类交通基础设施建设的时候，仅从标准化角度、经济效益角度来设计和建设这些设施，从而导致过去的建设中出现的交通站港的大众化、雷同化，甚至与当地景观的不协调，从整体上影响和削弱了交通的景观效果。

景观人文化是从建筑学的角度而言的。建筑是建筑思想的体现，而非建筑材料的组合。建筑的使用者是人，人都是有思维、有心理活动的，且人的思维、心理活动又是受他所处

的人文环境和风俗习惯影响与制约的。所以建筑自古以来被人们视为文化的一部分，欧美发达国家将建筑学列为人文社会科学的一个分支，正是基于这个道理。雅典娜神庙之所以成为希腊重要的一景，是因为它体现着光辉灿烂的古希腊文明；巴黎圣母院之所以名扬世界，是因为它体现着天主教的博爱精神；悉尼歌剧院之所以成为前往澳大利亚旅游者的必访之地，是因为贝壳外形的外观背后内含 20 世纪 60 年代兴起于西方发达国家的生态哲学思想，反映着澳大利亚这个年轻的国家对生态环境的重视。这些都可以从理论层面见证站港文化的合理性。而著名的风景名胜区，它的车站、港口的使用者是人，而且绝大多数的人是来自国内外的旅游者。从旅游心理学的角度讲，旅游者当然希望他们所到的地方的所见所闻有别于他们到过的其他地方，能看到当地的独特景观。当然旅游者更希望见到的是在站港的建设中融入不同文化要素，这恰好从现实角度说明站港景观人文化的合理性。

站港景观自然化是指旅游城市或风景名胜区人文风俗和特有的自然景观而言的。倘若在这些站港进行设计和建设时，强调其西化、洋化、"现代化"，这样或是喧宾夺主，以人工的洋化景观去取代自然景观的美；或是造成人工景观与自然景观的风格对立，使整个风景区整体景观不协调、不和谐。两种结果必将破坏风景名胜的美丽景观、削弱风景名胜区对旅游者的吸引力，影响旅游活动的进一步开展。因此，交通站点的景观化设计对于旅游活动的开展具有举足轻重的作用，同时适合旅游者全过程"游览"和"欣赏"的个性化和多样化需求。

第二节　交通旅游产品概述

一、交通旅游产品概念与类型

（一）交通旅游产品概念

交通旅游产品是交通旅游的最主要内容。交通旅游产品是指旅游经营者为了满足旅游者特定的旅游需求，以交通线路、交通旅游项目设计为主要依托，或以交通体验为主、景点游览为辅，将交通资源转化成旅游吸引物和旅游体验对象，满足旅游者观赏、参与的动静结合的旅游产品形式。

（二）交通旅游产品的类型

根据交通所涉及的空间区域，我们将交通旅游产品分为城际交通旅游产品和区内交通旅游产品。根据交通工具的不同可分为公路、铁路、航空和水陆旅游产品。

1. 城际交通旅游产品

在城际之间，四种交通工具（公路、水路、铁路、航空）都有可能被用到。除了航空之外，其他三种交通工具都可以在途中实现景点的暂时停留，给旅游者时间欣赏沿途景点，为其疲惫的位置转移带来一些兴奋点，提高其对旅游的总体评价。例如，在青藏铁路沿途的著名景点停留，在长江三峡的游轮游览中的各景点前的停留。

另外，四种交通工具的交通旅游都可以进行的旅游项目还包括：各种交通方式的简要发展历史知识的了解；各种交通方式的体验及行为规范知识的了解；各种交通方式相关设备、产业参观与了解；各种交通方式相关知识的娱乐活动；特别强调的是各种娱乐活动，因为交通旅游是一项群体活动，为陌生个体之间互相交流提供了良机。在交通旅游过程中组织一些健康、有意义的娱乐活动，既可使交通成为旅游的组成部分，又可使旅游伙伴的交流提前开始且更深入，同时也是降低交通疲劳的良策。

2. 区内交通旅游产品

区内交通工具主要是公路旅游产品和景区内部景点之间的特种交通工具的旅游产品。针对其不同的特征，相应的旅游产品为：区内各景区之间一般是以公路进行连接，其交通旅游产品主要是沿途风景的欣赏及一些小型的娱乐活动。

在景区内部各景点之间，除了汽车外，还有的交通工具根据区域的不同而有所区别，例如，某些高山区的索道、观光车以及古镇的黄包车、轿子等。但以它们为工具实现的旅游产品具备两方面特征：体验该种交通工具及欣赏沿途风景。为了使效果达到最佳，其旅游线路安排、内部装饰和工作人员的服务，都应设计成与其旅游内容相符合的形式。

二、交通资源与旅游产品的关系

（一）交通对旅游产品具有促进作用

1. 交通影响了旅游产品的结构

首先，交通状况影响旅游产品的类型。我国传统的观光旅游产品的主体地位，一部分是由于交通落后的状况引起的。我国传统的观光旅游表现为典型的"苦行僧"式的行军游。而与观光旅游不同的是，度假等非观光旅游对旅游交通要求更高，快捷、方便、安全、高效的旅游交通才能让度假旅游者身心放松，将更多的时间放在度假上；让商务旅游者在抓住商机的同时，还能休闲度假，而不是将大量的时间花在旅行途中。而且由于交通方式的限制、交通路线安排不佳等因素，旅游者的交通费用长期以来是食、宿、行、游四大项中支出最大的一项。在交通上耗费过多，必然会影响旅游者在游、购、娱等方面的支出，从而影响这些旅游产品的发展。而且由于旅游者对交通的时间和经济费用的支出较为敏感，交通的落后和不便还会抑制旅游者出游的行为。

其次，交通影响区域旅游产品的发展。我国旅游产品发展比较好的地区，一般都是旅游资源或旅游吸引物密度比较高、交通基础设施比较好的地区。而像旅游发展欠佳的西部尤其是西北地区，由于地广人稀，旅游景点分散，地理条件较差，交通设施落后

或贫乏，旅游产品的生产和组合难度很高，因而旅游产品数量和质量分布不平衡的东、中、西格局就不可避免。2006 年 7 月 1 日，青藏铁路的开通直接带动了西藏旅游业"井喷"式的发展，解决了长期困扰西藏旅游业发展的交通"瓶颈"问题，使旅游者人数成倍增加，西藏的旅游产业经过多年的等待之后，终于迎来了黄金发展期。西藏的旅游市场得到了推广，旅游产品日益丰富。针对文化内涵，西藏推出了富有浓郁藏民族特色的精品旅游文化产品，如《幸福在路上》《喜玛拉雅》《雅碧欢歌》，丰富了旅游文化内涵，形成了有品位的旅游文化产品。

另外，交通也是旅游者对旅游产品质量感知和评价的重要方面。无论是旅游六大要素：食、住、行、游、购、娱，还是旅游四大结构：旅行社、饭店、景点、交通，或是旅游业的三大支柱：旅游交通、旅游设施、旅游服务，旅游交通都是旅游产品的重要组成部分。因此，充分满足旅游过程中旅游者各方面不同层次的要求，是旅游交通作为旅游重要内容的最基本、最起码的功能。更生动、更有发展潜力的是将旅游交通作为旅游的重要内容精心策划、精心组织，不但可以使旅游活动便捷、顺利，还可以发展交通旅游，创造新的旅游项目，以提升旅游全过程的价值，拓展旅游业发展的领域。

2. 交通促使新型产品形式的出现

（1）交通线路旅游产品。

飞机将空间距离变短之后，旅游给人们的距离感就荡然无存了。空间的快速切换也许令旅游者的旅游目标更直接，但也让其错过了很多。而坐火车或自驾车（主要指房车）去旅游，沿途的风光优美得像画卷一样不断地展开，而且列车上有舒适的床铺、精美的食物，可以捧一杯香浓的咖啡坐在车窗前，边品味、边欣赏窗外的风光，景观的变化是缓慢的，却又是明显的，这种旅途的感悟才是最深刻的。

世界著名的八大"火车旅游"线路带给旅游者的是惊奇的体验。"非洲之傲"罗沃斯列车（Rovos Rail）可以算是世界上最豪华的列车之一，列车上每一节车厢都可以看作一种艺术品，古典、精致而舒适。而列车所经过的地方，是南非南部草原，仰头可以看到满天繁星，低头望去是平整的大草原，也许还会偶遇一些野生动物，风光之美令人浮想联翩。瑞士由琉森至因特拉垦的布宁观景快车、因特拉垦至兹怀斯文的蓝色列车、兹怀斯文至蒙特勒的水晶观景快车三种观景火车接力完成的黄金列车，线路走过瑞士几个美丽的湖泊，走过欧洲最高峰少女峰，所到之处的美丽风光，叫人舍不得眨眼。如同旅游者所称，黄金列车集合瑞士景观精华，好比瑞士的黄金旅游线路。加拿大落基山观景列车专门为观景而设计的列车，车厢上方的天窗与两侧宽大玻璃窗连为一体，让游人更彻底地感受落基山的风光，并且列车只是白天行车，晚上游客可以下车在市区休息，不错过任何美景。亚洲东方快车、瑞士冰河列车、德国阿尔卑斯火车、南美洲希朗—宾汉列车、奥地利阿亨湖蒸汽火车等对旅游者来说都是一种全新的体验和刺激。

（2）特种交通旅游产品。

交通促使特种旅游产品形式的出现，主要是针对现代特种旅游交通工具而言的。现代特种旅游交通工具是旅游业用于开展专项旅游或旅游活动的交通工具。从现在旅游活动的开展所利用的特种交通工具来看，特种旅游交通工具大致可以分为原始型、民俗型、仿古型和现代型四种类型。本书将与特种交通工具相关联的产品称为特种交通旅游产品。

其一，原始型特种交通旅游产品。原始型特种旅游交通是人类早期普遍使用的交通工具。尽管有的在近代或现代的个别地区仍在使用，但在交通工具的演化史上，它始终属于原始阶段。这类交通工具主要包括水上独木舟、木帆船、竹筏；陆上的各种畜力，如马、驴、骆驼、鸵鸟等，以及各种畜力车；雪域的爬犁、雪橇等。这些原始交通工具多用于人类痕迹很少的特殊自然地域环境中，能够满足旅游者远离喧闹、拥挤、紧张的都市生活和返璞归真、回归自然的心理需求。

其二，民俗型特种交通旅游产品。民俗型交通工具是伴随各民族文化的发展而形成的，是某一特定地区传统的交通形式，具有很强的地域性和传统文化性，在某种意义上是反映各民族文化的一个重要方面。这种交通工具除被当地旅游业开发使用外，还用于各国建立的民族园或民俗文化村中，具有丰富的文化旅游价值。目前开发出来的民俗型特种交通工具多是靠人力操纵的简便型运输工具，如我国的人力车、三轮车、滑竿、轿子、溜索、羊皮筏、牛皮船、桦皮船、乌篷船，意大利威尼斯水城中行驶的"贡多拉"小船、吉卜赛人的大篷车等。

其三，仿古型特种交通旅游产品。仿古制造的特种交通工具其原型多是各国历史上的统治阶级或宗教首领们专用的豪华型交通工具。如东西方造型截然不同的仿古马车，我国仿造的历代帝王乘坐的龙舟。这种交通工具往往是集当年文化、艺术之精华于一身的产物，如欧洲马车不仅已经形成一种马车文化、马车景观，而且外观越来越美，给人一种视觉上的美感，的确是一道亮丽的风景线。其次是仿照某一历史时期的具有特殊代表意义的交通工具。例如，日本仿造的17世纪下半叶活跃在中美洲一带的英、法、荷三国的海盗船，是各民族文明程度以及历史上一些特殊事件的象征，可以开发不同层次的文化游和事件游。旅游者可以通过它们了解到世界各国的古代文化和历史沿革过程。将这些交通工具开发出来用于旅游业，不仅丰富了旅游者们的旅游生活，同时丰富了旅游者的历史知识，加深了其对历史的认识和深层次理解。

其四，现代型特种交通旅游产品。现代特种交通工具是在旅游者、旅游社会环境等多种因素的综合影响下开发出来的。根据其开发路径的不同，可分为功能扩大或延伸型和新创造型两类。

功能扩大型特种交通工具是将原有的其他用途的交通工具，加以改进或原封不动地引进旅游业，以用来开展专项旅游活动，包括旅游潜艇、直升机、雪橇、飞艇、热气球、磁悬浮列车及蒸汽机车等。

新创造的特种交通工具是现代科技与不断开发出来的专项旅游活动相结合的产物。例如，加拿大为开展西部冰原地区的冰雪旅游而特制的雪车；美国为开展自行车登山活

动而研制的山地车；日本为开展湖、海水下观光活动而创造的水底观光船；为实现人类自身翱翔于天空中的愿望而创造的脚踏飞船；为适应人数不同的家庭出游而特制的家庭旅游变形汽车等。这些交通工具既融合现代高科技的技术精华，又与旅游目的地背景景观相协调，对旅游活动的参与性和体验性具有不可估量的作用和意义。

（二）旅游产品对交通资源具有拉动作用

1. 满足各种需求的旅游产品促进交通体系的超前发展

旅游业的迅猛发展及旅游产品形式的多样化，促进了交通运输体系的超前规划。如果旅游交通网络不能适应旅游业的发展和满足旅游产品发展的需要，将会成为旅游业稳步发展的"瓶颈"，因此在进行旅游交通规划时就应采取适当超前于旅游业发展的策略，为当前和未来旅游的良性发展铺好路。

2. 各种旅游产品形式的出现刺激了交通运输种类的发展

人们外出旅游，逐渐对交通运输种类的需求多样化，这就使得旅游交通种类需进行细化，以满足不同行业、不同层次人士的多层次需求，尤其应考虑到特殊群体的特殊需求，针对旅游者求新、求异、求变的特点，提供富有地方特色的交通运输方式，如旅游观光休闲车、周末旅游汽车、周末家庭旅游套餐等。

3. 新型旅游产品带动了交通服务的发展

服务质量是交通服务的具体体现，旅游专线列车、旅游客车、游船等旅游交通方式必须按照旅游部门要求的规范和标准提供服务，旅游交通服务应追求定质化、个性化、多样化，使自身的服务达到国际标准。交通服务一直是旅游者关注的话题，旅游交通的发展对交通服务提出了新的挑战，将催生类似于"宾馆化"星级服务标准的出现。

第三节　交通旅游产品创意设计

一、交通旅游产品设计的思路

在旅游者看来，旅游产品是在旅游目的地访问的一次完整的经历，是相关旅游企业为满足旅游者的多种需求而提供的设施与服务的总和。旅游者花钱购买旅游产品最终得到的主要是一种感受和体验，这种感受和体验是由若干次的欣喜、感叹、激动、惊险等多种心情的变化组合而成。"兴奋点"和"消费点"是旅游产品设计的两个重点，由于旅游产品具有生产与消费的同时性，通俗地讲，旅游者旅游的全过程实际上是一个不停消费的过程，包括旅游前、旅游中、旅游后，而旅游交通在此过程中占有相对较大的比例，且是不能取消和忽视的。因此旅游交通就直接构成了旅游产品的"消费点"，即旅游过程中旅游者必须消费且主动消费交通的所有构成点。对于旅游产品的设计，还要突出其"兴奋点","兴奋点"是旅游产品的主要吸引力。旅游产品的"兴奋点"是旅游过程中能够调动旅游者心理与情绪变化从而使旅游者体会到旅游产品价值的所有情景、环节或要素。合理配置"兴奋点"的旅游产品能够调动旅游者的情绪，给旅游者留下深刻印象，增强产品的美誉度，进而扩大市场影响。在以往的旅游交通设计中，交通成为旅游者直接的"消费点"是不容置疑的，但交通的"兴奋点"设计却没有得到应有的重视，交通旅游产品的设计应将"消费点"和"兴奋点"有机地结合起来，将交通设施转化为旅游产品，从而使其走向市场，被旅游消费者心甘情愿地接受。

首先，使旅行成为游览必要的准备过程。在旅行途中，通过良好的视听设备或专业人员为旅游者有针对性地介绍、讲解景区的风土人情、特色景观、注意事项等内容，为旅游者到达景区后尽快地熟悉、融入风景名胜，更好地游览欣赏风景名胜做充分的准备。

其次，交通旅游产品的设计还会实现旅游与游览的同步。把旅行和游览结合起来，保持二者的同步，是将旅游交通融入旅游、提高旅游交通的重要方法。一是可以对进入景区前的陆上旅游交通线路进行科学、合理的规划、设计，使之与周围的地形、地貌有机结合，融旅游交通于游览中；二是可以在景区开展直升机、索道等空中游览观光；三是对游江、游湖、游览野生动物园等而言，让旅游者通过乘坐特种交通工具实现旅游目的，可带给旅游者不一样的旅游体验。

最后，最重要的是在可能的情况下，把旅游交通变成旅游者的目的。通过新型的现代化交通工具和能突出表现地方特色与民族风格的交通工具，可以使旅游交通成为旅游活动中的重要内容，甚至在一定程度上成为旅游者追求的一种目的。比如，上海浦东国际机场至陆家嘴全长 29.863 千米的我国第一条高速磁悬浮列车营运线路的建成，旅游者将磁悬浮列车旅游交通视为一种目的或旅游活动中的重要内容。又如峨眉山和黄山景区中分别提供的独具特色的滑竿和轿子等旅游交通工具，都能在不同程度上增强了旅游交通的功能。

二、交通旅游产品的创意设计

交通旅游资源有交通工具旅游资源、交通道路旅游资源、交通桥梁旅游资源与交通站点旅游资源四种类型，交通旅游产品的创意设计也应从这四者来探讨，但交通道路与交通桥梁密不可分，可以结合起来分析。故而，本书从交通工具旅游产品、道路桥梁旅游产品与交通站点旅游产品这三方面来探讨交通旅游产品的创意设计。

（一）交通工具产品化设计

旅游者旅行过程中离不开必需的交通工具。随着旅游者对交通要求的日益提高，只有将交通的娱乐性、休闲性贯穿于旅行的全过程，将交通开发为合理的旅游产品，营造"旅速游缓，旅短游长，旅中有游，游旅结合"的交通大环境才是旅游者取得满意的关

键所在。

1. 旅途中交通工具旅游产品设计

（1）陆地交通工具。

陆地交通工具主要指自行车、汽车（房车）、火车（森林小火车）以及无轨电车等。自 1815 年法国制造出世界上第一辆自行车以来，随着科学技术的不断发展，自行车的外形、功能、颜色等也都发生了一系列的变化。随着人们需求的变化和旅游项目的增多，自行车在作为交通工具的同时，也衍生出了众多与自行车有关的旅游项目，如骑自行车挑战青藏高原，骑自行车穿越 14 个国家度蜜月，自行车攀爬、自行车高山速降，以及在庆尚北道的闻庆市、全罗南道的谷城郡、韩国的首都首尔等地新推出的"铁路自行车"项目，其形式变化多样、内容丰富多彩，吸引了众多旅游者的竞相参与和体验，自行车旅游成为一种新的时尚。

巴士快速交通（Bus Rapid Transit，BRT）、"和谐号"（CRH）高速列车等旅程中交通工具，除让旅游者感受到舒适、快速的旅行方式外，还可以在其上开设酒吧、咖啡厅等，为旅游者准备各种形式的旅游宣传册，包括交通工具的演变历史、服务设施的使用说明、途经旅游城市主要景点介绍等，而窗外或是郁郁葱葱的绿色长廊和掩映其中盛开的鲜花，或是白雪皑皑的田间道路，或是水乡旖旎的风光，使恬静、安然的车内气氛与"人间天堂"的窗外美景遥相呼应，构成一幅生动和谐的画面，从而为旅游者提供全程旅游休闲环境。

此外，现在极为罕见的森林小火车如赣南森林小火车、吉林省汪清森林小火车、牙克石凤凰山森林小火车、北京老式蒸汽森林小火车等旅游观光线路也是代表当地交通资源的产品形式，是目前需要重点保护和设计的交通景观资源，适当开发森林浴场、极限登山、漂流探险、休闲垂钓、生态迷宫、科普基地、农家乐、野餐、狩猎场、冰雪运动、森林观光、森林探险等与当地相协调的旅游特色项目，使其成为一种新兴特色旅游项目。

（2）水上交通工具。

水上交通工具的设计要从交通工具本身的吸引力和旅游者需求两方面着手。首先，邮轮等水上交通工具综合性较强，集食、住、行、游、购、娱于一体，旅游者在清凉冰爽的海面上，既可以近距离看到难得一见的海上冰山消融坠海的壮观场面，又可以看到海市蜃楼、潮起潮落的真实景象，让旅游者充分融入大海的洁净氛围中，解决好水上旅游活动的观赏性和"亲水性"关系。其次，将水上旅游交通工具与健身运动相结合，开发水上巴士、水上自行车、水上风筝、水上飞机等不同旅游项目，丰富旅游者的观光体验与旅行线路，同时达到缓解陆路交通高峰期的紧张状况，免除目的地居民的出行不便。最后，发挥水上交通的内在优势，推出"水上康体旅游""水上环城旅游""水上漂流旅游""水上蜜月旅游"等适合老中青不同市场需求的旅游产品，更好地丰富水上旅游的内容和形式，从而达到设计不同旅游产品形式的目的和要求。

（3）空中交通工具。

乘坐直升机、航天飞机等游览著名景点，甚至搭乘卫星式和登月式宇宙飞船旅行太空，已经成为一种新时尚。据美国旅游公司调查显示，60% 的美国人想到太空去生活，70% 的日本人想到太空去旅游，43% 的德国人想去太空体验另一个星球的感受，显然太空旅游存在巨大商机和市场潜力，但要成为大众能够接受的旅游产品形式，还有一段很长的路要走。可设计的项目有模拟太空体育活动以及零重力模拟舱飞行、战斗机飞行、亚轨道飞行、轨道飞行、太空美食等，通过建立专门网站等形式进行广泛宣传和推介，解开航空、太空的"神秘"面纱，将它们开发为教育观光、太空探险等产品形式。

2. 旅游景区（点）交通工具旅游产品设计

景区点的交通工具主要指各种特种交通工具，包括古代交通工具和现代交通工具的设计。景区点的交通旅游设计主要是让旅游者能在交通工具上欣赏沿途的风景（主要是自然风景），而不会有路途中的短暂停留，因此开展区内交通旅游需要景区之间以及景区内部的交通路线上风景优美。当然，在交通路的设计上应尽量选择风景优美之处作为交通通道。使旅游者在实现位移的同时能把注意力放在"览"上，缩短其对时间的心理感知长度。另外，应尽量使用符合当地特色的旅游交通工具，让旅游者能在这种特色旅游交通工具上得到新奇的体验。

（1）古代交通工具设计。

古代交通工具多种多样，大多存在于特定的社会文化环境中，具有浓厚的乡土特色和地域局限性，这些交通方式，或是历史遗存，或是未来雏形，或是景区（点）配套设施，沿用至现在作为一种资源，为旅游目的地增添了几分神秘色彩。古代交通工具既蕴含着古朴的文化内涵，又孕育着五彩缤纷的高科技未来，充分反映了人类交通运输科技文化的传承脉络。不管是滑竿、溜索还是人力轿，都蕴含了一种古老的文化或某地的文化传承，其开发设计要充分挖掘地域特色文化、提高文化内涵。

（2）现代交通工具设计。

溜索在形式上虽已过时，但智慧的火花却闪烁在现代化的索道、座椅直升梯等交通工具上。索道、磁悬浮列车、气垫船等高科技运输方式，不仅舒适性强，而且体验丰富、高科技文化含量高，其开发应注重多元设计要素的整体共生与互补，从而使旅游交通功能最佳化，形成动态风景线，使其与大地景观形成一体化的无缝拼图，诱导旅游者感知到如诗如画般的美好体验，融古代文化与现代高科技技术为一体。另外，交通运载工具还要与时代相结合，增加并改善工具特色，如新型水上高速交通运载工具——多用途地效翼艇"天使鸟"号在南京研制成功，填补了中国在此领域中的多项空白。据介绍，地效翼艇除了用于客、货运输外，还可广泛用于水上旅游等。

（二）道路桥梁产品化设计

通俗地讲，风景道的设计就是如何把廊道同周边景观联系起来。在美国，是把风景

道作为国家公园的一部分，成为庞大旅游吸引物体系的一部分。风景道是一种通过线性路线将点、面状的景区景点连接成网状旅游目的地的非常有效的手段和途径，对于面状、线状产品是一种最经济、最直观、最深刻的体验方式。因此，风景道改变了传统的围墙内风景区旅游开发模式，是一种很好的线性旅游开发模式。

另外，在旅游城市和风景名胜区，如何将桥梁建成一座功能桥、景观桥、旅游桥和人文桥等具有重要的旅游价值和设计的必要性。而利用大型地标性公共设施的景观感染进行综合性的旅游开发是国际上通行的做法。上海东方明珠、纽约的自由女神像、巴黎埃菲尔铁塔等地标类景观对象均有极为成功的开发经验。而利用桥梁的大尺度结构体作为旅游开发的对象则在国际上较为鲜见。而悉尼大桥开了此先河，自从1998年开通大桥攀爬旅游项目以来，登上大桥钢梁欣赏壮观的港口美景和闻名遐迩的悉尼歌剧院的旅游者量每年达30万人次，对于寻求刺激的旅游者来说，这项有惊无险的旅游项目是最受欢迎的。

1. 协同设计

根据协同学原理和城市设计中的共生原理，在进行城市旅游交通设计时，应将交通设施的规划设计与道路景观相结合，以达到交通需求与景观效果的协调，并着重从规划控制、交通环境的优化、可持续发展、静态交通的设置、交通设施的改善等各方面加以综合考虑，追求当前实际与未来的共生、交通需求与景观环境的共生、交通网络与基质的共生、交通设施区位与交通网络的共生、符号语言与心理习惯的共生，以实现多元设计要素整体共生与互补，从而使整体交通设施的功能最佳化，形成动态的风景线，并最终使其与大地景观形成一体化的无缝拼图，使旅游者得到如诗如画般的美好体验。

（1）具有景观和绿道意识。

在景观生态学领域，绿道属于有别于两侧基质的廊道系统，廊道是景观构成的基本元素之一，通常起连接作用。绿道是沿着河滨、溪谷、山脊线等自然走廊，或是沿着用于游憩活动的废弃铁路、沟渠、风景道路等人工走廊所建立的线性开敞空间，包括所有可供行人和骑车者进入的自然景观线路和人工景观线路，主要包括城市绿带、城市绿色道路和城市自然遗产廊道、城市历史文化遗产廊道四种类型。绿道是连接公园、自然保护地、名胜区、历史古迹与高密度聚居区的开敞空间。从景观布局层次上说，绿道是指某些被认为是公园路或绿带的条状或线型公园。它具有双重功能：一是为人类的游憩活动提供空间；二是对自然和文化遗产的保护起到促进作用。

绿道网络是将大量的相互独立、分散、缺乏系统性的公园和开敞绿色空间进行连通所形成的综合的、有机的绿色通道网络，具有环境保护、经济利益及美学上的巨大价值。绿道网络规划将成为21世纪户外开敞空间规划的主题，因此设计者应将绿道意识融入规划设计，发挥其生态、游憩、文化和旅游功能。

（2）把握"文脉"原则。

道路是地区文化的载体，设计者要从城市自身的性质、地域背景、气候条件出发确定景观形成的重要街区和主要道路，制定正确的城市道路景观引导基准，以促使城市道路设计、改造、更新过程向着有序、健康的方向发展。

城市道路不仅具有交通性，而且具有生活服务性和观赏性。从城市整体看，城市道路是组织城市景观的骨架，应该成为居民观赏城市景观的重要场所；从城市局部看，城市街道景观又是城市景观的重要组成部分，它应该成为体现城市景观历史文脉的宜人空间环境。这样，道路景观与城市景观就从环境美学上统一起来了。

其一，旅游城市道路景观系统的组合。

旅游城市丰富的内涵决定了城市道路景观设计具有多姿多彩的个性。旅游城市道路景观系统大致可由外部道路景观系统、自然与历史道路影响系统和现代道路景观系统组成。

第一，城市外围入城干道是观赏城市整体轮廓景观的重要场所，在选线时除考虑道路的功能性、经济性外，还要特别考虑预留一定的观赏保护区域，以使在入城干道上的整体建筑群的特色面貌、主要自然特色和主要特色建筑能有较好的观赏效果。

第二，城市生活性干道和客运交通干道的选线应力求在道路视野范围内把城市的自然景观点和城市人文景观建筑、古树名木组织起来，成为一个联系城市自然和历史性景观的骨架，成为城市主要景点的观赏性道路空间。

第三，城市交通干道沿街两侧的建筑结合现代化交通设施设置，可形成反映现代城市生活气氛的城市街道景观系统。旅游城市道路景观系统的组合，应从不同的角度、空间环境、景观层次，因地制宜地表现出城市现有的优美的自然环境，而且应反映深厚的历史内涵，表现富有现代生活气息的整体形象。

其二，景区道路景观设计。

道路系统是保证景区内物资流通和人流流通的重要基础，同时也形成了一种独特的景观。人对各种道路的不同使用要求，以及人在不同种类的街道上的不同行为模式、活动方式，导致人以不同的行进速度和体验方式来感受道路空间。这要求设计师应对各种不同种类的道路采取不同的景观设计形式来满足道路使用者的空间愉悦感。按不同的观赏方式（步行、车行等）产生的不同观赏速度和景观感受，可将景区内的道路分为机动车观光路、步行观光路和山林探险路。这三种道路形式对自然资源与环境的改变程度依次减弱，旅游者使用的难度则依次增加。设计师要根据道路的不同利用程度对道路景观进行不同的保护，同时遵守选线时顺应地势、不得大规模破坏或改变地貌、注意维护道路安全等原则。

第一，机动车观光路是景区的动脉，因为其特有的机动性和便捷性，会不可避免地改变地貌，必须尽量配合地势进行建造。机动车观光路位于景区内景点较为集中或沿途较有特色的地段，主要以机动车为交通工具，向旅游者提供较快速、较舒适的道路交通服务。

第二，步行观光路是景区内旅游者旅游和当地居民日常生活主要依赖的步行系统。

为满足交通流量需求和提供舒适的交通环境，设计必须提高路面质量，同时要注意维护景观。步行观光路位于景区景点较为集中或沿途景观较有特色的地段，主要以马匹为交通工具，向旅游者提供较慢速、舒适的道路交通服务。

第三，山林探险路是增加旅游者体验的特殊路段，重点在于它的原始性和趣味性，设计应尽量保持其原始状态，在部分危险路段可修栈道或增加护栏等安全设施。山林探险路位于景区内各景点较分散的地段，以徒步行走为主，也可以马匹为主要交通工具，旅游者的游览体验为慢速且艰苦。山林探险路的两侧和目的地基本为自然资源较敏感的区域，因此山林探险路一般为自然形成的小路，除了在危险地段进行路面整修外，应基本保持其自然状态，将道路对自然改变的程度控制到最低。这样，不仅有效地保护了自然资源，而且为旅游者提供了多种游览体验。

（3）富有人情化。

道路作为城市形态空间的重要组成部分，既是交通运输的通道，又是人们户外活动的重要场所，是定向的交通与不定向的人类活动的统一体。道路空间应从使用者的利益出发，考虑每一环节，表现人性的关爱。除了无障碍设计是其中一大体现外，还有以下几点。

其一，亲切而充满情趣的铺装景观。

运用种类繁多的铺装材料和各种各样的施工工艺让路面美起来。丰富的色彩、各具特色的质感、多样的结构所表现出的韵律、动感及一些富有象征意义的细部设计等，都赋予路面生命力与个性，它们本身构成了一种景观，即铺装景观。铺装景观在解决功能、符合审美观念的同时，还反映了地域文化的特征。地面上的图画给路面注入色彩斑斓的文化内涵，人行走其中，低头移目也是一种享受。

人行道的铺装景观应在实现基本功能的同时，注重与周边环境的调和，根据街道的性质、历史背景和周围景观要素的不同而变化。此外，地域个性的表现、快速性也是设计的目的。快速性表现在视觉的快速辨识上，设计应从路面色彩、明度、质地、线型的区分方面加强视觉引导效果。道路缘石、排水侧沟、防护栏、街灯、信号器、电话亭、雕塑、植物、路牌、座椅等道路附属物，都需精心地设计，使天然石材的潜在美得到极好的表现。

其二，有序高效的标识系统（解说系统）。

道路最基本的功能是有效地组织人流、车流，使之快速、安全地到达目的地，因此设计应根据路段性质和周围环境，从人的行为出发，合理设置各类标识。

标识的种类繁多、形式各异，有记名标识、诱导标识、地图、规章制度的说明等。标识设置的形式、位置、高度、大小及文字的表达都需要经过仔细考虑，便于行人根据自己的意图高效、准确地使用。在重要路段、路口、道路两侧、路面应设置明显的指示标志或汉语、英语文字说明。此外，公众信息提示、路口提醒、地铁无人售票的使用说明、乡野地区的木质路牌等，都要从旅游者的角度进行设计。

另外，根据路口的级别高低，路牌的内容也应不同。供行人用的路牌与供车行用的路牌，根据视野角度的不同，它们的设置位置、大小、密度亦应随之变化，越是复杂的路段，路牌密度应越大。

其三，方便而美观的停车设施。

在旅游者比较集中的旅游黄金季节，旅游区的停车难问题非常突出。在旅游景区周围寻找停车位的机动车形成一股独特的车流，这种车流加剧了旅游区交通混乱的局面，从而恶化了旅游环境，影响了旅游景点的形象。合理地配建一些旅游车辆专用的停车场，并组织合理的旅游交通路线，将会缓解这一矛盾。另外，停车场可采用规则的铺装方式，运用植草砖，在满足停车需求的前提下实现最高的绿化率。

2. 规划设计

对交通道路系统而言，交通道路的设计关键是兼顾通畅交通和维护景观质量，保护自然和人文资源。充分利用资源，可以修饰、保留，但不能切割和毁坏资源，保留沿线及视域范围自然和人文景观的原始外观和风貌。服务及游憩设施设计也是不可忽视的。按照美观与实用相结合，简洁与自然结合等理念对风景道的土地利用、空间关系及周边的游憩设施进行细节的设计与安排，如建造沿线公共设施和分站点、汽车加油及租赁站、序列化的停车观景平台、沿途的短程徒步路线、路旁博物馆和路侧公园等。具体来说，主要从形象定位、空间及植物、服务设施以及声景学等方面进行规划设计。

（1）形象定位规划设计。

风景道是旅游资源的集中分布带，起到串联主要景区景点的作用。对于风景道的旅游产品设计首先要对其进行正确的定位。如青岛东海路是以中华文明和海之情为主题的雕塑海滨大道。正确的形象定位要根据风景道的背景景观和自然环境的协调性，在设计过程中要使风景道两旁自然景观变化有序，或是沙地景观向草原景观变化，或是沙漠景观向绿地景观变化，或是高山景观向河流、大海景观变化等多种组合类型更替，构成丰富、独特的自然景观。

（2）空间及植物规划设计。

空间及植物规划设计主要指地理植被种类的选择。植物种类应首先选择本地物种，这样最有利于保护生物多样性。具体地段植被的处理手法应结合当地的历史文化背景和地理地貌特征，分别采取"保育""放任"或"更替"的方式。"保育"主要适用于具有重要历史文化价值的植被，如原有的名树古木、特色植物等。"放任"就是保证当地景观群落的自然演替不受干扰，任其自然生长。主要适用于对整体环境氛围和人文景观能起到烘托作用的群落。"更替"指的是用一生物种群替换另外一种生物种群，被替代的种群应是那些破坏整体环境氛围，或其生长对其他人文景观的结构或外形造成损害的种群。

（3）服务设施规划设计。

为满足旅游者尤其是自驾车旅游者的游憩服务需求，要强化风景道沿途游憩服务设

施的规划设计。在风景道沿途主要景点和重要节点规划设计游客中心、野营地和野餐地、物资提供站、加油站、维修站、汽车租赁服务站等一系列游憩服务接待设施和基础设施；建立风景道的信息交通标识系统和涌动、鲜活的解说系统；设计各景区景点的进入通道、二级自游步道和停车场，以构建完善的风景道及自然游径体系。

（4）声景学规划设计。

声景学规划设计要尽可能地保全和培育自然声景要素，把"安静空间"和"热闹空间"合理分区，并充分考虑其间的"缓冲空间"，即要充分考虑声景观和其他环境要素的协调。具体设计中可以采用正（在原有的声景观中设计添加新的声要素）、负（对声景观中与环境不协调的、不必要的、不希望听到的声音的噪声要素去除）、零（即按原状保护和保存，对该声景观不做任何更改和变动）三种手法，针对不同的风景道背景景观和旅游者的需求进行不同形式的设计。如青岛滨海大道以"海"为背景点缀，其声景和音乐景观可以采用"正"的手法，选用声音要素为与"海"有关的歌曲和音乐等，突出大海浩瀚和广阔之特征。

（三）交通站点产品化设计

交通站点（车站、码头、港口）往往是旅游者到达旅游城市或风景名胜区的第一站，多数旅游者会在此拍摄旅游纪念照，也是给旅游者留下深刻印象的地方。旅游者到一个陌生的地方总是自觉或不自觉地希望获得某种视觉上的享受，希望到达的地点有着较别处更新奇、更别致的景色。因此，对车站、码头、港口等基础设施的建设要充分注重其交通运输和景观功用的双重作用。这就要求交通站点的设计要有工程技术人员和社会科学、人文科学专家共同参与，使其凸显当地特色，充分利用自然景观因素和人文内涵因素，有机地融入其设计中，把交通线路和交通设施作为旅游线路和旅游资源来建设和挖掘，将交通设施与文化设施、自然景观三者合成一个整体来考虑，一方面，要采取切实可行的措施，甚至行政手段，改变有关人员头脑中那种交通设施与文化内涵、自然景观互不相干的陈旧观念；另一方面，适当调整专业结构，对旅游城市或重点风景名胜区的道路、车站、港口的设计建设，以及重要桥梁色彩的采用上，多征求和听取人文社科专家的意见和建议，进行必要的弥补，对那些碍于自然景观展示和人文景观规划、设计以及正在规划、设计的旅游交通线路，进行必要的修正。不同的地区、不同的气候条件、不同的地理环境，车站、码头、港口等交通设施的线路选择、色彩的采用以及外形的设计上，都是各不相同的。北方与南方的不同取决于气候；东方与西方的不同取决于文化；滨海与内陆的不同取决于地理，但是总体的设计都要符合城市或区域发展特色，如山东潍坊火车站以蝴蝶风筝为设计元素，追求强烈的视觉感染力，力图使潍坊火车站成为胶济铁路上一道亮丽的风景，成为"世界风筝之都"潍坊的标志性建筑，为潍坊城市发展增辉添彩，成为和谐旅游城市的一部分。

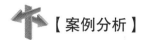 **【案例分析】**

中国航天城的旅游奇迹

一、航天游悄然兴起

漫步西昌的大街小巷,仿佛到处都能嗅到航天的味道。无论是卫星发射雕像、航天大道,还是腾云楼和航天宾馆,都在向旅游者宣扬:"航天"已成为这座城市的一种独特魅力。

这种魅力源自西昌城外60千米处的大山沟内,那里有中国著名的卫星发射基地。多年来,此基地发射了数枚卫星,使得西昌这个地处中国西南边陲的小城市扬名世界。著名作家李鸣声曾感叹:"我做梦也没想过那个几乎与世隔绝的大山沟,将来有一天能用我们中国的火箭发射美国的卫星……"

正因为这样,西昌被人们誉为"中国航天城"。这张名片催生了该市的"航天游",吸引着无数国内外旅游者纷至沓来,一睹卫星发射基地的"风采"。

不过,航天游的兴起并非一帆风顺。据了解,西昌卫星发射基地于20世纪80年代末对普通市民开放。由于当时旅游业不发达,加上参观卫星发射要办理复杂手续,赫赫有名的西昌卫星发射基地,并没有吸引来许多旅游者。

1998年,在参观卫星发射的旅游者寥寥无几的情形下,西昌卫星发射基地相关部门决定将景区经营权发包出去。由于"要拿到经营权必须买三辆车接送客人",这笔开销至少要花100万元,当地好几家旅行社都不敢接招。后来,金英旅行社老板在苦苦思索了好长一段时间后,终于冒险拿下了承包权。

刚开始的时候,金英旅行社的经营并不景气,除了在有卫星发射之际迎接1000多名旅游者外,其余时间大多没什么生意。金英旅行社有员工和讲解员共10多人,每个月支出上万元。如此一来,金英旅行社在长达几年的时间里几乎是赔本经营。

但随着西昌卫星发射基地不断承接各类卫星发射任务,到基地参观的旅游者也越来越多。一个典型例子是,在2007年10月发射"嫦娥"一号卫星之前半年,就有人预定高达800元一张的门票。而在发射的前几天,西昌好一点的酒店已被预订一空。当地旅行社开办的"嫦娥奔月"现场观看业务接到了来自全国各地,甚至海外的预订电话——尽管观看卫星发射的票价高达800元人民币,再加上往返交通和食宿的费用,每名观众的平均花费在2000元以上。为保证卫星发射正常和安全,相关方面总共只拿出了4000多张门票对外销售。当"嫦娥"一号卫星发射那一刻,卫星发射基地的观测点人山人海。很多没有买到门票的旅游者站在观看区外,远远地感受火箭腾空那一刻的地动山摇。

二、不只是看卫星发射

西昌市的航天游,其实并不限于欣赏卫星发射的那一刻。西昌卫星发射基地,本身

就是一个对旅游者充满吸引力的旅游景点。

西昌卫星发射基地始建于1970年，于1982年交付使用，主要承担通信、广播、气象卫星等试验发射和应用发射任务。自1984年以来，该基地已发射了数十颗国内外卫星。

在我国航天历史上，西昌卫星发射基地写下了三个第一：成功发射我国第一颗地球同步轨道卫星；成功发射我国第一颗通信广播卫星，结束了我国租用外国卫星看电视的历史；成功发射我国承揽的第一颗国外商务卫星——此卫星当时被称作"灾星"，转道5个国家都没发射成功，后来用航天飞机抓回来委托西昌卫星发射基地发射。

西昌卫星发射基地的这些辉煌成就，以及我国自古至今的航天发展史，中华民族在航天方面的古老梦想和智慧，被浓缩在航天科技公园之内。在这里，国内旅游者不仅能增长知识，了解神秘的航天事业，而且还会情不自禁地产生一种民族自豪感。

而作为我国对外开放中规模最大、设备技术最先进、承揽外星发射任务最多、具备发射多型号卫星能力的新型航天器发射中心，西昌卫星发射基地的卫星发射场、火箭测试大厅和发射指控大厅等地方，也足以让旅游者为之震撼。

卫星发射场由三号发射工位和二号发射工位组成。三号发射工位主体塔高77米，享有"功勋塔"之称，正是它创造了西昌卫星发射基地的三个第一；主要用于发射大推力运载火箭的二号发射工位，则被誉为"亚洲第一塔"，由97米高的"活动式勤务塔"和71米高"固定式脐带塔"组成。

在火箭测试大厅内，矗立着一枚真实的"长征三号运载火箭"，它是了解我国火箭发展史的难得实物。

发射指控大厅则是基地的"大脑中枢"，是"把中国的名字写进太空，把民族的光荣写满苍穹"的总指挥处，也是感受期待和紧张、成功与兴奋交织在一起的特殊气氛的最佳场地。在发射卫星时，旅游者可以在经专家论证的安全区内，有组织地参观火箭点火升空时那惊心动魄的腾飞景象。

三、一张名片撬动旅游业

"中国航天城"这张名片带给西昌市的，远不止越来越火的航天游。

位于四川盆地安宁河平原的西昌市，属于亚热带季风气候，日照充足、光热丰裕，有"太阳城"之称；由于年平均温差小，"冬无严寒春温高，夏无酷暑秋凉早"，四季如春堪与昆明媲美，西昌又被称为"小春城"。此外，空气纯净而且湿度小，白天风和日丽，夜晚清风皓月，又给西昌带来了"月亮城"的美称。

美好的自然条件，孕育了绚丽多彩的旅游资源。走进西昌，欣赏迷人的风景，可去"世界古冰川花园"螺髻山，国家4A级旅游景区琼海泸山；休闲度假养身，可去喜德泡温泉，去安宁河漂流；体验民风民俗，可参加彝族火把节和彝历新年活动；寻古探秘，可去"南丝绸之路驿站"礼州古镇和母系社会活化石泸沽湖；拜佛访仙，可去建于1100多年前的泸山第一殿光福寺，以及凉山州道教文化中心玉皇殿；如果要感受红军当年的英勇，则可去红军巧渡金沙江纪念碑和彝海结盟纪念馆等地方。

尽管上天如此眷顾西昌，但在相当长的时期里，西昌旅游却是"养在深闺少人识"。

近年来，借助"中国航天城"和航天游为西昌打响了名声，西昌市有关方面果断提出超常规、大手笔、高起点地发展旅游业，迅速改变了该市旅游业发展缓慢的局面。

西昌地处川、滇、渝三省市接合部的核心位置，是大香格里拉环线旅游商贸集散地，同时也是内陆地区辐射我国西南以及东南亚地区的重要通道，具有较强的区域聚集效应和辐射能力。借助这一地理优势，西昌将旅游产业纳入了一个更加广阔的视角进行布局，提出了"承接成昆、联动雅攀"的发展战略，即主动承接成都经济圈和昆明经济圈的辐射，并与雅安、攀枝花形成联动，期待实现资源共享、效益多赢。

这种跨区域的合作，很快就将在旅游界默默无闻的西昌，与声名显赫的成都、乐山、峨眉山、昆明和丽江等旅游目的地，紧紧地捆绑在一起，形成了一大旅游热点。

2006年堪称西昌旅游业发展史上最值得纪念的一年。这一年，西昌打造了泸沽湖、螺髻山、火把节、温泉、观海湾和月色风情小镇等一系列富有特色的旅游项目，助推其以601分的高分纪录被评为"中国优秀旅游城市"。这一纪录至今没有城市打破。在中国诸多城市中只称得上小城市的西昌，已由过去的旅游弱市，悄然蜕变为"中国旅游最令人向往的地方"和"最值得去的10座小城市"。

2007年，在西昌卫星发射基地发射"嫦娥一号"带来的航天游热的拉动下，西昌市全年接待旅游者近500万人次，同比增长幅度超过70%；2008年，尽管汶川大地震使四川旅游业遭受重创，但西昌旅游业仍接待旅游者600余万人次，在此印证了中国航天城的魅力。

目前，西昌旅游业已经完成从"接待服务型"向"经济产业型"的转变，形成了以"卫星发射基地"为代表的科技文化，以"彝族火把节"为代表的少数民族风情文化，以"天下第一缸"为代表的乡土文化等旅游精品。

与此同时，西昌的乡村旅游也红红火火，一年之中月月有节庆——迎春节、桃花节、踏青节、樱桃节、油桃节和葡萄节等，皆让人流连忘返。

（资料来源：兰世秋.最新经典旅游创意案例集［M］.重庆：重庆大学出版社，2011：64-69.）

案例思考

航天旅游是如何促进西昌旅游业发展的？

【思考练习】

一、名词解释

交通资源　交通旅游　交通旅游产品

二、简答题

1. 简述交通旅游产生的时代背景。

2. 简述交通旅游的特征。

3. 简述交通旅游资源的类型。

4. 简述交通旅游产品设计的思路。

三、论述题

1. 分析交通资源演变为旅游资源的条件。

2. 分析交通资源与旅游产品的关系。

3. 论述交通旅游产品的创意设计。

参考文献

［1］兰世秋.最新经典旅游创意案例集［M］.重庆：重庆大学出版社，2011.

［2］唐婷婷.依托成都市交通资源的交通旅游产品开发研究［D］.成都：西南财经大学，2009.

［3］张芳芳.交通旅游产品设计研究［D］.青岛：中国海洋大学，2008.

［4］张玉蓉，郑涛.创意旅游：理论与实践［M］.成都：西南财经大学出版社，2014.

第 九 章

影视旅游

【学习目标】

通过本章的学习，了解影视旅游的产生及发展，掌握影视旅游的概念和特征，把握影视旅游创意的原则及要点；能运用本章所学分析中国影视旅游的现状及问题，并试着提出解决办法。

【案例导入】

武汉万达电影乐园停业：斥资38亿号称全球唯一，开业仅19个月

作为万达集团进军文化旅游产业的开山之作，2014年12月20日，武汉万达电影乐园和汉秀剧场顶着"武汉双骄"的光环同日开门迎客。

据万达官方介绍，武汉万达电影乐园由世界多家顶级特效公司耗时两年半打造完成，总建筑面积10万平方米，投资约38亿元，是目前世界上唯一的室内电影主题乐园。展现了荆楚旅游文化与国际顶尖科技的完美融合，成为武汉乃至湖北旅游的新名片。乐园作为目前世界唯一的室内电影主题乐园，致力于营造极致的游玩体验和超越梦境的互动氛围，由曾出品《阿凡达》《速度与激情》《变形金刚》等多部大片，并捧过31座奥斯卡大奖的多家世界顶级特效公司耗时两年半倾力打造。

但开业当天，电影乐园状况频出，部分设备停运、音响失效，让不少前来尝鲜的市民遗憾而归。一位已经从万达电影乐园离职的员工告诉记者，乐园刚开业时，每天平均客流量约200人，至今一直处于不温不火的状态，这与当初设想的800~1000人相去甚远。而从电影乐园内部来看，一年多以来从管理层到员工都不断在更换，也反映了高层

急于改变现状的迫切决心。另一位武汉旅游业内人士分析，与武汉极地海洋公园和武汉欢乐谷等主题乐园相比，万达电影乐园知名度并没有随着运营时间的增长而提高，反而光环日渐黯淡。在一些人印象中，万达电影乐园与万达影城似乎无太多区别，更有不少出租车司机不知道乐园具体位置。

据曾在万达电影乐园工作过的员工分析，电影乐园是万达集团进军文旅板块的标杆性产品，投入巨大，颇费心思。之所以走到如今暂停营业的局面，最主要的原因在于主题本身没有做到极致。他认为，与迪士尼、环球影城等世界主题公园相比，万达目前还缺乏较为知名的核心 IP，虽然万达电影乐园拥有多项自主知识产权和卡通形象溜溜猴，但是知名度较低。这样一来，导致黏度不够，留不住人，也形成不了"口口相传"的效应。

这一观点与中南民族大学公共管理学院苏祖勤教授的观点不谋而合。他认为，在旅游市场细分的背景下，主题乐园肯定是趋势，但是这个主题一定要做到极致。否则，吸引力不够，难以形成持续性的聚合效应。

除上述原因外，另一位近期从万达电影乐园离职的员工则表示，乐园走到今天，一方面由于本身的原因，导致游园体验较差，游客口碑不佳。另一方面则是外部因素导致。起初，万达设想武汉是全国中心城市，高铁四通八达，乐园会产生辐射全国的影响力。但是在市场运行过程中他们发现，武汉除"赏樱"等特定时间节点外，并不是一个能留得住游客的城市，更多的时候扮演着旅游过境城市的角色。对于过境自驾游、团体游来说，在武汉有限的时间内都会留给东湖、黄鹤楼等知名景点，并不会把电影乐园等纳入游玩范围。这位员工感慨，在内外不利因素交织的情况下，主题本身的局限性会加重困境。

（资料来源：《武汉万达电影乐园停业 斥资 38 亿号称全球唯一》。）

☞ 思考

技术资金雄厚的万达电影乐园为何会停业？影视旅游如何发展才能走出困境？

第一节　影视旅游的发展概述

影视旅游属于新型的专项旅游形式，是旅游发展到一定阶段影视与旅游相结合的产物。利用影视发展旅游，既是影视的边际效应在旅游经济中的体现，也是一种新兴的文化旅游概念，它也是景区旅游的一种形式，但是这种形式伴随着对明星的追捧和对影视剧的迷恋等因素。这种特殊的结合明星效应和影视效应的旅游业，成了一种特殊性的影视旅游产业。

一、国外影视旅游发展概况

国外影视旅游产业发展较早，影视产业对旅游资源产生的各种效应也得到了广泛的认同。影视旅游始于影视产业的兴起。1895 年 12 月 28 日，近代电影在法国诞生。但是，真正将其发扬光大的是美国人，时至今日，"好莱坞"电影仍占据着世界电影的主流。1955 年，美国电影动画大师沃尔特·迪士尼（Walt Disney）建成的迪士尼乐园，被公认为现代第一座主题公园。因以影视艺术为依托的主题公园，也可以称为影视旅游的萌芽，也决定了西方国家影视旅游的发展方向。迪士尼公司是目前世界上第二大传媒公司，还在全球经营多家迪士尼主题公园，每年收入达 250 亿美元。

影视旅游的正式开端则始于 1963 年，其标志是环球影城系列的第一个主题公园——好莱坞环球影城的建成。当初是影视界巨擘的卡尔梅拉为了扩大片场的需要，将他的影厂从好莱坞迁至洛杉矶。最初是作为拍摄场所，后逐渐演变为参观游览地。以电影式主题乐园闻名洛杉矶的环球影城，不但有许多宛如电影场景重现的游乐项目，还有与环球影城毗邻而居的商店、餐厅、电影院等，它们都以色彩鲜明、造型活泼的巨型招牌吸引游客，让游客一踏进环球影城，立即享受视觉感官的强烈刺激。至 2016 年，全球共有环球影城主题公园 5 个，其中美国 3 个、日本 1 个、西班牙 1 个，2020 年它将落户中国北京通州，成为全世界第六家环球影城主题公园。它们都是以美国好莱坞出品、风靡全球的热门电影作品为主题背景的主题乐园，旅游者能够身临其境地体验到美国好莱坞风格的电影场景和影视相关的游乐项目。

除了主题公园和影视城的迅速发展，由于电影的成功，电影外景地及电影节庆活动也吸引了一大批人追随电影和影视节。如当电影《廊桥遗梦》风靡全球时，电影拍摄地麦迪逊立即引来无数游客。影片中摄影师和农妇坠入爱河的廊桥还成为许多新人的婚礼举办地；如电影《哈利·波特》热映后，英国开辟了哈利·波特旅游线路，将影片的拍摄地开发为旅游景点；如韩剧《蓝色生死恋》《冬日恋歌》《大长今》等韩国影视作品的热播，使这些影视作品的外景地人气急升，成为韩国旅游的新亮点。值得一提的是影视拍摄地也可以是跨区域、跨国界的，如《阿凡达》的成功也让外景地张家界火了一把。

除外景地外，重要的电影节也会在特殊的时间吸引到特定的人群。目前全球 60 多个国家与地区单独举办或轮流举办的各类国际电影电视节已达 300 余个，近一半集中在欧美国家和地区。当前具有重要影响力的国际级电影节有柏林电影节、戛纳电影节和威尼斯电影节及奥斯卡颁奖典礼。以迪士尼乐园为代表的主题公园、以好莱坞影城为代表的影视拍摄基地、影视外景地（卖座电影）及电影节事活动是目前世界影视旅游的主要形式。

在理论界，自 20 世纪 90 年代开始，西方一些学者的视野投向了这一领域，主要代表人物有：Riley，VanDoren（1992）；Riley（1994）；Tooke，Baker（1996）；Mackay，

Fesenmaier（1997）；Riley，Baker，Van Doren（1998）；Im，Chon，Peters，Weiermair（1999）。进入 21 世纪，人们对这一研究课题的关注更加深入和广泛，主要学者有 Busby，Klug（2001）；Kim，Richardson（2003）；Mercille（2005）；Hudson，Ritchie（2006），其中最为重要的一位研究者是澳大利亚学者苏·比顿（Sue Beeton），她发表了众多关于影视旅游的研究文章和著作（2000，2001a，2001b，2002，2004a，2004b，2005，2006），正如她在一篇文章中指出的，她已经对这一领域做了研究，而且将继续对这一领域做深入研究。在众多的研究中，重点主要集中在影视业对旅游业的影响、旅游吸引力、影视作品对旅游客源结构的影响、影视旅游的可持续发展等方面。

二、国内影视业发展概况

影视旅游的发展依赖于影视的发展，而影视对于中国而言是一种舶来品。中国第一次放映电影是 1896 年 8 月 11 日，上海徐园内的又一村放映"西洋影戏"；1906 年，北京丰泰照相馆拍摄了戏曲片《定军山》，这是中国人自己摄制的第一部影片，标志着中国国产电影的开始。但与国外相比，我国影视旅游产业起步较晚。我国影视旅游萌芽于20 世纪 20 年代初的片场拍摄；至三四十年代长春、上海影视基地出现影视旅游雏形；50 年代的北京开始实施"中国好莱坞计划"；然而作为一种旅游形式，其开端为 20 世纪 80 年代，源于 80 年代中国电影的狂飙突进而新建的大批影视拍摄基地。就中国影视旅游发展而言，有两部电影特别值得一提。这就是分别于 1980 年和 1982 年上映的《庐山恋》和《少林寺》。两部影片的上映均产生了良好的经济效应和社会效应。这些电影的主要目的和主导功能并不在于宣传旅游景观，但由于它们鲜明突出地表现了历史文化、民俗风情、地域特色和自然风光，因而在客观上便具有了宣传旅游的一面。《庐山恋》让许多善男信女将庐山奉为必去朝拜的爱情圣地;《少林寺》在中国电影发展史上尤其具有里程碑意义。《少林寺》的热映，让少林寺这座藏于深山的千年古刹名扬天下，给现实中的少林寺赢得了一次机会，曾经门可罗雀的少林寺变得门庭若市。据统计，从1974 年到 1978 年，少林寺的游客总数仅为 20 万人次，而到了 1982 年，一年中游客猛增至 70 多万人次，1984 年，更是达到历史最高峰 260 万人次，还不乏外国游客的身影。在其后的很长一段时间内，许多人正是因为这部电影去的这个地方。所以从某种意义上说，这些电影对于中国影视旅游的开展发挥了积极作用。

但是这些电影与旅游的连接还属于意外开花。中国影视旅游的产生，学术界一致认为以影视城的建设作为标志。1987 年，中央电视台为拍摄电视连续剧《唐明皇》《三国演义》和《水浒传》，在无锡相继建成了唐城、三国城和水浒城三大景区，建立了我国最早影视拍摄基地——央视无锡影视基地，这标志着中国影视旅游的正式兴起。为了拍摄影电视剧而建造的影视城是影视产业发展的产物。随着影视剧的成功，影视城逐渐具有了一定的旅游吸引力，进而衍生出了影视旅游。无锡央视影视基地被认为是影视文化与旅游相结合的成功典范。随着这些电视剧的热播，吸引了众多游客前去观光旅游，促进了无锡地方旅游业的发展。随之而来的建城热带动了中国影视基地发展的春天，形色各异的影视基地纷至沓来。

全国影视基地总投资至今已接近 500 亿元，规模仍在持续扩大，新的影视基地项目还在不断涌现，但除少量影视基地运营状况良好外，绝大多数中小规模的影视基地和影视城陷入了既缺少剧组进驻又少有游客游览的发展困境。因此，如何破解影视基地的发展难题成为学术界和产业界普遍关注的问题。

除去影视城外，影视主题公园也是影视旅游的重要形式。相比国外影视主题公园的蓬勃发展和不断加快的扩张进程，中国影视旅游主题公园的乱象不断。据前瞻产业研究院发布的《中国主题公园行业发展模式与投资战略规划分析报告》显示，国内 70% 的主题公园处于亏损状态，约有 1500 亿元资金套牢在主题公园投资之中（影视主题公园是主题公园的一种类型）。国内的影视主题公园很多是由影视城转变而来的。因为影视城单靠"拍摄收入"是绝对亏本的，尤其是一部戏留下一座城，景点局限性更大，很难吸引更多剧组。因此，不少影视城最后被迫转向旅游，变成主题公园。但由于影视城景点都是新造的，产品本身也没什么特色，对旅游者吸引力并不大。随着影视公园巨头迪士尼和环球影城落户中国，以华谊、光线、万达为代表的影视公司也积极在进行版图扩张。如华谊兄弟电影主题乐园在苏州、上海、海南均有落子；光线欲在上海开发"中国电影世界"，打造中国的环球影城；而万达则在多地布局"万达影视乐园"。但是不论在规模影响力创意等方面与国外巨头相比劣势仍很明显，行业整体盈利状况也颇让人担忧。

而影视的外景地作为开展影视旅游的重要载体最早可以追溯到《庐山恋》《少林寺》。伴随着人们生活水平的提高和旅游的发展，往往电影越火爆，涉及的影视外景地越具有人气。如电影《卧虎藏龙》的取景地从河北承德的避暑山庄一直延伸到新疆的戈壁沙漠，沿途美景醉人；《英雄》推上银幕时，九寨沟特有的"天堂水"让多少人心驰神往；《十面埋伏》将重庆永川翠绿无边的茶山竹林渲染得绮丽多姿；电视剧《乔家大院》将观众带进了设计精巧的民宅大院内。除了电影（电视剧）取景地之外，近几年国内明星真人秀节目如《爸爸去哪儿》《花儿与少年》《奔跑吧兄弟》《极限挑战》等节目的火热带火了一批知名的或者不知名的旅游地，又如一些卫视的旅游节目等同样有此效应，反而传统的风光片已经失去了市场。

影视主题公园、影视城（拍摄基地）和外景拍摄地是从空间角度展示影视的旅游功能，但是从时间上影视节事活动对影视旅游的推动作用也不容小觑。目前举办较为成功的电影节有：台湾电影金马奖、香港金像奖、金鸡百花奖、中国电影华表奖、上海国际电影节、北京国际电影节等。电视节有金鹰电视艺术节、上海国际电视节和中国大学生电视节等。但电影节与旅游的合作并不是一开始就有的，以上海国际电影节为例，从 2006 年第九届开始电影和旅游真正挂钩。在此次电影节期间，开办了中国最具特色影视基地展，并评出了 8 家中国最具特色影视基地，自此之后，凭借上海国际电影节的眼

球效应，可以向大众推介影视旅游资源，以上海国际电影节为平台，大打明星牌，最大化地利用影视明星的社会影响，影视节带来的经济效应不断凸显。尽管如此，我国影视旅游目前还处于发展阶段，进一步推动影视旅游发展可谓任重而道远（见表9-1）。

表9-1　影视旅游发展的阶段及特点

阶段	时间	旅游客体	旅游活动内容	旅游目的	旅游特征
萌芽阶段	1896—1986年	制片厂	参观制片厂	观光、娱乐消遣	以静态观赏为主
发展阶段	1987年至今	拍摄地、影视基地、影视主题公园、电影节	参观、娱乐	全方位、高强度、综合性的娱乐感受和生活享受，愉悦身心、增长知识	动静结合、注重参与、互动、体验
成熟阶段		拍摄地、影视制作全过程、影视相关产业活动	体验、增智	个人发展提高，精神升华	完全发挥主观能动性

资料来源：张杨.从韩剧旅游热论中国影视旅游的深度开发［J］.北京第二外国语学院学报，2006（9）.

　　理论界相对于业界的发展来说更加滞后。1978年以后，国内报刊上日益出现了"旅游影片"的提法。《电影评介》杂志是我国较早关注影视旅游的期刊之一。《电影评介》曾在1984年第四期中有一条关于影视旅游的简短报道：《我国将举办国际旅游电影节》；1987年中国电影出版社的徐建生也系统地对当时的"旅游影片"做出了定义、分类、特点的总结和展望。此时的影视旅游还停留在通过"风光片"扩大中国改革开放的影响力方面。局限于探讨旅游电影节和纪录片为主的"旅游影片"的国家形象宣传方面，还未形成成熟的理论体系和产业思维模式，也没有具体影视旅游收益的数据分析，主要是一些旅游杂志和影视期刊对某些影视剧拍摄的外景地的一些描述性介绍和归纳，国内影视旅游的研究还处在摸索阶段。从20世纪90年代末至今，业界的蓬勃发展开始逐渐受到不论是影视产业还是旅游产业的学界的重视。

　　1999年，作为国内最早研究影视旅游的学者周晶在其发表的名为《电影外景地的旅游吸引力》的一文中介绍了美国的主要电影公司对电影所具有的旅游业价值的利用情况，此后越来越多学者投入到对影视的研究中，其中对于影视旅游发展大家引用较多的是2004年刘滨谊和刘琴在《旅游学刊》发表的中国影视旅游发展的现状及趋势。目前国内对于影视旅游的研究大致在以下几个方面：影视旅游的概念和内涵研究、影视对旅游主客体的影响研究、影视旅游者的感知研究、影视旅游目的地的吸引力研究及影视旅游的规划和开发研究。当前理论研究水平还处定性研究的阶段，基本没有专门的著述，也没有针对文化创意产业的拓展产业来谈影视产业对旅游资源的利用和开发，正处于由个体特征向一般规律归纳、由分散性质向统一体系整合的过程。

第二节　影视旅游内涵及主要形式

一、影视旅游的内涵

"影视旅游"一词是个舶来品，它是根据 Film-induced tourism（Evans，1997）或者 Movie-induced tourism（Roger Riley，1992）或者 Film and television-induced tourism（Joanne Connell，2005）直译而来的，把影视旅游称为"电影引致旅游"或"电影旅游"。

（一）影视旅游的概念

影视旅游的概念并未统一，目前主要有以下几种定义。

活动说：广泛认可的定义。一是国外学者伊文思（Evans）的提法：它是由于旅游目的地出现在荧屏、影带、银幕上而促使旅游者造访这些旅游地和吸引物的旅游活动。二是国内得到较多引用的是刘滨谊的界定：影视旅游是以影视拍摄、制作的全过程及与影视相关的事物为吸引物的旅游活动。

产品说：学者从影视旅游的供给角度为研究点，影视旅游是指影视经营者开发并利用电影电视的制作地点、环境、过程、节事活动，经过策划宣传，推向旅游市场，以取得旅游需求满足和经营利益相一致的一种新的旅游产品类型。

经历说：从旅游者角度出发，认为影视旅游是指旅游者花费一定的时间、费用和精力，通过对影视拍摄的场地、环境，来满足自己求新、求知、求奇等心理需求的旅游经历。

现象说：影视旅游是由于人们受影视剧的影响而对拍摄地产生兴趣，进而到该地旅游的现象。

广义和狭义之分：郭文等认为大部分学者对影视旅游范畴的理解上存在广义和狭义之分。广义的影视旅游面对的客体可以是人造景观，也可以是自然景观、人文古迹，只要与影视活动相关的任何活动均可以称为影视旅游；而狭义的影视旅游主要指在影视主题公园（影视基地或影视城）内的一些活动引发的旅游现象。本章所说的影视旅游指的是广义的，不仅仅局限在影视城或影视主题公园的旅游活动。

（二）影视旅游、影视旅游资源和影视旅游产品辨析

正是因为影视旅游概念的不确定性，导致影视旅游、影视旅游资源和影视旅游产品经常被混为一谈。影视旅游实际上是一种受影视的影响而导致的旅游现象，跟观光旅游、宗教旅游一样都是旅游形式的一种。影视旅游资源经过开发可以转化成影视旅游产品，影视旅游产品是从开发的主体上来说的，指的是影视剧外景地、影视城和影视主题

公园等所提供的旅游产品。如果从电影的角度上来说，成熟的影视旅游产品是建立在成功的影视作品基础上，通过具体策划、拥有项目预算和成本回报周期的后影视产品。

（三）影视旅游与影视主题公园的区别和联系

联系：影视主题公园是影视旅游产生的基础和条件。主题公园是围绕某种特定主题来打造的游乐的内容和形式，是一种休闲娱乐产业。影视与旅游的第一次结合便是以主题公园的形式来呈现的，是影视旅游产生的基础和条件。

区别：影视主题公园是进行影视旅游的一个载体，影视旅游是新兴的旅游形式，起源于影视主题公园，但它不仅仅包括以"影视"为主题的主题公园，凡是与影视有关的人造景观、自然景观、人文古迹、影视节事等都是影视旅游的范畴，它既包括空间形态上的影视主题公园、影视城等，还包括时间形态上的影视节。

二、影视与旅游的关系

从影视的角度说，影视产业对旅游资源的利用引起影视旅游，影视给旅游带来的积极效应也让旅游业积极牵手影视业。社会的发展和物质条件的丰厚，为影视旅游奠定了广大的受众群体，旅游业与影视业的成熟稳定，也为影视旅游的结合创造了条件。

（一）影视与旅游结合的背景分析

几乎从一诞生开始，影视就具有了传播旅游吸引物的功能。但是在早期，这种传播几乎是无意识的。这些经典影视在不经意间对本来就有相当影响力和知名度的旅游目的地、城市和景区，进行再一次的提升，并产生持续的效应（如前文所说的影视）。

影视与旅游的结缘看似一场意外的相逢，但其中却暗含必然。随着社会经济的不断进步，影视产业逐渐显示出独特的旅游吸引力，影视旅游正以一个新兴产业的姿态浮出水面。

一方面，从旅游商业的角度出发，在信息传播愈加快速的今天，人们的生活、消费行为都逐渐快餐化，能够用 60 分钟以上的时间观看电视或电影越来越成为奢侈的事情。在这种情况下，电影电视的广告效应正被逐渐放大。从众多事例都可以发现，影视是旅游最好的载体。因此，一些企业（如影视基地）管理者，乃至地区的决策者希望借助影视的传播效果将本地的资源和美景推销出去，影视旅游成为推介的捷径。

另一方面，从影视产业的角度出发，影视旅游可以归纳为是一种后电影产品开发的产物。不论是影视城、影视主题公园，或者是外景拍摄点，再或者是城市宣传、影视节庆、电影节它们都属于影视旅游的范畴，也都可以归为"后电影产品"开发的领域。所谓"后电影产品"的开发，指的是电影产品的投资回报不仅体现在影院一项收入上，还应该包括与电影相关的其他收入，如卖给电视的播映权、用电影中的造型开发的物品（玩具、卡通人物等）、外景地改建成旅游景点的收入等电影附加产品。影视文化的发展与旅游的结合，为影视产品的投资回报方式打开了全新渠道；影视与旅游的融合为彼此共同迎接挑战，寻求新的发展机遇提供可能。影视与旅游就是在这种背景下联姻，并收到了巨大的效应的。

（二）影视对旅游的影响

影视进入旅游业，为旅游业发展注入了新的动力。影视旅游是一种旅游方式，影视作品往往会给观众留下深刻的印象，并产生潜在的吸引力，一旦旅游条件具备，观众就会到影视拍摄地游览，回忆和体验故事中主人公的行为经历，印证故事片段的发生地。影视对旅游的影响大致有以下几种模式。

1. 借影视发现旅游景区

人们总能在优秀的影视作品中发现一些绚丽夺目的自然风光、韵味十足的生活场景，它们在特定的故事情节或背景音乐的烘托下能使观众产生共鸣、产生向往，由此一些不为人知的自然景观、古镇村落或历史遗迹经过艺术家们的摄像头、取景器的艺术加工后变成了一个个融合了人文与地理景观而充满想象力与艺术魅力的旅游新"景点"，影视艺术此时正充当着伯乐相马、卞和识玉的功效，发掘出一批引起人们关注的旅游景区景点。电影《卧虎藏龙》和《非诚勿扰》，电视剧《乔家大院》，综艺《爸爸去哪儿》《极限挑战》，在影视火爆的同时也带火了影视涉及的旅游地。

2. 借影视塑造旅游主题

1926年，沃尔特·迪士尼创造了一只让全世界孩子都喜欢的小老鼠，随后，《白雪公主》《小鹿斑比》《大象斑波》，还有《木偶奇遇记》等一部部童话故事被沃尔特·迪士尼公司搬上了荧幕，一个充满神奇、梦幻色彩的迪士尼世界开始诞生。沃尔特·迪士尼影城所创造的每一个影视形象都可以为迪士尼乐园增添一种旅游元素，并为迪士尼乐园形成一种爱心、友谊、善良、真诚的文化氛围，奇幻色彩的主题形象，影响了一代代的儿童，抓住了潜力巨大的儿童市场。

3. 借影视营销旅游活动

2006年年初，香港中旅重金打造的在线旅游电子商务平台芒果网正式宣布同冯小刚2006年大片《夜宴》合作，启动《夜宴》里诸多明星参加的安吉、戛纳、内蒙古等外景地的电影之旅，引领了2006年旅游业的新风尚。芒果网的这一营销策划活动将企业时尚、激情的品牌形象成功地展现在人们的面前，吸引了众人眼球，扩大了在线旅游网站的影响力，加深了人们对在线旅游网站的认知。利用影视作品广泛的公众性和社会影响性来营销旅游企业、旅游产品或旅游线路已成为当前旅游营销的一种重要的手段，一些地方政府组织或机构也积极参与此类营销活动，期望通过举办电影的"开机庆典"或"首映式"来营销景区和营销城市。

4. 借影视策划旅游项目

近年来，国内的一些景区景点出现了"景光秀"的现象，即以秀美的山水风光或历

史人文为背景，通过知名的导演、编剧等艺术家的精心策划，将一些影视作品中的故事情节或场景在旅游景区里演绎出来，形成了一种新的旅游活动，这种旅游活动具有很强的感染力量，自然景观在各种现代声、光、电技术的渲染下显得更加绚烂多姿，景区的人文气息也被震撼人心的演绎场景烘托出来，使游客通过一个新的审美视角获取一种与众不同的感受。最为成功的案例当数张艺谋导演策划《印象·刘三姐》，这场演出将漓江的水、桂林的山、广袤的天穹、渔船的渔火以及刘三姐的山歌等多种元素融合在一起，带给所有游客的是强烈的视觉冲击、高雅的艺术感受以及民族的震撼力。

5. 借影视开发旅游产品

一些影视作品为了更好地体现历史事实和故事场景，需要特定历史时期的社会场景作为背景，因此出现了一些人造的仿古实景，各大影视基地应运而生。除了具有拍摄影视作品的功能外，还具有提供旅游活动的功能，形成了由本来的影视基地向"影视基地旅游"，再向影视旅游主题公园发展的战略模式，其中最为典型的案例当数浙江横店影视城。来横店旅游的人们不仅能够领略到曾在影视作品中看到的场景，还可以满足追星族的好奇心，没准会遇见哪位明星大腕正在拍戏，还可能有幸客串一把群众演员，旅游者在横店能够完全沉浸在这群情参与的快乐中，各种美食、美景相得益彰，使得旅游活动丰富多彩。

（三）旅游对影视的影响

旅游参与影视业，有利于其规模化和产业化发展。现代影视业已经逐渐成为一个有着完整产业链的工业体系，目前的发展趋势越来越注重"后电影产品的开发"，从电影业的角度出发，影视旅游实际上是后电影产品开发的产物。电影产品的收益不再单是一项票房的收入，更多的是一系列能够增加电影收入附加值的相关产品。有关资料表明，美国等电影产业较发达国家的票房收入一般只占电影收入的 1/3，更多来自版权转让和"后电影产品"开发。就影视业本身来说，在其中融入旅游因素属于"后电影产品"开发的一种，将其界定为"影视业的旅游化"，它为影视业开辟了新的经营空间，创造了新的经济增长点，提高了影视业的产业化程度，增强了影视产业的市场生存能力。

三、影视旅游的特征

影视旅游是"影视"和"旅游"的融合，具有以下特征。

（一）对影视的依赖性

影视作品是影视旅游的核心吸引物和营销媒介，影视剧的质量及国际影响力是影视旅游发展的基础。所以影视旅游能否取得成功，对影视产业的发展水平有着高度的依赖性，因为通常情况下，影视旅游者之所以会产生旅游的动机都是深受影视作品的影响。观众通过观看影视作品后才了解到原来还存在这么一个值得观光旅游的地方，因此，与其他旅游方式不同，影视旅游的宣传具有间接化的特征。但不是所有的影视都能起到传播、吸引旅游者的作用，只有优秀的影视作品才会具有广泛的传播效果，受到大量观众的喜爱，引起受众的兴趣，勾起他们去影视拍摄地一睹风采的好奇心。而情节普通、没有亮点的影视作品就很难引起受众的注意，更谈不上吸引游客前去参观了。比如，安徽宏村在之前"属于养在闺中人未识"的小村庄，但是奥斯卡获奖影片《卧虎藏龙》在此取景拍摄之后，它因此瞬间就变得红火了。影视旅游的宣传主要是通过影视作品的播放以及传播。这也导致影视旅游对影视业具有高度的依赖性，影视业的发展将会在很大程度上影响到影视旅游业的发展。

（二）时空异化最大化

影视是一门时空艺术，影视旅游也具有时空性，它将时空艺术发挥到最大化。影视作品不仅向我们展示了现代的生活，也向我们展示了从前以及未来我们从未经历过的生活。以影视旅游的主要载体——影视主题公园来说，将时间、空间切割成零碎片段，并经重组制造出现实以外的虚幻时空，把两个截然相异的时空合在一起，模糊了古代、现代以及未来时空之间的界限，一旦剧中的场景在现实生活中出现，游客在非历史的当下时空体验中去感受这种断裂感，就会达到极高的兴奋度，而失去自己的时空感应和身份，并由此获得最高层次的精神享受。

（三）活动内容浓缩化

活动内容高度浓缩和活动空间分布高密度是影视旅游的又一大特征。影视主题公园将古今中外、上下五千年的文化以实物和活动场景的形式浓缩于有限的空间中，带给旅游者的是强烈的视觉冲击力和情感震撼力的游览环境。旅游者可以在极短的时间内游览跨越时代的不同情景，活动内容是高密度浓缩化的。如横店影视城内有13个跨越几千年历史时空、会聚南北地域特色的影视拍摄基地，远到秦汉唐宋，近至明清民国；上到皇宫官府，下至民居街肆，旅游者一天之内可以从秦王宫走向明清宫苑，从江南水乡到广州街、香港街，获得不同时空范围的体验。

（四）变动发展实时化

人的记忆是短暂的，特别是在如今影视作品铺天盖地的年代，除了极少数的优秀作品，人们通常会因新作品的推出，而忘掉以前的影视作品，所以通常而言，每部影视作品的流行都有一定的时间限制，因此，对影视有极高依赖性的影视旅游也是如此，影视旅游具有时效性。通常，在某部影视剧拍摄和放映的时段，是最容易引起受众的关注的时候，但是当影视作品流行期过去后，人们会逐渐淡忘。影视作品的流行期要求与影视密切相关的影视旅游产品必须紧随其后，及时更新、变动发展，否则难免陷入影视热潮一过，与之相关的影视旅游随之烟消云散的境地。

四、影视旅游的表现形式

影视旅游的表现形式既包括空间尺度上在外景地、影视主题公园、影城城和电影电视拍摄技术博物馆等进行的旅游，也包括时间尺度上各种形式的影视文化节、电影首映式等发生的旅游活动。以下四种是比较常见的影视旅游形式。

（一）影视主题公园

影视型主题公园是主题公园发展到一定阶段细分化的产物，是现代旅游产业中一种重要类型和补充，它作为一种新型旅游产品带给旅客的是高强度、全方位、综合性的休闲娱乐感受和全新的生活体验。影视主题公园是以影视作品为旅游资源，以现代科技和文化手段为表现，以满足旅游者多层次的需求，集观赏性、娱乐性、参与性于一体的旅游产品。在影视主题公园里可以参观电影的制作，解开特技镜头之谜，更可以回顾经典影片，观看娱乐动物卡通明星表演等。如果说影视剧是为人们造梦的媒介，那么影视衍生品中体积最大的影视主题公园绝对是为人们圆梦的媒介。它打破了不可突破的次元墙，让影视剧粉丝们的生活充满惊喜，目前来说全球最大最成功的两个影视主题以美国的迪士尼乐园和环球影城为代表，随着影视剧在全球的热播，相关影视主题公园也不断浮出水面（见表9-2）。这里特别提一下，中国的影视主题公园大多指的是影视拍摄基地。

表9-2　主要的影视主题公园

影视主题公园代表	开业地点及时间	数量	主题来源
迪士尼乐园	美国，1955年7月开园	7家，美国洛杉矶和奥兰多、日本东京、法国巴黎、中国香港、中国上海、迪拜	迪士尼景点影视和动画：传统的米老鼠、唐老鸭和迪士尼公主等经典形象，加勒比海盗、阿凡达、星球大战
环球影城	美国，1963年开业	6家，美国奥兰多、美国好莱坞、日本大阪、西班牙巴萨罗纳、新加坡圣淘沙、中国北京（2020年开业）	哈利波特的魔法世界、变形金刚3D历险、神偷奶爸小黄人、行尸走肉、怪物史莱克
宫崎骏动画主题公园	日本，2018年开业	1家	宫崎骏系列动漫电影
英剧影视主题公园	英国，预计2020年开业	1家	大热英剧《神探夏洛克》《神秘博士》等作品

资料来源：根据网络资料《圆梦的影视主题公园》整理而成。

（二）影视拍摄基地（影视城）

影视拍摄基地，即通常所说的影视城，影视城原本是指因影视拍摄需要而建成的人造景观，包括建筑、场景、场地、道具、服饰等，是一种舞台化的游憩空间。这也是国内外影视旅游最常见的表现形式。从目标市场来看，最初用于拍摄的影视城，其市场主要面向影视拍摄剧组，而旅游化之后，影视拍摄基地的目标市场则逐渐转向了旅游者，从而具有拍摄功能与旅游功能。由于电影的火热，不但产生了一批成熟、成功的电影团队，也更带动了一批优秀的影视基地，更是带动着国家和城市的旅游业的发展。国外有美国好莱坞、印度宝莱坞等著名的影视拍摄基地。在中国名气最大的首推浙江横店影视基地，最初只有部分剧组知道，也没有多大的名气，现如今却热闹非凡，不但帮助影视作品的拍摄和制作发展，还开发着影视基地的旅游事业，横店影视基地现在已成为电影与旅游结合的成功范例，使影视基地成为一种成熟的、可复制的模式。2006 首届中国影视旅游产业高峰论坛上，通过对全国影视旅游基地占地规模、旅游人次、总体收入等具体指标的评比，首次评出中国十大影视基地：横店影视城、上海影视乐园、中山影视城、长影世纪城、北普陀影视城、同里影视基地、象山影视城、镇北堡西部影视城、焦作影视城、涿州影视城。经过近 30 年的发展，目前全国已有上千座影视基地和影视城，按照产业基础、地域文化和影视产业发展需要，依托首都城市圈、长三角城市群、珠三角城市群的影视产业机构等，大致形成了北、东、南三大影视产业基地群（见表 9-3）。

表 9-3　国内影视基地

地区	影视城名称	简要情况	拍摄的主要影视
北部影视基地群	北京怀柔影视基地	以北京怀柔影视基地为代表，"央"——依托中影集团、中央电视台等央企和中央级传媒的品牌、投资和人脉资源，以中影集团电影数字生产基地为核心，提供大量影视制作订单；"科"——设施和服务具有较高的科技含量，努力适应数字化的影视制作手段；"聚"——位于首都城市圈和京津冀城市群，与中国主要的电影生产基地形成互动	北京怀柔：《还珠格格》
	北普陀影视基地		
	河北涿州影视基地		
	宁夏镇北堡影视城		
	长春电影城		
东部影视基地群	浙江横店影视产业实验区	南以横店为代表，"大"——全球规模最大：能够适应从春秋到民国，多个历史时期、多种历史场景、全天候的大规模影视拍摄；"全"——产业链服务要素集聚最齐备：包括器材租赁、外景设置、后期制作、群众演员、人才培训；"游"——形成国家级 5A 级旅游景区，游客人次超过千万而著称	横店：《鸦片战争》《荆轲刺秦王》《汉武大帝》《满城尽带黄金甲》《甄嬛传》
	浙江象山影视基地		
	海宁影视基地		
	江苏无锡影视基地		
	同里影视城		
	上海车墩		
	临港影视基地		
南部影视基地群	云南影视基地包括 8 个影视城（大理、丽江、玉龙湾、曲靖、腾冲、元谋、陆良、石林等）	不论在规模还是在产业支持方面无法跟前两者相比，以地域特色为主要点	《红楼梦》《宰相刘罗锅》《红高粱》《大话西游》《天龙八部》
	广东南海影视城		
	广东中山影视基地		
	香港、台湾影视制作机构		

　　资料来源：徐铭.我国影视旅游基地发展现状、面临挑战及对策研究——以横店影视城为例［J］.旅游纵览（下半月），2013（7）.

（三）影视拍摄地（风景名胜区）

影视的拍摄往往涉及大量外景地，这些外景地借助于影视传播，特别是在影视作品中唯美、精致的亮相，很可能从"识者寥寥"的地方"摇身一变"成为热门的旅游目的地。这类型的影视旅游是指把影视作品作为一种旅游资源或作为一种有效的旅游促销手段，吸引游客到影视外景地去旅游。影视旅游中影视的类型如表9-4所示。

表9-4　影视旅游中影视的类型

影视类型	代表	涉及的拍摄地
电影（包括动漫，数量多，影响大）	少林寺	嵩山少林寺及塔林
	庐山恋	庐山
	功夫熊猫2	四川青城山
	非诚勿扰	日本北海道、杭州西溪湿地、海南等
电视剧	乔家大院	山西祁县乔家大院
	白鹿原	白鹿原影视城
	琅琊榜	横店、象山两个影视基地
明星真人秀（上升空间大，对年轻一代吸引力强）	爸爸去哪儿	以第一季为例重庆武隆天坑、宁夏沙坡头景区，云南普者黑村，威海鸡鸣岛，湖南岳阳平江，黑龙江雪乡
	奔跑吧兄弟	浙江秀山岛滑泥主题公园、乌镇等
	花儿与少年	罗马等
其他（传统的风光片已经没有市场）	走遍中国	没有特定的地点，主要看能否引起观众的共鸣进而激发旅游

资料来源：根据参考文献加以整理和修改。郭文，黄震方，王丽.影视旅游研究：一个应有的深度学术关照——20年来国内外影视旅游文献综述［J］.旅游学刊，2010（10）．

（四）影视旅游节日活动

影视节是指为创作而进行的颁奖以及交流节目、学术研讨、新闻发布、大型演出等而在一个地区定期举办的一种大型综合性会议，通过参赛节目，实现创作人员和影视观众的直接交流，同时以影视明星为主角，展开各种活动，吸引大量观众参与，从而带动该地区旅游发展的一种文化形式，是影视旅游在时间形态上的一种重要形式。当前具有重要影响力的国际级电影节有柏林电影节、夏纳电影节和威尼斯电影节及奥斯卡颁奖典礼。就我国而言，首先，具有国际影响力的影视节数目较少，主要包括三个国际A类电影节，即上海国际电影节、北京电影节和丝绸之路电影节。其中丝绸之路电影节设立的目的是希望以电影为纽带，促进丝路沿线各国文化交流与合作，传承丝路精神，弘扬丝路文化，为"一带一路"建设创造良好的人文条件，因此相比其他影视节，其与旅游更加具有天然的联系。其他重要影视节庆主要包括如长春国际电影节、中国电影金鸡奖、港澳台地区的金像奖、金马奖等，此外还包括两个独立电影节即北京独立电影展和云之南独立电影展。其次，从地理位置和举办时间上看，我国重要电影节主要以北、上、广及其周边城市为主，电影节举办的时间多数集中于每年下半年 8~10 月份和上半年 4 月、5 月（见表 9-5）。

表 9-5　中国国内主要电影电视节

A 类电影节	举办地	举办时间
中国北京电影节	北京	始于 2011 年，每年 4 月下旬
中国上海国际电影节	上海	始于 1993 年，每两年举办一次
丝绸之路国际电影节	西安 / 福州轮流	始于 2014 年，每年 9 月
独立电影节	**举办地**	**举办时间**
北京独立电影展	北京	始于 2006 年，每年 10 月
云之南纪录影像展	昆明	始于 2006 年，每年 3 月
其他重要电影节	**举办地**	**举办时间**
中国长春电影节	长春	始于 1992 年，每两年举办一次
中国珠海电影节	珠海	始于 1994 年，每两年举办一次
中国北京大学生电影节	北京	始于 1993 年，每年 4 月 20 日至 5 月 4 日
中国电影金鸡奖	地点不定	始于 1981 年，每两年举办一次
中国电影华表奖	北京	始于 1992 年，每年 8 月
大众电影百花奖	北京	始于 1962 年
中国电影童牛奖	地点不定	始于 1985 年，每两年举办一次
中国香港电影金像奖	香港	始于 1982 年，每年 4 月
中国香港电影评论学会奖	香港	始于 1995 年，每年 1 月 / 2 月
中国台湾电影金马奖	台湾	始于 1962 年，每年 6 月
中国台北电影节	台湾	始于 1998 年
中国华语电影传媒大奖	地点不定	始于 2001 年，每年年初
电视节	**举办地**	**举办时间**
上海国际电视节	上海	始于 1986 年，自 2004 年起每年举办一次
中国金鹰电视艺术节	长沙	始于 2000 年，每年 9 月
中国大学生电视节	地点不定	始于 2010 年，每年举办一次

资料来源：柴寿升，李超.中国影视节庆旅游发展研究［J］.石家庄经济学院学报，2013（10）.

第三节　影视旅游创意策略研究

一、影视旅游创意的背景浅析

（一）全球创意产业发展

近年来，旅游业与文化创意产业的融合发展引起联合国教科文组织、世界旅游组织、欧洲旅游与休闲教育协会等国际组织的高度关注，英国、美国、新西兰等国家也十分注重旅游业与文化创意产业的融合发展，相继制定了产业融合发展战略并付诸实践。

（二）中国创意产业与旅游业的结合同样有现实需求及政策支持

2006 年 9 月 13 日，在《国家"十一五"时期文化发展规划纲要》中明确提出以建设文化创意产业中心城市为核心目标。2008 年 12 月 17 日，中国旅游产业文化创意推介会在北京召开，2014 年，国务院《关于推进文化创意和设计服务与相关产业融合发展的若干意见》明确提出我国要着力推进文化创意和设计服务与旅游业的融合发展。可见，我国正由点线旅游体系转变为板块旅游体系，旅游载体由单一的景点景区向一个集群甚至一个城市转变，这种转变必然需要相关产业配合，所以需要旅游和文化融合形成新的业态：旅游文化创意产业。

（三）影视旅游的困境需要创意来破解

影视产业和旅游产业都是文化创意产业中的重要环节，而国内的影视旅游一直徘徊发展：发展缓慢、产品单一是发展手段发展方式方面的问题；建设无序、重复投资、经营不当则是建设发展规划方面的问题；而根源的问题仍然在于理念层面，缺乏文化内涵，食之无味，消费者必然弃之。而要想使影视旅游具有长足的发展和强大的生命力，独创性和文化性很重要。所以对于影视旅游来说，需要在文化创意方面进行改变和提升，多融入文化创意元素，随着影视文化观念上、生活时尚上的导向作用，影视旅游将紧随时代的发展不断演绎新的产品。

二、影视旅游创意的核心要素——文化

影视业是文化产业的核心组成部分，旅游业的实质也是一种对文化的传播过程，影视和旅游的内涵属性都是一种文化活动的传播。作为两者的结合品，影视旅游的文化属性显得更加浓郁。将影视产业与旅游产业结合，其直接核心就是文化与旅游的联姻。没

有历史文化积淀的影视旅游产品是缺乏生命力的。影视作品作为文化产业，本身会涉及文化风俗、国家地理、宗教信仰、生活方式等内容，所以从中延伸出来的影视旅游同样也带有浓厚的文化色彩，缺乏文化的影视旅游注定不能长久。

影视作品作为一种艺术作品，与一般产品的不同之处在于，影视作品还可以以思想的形式存在。而对于依托影视作品内容资源而存在的影视旅游，不论其产品形式是否相同（比如影视城、影视主题公园等），都具有与影片一脉相承的核心文化价值。影视作品蕴含的文化价值对影视旅游产品的开发具有重要影响。旅游者对影视旅游的需求不仅仅是物质属性的满足，更多的是在影视旅游产品消费过程中的精神追求、情感共鸣与文化认同。因此，如果一部电影作品蕴含普适性的文化价值，从而获得消费者较高的文化价值评价，消费者会偏好该影片及其"思想形式"，影视旅游便有了"思想资源"，便可以把这些作为一种投入要素投入到影视旅游的设计和生产过程中。当影视作品中的核心文化价值延伸到影视旅游中时，与其有相同文化内涵的影视旅游产品更能符合消费者偏好和市场需求。但目前我国影视旅游产品缺少文化内涵打造，因此影视旅游要走出困境，创意是首要，文化是核心。影视旅游的核心竞争力都是围绕文化做文章：文化内涵的选择，决定着定位；文化的表现方式，是影视旅游产品设计建造的理念；文化的外延扩充，是影视旅游长期活动策划的基础。没有文化，影视旅游发展就没有主心骨儿。例如，美国环球影城和迪士尼都特别注重文化内涵的挖掘，以美国迪士尼为例，有人总结过，迪士尼是一个童话的理想世界，最核心的价值观很简单，就是真善美。它有个人主义和乐观主义，有脱离现实的梦幻和希望，有天真与纯洁，有浪漫和快乐，最后一定有真善美战胜假恶丑，这些都是最符合美国人价值观和最适合儿童的情趣。但它的文化并不是刻板的说教，而是寓教于乐。

三、影视旅游创意的主要原则

影视旅游从根本上来讲是一种文化创意旅游产品，本书认为在进行影视旅游创意开发过程中，应该遵循以下三个原则。

（一）关联性原则——借助影视吸引力，策划旅游项目

影视旅游的依赖性决定了不论是外景拍摄地还是影视拍摄基地或者影视主题公园在创意方面不能脱离影视而存在，影视旅游创意开发与影视具有关联性。比如，活跃在迪士尼乐园中的米老鼠、白雪公主及超能陆战队里的大白无一例外来源于影视。比如，《无极》是在横店秦王宫拍摄的，魔幻王城场景在拍摄完毕后就已拆除。但随着《无极》电影的播映，探寻《无极》诞生地成为一个旅游卖点。于是，横店投资仿建了一座"无极魔幻城"，并推出"杀王救倾城"和"放真人风筝"两个经典影视片段，深受游人喜爱。在一般的影视旅游中，先有影视，再有影视旅游产品，有些时候可以反其道而行之。最为典型的例子是《加勒比海盗》电影的诞生，电影《加勒比海盗》源自迪士尼公

司一个主题乐园的游乐项目——海盗船。自从 1960 年推出以来，该项目在乐园广受欢迎，2003 年迪士尼公司根据这个项目扩充、制作了一部电影，并连续拍摄了 3 集。影片的推出对促进乐园的游玩起到了很大的作用。

有注意力就会有经济效益，正是因为影视与影视旅游的关联性，应该借助影视吸引力，策划旅游项目。如以风景优美的山水风光或历史文化为背景，通过精心策划，将影视剧中出现的故事情节或场景可以演绎到景区内，形成一种新的旅游活动，这种旅游活动具有很强的感染力量，使游客通过一个新的审美视角获得一种对景区与众不同的感受。比如《爸爸去哪儿》在苗寨那期播出后，游客络绎不绝，节目中出现的拦门酒、龙头宴、打糍粑、榨菜籽油、爬竿，景区在节目后可以将这些民俗体验策划成旅游产品，让游客来体验，感受当时节目中的氛围。

（二）独创性原则——盘活资源，吸引人气

传统旅游以静态展示为主，体现的仅仅是观光功能，缺乏深度体验和参与。随着现代人旅游需求的多元化，旅游者更加注重文化性和体验性，再加上影视同样具有时效性，因此如何让影视旅游持续发展，需要用文化创意产业的生产、销售、服务模式来做影视旅游，让其重新焕发活力。影视旅游的独创性体现在以下两个方面。

一是影视本身的创意性。影视的创意性带来影视的巨大成功从而带动影视旅游热。影视这个"造梦"产业，是文化产业中十分重要的内容，影视业生产过程本身就是讲究创意的过程。影视是当今世界最能综合各种艺术手段，运用先进高新科学技术，最生动地表现人民精神生活的媒介形式。其创意、技术、营销等各个换机紧密联系，环环相扣。影视从"制片—制作—营销—发行—院线"这些环节创意带来影视卖座，从而带动影视旅游。电影《卧虎藏龙》取得巨大成功并且引发拍摄地之热，一个重要原因就是创意在电影中采用西方化的艺术表达方式来包装中国内核的故事；2013 年中国火热的娱乐真人秀节目《爸爸去哪儿》《奔跑吧！兄弟》是创意文化与旅游相结合的典范，不仅节目火热，受到了大家的广泛好评，而且带热了一系列的冷门风景、文化景区，如京郊古村落爨底下村、云南普者黑等。节目形式是颠覆性的，创意扎根于文化基础之上。节目过程中寓教于乐，把那些"藏在深闺"的美景与悠久的历史展现在大家面前。

二是影视旅游客体（如拍摄基地、影视城等）借助影视的火热，创意性地开发影视旅游产品，吸引人气。如横店影视城从"无名小卒"发展成影视拍摄基地的"大腕"，靠的就是创意。所有的景点都是人造的，然而正是丰富的创意，实现了其产业的发展。通过创意，影视作用突出，影视旅游使旅游目的地成为当地旅游产业链上富于开创性的亮点。这里的"创意"，不仅仅是内容的创意、节目的创意、建筑风格的创意，也更是经营模式、经营理念、发展思路的创意和创新。横店并不是最早做影视基地的，然而其凭借其免费提供拍摄场地，而通过住宿、餐饮、设备租赁、群众演员提供等服务收费的方式，在短时间内吸引了国内成千上万的剧组蜂拥而至，最终形成了国内最大的影视基

地。作为一个人造景观的聚集地，横店不是简单地以影视吸引游客过来看这些人造的拍摄场景，而是巨资打造高科技含量的各种舞台演出、实景演出、4D 演出，开发各种游乐活动，通过丰富的创意内容吸引游客、留住游客，实现了游客人数的连年递增。其中，投资数千万元建成的 4D 轨道电影秀《龙帝惊临》由于其极强的体验性，备受游客的青睐，有的游客一天反复乘坐 15 次，还不过瘾。反观其他的一些类似场地和景观，基本都是建成之后一成不变，游客人数呈现不增反降的趋势，依赖门票经济，旅游收入始终不能得到提升。

（三）高附加值原则——体现影视旅游产品的多样化与灵活性

影视旅游与其他旅游方式区别在于创意，通过文化理念、创新思维，对其产品注入文化内涵，因此影视旅游产品的科技和文化的附加值比例明显高于普通的产品和服务，这也是旅游者愿意买单的一个原因。旅游者不再仅仅满足于一般的观光游览，有很大一部分都是对旅游产品附加值的购买。影视旅游产品只有具备丰富的文化内涵和新奇独特的创意，做到高附加值，给旅游者带来个性化、深层次的旅游体验，才能满足人们新的旅游需求。

综上所述，在影视旅游产品开发中既要在意影视与影视旅游产品之间的关联性，活动的创意性，还有让目标受众感受到旅游产品的旅游价值与体验价值。

四、影视旅游创意的要点

（一）准确的主题定位——以主题营造文化氛围

1. 选定主题

主题是影视旅游产品的基础和灵魂，而影视旅游产品的千篇一律、无趣是不能吸引旅游者的一个关键因素，因此个性化影视旅游产品主体应该本着"影视体验"的初衷对影视旅游产品进行开发，让旅游者感受到影视作品中的氛围，因此影视旅游产品开发围绕影视确定一个主题。影视旅游相对于其他类型的旅游来说，核心竞争力是影视，因此影视城的主题定位必须从影视文化、历史沿革、民俗民风、建筑景观所呈现的文化中挖掘主题。好的主题可以突出特色和个性，增强吸引力，有效激发旅游者的购买欲望，还能突破资源优势不足的限制，在同类旅游旅游产品竞争中占据有利竞争地位。主题的定位必须在市场调研的基础上，围绕资源和市场，依托历史沿河和文化内涵，挖掘出最具特色的旅游资源，利用有形景观和无形精神文化进行提炼，提出一个特色鲜明、突现个性、构思巧妙的主题定位。主题定位应该遵循针对性、独特性、本体性和延展性四个原则；主题定位的思路主要包括情感体验、穿越时空、身临其境、寓教于乐和营造梦想；主题的实现则是通过策划旅游项目、设计旅游活动、完善旅游服务、开发旅游产品等来实现。

2. 围绕主题策划活动

围绕主题开发一系列的旅游活动，向旅游者充分展示影视作品中所反映的当地有特色的自然风光、历史文化和民俗风情等。首先，可以从影视拍摄地自身的文化内涵入手，并将其文化内涵通过特定的载体表现出来。例如，可以在影视拍摄地大量张贴剧中人物的海报；在影视拍摄地播放影视剧和影视音乐；还可以在有代表性的景区，恢复影视剧中的一些建筑以及根据影视中人们的打扮进行穿着，营造浓厚的影视氛围，让游客随处可见各种戏剧性的场面，并不知不觉地融入其中。其次，影视拍摄地还可以借影视来策划旅游项目。加深受众在景区的体验意义，建立受众对景区的忠诚度。

（二）关注游客体验

影视旅游，是一个集旅游、餐饮、住宿、影视为一体的影视旅游产业链的整体发展。体验经济时代的主要特征就是游客的主动性和参与性，因为很多景区没有形成与游客互动的环节，不能带给游客感官上的体验，因此引不起游客情感上的共鸣。为此，在开发影视旅游产品的时候要与游客进行互动，使游客真正参与其中并深刻领会和感受，以获得难忘的旅游体验。以影视旅游的生力军影视拍摄基地来说，产品形式单一，缺乏生动的建筑道具，仅仅停留在单向度的演出，这些都大大降低了游客的积极性。因此，应充分抓住影视作品的传播效应，将"影视＋景区＋体验"融为一体。游客在食、住、行、游、购、娱六要素的体验活动中，由于自身年龄、收入、职业、性别、偏好等都存在差异，产生的旅游体验就会不同。因此，影视城必须开发出表现不同主题、不同档次、不同类别的体验型产品，这样不仅满足不同类型的旅游者体验需求，还能有效利用影视城旅游资源，使旅游资源效用最大化，不断提高影视城的市场竞争力，吸引更多的旅游者前来旅游。例如，2013年火爆荧屏的《爸爸去哪儿》在宁夏沙坡头拍摄播出之后，宁夏沙坡头景区以《爸爸去哪儿》旅游产品为主题，安排了专门的策划团队，针对节目中出现的体验活动并结合景区的现实条件，制作了一系列和《爸爸去哪儿》相关的旅游产品，并对"沙漠滑沙"这类的热门产品进行了分解和优化，增加了更多的沙漠体验项目，如亲子沙漠卡丁车赛、沙丘冲浪、乘坐羊皮筏子、黄河号子大比拼等，产品推出不到30天的时间，就受到了全国各大旅行社的青睐，先后共有100多个旅行团前来寻求合作，这些产品也迅速在国内的旅游市场上红火起来。

（三）巧用影视打品牌——培养顾客忠诚度

品牌是一个名字、术语、标志、符号或图案，或者将其组合，用以识别某个或某群销售者的产品或服务。品牌又是一个集合概念，是与同一企业的商标联系在一起的，而商标是品牌的核心组成部，是企业的知识产权，得到市场认可的商标将为企业带来巨大的无形资产创意产业强调品牌的经济效应。影视旅游企业应通过影视剧的宣传效应打造自己的品牌产品，把产品竞争力变为品牌的竞争力。这种竞争力不是产品的某一单项指标，而是品牌所代表的产品品质和信誉的综合体现。迪士尼是世界最著名的商标之一，也是世界最著名的品牌之一，因此影视旅游主体应该借助影视，积极塑造影视旅游地的良好形象，塑造企业品牌，中国很多企业却不注重品牌建设。如 2001 年和 2003 年以北京一家百年老中药店为原型的电视剧《大宅门》第一、第二部首映后，电视剧《大宅门》曾经在中国内地和港台地区热播，与此同时作为《大宅门》的原型，参观这家药店也成为一项旅游项目。香港地区的报纸曾经刊登过一篇名为《旅行团卖药》的报道，摘录如下：京城有百年老店声名显赫，本来是金漆招牌，不知何故竟然与旅行社挂钩，向团员推销药物，活像本地的某些珠宝工厂。导游带领团员入店后，有教授头衔的老中医替部分团员把脉，然后推销治病的中成药。其他团员在店内游览，在售货员如簧之舌的游说下，少不了买入补气药、补血药及降糖尿、降血压、降胆固醇等药，尤以中年女士最爱买药，消费在 3000 元以上，比旅行团的团费还要高。部分游客表示，对该老牌名店的药物信心大失，不会再买入！

好的影视剧的影视效果本来应该有助于塑造旅游地的形象，有利于后续影视旅游产品的开发，为何文中部分游客从被老店吸引，到亲临老店后大感失望。最重要的一个原因是影视作品的表象与现实形象的反差而导致的。影视作品中百年药店塑造以人为本、悬壶济世的中国医药的圣殿，在现实却变成了利用名店作为招牌的营利性机构。如果影视旅游带来的旅游只是这种，哪怕是声名赫赫的影视也挽救不了。

（四）技术不断创新——不断更新项目，持续保持吸引力

技术创新是企业生命力之源、竞争力之本。技术也是推动创意经济持续发展的第一位。纵观迪士尼的发展历程，科技始终在其中扮演着重要角色：1928 米老鼠在《威廉号汽艇》中开始说话，开了有声卡通先河，从此米老鼠这一著名动画人物开始走向世界；《花和树》（1932 年）是世界上第一部彩色动画片；《白雪公主》（1937 年）是美国第一部大型动画片；《幻想曲》（1940 年）是第一部使用动画摄制机拍摄的动画片等。迪士尼乐园中各种声光电技术的运用为我们营造了一个个梦幻般的世界，同时与苹果、惠普等著名电脑公司合作，不断提高创意作品中的技术含量。

随着新技术的不断出现，影视作品的制作越来越精美，也越来越简单，既为影视旅游发展提供了新的契机，也带来了一定挑战。建议影视旅游企业把握技术走向，进一步丰富影视旅游体验内容，如自主拍摄、场景体验、特效制作等，推进影视旅游发展。

（五）不断优化服务内涵——创造细微化、优质化服务

再好的创意和主题如果没有优质的服务跟进，也吸引不了顾客，这也是很多景区的一个短板。要让游客消费得贴心、舒心，愿意为产品买单，需要影视旅游企业不断创造细微化、优质化的服务质量，迪士尼在这点是可以说做得非常成功。游客在迪士尼乐园，不论在哪里都能感受到迪士尼工作人员贴心的服务和热情的接待，这种服务让游客

在游玩过程中始终保持心情愉悦，游客也会给予迪士尼很高的评价。很多细节可以体现这种经营理念：园区配备有无障碍通道及轮椅、婴儿车、电动车等便民设施，游客凭门票可以免费使用，方便了老弱游客参观游览。同时每个表演场地、游乐项目，都设有优先通道、优先看台。残疾人或是有紧急状况的游客，可以通过优先通道出入场地，并且免去了由于游客过多而排队的烦恼。即使是身体健康的成年人，也可以使用电动车等代步工具，以方便游客更好地游览整个园区。从人工服务的软件到物质设施的硬件都完美体现了人性的关怀，又与娱乐主题融合为一体。每个工作人员脸上都洋溢着微笑，并且会主动和游客打招呼。迪士尼每个月都有主题口号，员工们戴上标志性的米奇魔术白手套，摇晃双手，向每个前来参观的游客带来迪士尼最真挚的问候。同时，园内还有扮演成各种卡通人物的工作人员，他们或是尽力表演与观众互动，或是友好地与游客合影、派发礼物。每位游客都能感受到迪士尼给他们带来的轻松、温暖和欢乐。迪士尼的员工还会尽力帮助游客解决其所遇到的困难。由于迪士尼有很多来自国外的游客，所以园区不光配备有多国语言的地图，还专门为语言交流有困难的游客提供翻译耳机租借。方便游客使用的无障碍洗手间更是密到在园中任何位置的视野内几乎都能找到。同时还设置婴儿座椅、化妆间等设施，极大地方便了游客。热情周到的服务也提高了游客的重游率，带给了迪士尼良好的口碑。迪士尼的服务理念已经深入游客的内心，游客经过比较，自然会选择让自己最为满意和舒心的服务，所以迪士尼在这一点上紧紧抓住了消费者。

而我国虽然有众多的影视旅游主题公园、影视拍摄基地等，但服务水平却参差不齐，难以令人满意。在黄金周、小长假时，经常可以听到旅游景区工作人员与游客发生冲突的情况，在细节方面更是差距甚大，这无疑给景区带来了极为负面的影响。影视旅游地要想长久发展，必须取得游客的信任。定期对员工进行培训学习，提高员工的职业素养，并且制定统一的完善的服务标准。这样才能更好地为游客服务，让游客真正乐在其中。同时，园区的服务设施、便民设施也应进一步加强，以更加方便游客的游玩，让游客真正地体验到快乐，愿意下次继续光临，从而留住游客。

（六）开发影视剧衍生品

单一的门票经济及缺乏影视主题鲜明、具有文化内涵和地方特色的影视衍生品是很多影视旅游地的另一个主要问题。因此经营者要充分挖掘影视对旅游者及影视旅游地（影视主题公园、拍摄基地等）这二者的带动性。对前者而言，由于影视的覆盖人群广、影响力强，更能激发人们的旅游动机。对后者而言，由于影视可以在无限的时空向度取材，故而所涉及的内容包罗万象，使得经营者可以从不同侧面发掘相关旅游产品。例如，热播的美国影片《断背山》，经过策划，由它带动的旅游内容有：美丽的拍摄地加拿大艾伯塔省草原风光游、体验牛仔风情游、谈情说爱游（因该影片是关于同性恋主题）、同性恋者聚会等。而在这每一项旅游类型中，又会带动交通、餐饮、住宿、旅游纪念品等的需求增加。

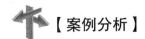
【案例分析】

当横店影视城"遇上"文化创意产业，影视和明星便衍生出了产品

画有芈月的抱枕、明星签名的手机壳、印有景区的机车帽、横店特色吉祥物……当"中国好莱坞"遇上文化创意，横店影视城变得清新、时尚起来。

20 年前，名不见经传的横店因为一部电影惊艳影视界，时至今日，横店影视城已是规模冠绝全球的影视拍摄基地。而面对越来越激烈的竞争，横店影视城通过与文化创意产业的结合，开发文创商品，希望这些小巧玲珑、实用方便的小纪念品能够成为横店影视城的承载者和传播者。

"古时，绿水青山通幽处时有良人伞下相依，耳鬓私语。时过境迁，我们同样需要一柄能为自己增分的雨伞，因为在某个细雨绵绵的黄昏，谁晓得你的故事会不会就这样开演了呢。"这是"横店有礼"微信公众号为明星签名伞写的文案开头，伞是横店影视城系列文创商品之一。提起这些文创产品的研发初衷，东阳市横店影视城文化创意发展有限公司总经理袁满介绍，去年《大圣归来》的成功给了大家做文创的决心，中国已经进入了品质消费的时代，大家都愿意为自己喜欢的东西买单，为感觉买单。所以抓住社会公众需求，以丰富的影视资源为依托，研发具有横店特色，实用、美观、质优、价格合理的文化产品，就是横店影视城文创产品的研发理念。

2015 年，横店影视城年接待剧组 171 个、年接待游客 1518 万人次，吸引大家的是什么？袁满说，就是影视文化和明星效应，横店影视城发展文化创意产业，有着得天独厚的条件和优势。内容、IP 资源丰富，我们可以跟在横店拍摄的影视剧合作，利用他们的 IP 进行衍生品的开发。

试想一下，明星签名的手机壳躺在书桌上，印有横店景区的保温杯静静放在画有义渠王的杯垫上，而你靠着有芈月画像的抱枕，电脑里播着《芈月传》。"这就是把影视元素融入大家的生活，并且是有实用性的。"袁满说，"在文创这一块，横店是一座待挖掘的金矿。"

影视是核心内容，文创商品起二次传播作用。

2015 年，横店影视文化产业实验区税收总额超过 15 亿元，无疑，横店影视城已形成良好的经营生态。为何还要进军文创产业呢？

"旅游发展来说，以后门票经济会越来越淡，国内景区对门票经济的依赖太大。"袁满解释道，"门票就是以很简单的一种方式，你圈一个地方，就卖钱了，但是以后是要靠内容和创意来取胜，希望文创商品能成为横店影视城未来一个大的经济增长点"。迪士尼是美国文化产业品牌的象征之一，迪士尼的最大利润来源并不是门票，而是迪士尼系列商品，其中重要的一点就是抓住了一系列卡通形象这一核心内容。"横店影视城的核心内容就是影视，有了影视自然不缺话题、不缺内容、不缺明星。核心是文化内容的

产生，边缘才是它的价值实现和扩散。仿佛一块石头扔进水池，造成波纹向外延扩散，创造巨大的附加值"，袁满信心满满地说道。

横店影视城文化创意产品体系分为四个方面：一是星动横店，以影视剧、明星等为核心的系列文创衍生品；二是玩美横店，以横店各大景区旅游、历史为主的产品；三是秀动横店，以景区各大演艺项目为主的产品；四是吃货横店，以横店周边的特色土特产为主的产品。

袁满表示，衍生产品能起到二次传播效应，不是纯粹的销售利益，"现在是卖给来横店的人，最终目的是卖给没来横店的人，让未进横店参观的人也可以'把横店影视带回家'，然后产生来横店看看的兴趣"。

线上线下同时销售，卖旅游也卖产品。

前期，一批以《芈月传》《甄嬛传》《宫锁连城》《琅琊榜》《秦时明月》《花千骨》等热播剧为题材的文化创意作品一经推出，就受到大家的欢迎与好评，让人爱不释手。这些作品由于取材热播剧，并且这些热播剧无一例外都是拍摄于横店影视城，构思精妙，令人感到亲切，因而一旦批量生产，转化为商品在市场上流通畅销将不是意外之事。如今，横店影视城已整合了国内多家优秀设计公司的资源，"对方有设计，有生产，而我们只需做销售，一方面是线上，传统购物平台如淘宝、京东，旅游平台如携程，另一方面是线下，横店的酒店餐饮游客中心，还有横店院线在全国的布点。而未来，我们可以做自己的连锁旅游体验馆，在其他城市的旅游地或商业步行街，卖横店旅游也卖文创商品"。而对于涉及的IP方、设计方、销售方、平台方，横店影视城采用利益共享机制，后续产生的利益进行分成，袁满说，这样的合作才能持久。5月，横店影视城文创体验中心就要开业，占地3600平方米，实现场景化销售，卖体验也卖产品，并且所有产品都将被赋予新的包装和故事。未来，文创商品还将逐步替换横店影视城各景区的商品，形成统一。

（资料来源：当横店影视城"遇上"文化创意产业，影视和明星便衍生出了产品［EB/OL］.http://www.jhnews.com.cn/2016/0418/631953.shtml.）

案例思考

1. 横店影视城是如何挖掘影视文化的？

2. 结合开篇万达影视城的案例，试讨论在中国影视旅游发展如何进行创意，这些创意如何对接旅游者需求。

【思考练习】

1. 什么是影视旅游？

2. 简述中国影视旅游发展的历程及特点。

3.简述我国影视旅游的形式。

4.通过选取一种影视旅游形式分析创意影视旅游的发展思路。

参考文献

[1]白艳.影视旅游的发展现状、影响及问题[J].内蒙古师范大学学报（哲学社会科学版），2006（6）：56-58.

[2]柴寿升，李超.中国影视节庆旅游发展研究[J].石家庄经济学院学报，2013（10）：82-85.

[3]柴妹.我在美国看设计——浅析美国环球影城品牌成功[J].电子制作，2013（1）：267.

[4]陈萍.基于影视剧的旅游目的地营销理论与实践[J].桂林旅游高等专科学校学报，2007，9（2）：169-172.

[5]陈剑辉.迪士尼公司的经营策略探究[J].湖北广播电视大学学报，2007，27（8）：90-91.

[6]陈硕.中国电影后产品的开发研究[D].郑州：河南大学，2010.

[7]褚劲风.美国迪士尼公司创意产业化的全球网络与战略管理[J].世界地理研究，2008，17（4）：115-125.

[8]范安祺，范惠闵.浅析好莱坞环球影城的成功之道[J].现代物业（中旬刊），2012（3）：150-152.

[9]付冰，周申立.我国影视旅游发展与规划探析[J].北京第二外国语学院学报，2005（3）：102-104.

[10]付岩.影视文化的延伸——浅析影视旅游发展的现状及趋势[J].戏剧文学，2007（7）：78-80.

[11]郭文，黄震方，王丽.影视旅游研究：一个应有的深度学术关照——20年来国内外影视旅游文献综述[J].旅游学刊，2010（10）：85-94.

[12]郭文，王丽.影视型主题公园旅游开发"共生"模式研究及其产业聚落诉求[J].旅游学刊，2008（4）：64-71.

[13]胡丹.影视旅游发展研究——基于文化创意的视角[D].扬州：扬州大学，2009.

[14]胡智锋.中国影视文化创意产业的三大问题[J].现代传播（中国传媒大学学报），2010（6）：62-64.

[15]李坤，张佑.基于文化价值视角的中国后电影产品开发研究[J].现代商业，2012（9）：81-82.

[16]李洋洋.我国文化创意产业与旅游业融合模式研究[D].北京：北京第二外

国语学院，2010.

　　［17］李玥.中国影视城的旅游地生命周期研究［D］.北京：北京交通大学，2009.

　　［18］刘滨谊，刘琴.中国影视旅游发展的现状及趋势［J］.旅游学刊，2004，18（6）：77-81.

　　［19］刘正浩.创意经济视角下的旅游产品开发研究［D］.大连：东北财经大学，2007.

　　［20］凌莉萍，吴殿廷.国内外影视旅游研究进展及启示［J］.旅游学刊，2010（3）：89-95.

　　［21］吕宁.我国影视旅游开发研究［D］.青岛：青岛大学，2007.

　　［22］马海燕.镇北堡西部影视城的民族文化旅游资源开发［J］.盐城工学院学报（社会科学版），2008（3）：62-65.

　　［23］盂铁鑫，袁书琪，我国影视城的旅游开发研究［J］.资源开发与市场，2006，22（3）：273-275.

　　［24］牟真臻.影视旅游发展中的困惑与对策：影视社会价值评论［J］.电影评介，2009（10）：73-74.

　　［25］潘丽丽.影视拍摄对外景地旅游发展的影响分析.经济地理，2005，25（6）：928-932.

　　［26］骈丽军.体验经济时代下的影视旅游产品开发［J］.中小企业管理与科技（中旬刊），2014（7）：178-179.

　　［27］曲园."后影视产品"开发研究——以影视旅游为例［D］.上海：上海交通大学，2008.

　　［28］舒伯阳，周杨.影视事件驱动型旅游目的地后续开发研究［J］.浙江旅游职业学院学报，2007，3（3）：8-12.

　　［29］魏宝祥，欧阳正宇.影视旅游：旅游目的地营销推广新方式［J］.旅游学刊，2007，22（12）：32-39.

　　［30］谢章勇.我国影视旅游开发的误区及对策［J］.电影评介，2008（4）：72-73.

　　［31］王树春，李陇堂，王彦庚.宁夏华夏西部影视城旅游开发实证研究及其意义［J］.宁夏大学学报（自然科学版），2006（2）：189-193.

　　［32］王敏.影视城发展模式比较研究［J］.西南民族大学学报（人文社科版），2010（11）：173-176.

　　［33］王芳.横店影视城的主题构建及产品支撑系统研究［D］.上海：华东师范大学，2010.

　　［34］王红芳.影视旅游多维价值及发展研究［J］.经济问题，2008（3）：127-29.

　　［35］王玉玲，冯学钢，王晓.论影视旅游及其资源-产品转化［J］.华东经济管理，2006，20（7）：23-36.

［36］王玉玲，钟伟.国外利用影视发展旅游的方式总结［J］.商场现代化，2007（490）：353-354.

［37］吴金梅，宋子千.产业融合视角下的影视旅游发展研究［J］.旅游学刊，2011（6）：29-35.

［38］吴丽云，侯晓丽，方兰.我国影视拍摄地的类型及其旅游发展趋势［J］.商场现代化，2008（537）：221-222.

［39］吴普，葛全胜，席建超.影视旅游形成、发展机制研究：以山西乔家大院为例［J］.旅游学刊，2007，22（7）：52-57.

［40］徐丹，张梓轩.童话王国的创意之举——迪士尼公司创意机制研究［J］.电视研究，2008（4）：73-75.

［41］杨城.首届中国影视旅游产业论坛举行［N］.中国电影报，2006-07-13.

［42］尹媛媛，明勇.我国影视旅游发展研究综述［J］.科技和产业，2010（08）：15-18.

［43］张杨.从韩剧旅游热论中国影视旅游的深度开发［J］.北京第二外国语学院学报，2006，（9）：80-86.

［44］张镒.影视城体验型旅游产品开发研究——以横店为例［D］.泉州：华侨大学，2012.

［45］张玉蓉.创意旅游：理论与实践［M］.成都：西南财经大学出版社，2014.

［46］张文，朱莉.影视剧对旅游发展的影响研究综述［J］.北京第二外国语学院学报（旅游版），2007（3）：1-6.

［47］张炎华.国外影视文化旅游营销运作模式对我国影视旅游发展的影响——以韩国在亚洲掀起的"韩流"为例［D］.大连：辽宁师范大学，2008.

［48］周晶.电影外景地的旅游吸引力［J］.陕西师范大学学报（自然科学版），1999（27）：143-146.

［49］朱晓辉，段学成.影视城旅游开发实证研究［J］.经济研究导刊，2007（3）：145-146.

［50］张洪治，陈静.我国影视城路在何方？［N］.中国旅游报，2009-04-10.

第 十 章

创意旅游市场营销

【学习目标】

通过本章的学习，了解旅游市场营销的含义、特点、演进过程和发展历程，理解创意旅游市场营销的含义、特征、发展历程，理解创意旅游营销的模式及其发展历程、营销策略。

【案例导入】

演艺类文化创意旅游《印象·刘三姐》十年成就辉煌

《印象·刘三姐》由桂林广维文华旅游文化产业有限公司投资，我国著名导演张艺谋、王潮歌、樊跃导演，国家一级编剧梅帅元策划、制作。它以刘三姐的经典故事为线索，集合桂林 12 座著名山峰和 1.654 平方千米水域的旅游空间，创造性地把桂林山水与广西经典山歌、漓江渔火、当地民俗风情等有形、无形元素融合并以实景演出的方式呈现给旅游者。该项目既不同于传统的文艺演出，也不同于传统的山水观光旅游，而是开创了一种全新概念的旅游形式——山水实景演出。

《印象·刘三姐》自 2004 年正式公演，在世界范围内引起巨大关注，吸引大批国内外游客，对阳朔县旅游业的发展产生了巨大影响。自 2004 年得益于《印象·刘三姐》正式公演后的旅游带动效应，阳朔县的旅游收入从 2002 年的 2.4 亿元以成倍速度增长，2014 年已经增长到 83.4 亿元。阳朔县旅游人数也从 2002 年的近 280 万迅速增多，2007 年突破 500 万，2014 年达到 1231 万。而《印象·刘三姐》演出的参观人数也从 2004 年 30 万发展到 2011 年的 154 万，成为阳朔旅游的品牌，在促进整个桂林旅游产业优化升级方面也有不可忽视的作用。

（资料来源：贾婉文.产业融合视角下的文化创意旅游案例研究——以《印象·刘三姐》为例［J］.旅游研究，2015，7（4）：37-44.）

👉 思考

（1）旅游者对文化创意旅游的旅游意向如何？

（2）旅游业与文化创意产业融合形成的文化创意旅游，对政府发展地方旅游产业有何启示？

第一节　旅游市场营销概述

一、旅游市场营销的发展

旅游业经过60余年的发展，目前进入高峰时期。在与其他产业的竞争中，旅游业从传统服务业转向现代服务业，从经济产业转向社会产业，已成为超过石油工业、汽车工业的世界第一大产业，成为世界经济中增长高速、持续、稳定的重要战略性、支柱性、复合型产业。旅游业是一个比较特殊的服务行业，和其他服务行业一样，引入市场营销学的理论和方法指导旅游产业的实践与发展。

（一）世界旅游营销学的发展

旅游市场营销有自己发展的特殊规律，随着旅游业发展的整体水平提升，其发展从初期的市场营销学理论的简单导入，到针对旅游业特点的理论探索，再到理论实践阶段，形成了具有旅游业特色的市场营销学理论。

1. 理论导入阶段

20世纪50年代到70年代，世界各地旅游需求的迅速增长掩盖了竞争对旅游业的影响，同时延缓了市场营销的广泛推广。这一时期随着人们对旅游产品的需求增长，旅游业界的市场营销开始得到市场的渴望。旅游营销学开始从市场营销学中分离出来，成为一门独立的学科。主要研究旅游产品与实体产品的异同、旅游特征、旅游产品的特征、旅游市场营销学与原有市场营销学研究角度的差异。

2. 理论探索阶段

20世纪70年代末到80年代中期，随着旅游市场的逐渐成熟与旅游需求增长速度的放缓，市场竞争变得更加激烈，如何能在供给大于需求的市场竞争中将旅游者吸引到旅游目的地成为迫切需要解决的问题。这一时期主要探索旅游特征，如何影响旅游消费

者购买行为，尤其是旅游者对旅游服务的性质、优缺点以及潜在的购买风险的评估。

3. 理论突破及实践阶段

20世纪80年代末至今，这一时期旅游市场营销学学者在理论探索的基础上，对旅游服务的基本特征取得共识，集中研究了传统4P组合在不能满足推广服务的情况下，究竟要增加怎样的要素，如10P、12P等组合及特殊的服务营销问题。实践中，各国都在旅游营销上投入了大量的人力与物力。无论是饭店、航空公司等旅游商业组织，还是博物馆等非营利性单位，都在大力开展旅游营销工作。

（二）中国旅游营销的发展

中国的旅游营销是在中国旅游业有了一定发展以后才慢慢发展起来的，并没有伴随中国旅游业的产生而产生。中国旅游业走的是"先国际、后国内"的发展道路，这个旅游业的发展过程同时也是旅游营销变化的过程。

1. 无营销的"自来客"时期（20世纪70年代末到80年代）

这一时期处于中国的改革开放初期，也是国际旅游市场一个比较快速发展的时期。神秘古老的东方文明古国对外国游客产生了极大吸引力，境外游客快速增长。当时中国开放旅游业的主要目的之一就是为了赢得更多外汇收入用以恢复和发展国民经济。但此时中国旅游基础设施与服务水平跟不上形势发展的需要，食、住、行的基础条件落后，粗糙的市场观念和特殊的经济情况使得中国还不具备开展旅游市场营销的条件与能力。但此时的旅游市场是卖方市场，快速增长的世界旅游需求又掩盖了中国旅游营销能力不足的现实。改革开放伊始的中国旅游业缺乏旅游营销意识，处于"随客自来"的随波逐流发展状态。

2. 主动促销招徕境外游客时期（20世纪80年代末到90年代）

随着中国经济体制从计划经济体制向市场经济体制的转变，中国旅游业认识与体会到了市场的作用，旅游业的现代市场观念逐渐增强。中国旅游业改变放任自流的发展方式，开始采取促销手段，开展旅游宣传工作，促进旅游市场的发展，也意味着旅游营销的意识已经在业界形成。1988年，北京发起的"龙年旅游年"的做法开了中国旅游促销活动的先河。1992年的中国旅游年活动成为开放中的中国第一次有准备、有策划的全国性旅游促销活动。这以后每一年的中国旅游促销，都会以不同的主题来组合与促销中国的旅游产品，主动促销招徕境外游客，拓展并赢得境外游客市场。

3. 重视发展国民旅游时期（20世纪90年代到2010年）

20世纪80年代初，中国政府在发展入境旅游的同时提出了要发展国民旅游，1989年的入境旅游下滑为国民旅游抬头提供了一个契机，中国政府因而真正开始重视国民旅游市场的发展。随着经济的发展，国民的可自由支配收入与闲暇时间增多，国民旅游有了一定发展，国民旅游的兴起使中国旅游业的发展有了新的动力。20世纪90年代国民旅游迅速发展，旅游收入成为国家和地方的重要经济收入来源，全国各地纷纷将旅游业作为重点产业、支柱产业来抓，旅游营销开始成为国内各地区旅游业开发的重要手段。中国旅游营销的变化是在中国旅游业的逐步完整与成熟的过程中完成的，随着国民旅游市场的兴起而发展为国内外营销并重。

4. 旅游网络营销时期（2010 年至今）

进入 2010 年后，旅游投资主体呈现多元化态势，民间资本投资进军旅游行业，成为旅游投资的主力。而对于旅游消费者而言，便利的交通、在线旅游资源，使旅游消费行为出现自主化、多样化趋势，旅游空间也日趋泛化。会展旅游、旅游地产、城市旅游、乡村旅游、民俗旅游等兴起，城市、乡镇、村落均成为重要的旅游活动空间。

在这种旅游市场环境下，在互联网技术推动下，越来越多的消费者通过网络获取旅游信息，自助游需求迅速增长。同时受国家旅游新政的影响，旅游企业开始转变营销方式，大力开展网络营销，旅游网络营销成为 21 世纪旅游市场营销的重要方式。其中，2013 年在线旅游市场交易规模较 2008 年增长近 5 倍，达到 2204.6 亿元，在线旅游预订使用率持续上升，发展潜力巨大[①]。

二、旅游市场与旅游营销的内涵

（一）旅游市场的定义及特征

1. 旅游市场的定义

作为市场经济的组成部分，旅游市场也是社会经济发展到一定阶段的旅游社会化的产物。旅游市场从经济学角度看，有广义和狭义之分。广义的旅游市场是指一定时期内，为满足现实和潜在的需求，在旅游产品交换过程中反映的各种经济行为和经济关系的总和。在旅游产品交换过程中存在着相互对立和相互依存的双方，即旅游产品的供给者和旅游产品的需求者，供需双方的交换关系推动着旅游经济活动的发展，并通过市场作用表现出来。在一定时间、地点和条件下，具有旅游产品购买力、购买欲望和购买权利的买方消费者称为狭义的旅游市场。从这个意义上说，旅游市场就是旅游需求市场或旅游客源市场。因此，旅游市场包含以下几点要素：

（1）旅游产品的消费者是构成旅游市场主体的基本要素。

（2）旅游市场的大小取决于旅游消费者的购买力及其购买欲望。

（3）旅游市场大小还取决于人们购买旅游产品的权利。购买权利是指允许消费者购买某种旅游产品的权利。对于旅游市场来说，旅游签证、限制出境、带薪度假等都是旅游消费者的购买权利的影响因素。

2. 旅游市场的特征

旅游市场作为一种行业性市场，具有一般市场的特征，也有其独特的市场行为特

---

① 我国旅游业发展呈现五大特征，http://www.chinanews.com/cj/2014/12-14/6874686.shtml

点。当前的旅游市场的特征主要表现在以下几个方面。

（1）旅游市场的全球性。表现为国际旅游市场，亦即全球化的旅游需求和全球化的旅游供给。受全球经济一体化的发展，国与国之间的经济、政治、文化、生活等方面的交流越来越频繁，旅游者对旅游目的地的选择更加多样化。

（2）旅游市场的季节性。受自然、气候等条件及旅游者闲暇时间等因素的影响，旅游市场的季节性有十分明显的旺季和淡季之分。旅游客流季节性差异成为旅游活动的固有特征，不可彻底消除。但旅游经营者可以采取一些行之有效的政策和措施，用以调节旅游客流量，相对减小旅游淡旺季差异，提高旅游业经济效益。

（3）旅游市场的竞争性。旅游市场的竞争性表现在旅游市场利益相关者对稀缺资源的竞争。一方面，表现为国有、民间和外商资本的旅游投资和经营者迅速涌入旅游业，争夺稀缺旅游资源，从自然资源、人文资源到社会资源。另一方面，旅游市场新进入者的不断出现，带来了种类不断丰富、内容不断拓展的旅游产品，旅游市场的竞争从内容到形式不断发生巨变，竞争越来越激烈。另外，旅游市场的竞争也带动了旅游人才与智库、旅游市场理念与模式、旅游科学技术等方面的全面提升和竞争。

（4）旅游市场的异地性。通常旅游客源地和旅游者目的地有一定的距离，旅游活动的完成需要旅游者地理位置的移动。因此，对于旅游消费者和旅游企业来说，旅游目的地的地理位置、交通状况和旅游市场的信息等成为旅游市场必须考虑的因素。

（5）旅游市场的波动性。旅游消费是非日常生活必需品，因此，一旦受外界因素影响，消费者将减少或取消旅游活动。旅游市场波动频繁，如国际国内政治局势、突发事件、法律政策、经济发展水平、环境气候、汇率、通货膨胀等均影响旅游市场的需求，使得旅游市场成为相对敏感和脆弱的消费市场。从长远看，旅游市场有其内在坚定的小波浪形发展规律，将保持平稳向上发展的趋势，但在某一短时期内，局部旅游市场可能发生较大的波动，引起旅游流向的变化，甚至是市场结构和消费结构的变化。

（6）旅游市场的关联性。作为由多种行业和部门复合而成的综合性产业，旅游业与国民经济其他产业部门都存在直接或间接的经济关联。工业旅游、农业旅游、科技旅游、智慧旅游等理念的运用与发展，使得旅游业逐渐起到"一业带百业"的作用。消费者对旅游市场的需求多重性，促进了各类旅游产品的组合，扩大了旅游产业的外延，甚至引至旅游产业界限的模糊。旅游产业的发展势必会带动其他相关市场的发展并产生深远影响，促进国民经济的健康发展。

（二）旅游市场营销的定义与特征

1. 旅游市场营销的定义

旅游市场营销学是市场营销学在旅游事业中的具体应用，是发展旅游业需要研究的重要问题，是市场营销学的一个新兴学科分支。旅游营销学是指旅游产品供应商及其他旅游经营组织在识别旅游者需求的基础上，以旅游消费者为中心，通过对旅游产品或项目的构思、定价、促销、分销的设计、计划与执行，以满足旅游目标市场消费者的需求和实现旅游组织经营目标的过程。对旅游市场营销的理解，可以从以下几方面进行。

（1）旅游市场营销是一种以旅游消费者需求为导向的经营思想和理念。旅游市场营销承认和接受以消费者为中心，以旅游消费者的需求为导向，力求为旅游消费者提供有效而满意的有形产品和无形服务。

（2）旅游市场营销以交换为核心。当下的旅游市场，无论是政府还是企业市场营销者，旅游经营组织通过其所能提供的目标市场设计适当的旅游产品、服务和项目，满足消费者需求，实现交换关系，以实现旅游经营组织的经济和社会目标。

（3）旅游市场营销是一个动态管理的过程，通过分析、计划、执行、反馈和控制这样一个动态的过程协调各种旅游经济活动，组织和指导旅游企业的整体活动。

（4）旅游市场营销适用的范围广泛。一方面，实施旅游市场营销的主体广泛，可以分为景区旅游营销、酒店旅游营销、旅行社旅游营销等，也可以是政府、旅游企业和其他旅游组织等。另一方面，旅游市场营销的客体多样，旅游经营组织以旅游消费需求为导向，为消费者提供有效的有形实物的营销和无形旅游劳务服务的营销，内容可以包括商品、服务、体验、创意等，使游客满意，实现旅游组织的目标。

2. 旅游市场营销的特征

旅游产品是一种特殊的产品，旅游业是一个特殊的服务行业，旅游市场营销也和一般市场营销存在差异。与其他领域市场营销相比，旅游市场营销主要表现为以下不同特点。

（1）旅游产品的服务性。除具体的旅游商品外，在产权不发生转移的前提下，提供旅游产品其实都是提供一种服务，具有生产和消费同时性的特点。旅游服务过程是旅游企业员工与消费者之间的互动过程，消费者不仅关注服务设施的质量，更关注旅游过程中旅游企业和员工整体的服务品质。另外，旅游产品的服务性导致旅游产品的质量很难像有形产品一样有统一的标准来衡量，也无法提供保质保修等担保，旅游产品质量难以控制。由于旅游产品的服务性，导致大多数旅游产品不能像普通产品一样申请专利保护，更容易被效仿。

（2）旅游过程的参与性。由于旅游产品的服务性，旅游市场中消费者消费旅游产品的过程，实际上也直接参与了旅游产品的生产过程，旅游市场营销是一个旅游者阶段性参与的动态过程。因此，如何对服务场所的旅游者行为进行管理，始终保持与旅游者及时的互动，也是旅游市场营销的一个重要内容。

（3）旅游分销渠道的重要性。与一般生产企业通过物流把产品从工厂运送到消费终端不一样，旅游企业需要依靠一系列的独立中间商，包括旅游代理商、批发商、旅行社等，接受旅游消费者的咨询，提供旅游信息。这些旅游分销渠道商可以在很大程度上影响旅游消费者的决策。

（4）旅游营销的全程性。由于旅游产品本身是一种不可贮存和转移的产品，旅游市

场营销中不能把旅游产品直接展示在消费者面前进行推销，而必须把营销贯穿在产品开发设计、旅游形象宣传、服务质量保障等一系列环节中。另外，由于旅游市场具有季节性这一特性，时间因素十分重要，需要旅游企业协调在淡旺季的时间上全程准确把握设施设备和劳动力的生产能力，满足不同时期旅游者的消费需求。

（5）旅游利益相关者的协作性。旅游消费者需求包括食、住、行、娱、购等多方面，不同消费者对旅游的需求层次也不一样。这就需要参与到旅游全程的各利益相关者有整体利益意识，将各自的单项服务产品组合而成综合性旅游产品，如果其中的某项产品存在缺陷，将影响整体旅游产品的质量。这些利益相关的行业和部门在旅游业中构成相互关联、相互依存的统一体，在旅游营销中做好协调沟通，保障旅游产品的整体效能，满足旅游消费者的需求。

第二节　创意旅游市场营销概述

一、创意营销概述

（一）创意营销的提出

市场营销的观念经历了生产导向观念、产品导向观念、销售导向观念、市场营销导向观念、社会营销导向观念等时期，不是固定不变的，是随着社会经济发展和市场形势的变化而变化的。市场营销学的发展历史是不断创新的历史。"无创意，不营销"，营销的重要性早已不言而喻，没有有"个性"的营销方式，在目前竞争激烈的市场中，产品将很难获得关注。

创意是营销的重要概念。菲利普·科特勒曾引用麦肯锡顾问公司于1993年公布的报告，指出许多首席执行官都认为他们的公司营销部门"欠缺想象力，想到的新点子很少，而且不再积极地表达想法与计划"，并明确提出"鼓励创意的产生"。同时，他还指出，新产品开发过程始于创意，最具创新性的公司的营销者从不停止寻找好的创意。我国台湾学者林学益在其《创意行销》（2002）中指出，创意是行销的原动力。他在其论著中对创意产生的心理背景、创意产生与技法过程进行了分析。新型体验世界的先驱理论家克里斯蒂安·米昆达（Christian Mikunda）在其论著《体验和创意营销打造"第三地"》中对"第三地"（精心设计的城市公共空间）进行研究是提出体验和创意营销的观点。21世纪是创意经济时代，"创意是现代社会最重要的财富来源""哪里有创意，哪里就必定会有技术创新和经济增长"。

科特勒将营销分为三个时代，第一个时代是营销1.0，即以产品为中心的时代，麦卡锡的4P理论是该时代营销理念的典范；第二个时代为营销2.0，即以消费者为中心的时代，4C 营销理论和 STP 战略盛行；第三个时代为营销 3.0 时代，以创意营销传播为核心，借助于信息网络化的深入，以媒体创新、内容创新、传播方式创新去吸引目标公众。

营销理论从 4P 到 4C 的演进，本身即是突破传统的 4P 理论的框架而推进的创意营销，而后的一些营销理论和营销战略如差异化营销、成本领先战略、集中化战略等，均可以寻找到创意的思维火花。市场竞争的加剧，需要理论界和企业家不断地寻找创意，创意营销，不仅仅是产品策略的创意，也是品牌创意、广告宣传创意、企业形象创意等。

（二）创意营销的内涵

创意营销是企业在制订、执行营销计划的过程中所产生的创新理念或活动，通过营销渠道、营销手段、营销策略等的创新，并将创新理念贯穿于产品的研发、生产和营销各环节，挖掘更具有明确的产品卖点创意，引发目标公众的消费需求和追求，实现企业市场经营目标。创意营销的内涵包括以下四个方面。

1. 创意营销的理念是创新，而创新是企业竞争取胜的法宝

创新能使企业保持永恒的魅力，激发企业永远追求的时代特色。21 世纪的消费需求变幻莫测，技术飞速更新，市场变化速度加快，企业竞争加剧。而竞争又都依赖于创新，创新意识从来没有像今天这样在国内外企业竞争中不可或缺。"要么创新，要么消亡"，企业参与竞争获得市场优势的法宝是创新，这在现在比历史上的任何时候都更是如此。

2. 创意营销的实质是企业的整个经营活动即为一个创意的系统工程

营销的创意是整个营销策划过程的基础，是决定营销策划的前提。创意必须以科学、严谨的营销管理过程为基础，与各种营销组合工具密切配合才能发挥促进销售、占领市场的作用。创意营销与其他营销模式的最大不同在于，它将统一的创意理念贯穿于产品的研发、生产和营销等各个环节，避免了传统模式中生产与营销脱节的弊病。创意营销需要管理者有极强的创意能力和指挥协调能力，需要实施者有极强的执行力和团队精神，以产品创意为基础，以技术优势为引导，将企业的整个经营活动视为一个创意的系统工程，通过推出一个特定的新奇产品概念，借助大众传媒传播差异化产品，满足消费者个性化需求，引导消费时尚，实现创新营销策略的实施。

3. 创意营销的核心是追求消费者的多样化、个性化需求的独特产品

随着市场经济的发展和经济全球化的到来，企业之间的竞争性产品同质化严重，精明的市场营销者已经意识到，仅利用竞争性价格、优质产品和良好服务等营销活动，已很难达到企业经营满意的效果。消费者的消费方式日趋个性化，生活价值观念多元化，企业不得不想方设法去迎合消费者多样化的需求。传统营销模式下的产品竞争观念已经不再能适应竞争激烈的市场环境。企业要想在竞争中脱颖而出，亟须从市场应对型营销转向市场创造型营销，通过对产品内容和形式的创意策划，具有独家、独创、独到等的创意元素和价值元素，提高产品对消费者的吸引力。

4. 创意营销的最终落脚点是市场

创意营销要通过营销渠道、营销手段、营销策略等的创新，借助现代传媒手段与通信技术的发展，借助传媒庞大的渠道网络，通过刺激目标消费群体的听觉与视觉，极大地引起他们的关注，最大限度地扩大产品的知名度、影响力，进而提高产品的市场占有率，为企业实现市场目标。但是，创意营销不能只摆花架子，企业须在科学基础上强调创意营销的艺术性，还须有制度化和规范化的扎实稳健的营销管理过程。

二、创意旅游营销概述

（一）创意旅游营销的提出

旅游经济因其利用特色旅游资源优势，通过"原汁原味"的具有代表性的本土符号来吸引旅游消费者，吸引游客的注意力，是典型的特色经济、符号经济、注意力经济。在消费社会中，随着旅游业的发展，区域旅游竞争日趋激烈，旅游业通过新颖独特的创意来塑造符号价值、吸引游客眼球。优秀的旅游创意，不仅是旅游产品开发，还是宣传促销手法，都饱含智慧的创意，使原来旅游产品重新焕发活力，起到点石成金、事半功倍的效果。从某种程度上来说，创意让旅游业更具生命力，已经成为旅游营销最为关键的内核，旅游产业正在日益成为创意产业的生力军，这一点越来越被蓬勃发展的旅游实践所证明，也成为旅游研究学者、行政管理部门、旅游企业管理人员、旅游从业人员的共识。

刘锋、董四化在《旅游景区营销》一书中将策划学作为景区营销的理论依据之一，认为策划学对景区营销最核心的指导是创造景区的概念、卖点、亮点和兴奋点。杨桂华在《旅游资源与开发》一书中指出，必须提供一个个鲜明、与众不同的创意，只有个性独特才能达到出奇制胜的效果。陕西旅游集团公司张小可在其博客中指出，文化创意是旅游产业科学发展的根基，旅游产业之所以能和文化创意产生千丝万缕的联系，是因为在生产力快速发展的今天，文化、精神和心理需求已成为多数旅游者的追求目标[1]。2010 年 10 月 15 日，2010 中国（桂林）旅游创意营销论坛暨旅游创意展在桂林举行，来自中国旅游研究院、旅游行政管理部门、旅游企业、旅游门户网站等一批旅游专家、学者代表探讨中国旅游创意营销新模式，确立了未来休闲度假、自由行旅游新模式的起点，宣告了旅游创意营销时代的到来[2]。著名经济学家厉无畏在 2014 年第二届旅游业融合与创新论坛指出，创意旅游是对传统旅游发展模式的创新和改造，是把创意产业和旅游业的融合发展，形成一种适应现代社会经济发展转型的全新旅游发展模式。

当前旅游市场竞争激烈，旅游企业应当重视旅游市场的开拓，摒弃传统营销观念，关注旅游营销中的创意。营销 3.0 时代要求营销活动注重于消费者合作，关注消费者的

---

① 文化创意是旅游产业科学发展的根基，http://blog.sina.com.cn/s/blog_545df2350100gnst.html.

② 2010 年中国旅游创意营销论坛在桂林举行，http://gx.people.com.cn/GB/179464/12964836.html.

心理需求或精神需求，注重文化的力量。作为现代服务业龙头的旅游业，营销活动应从旅游活动的精神文化属性出发，以旅游者的精神文化为重要导向。特别是在新媒体时代，在旅游营销赢得成功的四个要素"创意、媒介、执行、策略"中，"创意"已成为首要因素，创意营销成为旅游营销的新理念、新形式。旅游产品的固有属性、日趋激烈的竞争态势和日渐丰富的旅游消费经验推动旅游营销进入创意营销阶段。

（二）创意旅游营销的内涵

创意旅游营销是以创意为核心驱动力的旅游营销理念或活动，运用创造性思维方式，借助现代媒介手段，通过提供旅游产品的价值创新与传播来满足旅游者的精神需求与追求。创意营销的特征包括以下几个方面。

1. 创意旅游营销的内在本质特征

创意旅游营销的内在特征在于运用创新性思维、引导消费需求和实现价值提升。

（1）运用创新性思维。

创意旅游营销是思维创新的产物，是创意人员运用创造性思维方法进行思考的结果。旅游营销者突破常规思维的界限，以新颖独创的方法、视角去思考和解决旅游产品设计问题，提出与众不同的设计解决方案，带给公众和游客的不仅仅是营销体验，更重要的是传统观念的冲击和创意意识的树立。创造性思维是创意旅游营销中的主要活动方式和内容，敢于颠覆传统旅游营销观念，突破传统旅游营销的框架，具有思想解放和观念更新的意义，从而取得创造性、突破性的成就。

（2）引导消费需求。

在消费社会中，产品不仅要满足需求，更要引导和培育消费需求。创意旅游营销不局限于顺应旅游需求，更强调引导和创造消费需求，以达到拓展旅游市场空间、提升销售绩效的目的。21世纪的消费者是善变的，旅游创意营销的任务就是要把握潜在旅游需求的发展趋势，运用创新性思维，迎合旅游消费者的心理需求，在恰当的时机、恰当的地点，以恰当的手段去挖掘和显化需求，推出新奇有效的营销产品和方案满足和引导旅游消费者需求。

（3）实现价值提升。

世界旅游业飞速发展，为发展经济、提升知名度，各国政府都将旅游目的地建设和发展提上日程，旅游目的地品牌竞争已经成为竞争的新形式，成为学界和业界关注的焦点。创意旅游营销往往用新的理念和创造性的方法，在为旅游企业做出更多业绩的同时，能提升营销对象或旅游目的地的原有价值，并创造出新的价值。例如，2001年12月云南省中甸县更名"香格里拉"这一举措不仅提高了当地的旅游知名度与收入，更打造了世界著名旅游品牌；"香格里拉"这一品牌已经深入人心，据估计，这一品牌的价值在2007年就已经达到600亿元。

2. 创意旅游营销的外在表现特征

（1）概念独特。

创意旅游营销往往是将看似与旅游风马牛不相及的事物与旅游营销联系在一起，概念创意独特、出人意料，给公众耳目一新的感觉；同时，这些概念又十分契合营销对象的天然属性和目标市场的文化属性，因此经常成为经典。旅游业应着力解决自身发展和升级的内在要求，打造适应现代市场发展趋势的全新旅游模式，跟上和引领消费者的精神追求潮流，运用创意的视角去寻找旅游资源的符号特征，形成独特概念，塑造旅游营销的创意经典。如黄龙洞景区为"定海神针"石笋投保 1 亿元、张家界将多才多艺的市长卡通化、呼伦贝尔把空气做成"好空气"罐头就是十分典型的例子。

（2）形式新颖。

旅游创意营销经常采取新颖的形式将营销概念表现出来，具有较强的冲击力、震撼力和吸引力，能够获得足够的注意力。例如，1999 年 12 月为迎接澳门回归举办了"穿越天门，世纪绝飞"世界特技飞行大奖赛。"飞机穿越天门洞"营销中组办方邀请 9 个国家的 11 位世界顶级特技飞行大师一起在美丽壮观的张家界天门山表演。"2003 中国湖南旅游节"中的"棋行大地，天下凤凰"以中韩围棋比赛为主题，以蓝天青山为背景，以雄伟壮观的南方长城为舞台，采取了"大地为盘、武童为子"的表现形式，视觉效果独特。

（3）绩效显著。

第一，投入费用少。与传统营销相比，借助于现代传播媒介，创意旅游营销费用相对较低。第二，传播速度快。借助传统媒体和网络媒体等各种传播渠道，创意旅游营销将信息快速传播给社会公众。第三，社会效应好。创意旅游营销更容易赚得公众的眼球，为公众接受，能形成口碑宣传效应，社会反响效果较好。第四，经济效应显著。用创意带来吸引力，让社会公众了解旅游企业，了解旅游活动策划，提高旅游企业知名度，带来旅游销售收入的增加。

三、创意旅游营销的推进策略

创意经济理论核心的要素是"3T"，即创意人才（Talent）、技术（Technology）和包容（Tolerance）。作为一种新型营销理念，创意旅游营销的构思、孕育与成功实施特别需要创意力、执行力和应变力，关注文化、情感与理念。为此，创意旅游营销理念的推行和实践中应注意以下几个问题。

（一）旅游企业的策略

1. 营造创意生成环境，实现创意者自我价值

旅游营销者需要有创意与创造力。优秀的旅游营销者策划了各种不同的创意营销，其中一个共同点就是他们经常会有创新的想法，发明和运用新技术、新技能，从事"创

造性"的工作。在旅游业中,按工作计划不加思考地进行工作的人居多,而创意者更加自主灵活,在工作中充分发挥个人的创造性,进行各种新的尝试。这些创意者喜欢开放与多样的城市社会环境,具有重新修改规则、发现表面离散的事物间共同联系的能力等。

对于旅游企业而言,创意环境包括宽松的工作环境、宽容的管理方式、民主的决策程序、鼓励创意的制度环境。旅游营销者在创意形成过程中更关注于生活方式及自我价值的实现,这种价值观将释放个人创造性,成为创意经济推动力。而良好的创意环境,包括尊重个性、宽松的工作氛围等,将为营销者产生创意提供温床,催生更多更好的营销创意。

2. 积极培养创意营销人才

人才是创意经济的根本,也是旅游创意营销的关键。各地旅游企业应注重结合本地情况,引入、培养复合创意型人才,为创意旅游营销的发展提供人力资源。一是制定完善的人才引进策略,通过大型创意营销活动,挖掘和发现创意人才。二是营造良好的环境,加强本土创意旅游人才的培养,构建相应的激励与约束机制,强化员工创意营销意识,提升创意水平和能力,造就旅游创意营销人才。在创意人才知识能力方面,旅游创意营销人才除了具备营销、旅游、文化、经济、管理、心理等领域的专业知识和经验之外,还应具有广泛的兴趣、乐观的态度、强烈的求知欲、敏锐的观察力、丰富的想象力、灵活的应变力,以及优良的沟通、合作与表达能力。旅游企业在引人、用人、留人方面,应充分挖掘其创新创意能力,培养其竞争意识,激发创意兴趣。

3. 建设创意型旅游企业

在经济新常态的背景下,创新成为经济发展的新引擎,创意型企业将成为旅游产业发展的重要趋势,也是旅游产业创新和转型升级的重要支撑。创意型旅游企业的特征可以概括为"四高",即:创意人才占员工总数比例高、创意对企业产值的贡献高、企业成长性高、产品创新频率高。旅游企业应积极更新发展理念,营造自由宽松、多元兼容的创意环境,培育创意团队,实现从服务型企业向创意型企业的转变,用创意提升企业的竞争力,获取更大的市场空间。

(二)政府策略

1. 加大产业投入及政策支持、加强各方协调沟通

为了促进创意旅游营销的发展,政府必须结合当地旅游行业发展情况,加强与之相适应的旅游创意资源的开发和整合,这样有助于旅游企业制定旅游创意营销方案、规划。与常规营销方式相比,旅游创意营销构想独特、新奇,在落地的过程中一般会遇到较多的问题。旅游创意营销的实施除了需要企业和营销团队具有高超的执行力外,还需要政府帮助协调沟通各方力量,共同把创意变成行动、把行动变成结果,提升创意营销方案转化为结果的满意度,保质、保量完成旅游创意营销任务。同时,政府应对旅游企业进行引导,加大支持和投入力度,制定一系列优惠政策,如为企业创意旅游营销设立

专用发展资金、提供技术。此外，有关部门还应出台相应的规章制度，设立监督机构，加强知识产权保护，对当地旅游创意营销的发展加以规范。

2. 加快机制创新，发展旅游创意产业

将目的地创意旅游营销规划同旅游产业发展总规划加以结合，制订出创意旅游营销行动计划。同时，加强创意产业同旅游产业的融合，优化、创新管理及发展机制，对创意旅游营销发展潜力加以深入拓展和开发，使当地创意旅游营销成功步入良性发展轨道。此外，加强制度创新，改善软硬件条件，将市场、技术、产品等多环节加以整合，加大对旅游创意营销渠道的开发，实现创意旅游营销优势向旅游创意产业优势的转化，提高旅游创意产品的附加值，以带动当地旅游业的影响力，稳定其旅游市场，推动当地创意旅游的持续健康发展。

第三节　创意旅游营销的模式

如今，全球经济迎来了创意经济时代。尽管当前我国创意旅游营销仍处于探索阶段，但将"创意"运用在旅游营销领域，业界的创意旅游营销实践为创意旅游发展提供了难能可贵的借鉴作用。目前创意旅游营销的模式主要有以下几种。

一、旅游隐性营销

（一）隐性营销

1.隐性营销及其起源

隐性营销是一种营销传播的技巧，它在于传播者利用各类技巧将传播内容较为隐蔽地结合在影视节目和音乐中、运动场上，以及近年来出现的网络游戏中。这种传播技巧注重的是受众接受度，能巧妙地将产品植入到场景中，但又反对赤裸裸地植入广告。

隐性营销并非最早出现在影视当中，在运动场上，隐性营销应该是更早出现的。在没有广告的年代，赛车手手里握着的红牛，短跑者脚下穿着的耐克，都可以看作隐性营销传播。但是因为在运动场上，隐性营销已经进行了太多年了，消费者早已经清楚其中的操作手法，所以隐性就不再是隐性，而是显性了。这是隐性营销发展的趋势，这也是受众传播不可逆转的趋势。近年来，在影视表演中、音乐活动中以及网络游戏中融合进产品或品牌，这样的营销方式依旧有较大空间，此外，还有许多行业依旧可以成为隐性营销大展手脚的空间。

2.隐性营销传播特点

隐性营销理论认为消费者口碑的产品推广方式，实际上这一理念很早就零星地应用于商战，直到互联网等新技术的广泛普及才使其大放异彩。与传统营销相比，隐性营销不是向所有消费者都进攻性地"大声广播"，而是透过传统广告的喧嚣"低空飞行"，只向特定的少量消费者"低声耳语"，使产品信息进入消费者的"雷达视野"。

隐性营销的主要目标就是找到合适的人来谈论产品或服务，使消费者看不出是公司发起的。隐性营销的关键是要创造一种正面口碑的环境，消费者愿意自发传播产品或服务信息。隐性营销追求的效果是消费者喜欢产品和品牌，并兴奋地把它介绍给朋友，而且期望他们像他一样也喜欢这一产品或品牌。产品信息借助这一效果从领导时尚的中心圈消费者扩散到大众消费者，扩散方式包括物理的（可见到品牌的名人）、口头的（人们在公开或私下交流产品品牌信息），或者其他组合方式。

3. 隐性营销传播的形式

美国专家凯加蒂总结了六种典型的隐性营销技术，分别是病毒营销、常人营销、名人口碑、诱导营销、电子游戏营销和歌曲营销。它们都具有各式各样的伪装，能够静悄悄地接近消费者，消费者可能根本感受不到营销中的商业气息。随着互联网时代的发展进步，一切事物都在不停地发展变化中，隐性营销方式也不例外，除了美国专家凯加蒂总结了六种典型的隐性营销技术外，还有两种隐性营销方式：博客营销和论坛营销。

（二）旅游隐性营销及其特征

1. 旅游隐性营销的概念

旅游隐性营销是在新的营销环境中产生的，是指旅游企业在坚持社会责任、注重人文精神的前提下，通过分析深层次旅游需求和热会热点问题，赋予旅游产品以延伸价值，以相对隐蔽的形式间接传递产品与服务信息，并借助旅游者的力量来加强传播，以消除旅游者的戒备心理、反感情绪和抵制行为，提高信任度和忠诚度。

2. 旅游隐性营销的特征

相对于传统营销方式而言，旅游隐性营销的最大的特征就是"隐蔽"，具体表现在营销主体、营销形式、营销内容三个方面。在隐性营销中，企业的垄断地位被打破，旅游者成为营销中的重要力量；不再单纯运用商业广告等传统手段，注重使用新型媒体；抛却直截了当、正面说服的方式，间接传递表达旅游产品或服务的延伸价值的信息。作为一种新型营销理念，旅游隐性营销强调思维创新、社会责任、公众参与。它提出侧面、隐蔽、间接地解决问题的方法，是一种新的营销哲学；注重旅游企业的社会责任，关注社会热点问题和游客内心需要，以获得更高的信任度，与游客产生情感共鸣；关注潜在游客的力量，积极搭建平台，促成其参与营销活动。从营销实践的角度来看，旅游隐性营销包括人文精神、技术平台、文化创意三个方面的要素。企业在进行隐性营销时要考虑旅游者的真实需求、商业道德和社会影响，体现人类共同的追求；借助于互联网络的力量，充分运用第五代媒体和社会化媒体，促进信息传播；提出新颖独特、关联度高、感召力强、有操作性的主题概念，引起游客注意和兴趣。

（三）运用旅游隐性营销的建议

旅游隐性营销中应强化营销创新意识，全面分析新的社会环境，深入认识现代旅游者，梳理旅游产品或服务与社会问题的联系，寻找能够触动旅游者心灵的线索，充分发挥文化创意的力量，灵活运用各种社会化媒体，策划能调动潜在旅游者参与积极性的活动方案。在旅游营销实践中，为了提高旅游隐性营销的效果，应重点把握好如下问题。

1. 充分关注游客内心情感

企业要想成功，就必须与消费者建立一种感情上的联系，创造一种客户无法拒绝的感情体验。营销的本质就是让品牌或产品与消费者发生关系，让消费者愿意为产品或服务的价值付费，从这个层面来说，任何一种营销策略无非是在消费者的心理接受与品牌价值之间找到情感的按钮，使消费者心甘情愿地接受产品或服务。在旅游隐性营销中，企业必须把旅游者视为具有独立思想、心灵和精神的完整个体，从产品的情感化和精神性特征出发，树立新的价值主张。对于应用隐性营销的旅游企业而言，与其说它卖的是一种产品，倒不如说它营销的是一种理想、一种信仰，一种能够同消费者建立深层次情感联系、一种让他们产生深层次共鸣的理念。例如，碧峰峡营销的是"快乐"，黑井古镇营销的是"怀旧"，巴拉格宗大峡谷营销的是"回归"，德宏孔雀湖营销的是"慢生活"与"精神家园"。同时，娱乐是旅游活动的重要动机和四种体验类型之一，娱乐化是打动人心、构建情感联系的有效方式，旅游隐性营销中应树立娱乐化精神，借助互动游戏、娱乐比赛等形式吸引潜在旅游者的关注，并在此过程中逐渐建立情感联系。

2. 注重结合社会热点问题

旅游企业在关注经济效益和自身发展的同时，主动关注社会问题，实践旅游业的多元复合功能，承担适宜的社会责任。在实践社会责任的过程中，通过对社会问题的关注、剖析和实践，企业可以发现与本企业旅游产品或服务存在关联、可以打动潜在旅游者内心情感的营销线索，从而产生旅游隐性营销的主题创意。例如，2012年3月，成都野生动物世界、雅安碧峰峡景区联合推出的《爱，在四川·熊猫篇》微电影在境内外重要视频和社交网站上映，引起网友热议。除了真假熊猫互动、原创音乐、美丽风景之外，熊猫川川对"幸福在哪里"的追问以及人们对幸福的诠释无疑是一个非常重要的原因。它契合了人类对生命意义的探寻这一深层次问题，为现代社会中面临各种苦恼的人们提供了关于幸福的一种解答，因此容易引起心灵触动，唤起情感共鸣，使观众积极下载、评论并转播该视频。因此，旅游企业应密切关注社会潮流的发展动态、焦点事件及新生现象，同时把实践社会责任与实施隐性营销有机结合起来，寻找旅游隐性营销的主题与线索。

3. 整合运用社会化媒体

作为个体的受众已不仅是被动享受媒介提供传播内存的接受者，依靠新媒体技术，他们也是传媒资源和内容的提供者、制造者、改造者、传播者。在将消费者从信息被动者变成主动传播者的过程中，社会化媒体发挥着极为重要的作用。所谓社会化媒体，是指给予用户极大参与空间的新型在线媒体，如博客／微博、维基、播客、论坛、社交网络、内容社区。与其他媒体不同，UGC（用户创造内容）和 CGM（消费者产生的媒体）是社会化媒体的最主要特征。沙湖景区虚拟养鸟营销活动就是与国内规模最大的社区网站——天涯网深度合作的结果，现代网络和天涯社区为该营销活动提供了技术支撑与媒体平台，是影响营销绩效的重要因素。旅游隐性营销中应充分认识营销传播环境的变化和 YOU 时代的到来，灵活运用各类社会化媒体及其组合，鼓励潜在旅游者主动地贡献、反馈、评论和分享信息，形成与隐性营销概念密切相关的主题社区并进行充分交流，通过链接将多种媒体融合到一起，提高营销信息传播效率，加深旅游者对产品或服务的认识。

4. 充分发挥创意的力量

在旅游者掌握更大信息控制权、视时间为成本的消费时代，旅游企业营销必须更加具有创意——只有以新颖独特的信息内容、有趣生动的传播方式摄取旅游者的关注，才能最大限度防止旅游者关注点的飘移，从而令他们对信息内容有更高的关注兴趣。因此，前宝洁公司首席营销官 Jim Stengel 曾说，创意是营销的驱动力。这是创意经济对市场营销提出的新要求，也是旅游隐性营销内在的应有之义。简而言之，创意是指主要基于个人的观念、知识、经验、信息和技能，通过创造性思维产生的，以旅游产品符号价值生产、营销与消费为中心的独特意念和新颖构思。从外在形式而言，旅游创意表现为不同形态的既有元素之间的重新搭配，即异态混搭；从基本途径而言，旅游创意主要通过创造性思维生成；从内在本质而言，旅游创意实质上是面向旅游者的意义生产；从外部结果看，旅游创意表现为旅游利益相关者创造原来不存在的价值，即价值创新。在旅游隐性营销中，企业应营造创意生成的宽松环境，不拘一格培养创意营销人才，培育学习型组织和创意型企业，并根据需要向科研院所、策划机构和社会公众进行营销创意采购。

（四）旅游隐性营销经典案例

作为一种理念，旅游隐性营销并非现在才有的，过去的营销实践中可以发现它的萌芽，如某景区推出的回收垃圾换早餐。近年来，各地更加注重旅游营销创新，隐性营销理念备受重视。翼装飞行穿越天门山、成都借《功夫熊猫》传播形象、《富春山居图》合璧等案例已超越了直截了当、自卖自夸的营销思路，而中国旅游日的倡议与践行、微博征歌唱红红河州、绿动全球线上游戏带动线下旅游等案例，已在很大程度上体现出旅游隐性营销的特征。

比较而言，最具代表性的旅游隐性营销案例当数林肯公园动物园全方位社会化网络营销和宁夏沙湖景区虚拟养鸟营销活动，这里以后者为例进行分析。2010 年，沙湖利用景区鸟类繁多的特点，以"环保生态"的社会热点为契机，与天涯网合作发起了一场"鸟人环保公益行动"。在名称效应吸引了一定关注度之后，天涯呼吁网友付出爱心，参加"领养雏鸟，救助伤鸟"的互动游戏。首先，在天涯社区里发表如主帖介绍活动内

容，并有图标可以链接到活动主页。在进入活动主页后，网友通过申请账号，可以领养雏鸟、救助伤鸟，建筑"我的鸟队"。在"我的鸟队"里，有各种可以领养的沙湖鸟类的详细介绍。最终，鸟队中鸟数最多的前三名会获得亲自前往沙湖与鸟类亲密接触的机会。在活动结束后，获奖者游玩了沙湖景区并参与了与鸟类的互动活动。这次活动引起了很多媒体（如新华网等）的报道，并得到了网友们的再次关注。据统计，参加此次百鸟乐园"鸟人"护鸟行动的网上网友已经达到了200多万人，取得了较好的传播效果。

按照传统"老王卖瓜、自卖自夸""就资源论宣传、就产品论营销"的做法，沙湖景区应该直接宣传自己独特的生态系统、优美的自然风光、丰富的旅游活动，以引起潜在旅游者的关注，提升知名度和美誉度。但是，在该案例中，沙湖景区剑走偏锋、另辟蹊径，从"鸟"出发，通过"游戏"引发公众关注和参与，从而了解沙湖生态环境与景观特色，激发旅游动机。与此同时，沙湖景区也树立了自身的公益形象，提升了美誉度，可谓"随风潜入夜，润物细无声"，体现了隐性营销的精髓，堪称隐性营销的经典案例。

综合起来，沙湖景区虚拟养鸟旅游隐性营销案例成功经验可归结为以下三点。第一，主题新颖独特，与景区的关联度高：运用注意力经济的原理，践行创意营销的理念，利用具有争议的"鸟人"一词，引起网友的关注及兴趣。同时，结合当今生态保护与可持续发展的社会热点，给营销注入公益活动的色彩，体现了策划方对人们深层次精神需求的认识，也在很大程度上避免了受众对商业广告的抵触心理。此外，选择"鸟"为主题，与景区的关联度比较高，巧妙地使沙湖景区的特色（生态环境独特、湿地鸟类众多）在传播中得到有效加强。第二，巧用互动游戏，植入景区的相关信息：该活动遵循寓教于乐的理念，将游戏娱乐和公益活动有机地结合起来，巧妙利用了SNS平台，制作了互动游戏，吸引受众积极参与其中，并利用争强好胜的心理，以比赛的方式，激发受众挑战自我的欲望。同时，还将沙湖景区的特点植入互动游戏中，使受众不知不觉中接受了景区旅游资源特色等相关信息。这加大了网友的参与性，提高了活动的趣味性，增强了营销效应的连续性。第三，该活动选择在国内影响较大的"天涯社区"作为平台，利用网络优势，根据自己的市场定位，针对目标城市人群进行投放，既节约了投放成本，也增加了目标群体到达率。这对旅游企业进行隐性营销具有重要的借鉴价值。

二、旅游体验营销

（一）体验经济与体验营销

所谓体验经济，就是指企业以服务为重心，以商品为素材，为消费者创造出值得回忆的感受的一种经济形态。在感性满足阶段，消费者看重的不是产品数量和质量，而是为了一种感情上的渴望而追求商品与理想自我概念的吻合。对消费者这一消费特征的认识，使得体验经济应运而生。1970年，美国未来学家阿尔文·托夫勒在《未来的冲击》中预言，服务经济的下一步是走向体验经济，商家将靠提供体验服务取胜。当前，体验经济已成为全球的一个时尚概念，涉及多种行业。企业努力创造一种稳定的、明确的、独特的并有价值的体验，利用体验在每个接触点上与顾客紧密联系，让消费者在独特的体验过程中获得满意，并与品牌产生互动，建立忠诚度。

体验营销是伴随着体验经济产生的新营销方式，是 1998 年美国战略地平线 LLP 公司的两位创始人 B—Josephpine Ⅱ 和 James Hgilmore 提出的。体验营销是从消费者的感官、情感、思考、行动、关联五个方面重新定义、设计的一种思考方式的营销理念。他们认为，消费者消费时是理性和感性兼具的，消费者在消费前、消费中和消费后的体验，是研究消费者行为与企业品牌经营的关键。体验营销的主要策略有感官式营销策略、情感式营销策略、思考式营销策略、行动式营销策略和关联式营销策略。

比如，当咖啡被当成"货物"贩卖时，一磅卖 300 元；当咖啡被包装为商品时，一杯就可以卖 25 元；当其加入了服务，在咖啡店中贩卖，一杯最高可卖到 100 元；但如能让顾客体验咖啡的香醇与生活方式，一杯就可以卖到 150 元甚至更高。星巴克（Starbucks）真正的利润所在就是"体验"。在伯尔尼·H. 施密特博士（Bernd H.Schmitt）所提出的理论中，营销工作就是通过各种媒介，刺激消费者的感官和情感，引发消费者的思考、联想，并使其通过消费体验，不断地传递品牌或产品的好处。

在我国，由于物质文明的进步、消费者生活水平的提高、科学技术的飞速发展、产品和服务的同质化趋向，以及先进企业对人们消费观念的引导和示范等，体验消费趋势盛行，体验营销越来越多地为企业所运用。

（二）旅游体验营销

1. 旅游体验和旅游体验营销定义

旅游从本质上讲就是人们离开惯常环境到其他地方去寻求某种体验的一种活动，它是一种天然的体验活动。游客投入时间和金钱参与旅游活动，追求的不是物质结果，而是一种探索、一种感受、一种挑战，还有一种在心理上的彻底放松，当然还有舒服地享受休闲时光。

体验分为表层体验、中度体验、深度体验。传统旅游停留在表层体验阶段，以观光为主。尤其是包价旅游，游客只是走马观花地参观自然和人文景观，很少接触目的地居民、地方民俗文化。表层体验对资源的依赖性强，它要创造难忘的经历必须依赖吸引物本身的稀缺性和独特性。也就是说，观光的对象越独特、越稀少，留给游客的印象才越深，旅游经历才越丰富。因此，游客体验效果更多地依赖旅游资源禀赋的高低，在资源品质不高的情况下，游客难以获得独特、难忘的体验效果。

随着游客消费心理的成熟，他们期望近距离地多方式地与旅游吸引物接触，通过直接参与特色活动，并从视觉、触觉、味觉等多方面来体验景区特色、目的地居民的生活方式以及放松心情。这种体验属于中度体验，游客在身体上、精神上与旅游吸引物和目的地居民有部分的接触和交流，能创造出自己独特的体验。

深度体验是指游客完全融入旅游产品中，与旅游景区和当地居民进行零距离的接触，深刻体验景区的特色和文化。如像探险家一样去了解和征服自然景观，像目的地居民一样生活，通过完全融入吸引物和当地居民中来体验当地的文化。深度体验是超越自己的体力和智力，尝试另一种生活方式，在实现自我价值中获得成就感和快乐感。

旅游体验营销是指旅游企业根据游客情感需求的特点，结合旅游产品，服务的属性（卖点），策划有特定氛围的营销活动，让游客参与并获得美好而深刻的体验，满足其情感需求，从而扩大旅游产品和服务销售的一种新型的营销活动方式。

2. 旅游体验营销的特点

旅游的本质就是一次旅游经历和阅历就是一次体验。体验营销是一种伴随着体验经济出现的一种新的营销方式，形象地说就是卖感觉、卖体验。体验经济的发展以及休闲旅游时代的来临，带来了营销模式的根本性变化，体验式营销作为一种为体验所驱动的营销和管理模式，将很快取代传统的营销和经营方法，正式登上历史舞台。旅游所具有的典型的"体验性"特征决定了在旅游活动中开展体验式营销不仅具有必要性，而且会比其他营销方式、方法收到更好的实效。针对特定的消费人群，设计出差异化的体验旅游产品，并利用企业优势，制造产品独有的个性，已成为现今旅游市场的新方向。旅游体验营销主要有以下特点。

（1）以体验为卖点吸引游客。

顾客的体验来自于消费经历对感觉、心灵和思想的触动，它把企业、品牌与顾客的生活方式联系起来。因此，对旅游企业来说，营销活动应在游客的旅游体验深刻度上下功夫，这样才更能吸引消费者。旅游体验营销所真正关心的是游客期望获得什么样的体验，旅游产品对游客生活方式有何影响，以及游客对于这种影响有何感受。比如，乡村旅游者到乡下旅游，希望感受到朴实的乡土气息，吃两顿土灶做的农家饭，在松软清香的泥土上散散步，看一看一望无际的田野，和当地老农民唠唠嗑，真实地体验一下农村远离城市尘嚣的宁静生活。这才是体验营销人员应该深入考虑的卖点，而不是把旅游者带到农村去生硬地兜一圈，或是简单体验一下乡村招待所里的"城市日常家庭生活"。

（2）旅游场景以强调主题化。

从体验的产生过程来看，主题是体验的基础，任何体验活动都是围绕一个体验主题展开的。体验营销首先要设定一个"主题"，即体验营销应该从一个主题出发并且所有产品和服务都围绕这一主题，或者至少应设有一个"主题场景"（如一些主题博物馆、主题公园、游乐区，或以某一主题为导向的一场活动等）。并且这些"主题"并非是随意出现的，而是体验营销人员精心设计出来的。例如，广之旅旅行社曾组织过"夕阳红恋之旅"，就是专为单身老人搭建鹊桥而设计的旅游产品。

（3）产品设计以体验为导向。

体验营销必须创造顾客体验，为顾客留下值得回忆的事件和感动瞬间。因此在企业设计、制作和销售产品和服务时必须以顾客体验为导向，企业的任何一产品的生产过程或售前、售中和售后的各项活动都应该给顾客留下深刻的印象，旅游企业更应如此。企业在宣传介绍产品时就应给游客以美好的遐想空间，从而渴望真实的体验。例如，香格里拉的服务口号"殷勤友好亚洲情"，很容易让人联想到一种温馨、舒适和体贴的酒店服务，继而心向往之。在实际提供服务时更是要方方面面保证旅游者的体验质量。体验决定了旅游者对旅游产品的满意度和品牌忠诚度。

（4）营销活动以游客为中心。

首先，体验营销者真正以游客的需求为中心来指导企业的营销活动。如老年旅游者喜欢节奏较慢、风景优美、安乐闲适的旅游，于是就有旅行社突破传统的海南几日游，推出专为老人设计的三亚度假一月游。其次，体验营销真正以顾客为中心开展企业与顾客之间的沟通。如专营老年旅游的上海老城隍庙旅行社建立了老年俱乐部，大大加强了其与旅游者之间的信息和情感交流，从而得以及时更新、升级旅游产品和服务，有效增加了游客的体验，使游客获得物质和精神上的双重满足。

3. 旅游体验营销的模式

据旅游自然环境的不同以及从事旅游发展企业特色的不同，需要因地制宜地运用体验营销创建旅游品牌策略，实施不同的体验营销模式。

（1）娱乐营销模式。

娱乐营销以满足游客的娱乐体验作为营销的侧重点。娱乐营销模式要求旅游企业巧妙地寓销售和经营于娱乐之中，通过为潜在旅游者创造独一无二的娱乐体验来吸引他们，达到促使其购买和消费的目的。旅游企业应将娱乐营销的思想贯穿于旅游营销过程的始终，在顾客旅游的整个经历中时时地加入娱乐体验，使整个旅游过程变得有趣而愉快，从而提升顾客的满意度。

（2）美学营销模式。

美学营销以满足人们的审美体验为重点，提供给旅游者以美的愉悦、兴奋与享受。运用美学原理和美学手段，按照美的规律去开发旅游资源、建设和利用旅游景观，配以美的主题，提供美的服务，以迎合消费者的审美情趣，引发消费者的购买兴趣并增加产品的附加值，使客人在旅游审美活动中心情愉快、精神舒畅、获取丰富的美的享受，留下美好的体验。

（3）情感营销模式。

情感营销是以旅游者内在的情感为诉求，致力于满足旅游者的情感需要。游客对于符合心意，满足其实际心意的产品和服务会产生积极的情绪和情感，从而提升游客对企业的满意度和忠诚度。旅游企业需结合旅游产品特征、探究旅游者的情感反应模式，努力为他们创造正面的情感体验，避免和去除其负面感受。

（4）主题体验营销。

主题体验就是设计能打动顾客情感、激发其欲望的主题。体验主题必须集空间、时

间和事物于相互协调的现实整体，能够与旅游目的地本身拥有的自然、人文、历史资源相吻合，才能够强化游客的体验。游客的体验是完整的，包含了空间时间和事物的整合，因此要做到让游客在适当的地方、适当的时间做适当的事。

（5）文化体验营销。

文化体验以顾客的文化体验为诉求，针对旅游产品服务和顾客的消费心理，利用传统或现代文化，有效地影响顾客的消费观念，促进消费行为的发生。应通过挖掘旅游产品的文化内涵，构建具有独特个性的产品，提升产品的文化品位，增强旅游的竞争力和吸引力。

4. 旅游体验营销的实施策略

旅游企业应在深刻把握旅游者需求的基础上，制定相应的体验营销策略，并通过多种途径向旅游者提供体验。

（1）设计一个鲜明而独特的主题。

体验营销是从一个主题出发并且所有服务都围绕这个主题，所以体验要先设定一个明确而独特的主题，如果缺乏明确而独特的主题，游客就抓不到主轴，就不能整合所有感觉到的体验，也就无法留下长久的记忆。

（2）通过体验广告传播旅游体验。

体验广告可以把体验符号化，利用符号并通过大众媒介的放大而传播开来，从而实现体验营销效应最大化。在广告设计方面，要根据旅游目的地的自然景观、风土人情等设计广告主题，提炼形象生动的广告语，广告画面突出旅游主题并配以旅游目的地的景观，使受众有身临其境的感觉，产生旅游的欲望。

（3）营销手段应当突出游客参与，加强与旅游者的互动。

通过互动拉近彼此的距离，增强双方的感情联系，使旅游者对旅游企业的产品保持很高的忠诚度。互动不仅是企业和客户的互动，更是客户与客户的互动。要让事实说话，让"美好的感觉"口碑相传。

总之，旅游体验营销是体验经济时代旅游企业在营销方式上的一次重大变革，将体验营销引入旅游业经营中有重要的现实意义，将促进旅游业蓬勃发展。

5. 旅游体验营销案例：中国成都国际美食旅游节

"美食是这座城市的精髓，世界美食之都是这个城市的闪亮名片，这里有丰富的美食文化底蕴，有街知巷闻的民间美食，这里有全民皆厨的美食文化氛围，这里烹饪人才群星璀璨……"，成都市政府倾注大量的资源和力量全力将中国国际美食旅游节打造成为一个举城欢庆的节日，一个成都展现城市魅力的舞台，一个企业提升品牌形象、扩大市场的传播平台。经过多年的持续打造，中国成都国际美食旅游节被成功打造成一个具有鲜明地方特色、国际化、全民性的盛大民俗节日，已成为成都市第一节庆品牌和城市名片。

中国成都国际美食旅游节以"国际影响、市民节日、旅游实效"为宗旨，围绕促进成都餐饮、旅游发展，努力打造"成都生活方式"概念，争取更多游客和市民参与成都生活方式体验。首届中国国际美食旅游节于 2004 年 10 月在成都举行，到 2015 年 10 月，中国国际美食旅游节已成功举办 12 届。节庆旅游主题是节庆旅游体验性设计的灵魂，正如一篇文章没有好的中心思想就不会成为佳作，中国国际美食旅游节每届都有其独特的主题。2014 年第十二届中国成都国际美食旅游节全方位为旅游消费者体验成都美食提供了平台，成功实施了其旅游体验营销策略。

（1）不断创新，美食之都名片更加闪亮，游客赞许度高。

第十二届成都美食节以"食尚成都·味趣世界"为主题，以"交流美食文化、促进产业发展、扩大国际影响、建设美食之都"为办节目的。为充分打好"美食之都"名片，将成都美食节打造成全国业界的美食节标杆，本届美食节自 2015 年 10 月 1 日隆重开幕历时 7 天，美食节主会场非遗博览园共计接待客流量达 37.3 万人次，商家销售收入共计约 1980 万元，日均销售收入达 280 万元。与上年同期相比，本届美食节日均销售额同比增长 14%。而作为本届美食节一大亮点的美食创客展区，更得到中央电视台第九频道和东方卫视的报道，除此之外，本届美食节开创先河的全场无现金消费方式，与餐饮商家共同打造美食节这一交流交易平台，获得了游客及市民的认可。

（2）美食为媒，社会各界共同参与推动，游客积极参与体验。

本届美食节是一场以美食为媒、文化为蕴、产业交融、社会各界人士共同参与并推动的一场城市盛宴。美食节启动至今，可以说亮点重重。首先在美食节氛围的营造上，作为本届美食节的全程执行方，成都广播电视台产业运营中心依托中心旗下美食品牌栏目《食不可挡》，先后举办经典川菜大比拼之"拜托了回锅肉""金辣椒民间美食评选""那些年记忆中的小吃""家有厨神——让我们回家吃饭"这四大赛事活动，通过市民参与、美食达人试吃、网络票选、专家评分等环节，公开、公平、公正地选出了吃货心目中最具分量的美食，强烈突出了全民乐厨的美食文化氛围。在金辣椒民间美食的决赛评选中，同时参与在线投票的人数一度达到 20 万人次，刷新了四川地区美食评选在线参与人数纪录。除此之外，在本届美食节之中，美食节组委会在成都市商务委员会的指导下，推出了首本成都美食节会刊——《成都美食指南》。该指南在本届美食节开幕式上惊艳亮相，得到各路吃货的热烈追捧，在美食节现场成为一书难求的抢手货。

（3）融入"互联网+"思维，美食节运营破旧立新，便捷游客消费体验。

成都美食文化源远流长，历史底蕴深厚。本届美食节顺应时代潮流，将"互联网+"思维充分融入本届美食节当中，在成都市商务委的指导下，联合成都本土知名餐饮企业、阿里巴巴成都公司，举办了 2015 第十二届成都美食节高峰论坛。该论坛吸引了众多餐饮大鳄、餐饮新贵参与，共同探讨在"互联网+"时代下的美食行业变化，为成都餐饮行业未来的发展趋势碰撞出建设性意见。而在美食节举办期间，全程引入"互联网+"思维，联合腾讯、新浪等新媒体，整合实时的视频、文字信息，全程参与美食节的宣传、记录、营销、互动等活动。除此以外，本届美食节从前期预热到开闭幕，在充分整合本土媒体资源的基础上，还协调一切可利用的互联网新媒体资源，更加完美地

呈现本届美食节。而在运营模式上，本届美食节更是开了先河，联合四川商通实业有限公司，在世纪舞特色美食展区的 102 个美食展位上，采用刷卡消费模式，为游客的消费提供了最大的便捷。

三、旅游事件营销

（一）事件营销概述

1. 事件营销的定义与产生

事件营销（Event Marketing）是指企业通过策划、组织和利用具有新闻价值、社会影响以及名人效应的人物或事件，吸引媒体、社会团体和消费者的兴趣与关注，以求提高企业或产品的知名度、美誉度，树立良好的品牌形象，并最终促成产品或服务的销售的手段和方式。简单地说，事件营销就是通过把握新闻的规律，制造具有新闻价值的事件，并通过具体的操作，让这一新闻事件得以传播，从而达到广告的效果。

事件营销是国内外十分流行的一种公关传播与市场推广手段集新闻效应、广告效应、公共关系、形象传播、客户关系于一体，并为新产品推介、品牌展示创造机会，建立品牌识别和品牌定位，形成一种快速提升品牌知名度与美誉度的营销手段。20 世纪90 年代后期，互联网的飞速发展给事件营销带来了巨大契机。通过网络，一个事件或者一个话题可以更轻松地进行传播和引起关注，成功的事件营销案例开始大量出现。

2. 事件营销的特点

事件营销包括各类主题大赛、产品演示会、赞助仪式、庆典节庆活动等，主要特点包括以下五个方面。

（1）目的性。

事件营销应该有明确的目的，这一点与广告的目的性是完全一致的。事件营销策划的第一步就是要确定自己的目的，然后明确通过怎样的新闻可以让新闻的接受者达到自己的目的。通常某一领域的新闻只会有特定的媒体感兴趣，并最终进行报道，而这个媒体的读者群也是相对固定的。

（2）成本低。

事件营销一般主要通过软文形式来表现，从而达到传播的目的，所以事件营销相对于平面媒体广告来说成本要低得多。事件营销最重要的特性是利用现有的非常完善的新闻媒体来达到传播的目的。由于所有的新闻都是免费的，在所有新闻的制作过程中也是没有利益倾向的，所以制作新闻不需要花钱。事件营销应该归为企业的公关行为而非广告行为。虽然绝大多数的企业在进行公关活动时会列出媒体预算，但从严格意义上来讲，一件新闻意义足够大的公关事件应该充分引起新闻媒体的关注和采访的欲望。

（3）多样性。

事件营销是国内外十分流行的一种公关传播与市场推广手段，它具有多样性的特性，可以集合新闻效应、广告效应、公共关系、形象传播、客户关系于一体来进行营销策划，多样性的事件营销已成为营销传播过程中的一把利器。

（4）新颖性。

事件营销往往是通过当下的热点事件来进行营销，这样事件营销就是拿当下最热的事情来展现给客户，因此它不像许多过剩的宣传垃圾广告一样让用户觉得很反感，毕竟现在创意广告不多，而事件营销可以更多地体现它的新颖性，以吸引用户点击。

（5）求真务实，效果明显。

现代媒介把传播主题与受众之间的信息不平衡彻底打破，所以事件营销必须首先做到实事求是、不弄虚作假，这是对企业事件营销最基本的要求。这里既包括事件策划本身要"真"，还包括由"事件"衍生的事件传播也要"真"。一般通过一个事件营销就可以聚集到很多用户一起讨论这个事件，然后很多门户网站会进行转载，传播效果情况显而易见。

（二）旅游事件营销

1.旅游事件营销定义及其产生

旅游事件营销就是事件营销在旅游业的运用，是借助或制造具有新闻价值、社会影响的新闻事件，通过运作，迅速吸引媒体和公众的关注，增加旅游企业和旅游目的地的美誉度和知名度，树立良好形象，促进旅游产品的消费，达到企业经营目标。

国外学者对旅游事件营销的研究开始得非常早，现在已经成为一门专门的研究课题和学科。早在 1961 年，布尔斯廷就在 *A Guide to Pseudo-Events in America* 一书中提出为了迎合游客需要而出现的"伪事件"（Pseudo-Event）的概念。20 世纪 90 年代，Getz 提出：对于旅游发展来说，事先经过策划的事件是事件及事件旅游研究的重点，并定义了旅游事件营销的含义，对旅游事件进行了详细的分类。Wad 则从理论方面研究了旅游事件营销的影响，他认为对于事件旅游影响的研究应集中于三个方面：经济影响、环境影响评估、社会影响评估。Dinanche 通过对 1984 年新奥尔良世界博览会的案例研究证明了事件活动对举办地旅游业的发展有着广泛而深入的影响。Dwyer. etal 认为重大事件具有有形影响和无形影响。约翰·艾伦则进一步指出，重大事件的无形影响难以衡量，包括对社会生活和对团体福利的影响，事件所激发的自豪感以及对一个地方或旅游目的地所造成的影响是长期的。在国内越来越多的学者开始关注旅游事件营销，并提出了一些精辟的理论观点。张捷认为，随着未来社会以闲暇为核心而呈现的社会化，旅游业出现闲暇化趋势，旅游产品在多元化基础上出现一些新特征，在这一过程中，事件旅游的重要性逐渐体现。吴必虎则在他的旅游目的地系统图中阐述了旅游事件营销的重要影响。他认为在旅游景区开展旅游事件营销是吸引旅游者的重要手段。张丽、郭英之等对重大事件的旅游效应及营销策略进行了研究。马聪玲对我国旅游事件营销研究的进程进行了研究。戴光全更是以"99 年昆明世博园"为例，从对城市形象、昆明市旅游规模

和地位的提升、旅游结构的变化、整个昆明市社会经济的增长等角度出发，研究了旅游事件营销的影响。

2. 旅游事件营销成功策划的要素

事件营销要取得成功，应建立在公众的焦点、事件的卖点、企业的诉求点三点合一的基础上，并在心理上和情感上使公众产生共鸣。具体来讲，应注意以下有关事件营销的"四点八性"。

（1）合法性与规范性。

旅游目的地事件营销首先必须具有合法性与规范性。事件要在国家法律、法规下，通过相关部门审核与批准，不能违反国家法律、法规。如在我国大陆举行"博彩"大赛肯定是不允许的。又如 2008 年湖南平江县石牛寨景区的"疑似华南虎"事件，本来策划人员是想借助华南虎来进行事件营销，提高景区知名度，实现景区良好的经济效益。但由于事件本身是虚假的，不符合国家相关规定，导致该事件不但没有给景区带来正面经济效应，相反带来了许多负效应，相关人员受到了法律的制裁。考虑到事件营销已成为旅游目的地营销的重要营销方式，未来应对旅游目的地事件营销进行严格的规范化管理。

（2）轰动性与接受性。

要提高旅游目的地的知名度必须要求事件营销能引起公众的广泛关注，即营销事件的轰动性。如 2003 年"十一"黄金周上海国际旅游节的重要活动之一"中华第一跳"在著名的金茂大厦举行，来自挪威、美国、澳大利亚、法国和俄罗斯等国的 20 名国际著名高楼跳伞运动员从金茂大厦 88 层观光厅上跳下，就非常具有轰动性，突出了"第一"，通过事件加强了金茂大厦"中华第一高楼"的地位，取得了较好的效果，使金茂大厦顿时闻名于全国，成为重要的旅游景点。再如 2004 年青城山的"天下第一饿"事件让青城山在 49 天的旅游总收入达 1 亿多元，媒体报道铺天盖地，取得了明显的效果。同时，还要考虑事件的可接受性。虽然有些事件轰动性很强，但由于与公众的风俗习惯、价值观念、地方文化等相冲突，导致事件虽然起到了宣传旅游目的地的效果，但旅游者人数和收入并没有增加，未能达到旅游目的地事件营销的初衷。

（3）贴切性与形象性。

事件营销应与旅游目的地文化融合，展示旅游目的地形象，这样才能使旅游目的地事件营销的效果具有持久生命力。如黄龙洞景区为明示其标志性景点"定海神针"的价值，增强人们的保护意识，于 1998 年 4 月 18 日在保险公司为其买下 1 亿元的保险，轰动了整个旅游界和保险界。这次事件营销与黄龙洞本身的溶洞景观非常贴切，突出了环保意识，公众容易接受，起到了非常好的营销效果。再如四川万贯集团利用碧峰峡独特的生态条件，策划了"大熊猫大举入住碧峰峡"，在景区建立了大熊猫保护基地，展示大规模熊猫群体迁移途中的壮观场面，引起了大众、媒体的聚焦，打开了碧峰峡走向世界的窗口；以及利用摩梭人的神秘性，策划了"摩梭女王迁住碧峰峡"，举办大型泸沽民俗文化活动。自然与文化民俗的精妙策划与碧峰峡的景观特征巧妙结合，美誉度大幅提升，这些都是旅游目的地事件营销贴切性、形象性的典范。

（4）观赏性与参与性。

观赏是旅游者外出旅游重要目的之一，同时，随着旅游者需求的变化，旅游者越来越追求旅游项目的参与性。因此，旅游目的地在进行事件营销时，要注重事件的观赏性与参与性。如湘西凤凰南方长城的"棋行大地，天下凤凰"为主题的世界围棋邀请赛，以大地为盘、武僧为子，通过电视录制播放，增强了观赏性，效果自然不俗，使这个湘西边陲小城一跃成为全国知名的旅游目的地。再如重庆大足 2008 年"十一"黄金周举办的"中国龙水湖畔国际露营音乐节"，它的音乐互动、DJ 锐舞时段、街舞表演、露营体验、友谊足球、酒吧美食、动感 CS、翠湖荡舟等很多项目能让游客深度参与体验，整个事件整合了音乐学术探讨、旅游、音乐现场体验、娱乐营销体验等多种手段和理念，强调现场感知体验，取得了较好的效果。

总之，事件营销是旅游目的地营销的利器，是"双刃剑"，只要利用和把握好，使公众获得超值的感受，通过事件营销引导消费行为，开辟新的市场，将会给旅游目的地带来"名利双收"的结果，产生良好的经济效益和社会效益。

3. 旅游事件营销案例："飞机穿越天门山"

（1）飞机第一次穿越天门山的背景。

张家界被称为"天下第一奇山"，1992 年列入世界自然遗产名录，旅游资源十分丰富。但其区域经济比较落后，发展水平较低，劳动素质、基础设施建设同经济发达地区相比有较大差距。在旅游业已经成为世界范围内的朝阳产业，受到各级政府普遍重视的情况下，各具特色的旅游资源和旅游产品层出不穷。全世界已经有 630 个世界遗产，国内也达到 20 多处，而且每年还要不断增加一批，张家界独特的旅游资源面临着严重的挑战。加上我国西部各省在国家政策的倾斜扶持下，旅游业开始迅速崛起，有可能分流张家界的旅游客源和投资，而此时张家界的旅游资源在全国范围来讲并没有多高的知名度，很多消费者都不知道张家界这个地方。张家界旅游要想得到高效、持续的发展，必须先打响它的知名度，让世人熟知它丰富的旅游资源。1999 年，张家界市旅游局提出了接待国内外游客总计要达到 250 万人次，超上年 50 万人次，实现旅游收入 10 亿元的工作计划。黄龙洞投资股份有限公司筹划"飞机穿越天门山"事件，正好符合旅游消费者求新、求异的要求，它的举行将促进旅游局工作计划的完成，这个项目的提出得到了旅游局的肯定和推动。

在如此险要的环境中举办"飞机穿越天门山"的世界飞行大赛，在全世界来说还属首例。其阵势的庞大、比赛的惊险和激烈，极大地吸引了消费者的目光，满足了求新、求异的消费心理追求。1999 年举办的"飞机穿越天门山"事件有明确的主题："穿越天门，飞向 21 世纪"。它既有迎接千禧年，挑战自然的喜悦与雄心，又有着即将飞跃发展的张家界旅游的隐含意义。这次穿越是 20 世纪最后一次也是规模最大的一次航空运动盛会，得到了国际航空联合会、中国航空运动协会、当地政府、国家体育总局等各单位的鼎力

支持。飞机第一次穿越天门洞之前，大众对天门洞不是很了解，在当时，大众根本就没有从自然遗产保护的方面考虑而去高声热浪地反对，是飞机这一"飞"把它带给了世人。舆论的不反对促成了当时穿越的成功。在第一次穿越时，网络在我国应用还不是很广泛，主办方选择了国内知名的电视台和报纸，而且还有吉尼斯世界纪录专员。面对如此史无前例的赛事，其巨大的新闻价值使得大多数国内媒体都主动报道，声势浩大。

（2）飞机第一次成功穿越天门山的影响、效果分析。

现今在世界各国和各个旅游目的地，事件旅游及事件旅游营销之所以受到如此的重视，正是源于事件广泛而深入的影响。正如 Getz 指出的那样："事件强大的号召力可以在短时期内促使事件发生地的口碑获得'爆发性'的提升。"

1999 年 12 月"穿越天门，世界绝飞"的世界特技飞行大赛，邀请了来自 9 个国家的 11 位特技飞行大师。期间，中央电视台、湖南卫视、《人民日报》、新华社等 100 多家媒体的 400 余名记者云集张家界，一时间，媒体竞相报道，演绎出张家界"穿越天门"之外的另一"奇观"。好几个月后，各大媒体仍在连续不断地重播、录播。穿越天门的成功策划毫无疑问地把张家界推向了世界的前台，让张家界真正具有了向世界全面展示自己的机会和可能。

①迅速提升了张家界的知名度，旅游客流量突增。事件旅游营销的最明显的影响就是在一定时期内可以吸引大量的游客，据张家界有关统计数据显示，1999 年 12 月仅武陵源风景区就接待游客 53633 人次，比上年同期增长了 14.06%。

②事件旅游营销活动筹划的最主要的经济动力就是要增加旅游收入。1999 年，飞机穿越天门山事件的成功策划，为其旅游企业带来了巨大的经济利益，并带来了税收的增长。2000 年张家界旅游收入达到了 194106 万元，是张家界建市以来旅游收入增长最快的一年。在 1997 年至 2002 年这 6 年的时间内，旅游业给政府带来的税收每年都有增加，2000 年税收增长率为 105 个百分点。

③促进了张家界产业结构调整，带动了其他相关产业的发展。对旅游产业地位衡量的最佳方法是比较其增加值在国内生产总值 GDP 中所占比重的变化。根据相关统计数据及张家界 2000 年产业结构的变化，穿越事件对旅游产业结构的影响巨大。根据世界旅游组织的经验数据，旅游行业每一元直接收入，就能带动相关行业增加 4.2 元收入。据此推算，在 2000 年张家界旅游业带动相关行业增加收入 815245.2 万元。2000 年张家界的 GDP 为 60.37 亿元，财政总收入为 37718 万元。2000 年张家界旅游业对财政的贡献达到 50934.932 万元。可以看出，1999 年飞机穿越天门洞事件不仅直接带动了旅游业的增长，更促进了其他相关产业的增长。面对张家界旅游人数的逐年增加，原有的小规模旅馆、饭店已满足不了游客的需求，必然带来张家界餐饮、住宿类及旅行社的增加。据世界旅游组织公布的资料，旅游部门每增加 1 名直接从业人员，社会就能增加 5 个就业机会。据国内有关专家测算，我国旅游业就业乘数作用可达 1∶7。2000 年张家界旅游从业人员达 7075 人，由此推算，则为社会增加了 4 万多个就业机会。

四、旅游整合营销

（一）整合营销概述

1.整合营销的定义及其发展

整合营销是一种对各种营销工具和手段的系统化结合，根据环境进行即时性的动态修正，以使交换双方在交互中实现价值增值的营销理念与方法。整合就是把各个独立地营销综合成一个整体，以产生协同效应。这些独立的营销工作包括广告、直接营销、销售促进、人员推销等。

整合营销理论产生和流行于 20 世纪 90 年代，是由美国西北大学市场营销学教授唐·舒尔茨（Don Schultz）提出的。整合营销是以消费者为核心重组企业行为和市场行为，综合协调地使用各种形式的传播方式，以统一的目标和统一的传播形象，传递一致的产品信息，实现与消费者的双向沟通，迅速树立产品品牌在消费者心目中的地位，建立产品品牌与消费者长期密切的关系，更有效地达到广告传播和产品营销的目的。

2.整合营销的主题

（1）目标市场。

整合营销最重要的主题是关于目标市场是否更有针对性的争论。营销不是针对普通消费的大多数人，而是针对特定消费的较少部分的人群。"量体裁衣"的做法使得满足消费者需求的目标最大化。应设定的目标是对消费者的需求反应最优化，把精力浪费降至最低。在这个意义上才能得到理想的营销哲学：营销需要综合考虑更多的目标消费者的点滴需求。

（2）消费者。

整合营销应该和消费者本身有关，也就是需要全面地观察消费者。一名消费者不仅仅是在某个时间购买某种产品（如牛仔裤）的个人，消费者的概念更为复杂。购买牛仔裤的同一位消费者很可能购买其他的衣物来搭配牛仔裤，这是经常发生的事情。因此，多角度地观察消费者将创造更多的机会，使得消费者不是"一次性购买"或重复购买同一商品。还可以考虑到系统的"跨行销售"和"上游销售"。这个要素对于消费者行为的各个角度来说都是有效的。营销需要综合考虑各个时间消费者行为的其他角度。

（3）沟通。

整合营销必须考虑到如何与消费者沟通。消费者和品牌之间有更多的"联络点"或"接触点"，这不是单靠媒介宣传所能达到的。消费者在使用产品后对产品有了更深的了解等都是一种沟通，消费者之间相互交谈也会产生"病毒传播"般的销售机会。

（二）旅游整合营销

1.旅游市场需求变化与整合营销理论的应用

随着社会经济的发展和旅游业自身的不断成熟，旅游市场由于不同类型需求的出现

而经历了不同程度的"非大规模化",因而被自然分割成了多样化的微观细分市场,尤其是进入 20 世纪 80 年代后期以来,以互联网为代表的信息技术飞速发展和以其为背景的旅游者消费意识的转化、成熟度的提高,更加剧了旅游需求的个性化和多样化趋势。这种变化迫使旅游目的地开始关注需求的差异性,通过提供多样化旅游产品来针对性地满足日趋复杂多变的旅游需求。而在这种营销战略变革的过程中却存在着一个问题,旅游目的地为了将众多的旅游产品推销给旅游者,在媒体传播过程中往往选取了过多的诉求点,因而不能使旅游产品在旅游者心中留下深刻的印象,进而产生品牌形象效应,创造更多的附加值。从这个角度上说,如何将这些旅游产品有效地整合起来,通过一致的媒介诉求点使其形成广为人知的旅游形象,从而形成巨大的吸引招徕力量就成为首当要问题。传统的 4Ps 营销理论过多地强调由内而外的营销模式,只是一味地寻找自己需要的旅游者,而不去了解旅游者到底需要什么,这显然是与信息社会中旅游者个性化的需求是相矛盾的,当然也不能解决旅游地的品牌形象问题。IMC 理论为解决这一矛盾和问题提供了很好的途径。

旅游产品空间位置的不可移动性与所有权的不可转移性,决定了旅游营销的特殊重要性。将 IMC 理论应用到旅游业中,则要求旅游目的地以旅游者需求为中心,重组目的地企业行为和市场行为,综合协调地使用各种形式的传播方式,以统一的目标和统一的形象,传递一致的产品信息,实现与旅游者的双向沟通,更有效地达到旅游地形象传播和产品营销的目的。其核心思想是对旅游者的客户关系管理,强调以"旅游者需求"为中心,要求旅游目的地不同部门、不同人员从各自不同角度与顾客沟通时有统一的口径、统一的品牌个性、统一的顾客利益点和统一的销售创意,形成集中的旅游形象冲击力,及时通过不同的渠道进行系统的旅游者信息反馈,进而动态性调整促销策略。IMC 理论在 1997 年前后开始传入我国,并在一些大型企业中得到结合中国市场实际的应用,并逐渐渗透到旅游营销研究与实践中,但由于该理论本身发展的时间不长,应用于旅游营销实践的内容与方法等并不完善,需要进一步的探索。

2. 旅游整合营销的动力机制

目的地旅游整合营销之所以能够快速被我国旅游业所采纳,是与当前我国旅游产业特征与市场特征紧密相连的。其动力来自旅游业自身特性形成的内在推力和旅游市场竞争形成的外在压力。

(1)旅游产品是期货性"信息产品"。

旅游产品是一种期货性"信息产品",具有后验性特点。旅游消费决策根据旅游信息制定,获得旅游信息的便利性和信息的完整性,决定着潜在旅游者向现实旅游者转变的可能性。这就使树立、改造、传播旅游目的地整体形象,提供具有良好清晰度、连贯性的信息,成为目的地旅游营销的核心。目的地旅游整合营销正是化分散为整体、化杂乱为有序的有效工具。

（2）旅游营销是跨区式目的地营销。

旅游营销必须打破行政区划的束缚，树立完整的目的地理念，站在旅游者的角度，以旅游者需求所客观构成的目的地为营销主体。而传统的旅游营销却是站在行政区划的角度，以本行政区、本企业的"自我营销"为核心，人为割裂了旅游产品的完整性。由于所站角度不同，在营销者看来，所提供的信息似乎是完整的"产品"，而在旅游者看来，则是分散、无序的"零件"。整合营销的主旨就是"以顾客为主导、整合相关资源、传播完整信息"。因此，整合营销是进行目的地营销的最佳途径。

（3）旅游市场是合作型竞争市场。

我国旅游市场竞争从开始的景点竞争到线路竞争、城市竞争，再到目前的区域竞争，正是一条逐渐从竞争走向合作的发展道路。如何发挥各自优势、完善产业链条，实现同质产品专题化、异质产品互补化，形成"1+1>2"的增值效应和市场力量，是目前区域旅游合作的关键所在和目的地旅游营销的首要任务。目的地旅游整合营销是竞争与合作的有效结合，因竞争而合作，因合作而更富有竞争力。因此，目的地旅游整合营销是目前旅游市场竞争的迫切需要。

3.旅游整合营销的主要路径

旅游整合营销应以打造理想旅游目的地为核心，坚持从旅游者的角度出发，围绕4C来整合相关资源，提升目的地综合竞争力，实现营销效果的最大化和营销成本的最小化。

（1）以旅游者为中心整合产品。

好的产品是营销成功的基础。目的地旅游整合营销的首要任务就是根据旅游者需求，分析区域内产品的共性与个性特征，整合区域旅游供给要素，制定区域产品规划，有针对性地重新组合、包装区域内现有产品，用区域级旅游产品吸引游客、占领市场，从而带动区域内单体旅游产品的销售。这样不仅可以保持旅游产品的整体性与深度，满足游客的完整需求，而且可以避免同类产品过度竞争所造成的游客分流，便于形成规模经济。如丝绸之路旅游产品，对沿线城市来说，都有一些单体产品，单独营销不仅成本很高，而且难以形成较强的吸引力，而若将这些单体产品整合成区域旅游产品，其单体产品的价值就会凸显出来，成为有市场冲击力的世界级旅游产品。营销丝绸之路旅游产品，要比营销沿线各个单体产品的效果好得多，而且平均成本也会下降。

（2）以成本为中心整合价格。

价格优势是营销的核心优势。整合营销以降低旅游者成本为目标，以低廉而富有吸引力的综合价格来占领市场。综合价格不是简单的单体产品价格的累加，而是一种具有批发性质的价值让渡，能最大限度地降低旅游者的旅游成本。价格整合的主要手法包括综合报价、捆绑销售、买此赠彼、累进优惠、多方联票等，整合的范围越广，让渡给旅游者的价值越多，旅游吸引力就越强。如北京地区实行的 2006 年博物馆通票，89 家文博馆点的综合价格仅有 80 元，给旅游者减免总价值达 2100 元。虽然综合价格不高，但由此带动了市场的扩大和冷点接待量的上升，总体收入会远远大于整合前的收入。

（3）以便利性为中心整合销售管道。

能否便利地购买到产品是营销成败的保障。英国旅游学家利克里什指出，营销任务包括两个基本职能：第一个职能就是确保可能对产品有兴趣的消费者了解产品的存在与价值；第二个职能就是使消费者通过有效的供应管道购买到该产品。现实中，人们往往注重"卖什么"的问题而忽视"怎么买"的问题。整合销售管道，就是要将散乱的单个产品信息和分销管道整合为一个完整而清晰的产品销售体系，从而降低代理商组合产品的成本、旅游者搜寻产品和购买产品的成本。如建立区域性预订销售网点、组建区域性旅游集散中心、编制区域性旅游服务指南、相互代理销售等。

（4）以整体形象为中心整合促销工具。

促销是创品牌、树形象的具体工具。旅游者对一个旅游目的地的了解，来自他们接触到的各类信息所反映出的目的地整体形象。因此，既要综合运用各种促销手段与旅游者进行全方位的信息沟通，又要保证信息传递在纵向和横向上的一致性（纵向一致性要求目的地的整体形象、经营战略及大众传媒所传递的信息在相当长时期内协调一致；横向一致性要求目的地在同一时间内通过各种管道所传递的信息保持一致），从而使旅游者形成一个总体而清晰的印象和情感认同。目的地旅游整合营销不仅要通过整合，使原本分散的媒体广告、宣传手册、DM 期刊、信息网站、公关活动等工具能够服务于全局，而且要使其统一于整体目标之下，从而提升各种促销工具的综合效能，树立鲜明的整体形象。

4. 旅游整合营销案例："带上天翼去旅行"成为整合营销经典案例

从浙江电信两次试水"带上天翼去旅行"以来，已逐渐形成可复制的营销模式。由中国电信集团公司重新打造成为活动品牌，并于 2012 年 12 月 12 日新闻发布启动，随之而来的就是 12 月 22 至 24 日，中国电信"带上天翼去旅行"成为品牌的第一季活动"天翼奥迪大明山之旅"正式开启。这次集合通信、传媒、网络、汽车、旅游、明星、应用、智能机等多个行业于一体的跨界时尚之旅，老练的活动组织、商业合作、联合传播等已透露出这种营销模式已从试水向成熟完成转换。

（1）第一式：创新跨界格局。

传统的两两跨界已成过去，同时跨界 8 家公司，还能盘活整个营销传播大局才是大视野，在经过前两次活动的积淀，本次中国电信"带上天翼去旅行"品牌活动第一季覆盖面更广、力度更大。联合了包括新浪网、和诚奥迪、索尼手机、天翼阅读、天翼翼聊、天翼爱音乐、天翼 3G 等在内的国内著名行业品牌，并邀请了诸多知名媒体。更有演员、导演、歌手、作家等各界名人——《甄嬛传》欣贵人万美汐、中国大陆流行女歌手林萍、浙江卫视中国蓝艺人模仿天王小钊、青年作家"狼牙少帅"刘猛等共同加入。实现跨界新格局，让一个活动向一个平台成功转化。

（2）第二式：创新传播模式。

以社会化媒体阵营为主，新浪微博为主阵地，多方联合由新浪合作商招募达人、邀请全国的电信达人、媒体达人、名人明星、VIP 客户达人等组成的旅行团，沿途不断分享，借助媒体的号召力、名人明星的影响力、达人的口碑力，短时间在互联网上形成赶集效应，通过媒体粉丝、达人粉丝、名人明星粉丝、品牌粉丝进行扩散，制造话题热点，在新浪微博上形成热词，让 3.5 亿的微博人同时都能关注，达到传播所有合作品牌的内容方式，并通过直接链接到合作品牌商家的官网，形成传播向点击再向购买的转化。一改国有企业传统自说自好的传播方式，让受众在体验中传递商家的品牌口碑。

（3）第三式：创新营销方式。

从传统的推销式销售向体验式销售进行转变，借"带上天翼去旅行"活动，寓乐于教中实现产品植入，天翼打造一种全新的 3G 时代旅行方式，出门前，用它查天气；行路时，用天翼导航；危难时，翼聊是求救神器；无聊时，爱音乐给你节奏；休息时，有掌上电影院；娱乐时，爱游戏帮你联机，无处不在、无处不快的天翼网络让喜怒哀乐及时分享，可以让你扔掉电脑、PAD、小说、MP3、地图等 50 斤重的行囊，轻松出行。在本季活动中，奥迪也通过试驾让参与的达人在旅行的途中进行体验全系奥迪 A8 的沉稳、Q7 的洒脱、A4 的精致、TT 的炫酷、A5 的拉风、A7 的豪华，大明山上滑雪更是让所有的旅游达人感受到 8 万平方米上飙速的快感，以及明妃七峰等诸多景点银装素裹下的峰峦壮美。让用户在参与的过程中对品牌产生真正的热爱。

（4）第四式：创新活动内容。

跨界的最终目的仍然是吸引合作品牌中共同的目标群体前来参与活动，精彩的活动内容将成为吸引这群达人们前来参与的核心关键，本季活动从最开始的线路设计就考虑到让驴友们玩得爽、吃得好、看得奇、不辛苦的方向的设计，三天两夜的宽松行程，大明山的超 High 滑雪、超美风景，沿途的全系奥迪车试驾体验，全程索尼手机免费分享，再聆听一场林忆莲演唱会，更有晚会 Party、大明山野味、趣味活动，好吃、好看、好玩、好拿，带着一丝惊喜，带着一丝刺激。

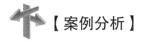 【案例分析】

日本兵库县多可町八千代区住宿型市民农园

当今日本有许多人退休后一方面向往回归自然的田园生活，希望到农村从事一些农业劳动，一方面又不愿意彻底放弃都市的便利生活而整天干农活，一种满足这部分人新的生活方式需求的"市民农园"便应运而生，市民可以仅仅在周末离开大都市到农村去，在大自然中种种蔬菜、大米，享受"周末农业劳动"的乐趣。在日本，自 1993 年开始到现在已经有大约 50 家市民农园，共计有 1000 块地，租用者随着"乡村生活热"的扩散而日渐增多，兵库县多可町八千代区可以说是日本市民农园的先驱者。八千代区（原八千代镇）位于神户市东北约 45 千米处，从神户市驱车一个半小时、大阪市驱车 2 小时左右可达，该地区没有什么有名的观光资源，他们充分利用了靠近京都、大阪、神

户几个大城市近郊的优越地理位置，以"创造文化氛围浓郁的美丽山村"为目标，利用山间沟谷等闲置农地，于1993年设立住宿型"八千代市民农园"，2002年又设立了自由区画住宿型"大家市民农园"，后再设立了"大和市民农园"。

前两个市民农园共计有80块地，每块地大约160~300平方米，其中农园面积120平方米，"八千代市民农园"中还设有豆腐加工体验设施以及野营地，为深入开展城乡交流，每年还举办"紫云英节""萤火虫节""收获祭典"等活动，政府为配合市民农园吸引更多都市居民，制定了《全镇公园化条例》，全力推进全镇公园化建设，使居住环境得到了明显改善。

这种住宿型市民农园，与一般的市民农园不同的是带住宿设施。住宿设施里有厨房、卫生间，租用者每周可以数次往返，也可以住下来安心享受农业劳动的乐趣。租用市民农园的前提条件，一是每月至少到农园待4天以上；二是必须参与锄草等共同劳动。住宿型市民农园极受欢迎，3个农园合计110栋住宿设施都已经满员，还有130个家庭预约等候空房，租用者平均年龄60岁，大多来自大阪、神户市。该镇与神户市的商店街协会建立了交流关系，在大阪市的窗口式直销店也设立了摊位，销售市民农园种植的蔬菜。自兴建市民农园之后，到访八千代的外地客人逐年增加，该地区现有人口6000多人，年接待外地来访者31万人次，经济波及效果达到12亿日元，还创造了包括老年人、妇女在内的160余人的雇佣岗位。

日本兵库县多可町八千代区住宿型市民农园项目获2004年第二届"往来！日本大奖"冠军"内阁总理大臣奖"。

（资料来源：日本"一村一品"五个案例：开创休闲农业新天地，http：//www.scagri.gov.cn/jlhd/rdtl/201506/t20150616_345447.html.）

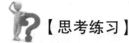案例思考

（1）日本现代休闲农业发展的背景有哪些？

（2）日本现代休闲农业发展对我国创意农业旅游有哪些启示？

【思考练习】

一、名词解释

旅游市场营销　创意营销　创意旅游营销

二、简答题

1. 简述旅游市场营销的特征。

2. 简述创意旅游营销的内涵。

三、论述题

试分析我国创意休闲农业的市场需求及其发展前景。

参考文献

［1］菲利普·科特勒.科特勒营销策略［M］.高登第，译.北京：中信出版社，2007.

［2］菲利普·科特勒.营销管理（第13版）［M］.卢泰宏，译.北京：中国人民大学出版社，2009.

［3］俸世荣.事件旅游营销的影响及策略初探——以"飞机穿越张家界天门山"为例［J］.牡丹江大学学报，2010（11）.

［4］郭英之.旅游市场营销［M］.大连：东北财经大学出版社，2014.

［5］胡宇.旅游创意营销与发展探析［J］.现代营销（下旬刊），2015（10）.

［6］克里斯蒂安·米昆达.体验和创意营销打造"第三地"［M］.周新建，谢宁，皇甫宜均，译.北京：东方出版社，2006.

［7］理查德·佛罗里达.创意经济［M］.方海萍，魏清江，译.北京：中国人民大学出版社，2006.

［8］粟路军，黄福才，李荣贵.事件营销：旅游目的地营销的利器［J］.旅游学刊，2009（5）.

［9］李庆雷，廖春花，梁彩霞.旅游创意营销：消费社会旅游营销理论的创新与发展［J］.湖北经济学院学报，2011（5）：75-80.

［10］林学益.创意行销［M］.广州：广东经济出版社，2002.

［11］刘锋，董四化.旅游景区营销［M］.北京：中国旅游出版社，2006.

［12］麦晓霜.浅论中国旅游营销发展历程［J］.广西教育学院学报，2006（5）：116-119.

［13］舒伯阳.旅游市场营销［M］.北京：清华大学出版社，2009.

［14］吴建安.市场营销学（精编版）［M］.北京：高等教育出版社，2012.

［15］肖升.旅游市场营销［M］.北京：旅游教育出版社，2010.

［16］谢敏，夏正超，金浏河.创意旅游学概论［M］.北京：中国时代经济出版社，2014

［17］杨桂华.旅游资源与开发［M］.昆明：云南大学出版社，2010.

［18］杨军.旅游公共管理［M］.南开大学出版社，2008.

［19］谭业.旅游隐性营销：新时代的旅游营销理念变革［J］.经济地理，2013（9）.

［20］朱孔山.旅游整合营销内容范畴探讨［J］.商业研究，2009（3）.

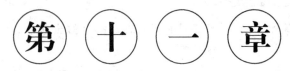

第十一章

创意旅游管理

【学习目标】

了解旅游管理体制模式及旅游政策法规及其与旅游业发展阶段的关系，知晓我国创意旅游业发展的趋势，掌握旅游创意管理的基本方法理念。

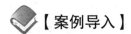

【案例导入】

旅行途中"被吃苦"

刘先生退休后热衷参加旅游团四处走走，8月报名参加了赴山西旅游团。行程开始后，导游对大家讲：山西条件比不上大家的老家江南鱼米之乡，大家要做好"吃吃素、尝尝苦、善善心"的准备。第一天在平遥，大家集合后来到餐厅吃早餐，早餐是生硬的馒头配咸菜。由于早餐没吃好，刘先生找导游理论，导游说早餐标准是8元，就是这样的饭菜。刘先生不服气找出旅游合同，发现合同上并没有关于用餐标准的约定，于是便找到餐厅负责人核实情况，被告知他们的早餐标准为6元。刘先生又找到导游，导游承认了早餐标准是6元，并提出利用差价2元为大家买水的解决方案。结束上午行程后，大家饥肠辘辘，准备用午餐，午餐8菜一汤，竟然4个洋芋菜（洋芋丝、洋芋片、洋芋糊糊、洋芋疙瘩），其他菜品除了萝卜丝就是豆芽，大家根本吃不饱。接下来几天的餐食也没有得到改善，而导游答应给大家买水的承诺更成了泡影。刘先生回程后向旅游质监执法机构进行了投诉。

（资料来源：根据2014年11月国家旅游局通报三季度四大投诉案例整理而成。）

☞ **案例思考**

你怎么看关于旅行途中"被吃苦"？

第一节　旅游管理

旅游管理是协调旅游管理的活动。由于旅游关系存在多层次、多结构、多方面的特征，旅游管理也相应地具有丰富的内涵。由于旅游管理是存在于旅游组织之中的，组织形态与层次的差异体现了旅游管理的特色。因此，从旅游管理的组织层面上可以把旅游管理分为宏观管理与微观管理。

旅游宏观管理是指政府及其旅游主管机构从宏观角度为保障旅游业的发展，通过制定旅游政策、法规，制定旅游业发展规划，建立与完善国家旅游管理体制，用行政、经济、法律的手段对国家或当地的旅游发展进行宏观、间接的调控。其中包括：旅游管理体制模式的确定、旅游管理组织的体系的建立、行业发展政策法律、法规的颁布和对旅游经济运行的调控和监督。

一、旅游管理体制的模式

旅游管理体制，是指国家对整个旅游经济活动和运行进行协调与管理的组织形式、机构设置、职权划分和管理制度的总和。各国旅游管理体制的形成、变迁是多种因素的综合结果，其中包括自然环境、历史沿革、人文传承、国家政体、经济结构和发展模式等。自近代旅游业的诞生——1845 年世界上第一家旅行社托马斯·库克在英国莱斯特正式营业，世界各国旅游业蓬勃发展，但就从来没有一个统一的旅游行业的管理模式，也没有一成不变的管理模式。我国著名旅游学专家王兴斌教授就各国旅游行政管理模式进行了整理总结，如表 11-1 所示。

表 11-1　世界各国旅游行政管理体制一览

洲	单设旅游行政机构	与文化部门结合	与工贸部门结合	与交通部门结合	与环保部门结合	其他	合计
亚洲	15	20	4	3	1	—	43
非洲	11	11	17	1	13	—	53
欧洲	6	11	22	1	2	1	43
美洲	20	1	11	7	—	—	39
大洋洲	3	2	4	3	1	—	13
合计	55	45	58	15	17	1	191

资料来源：摘自王兴斌 2014 年微博文章《各国旅游管理体制评述》，略有改动。

（一）单设国家旅游行政主管机构

由表 11-1 可知，五大洲 191 个国家和地区中，单设国家旅游行政主管机构的国家有 55 个，约占 29%。如泰国（泰王国旅游局）、以色列（以色列国旅游部）、阿根廷（阿根廷共和国旅游部）、希腊（希腊旅游部）等国；此类国家大多是亚洲、非洲和美洲的发展中国家和欧洲的次发达的国家。以泰国为例，泰国政府对旅游业实行的是集权式的管理体制。其最高层次的旅游管理机构是旅游管理委员会，由内务部、交通部、外交部、国家环境委员会、国家经济和发展委员会、立法委员会的高级官员和泰国航空公司总裁、泰国旅游局局长以及行业工会领袖等人士组成，管理和监督旅游局的工作等。泰国旅游局是旅游委员会领导下的旅游行政管理机构，其主要职责是旅游促销、制订地区旅游发展计划和行业管理。泰国的地方旅游机构由泰国旅游局直接设置、派驻人员并提供经费。单设国家旅游行政主管机构的国家大多旅游基础设施不完善、旅游企业不成熟，旅游业整体还处于起步阶段。在世界旅游业分工中，大多为国际旅游目的地，而不是最重要的国际旅游客源产出地。

（二）与文化或体育部相结合

旅游与文化或体育部相结合的国家虽然经济发展水平参差不齐，但文化旅游都是这些国家的特色或主打旅游产品。比如，中国（2018 年中国政府机构调整，撤销国家旅游局，成立文化和旅游部）、韩国（大韩民国文化和观光部，下设韩国观光公社）、印度尼西亚（文化旅游国务部，下设旅游促进局）、英国（英国旅游局隶属于主管旅游产业的文化、媒体与体育部）、波兰（波兰共和国体育与旅游部，下设旅游局）、阿富汗（阿富汗伊斯兰共和国文化、旅游和青年部）等国。政府把旅游业与文化业、体育业整合起来管理和发展，体现了这些国家发展旅游的优势与特点。以英国为例，英国根据1969 年《旅游发展法》设立英国旅游局，现隶属于主管旅游产业的文化、媒体与体育部（DCMS）。英国的高层旅游管理机构由英国旅游总局、英格兰旅游局、苏格兰旅游局和威尔士旅游局组成，经费由各级政府承担。旅游总局主要负责向国外推销英国的旅游业，在国外的旅游机构和企业之间进行沟通和交流，出版、推销旅游手册、地图和纪念卡，通过 20 多个国外办事处向全世界提供信息服务等。英格兰、苏格兰和威尔士旅游局则具体负责各地旅游业的发展，统筹资源开发、计划研究和资料统计工作，参与各地旅游业的推销活动，对各地旅游业实施资金援助并提供信息咨询等。

（三）与工商经济部门结合

旅游业其本质上是一个经济产业。按世界贸易组织（WTO）把国际贸易分为商品贸易与服务贸易两大类来看，旅游业属于服务贸易业。服务贸易业又划分为十二类，分别是商业性服务、通信服务、建筑服务、销售服务、环境服务、金融服务、健康及社会服务、教育服务、旅游及相关服务、文化、娱乐及体育服务、交通运输服务、其他服务。旅游业已经成为服务贸易的主体性产业，成为世界上最大的就业部门。因此，在表11-1中，许多国家政府中把旅游业的管理纳入商务、产业、手工业等经贸管理部门之内或与之相结合，约占总数的30%。既符合旅游业的经济属性，又与当代国际贸易的共同规则及惯例一致。这些国家包括：美国（美利坚合众国商务部工业和贸易局，下设旅游办公室）、加拿大（加拿大小企业和旅游国务部，下设旅游委员会）、德国（德意志联邦共和国的联邦众议院和联邦参议院分别下设旅游委员会；德国联邦经济与技术部，下设中小企业与旅游事务国务秘书1人及相关部门）等。

（四）与交通部门结合

共计15个国家，其中，只有日本既是国际旅游目的地大国，又是重要的国际旅游客源产出地，其余大都是以入境旅游为主的小国、岛国、沿海或内陆国家，国际交通对发展旅游具有至关重要的作用，特别是航空运输。政府把旅游部与民航部结合起来管理和发展，充分体现了"旅"与"游"的互补互利、不可分割的特点。对以中远程入境旅游为主要客源的国家，这种管理体制具有合理性。印度在20世纪80年代旅游起步时期也曾设立民航旅游部。

（五）旅游部与环境部结合的国家

主要是非洲国家，如马拉维、南非、赞比亚、布隆迪、肯尼亚、斯威士兰、刚果和博茨瓦纳等国。这些国家都有特色鲜明的自然生态环境，特别是丰富的野生动植物资源，生态旅游是该国特色或主打旅游产品。旅游业在国民经济，特别是国家创汇和就业中具有重大作用，政府把发展旅游与环境保护结合起来，体现了这些国家发展旅游的优势与特点。

二、旅游管理组织的体系

旅游管理组织体系是旅游业内部各构成部门或者各组成要素之间有机整合、整体运行的方式。组织体系的建立是旅游宏观管理重要内容，建立与本国国情相适应的旅游管理组织体系才能确保旅游业有效运作，推动经济健康发展。旅游宏观管理主要是国家执行管理职能，因此它的组织体系应该包括三个层面：首先，第一层面建立国家最高层面的旅游综合行政管理机构；其次，在第二层面建立以中心城市、省、市的各类相应旅游管理机构，形成在国家统一指导下的直线组织结构形式；最后，建立各类非官方的旅游行业协会等组织。

以我国为例，第一层面：国家最高层面的旅游综合行政管理机构为中华人民共和国文化和旅游部（2018年由文化部和国家旅游局合并而成），其前身是1964年成立的中国旅行游览事业管理局，是国务院管理全国国际、国内旅游事业的职能部门。目前是国务院主管旅游工作的直属机构。于 1985 年确定选用"马踏飞燕"（见图 11–1）作为中国旅游业的图形标志。主要职能是统筹协调旅游业发展，制定发展政策、规划和标准，起草相关法律、法规、草案和规章并监督实施，指导地方旅游工作；制定国内旅游、入境旅游和出境旅游的市场开发战略并组织实施；承担规范旅游市场秩序、监督管理服务质量、维护旅游消费者和经营者合法权益的责任；组织旅游资源的普查、规划、开发和相关保护工作等。

图 11–1　"马踏飞燕"中国旅游业的图形标志

第二层面：建立以中心城市、省、市的各类相应旅游管理机构，形成在国家统一指导下的直线组织结构形式。中华人民共和国文化和旅游部设有驻外机构和省级旅游行政管理部门。截至 2016 年，分别在 13 个国家和地区设立了 22 个驻外机构。

第三层面：建立各类非官方的旅游行业协会等组织。

（1）中国旅游协会（China Tourism Association，CTA）。

中国旅游协会是 1986 年 1 月 30 日经国务院批准正式成立。由相关企事业单位、社会团体自愿结成，是我国第一个旅游全行业非营利性的社会组织。目前设立了 6 个分会和 2 个专业委员会，即：温泉旅游分会、旅游城市分会、旅游教育分会、旅游商品与装备分会、休闲度假分会、休闲农业与乡村旅游分会、妇女旅游委员会和民航旅游专业委员会。

其职责是对旅游发展战略、旅游管理体制、国内外旅游市场的发展态势等进行调研，向国家旅游行政主管部门提出意见和建议；向业务主管部门反映会员的愿望和要求，向会员宣传政府的有关政策、法律、法规并协助贯彻执行；维护旅游市场秩序；协助业务主管部门建立旅游信息网络，开展规划咨询、职工培训，组织技术交流，举办展览、抽样调查、安全检查，以及对旅游专业协会进行业务指导等。

（2）中国旅行社协会（China Association Of Travel Services，CATS）。

成立于 1997 年 10 月，是由中国境内的旅行社、各地区性旅行社协会等单位，按照平等自愿的原则结成的全国旅行社行业的专业性协会，经国家民政部门登记注册的全国性社团组织。

其职责是宣传贯彻国家旅游业的发展方针和旅行社行业的政策、法规，总结交流旅行社的工作经验，开展与旅行社行业相关的调研，为旅行社行业的发展提出积极并切实可行的建议；向主管单位及有关单位反映会员的愿望和要求，为会员提供法律咨询服务，保护会员的共同利益，维护会员的合法权益；制定行规行约，发挥行业自律作用，督促会员单位提高经营管理水平和接待服务质量，维护旅游行业的市场经营秩序；加强会员之间的交流与合作，组织开展各项培训、学习、研讨、交流和考察等活动；加强与行业内外的有关组织、社团的联系、协调与合作；开展与海外旅行社协会及相关行业组织之间的交流与合作。

（3）中国旅游饭店业协会（China Tourist Hotels Association，CTHA）。

成立于1986年2月25日，是中国境内的饭店和地方饭店协会、饭店管理公司、饭店用品供应厂商等相关单位，按照平等自愿的原则结成的全国性的行业协会。于1994年正式加入国际饭店与餐馆协会（IH&RA），并进入其董事会成为五位常务董事之一。

其职责是通过对行业数据进行科学统计和分析；对行业发展现状和趋势做出判断和预测，引导和规范市场；组织饭店专业研讨、培训及考察；开展与海外相关协会的交流与合作；利用中国旅游饭店网和协会会刊《中国旅游饭店》向会员提供快捷资讯，为饭店提供专业咨询服务。自2009年6月起，中国旅游饭店业协会秘书处承担全国旅游星级饭店评定委员会办公室职能。

（4）中国旅游车船协会（China Tourism Automobile And Cruise Association，CTACA）。

该协会前身是"中国旅游汽车理论研讨会"，成立于1988年1月。1990年3月，正式定名为"中国旅游车船协会"，现有会员200余家。是由中国境内的旅游汽车、游船企业和旅游客车及配件生产企业、汽车租赁、汽车救援等单位，在平等自愿基础上组成的全国性的行业专业协会，属于非营利性的社会组织。

（5）中国旅游景区协会（China Tourist Attractions Association，CTAA）。

是由全国旅游景区行业和与景区相关企事业单位在平等自愿基础上组成的全国旅游景区行业协会。2009年年底，华侨城集团公司等企业作为成立中国旅游景区协会的发起单位向国家民政部申报成立中国旅游景区协会，2010年10月24日民政部批复成立中国旅游景区协会。

三、旅游行业发展政策法律法规

旅游业立法是国家政权为了实现旅游发展的目的，根据旅游业发展的社会经济条件和旅游业发展的具体情况，所制定的一系列法律、法规、措施和办法。旅游基本法在整个旅游规范法律体系中处于主导地位。从各国旅游立法的实践来看，大多都有旅游基本法，如1963年日本的《旅游基本法》、1979年美国的《全国旅游政策法》和墨西哥的《旅游法》、泰国的《旅游和导游职业法》等，都是具有旅游"宪法"地位的基本法。

1985 年 5 月 11 日，国务院颁布了我国第一个关于旅游业管理方面的法规《旅行社管理暂行条例》后，陆续有几十个专门法规问世并在实践中不断修改和完善。例如，《中华人民共和国旅游法》《旅行社条例》《导游人员管理条例》《中国公民出国旅游管理办法》《旅行社管理条例》《导游人员管理条例》《风景名胜区管理暂行条例》《旅行社质量保证金暂行规定》《旅馆业治安管理办法》《中华人民共和国评定旅游（涉外）饭店星级的规定》《旅游投诉暂行规定》等。虽然我国理论上说旅游法律制度是以《中华人民共和国旅游法》为主导旅游法规体系。但从目前现有的这些法律、法规从制定的部门来看，有的是国务院批准的旅游法律、法规，有的是国家旅游局单独或会同有关部门制定的法规，除此之外还有大量的地方政府制定的有关地方旅游的法规。但旅游基本法的缺位，不能不说是我国旅游法律制度中的重大缺陷。

四、对旅游经济运行的调控和监督

如何对旅游经济运行进行调控和监督，纵观全球，各国不一。从公关管理学的角度看，对旅游经济运行进行调控和监督也就是是如何处理好政府和旅游业市场的关系的问题。决定因素包括该国的民主政治体制的性质、国家市场经济体制的性质、社会结构的性质及经济发展所处的阶段等。在经济界一直有一种争论，政府是守夜人还是牧羊人？在市场经济体制还不完整的条件下，宏观调控仍然是旅游宏观管理的一项重要内容。这种调控以间接调控为主，主要有财政税务手段的调控、金融信贷手段的调控、价格手段的调控、外经贸及进出口手段的调控。

五、旅游微观管理

旅游微观管理指旅游投资、经营者对旅游企业产品设计开发、生产、经营以及旅游企业自身所拥有的各种资源的直接管理，它是旅游企业在国家宏观管理政策既定的前提下，利用各种资源，达到企业目标的过程。也是旅游企业经营管理的简称，它包括经营和管理两个方面经营方面的内容。旅游企业经营是指旅游企业以独立的商品生产者身份进入市场，以服务的生产和交换为手段，满足社会需要并实现企业目标，使企业的经济活动与企业生存的外部环境达成动态均衡的一系列活动。旅游企业经营活动的主要内容有市场调查、分析和研究、目标市场的选择和定位、产品的合理化改进、新产品的开发和推广、价格和利润的管理、客源的组织和开拓以及资金的运作和核算等。与旅游企业的经营不同，旅游企业的管理侧重于旅游企业的内部，它是指旅游企业的管理者针对企业具体的业务活动，通过计划、组织、控制、督导和激励等手段，使企业实现预定目标。旅游企业管理包括：按科学管理的方法组织和调配企业的各种资源，实现业务的正常运转；保持并提高员工的积极性和创造性；加强成本控制，减少内耗，提高企业经济效益等。也就是说，旅游企业一般都要进行业务管理、人力资源管理、财务管理、市场营销和公共关系、设备管理、安全管理和服务质量管理等。

第二节　我国创意旅游的发展趋势

对于旅游业来说，由于市场不断扩大，丰富低端旅游产品供给已经无法满足人们的高质量的出游需求。创意旅游业综合化发展是当今我国旅游业发展的新趋势。

一、全球环境背景下的发展趋势

（一）社会环境

2015 年中国劳动力规模由 2012 年的 9.37 亿降至 9.11 亿人，这是中国劳动力人口连续 4 年绝对值下降，人口红利正在逐年缩水，人口老龄化趋势上升，老年人旅游市场在未来占比将会增加。人们多养生、健康将会越来越关注，对健康旅游产品或矿物疗养产品需求将会增加。特别是专门针对老年人特殊设计的旅游产品将会增加。例如，部分有生理及其他客观因素限制难以成行的城市老年人，创意旅游可以利用网络虚拟旅游研究成果帮助其实现旅游愿望。因此，未来创意旅游业的产品发展和质量会对整个老年旅游市场的发展有重要影响。

（二）自然环境

伴随着我国旅游业的蓬勃发展，部分旅游资源只顾及眼前利益过度开发，加上全球气候变暖等，这都将是我国旅游业不得不面对的重大问题。面对这些问题，当地政府、旅游服务提供商及运营商将不得不对其商业活动进行评估，开发出相应的危机管理制度。与此同时，当政府及旅游服务提供商、运营商发现环境保护也可以是"卖点"，那么今后创意旅游的产品将会在生态旅游方面增加品种及数量。

（三）宏观经济

在经济全球化不断推进和全球经济结构日益完善的过程中，世界各经济体都在自觉或被迫地寻找自身的定位。由于资本的自由流动及全球化产业结构的强行布局，城市和地区经济在空间上和时间上都处于不断变动之中，城市和地区再造战略一刻不停地在全球接连上演。在这种背景下，利用文化和创意或相关产业来保持生存和活力应该是一条发展良策，有很多地方都把旅游产业定位为重要的经济发展手段和战略目标。在此背景下，面对城市或地区生产功能的衰退，文化旅游和创意旅游就是其中之一。

二、心理环境背景下的发展趋势

交通的便捷性使目的地朝发夕至变为现实、各类预订系统已经形成世界网络、出入

境手续日益简化以及信用卡/银联支付交易通信世界，使得世界旅游供给水平已经跃上一个新台阶。旅游业在未来发展的很容易被认为外面世界很精彩的旅行者们所推动，特别是我国人均受教育程度不断增高，加之单身、晚婚及丁克人群的增加，使得旅游旅游需求本身发生变化，不仅是需求总量变化，同时还将产生出新的需求类型和新的需求标准。

三、操作环境背景下的发展趋势

（一）信息技术环境

互联网在旅游业的作用会越来越明显，新的信息技术环境改进了传统的旅游生产、分配和消费能力，促使了传统旅游业向现代旅游业的转变。因此，在此类背景下，信息技术环境将与现代旅游业开始良性循环：资本对于旅游互联网行业未来的投资力度将会加大，资本的进入将带来信息技术的不断创新，而信息技术的创将引领旅游业走向新的一轮的发展。同时，互联网、大数据、云端、3D、虚拟现实等技术的运用也将对旅游市场重新定位及细分。

（二）房地产环境

旅游地购买房地产的趋势将上升。在我国，很多北方人在气候舒适的南部以购买或租赁房屋的形式度过冬天；反之，夏天来临之际，南方人愿意到北方避暑。在此类情景下，房屋既可以为旅游地带来稳定的回头客，又同时为旅游地当地政府的房地产业去库存减轻压力。

自1991年，我国著名经济学家孙尚清在《中国旅游经济发展战略研究报告》中正式提出了"食、住、行、游、购、娱"六要素的概念至今，综合化发展改变了旅游业以旅行社、饭店为主的传统模式，把各个相关行业、部门结合在一起。旅游业逐渐成为融"六要素"一体的综合性产业。但是，伴随着近些年我国旅游业的迅速发展，"六要素"理念已经有了一定的历史局限性。原国家旅游局长在2015年全国旅游工作会议现场指出，如今，激发人们旅游的动机和体验要素越来越多，需要拓展新的旅游要素。总结旅游业这些年的发展，在现有"食、住、行、游、购、娱"旅游六要素基础上，可否概括出新的旅游六要素"商、养、学、闲、情、奇"？前者为旅游基本要素，后者为旅游发展要素或拓展要素。其中，"商"是指商务旅游，包括商务旅游、会议会展、奖励旅游等旅游新需求、新要素；"养"是指养生旅游，包括养生、养老、养心、体育健身等健康旅游新需求、新要素；"学"是指研学旅游，包括修学旅游、科考、培训、拓展训练、摄影、采风、各种夏令营冬令营等活动；"闲"是指休闲度假，包括乡村休闲、都市休闲、度假等各类休闲旅游新产品和新要素，是未来旅游发展的方向和主体；"情"是指情感旅游，包括婚庆、婚恋、纪念日旅游、宗教朝觐等各类精神和情感的旅游新业态、新要素；"奇"是指探奇，包括探索、探险、探秘、游乐、新奇体验等探索性的旅游新产品、新要素。旅游发展要素或拓展要素是目前我国现阶段旅游行业的总结。随着产业的不断升级，创意旅游继续创新，未来我国旅游产业将会有一套符合旅游产业特点的、适应国际竞争的、有中国特色的新体制。它必将带动旅游业乃至整个国民经济的发展，从而巩固旅游业的国民经济支柱地位。

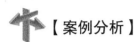

【案例分析】

旅游地品牌形象定位与创新模式

打造旅游地强势品牌的过程，也就是建立地区旅游地综合形象的过程。旅游业涉及地区经济的众多领域、行业，形成旅游业经营的基础——地区可开发旅游资源。从旅游主体感知的角度出发，旅游品牌可以通过人—地感知系统和人—人感知系统两个方面形成。由于地区旅游资源的具体表现可谓多种多样，包括地理、历史、文化、经济等诸多方面，因此旅游者在形成旅游地印象的过程中，信息来源往往多样化、复杂化，是没有经过统一整理归纳的。因此，在目标市场确定的情况下，如何准确地、集中地表现旅游地品牌形象信息，就是旅游品牌建设。

一、新加坡

新加坡在发展旅游产业方面有丰富的成功经验，这与新加坡政府的大力支持、社会公众的普遍认同与配合有着密不可分的关系。长久以来新加坡的狮鱼之城给人们留下了极深的印象，旅游产业也通过成功地塑造区域形象，得到了长足的发展，积累了众多的品牌形象，这些都为新加坡成为优秀旅游目标地提供了支撑。在新加坡的旅游形象推广方面，新加坡运用多样的图形与丰富的色彩，传达立体而统一的新加坡旅游形象——非常新加坡（Uuniquely Singapore）。

旅游消费者通过对旅游目标地形象的认知，了解旅游地从而决定了旅游的"购买"。

二、夏威夷

除新加坡外，夏威夷也是一个在旅游品牌形象推广方面较为成功的典范。

夏威夷是全世界旅游业发展的楷模，但从1990年开始走下坡路。如何振兴这种成熟旅游目的地的旅游业，较之待开发或初开发的旅游地来说，其难度同样也是很大的。

在负责夏威夷旅游规划的部门对其旅游市场做了一系列的市场分析、竞争分析及滑坡根源的分析之后，重新就其当时现状制定了新的旅游形象理念——Aloha 在旅途。运用此理念的主要考虑是 Aloha 是夏威夷的独特优势，这才是真正的"Only in Hawaii"的东西，这是构造夏威夷独特形象的最主要因素。根据 Pukiu–Elbert 辞典，Aloha 是"爱、怜悯、同情、仁慈与宽恕"，Aloha 是夏威夷人的根与魂，它保障了夏威夷人的热情与友好，是夏威夷人热情洋溢的体现。

夏威夷旅游业正是通过不断地完善自我形象宣传及销售渠道，而使得自身旅游业从低谷中再次走向辉煌。

（资料来源：摘自百度文库，https：//wenku.baidu.com/view/6d8c6b2b7375a417866f8fc4.html.）

 案例思考

如何根据旅游地的旅行资源进行旅游地品牌形象创新定位？

 【思考练习】

请思考世界各国旅游管理体制的差异及其决定因素。

参考文献

［1］郝索.外国旅游管理体制比较研究及对我国旅游业改制的启示［J］.人文杂志，2001（3）：79-83.

［2］李伟.旅游学通论［M］.北京：科学出版社，2006.

［3］田里.旅游管理学［M］.大连：东北财经大学出版社，2001.

［4］田世政.论中国旅游行业管理制度的改革［J］.西南师范大学学报（人文社会科学版），2003，29（4）：88-92.

［5］张丽娜.论我国旅游法律制度的建立和完善［J］.广西政法管理干部学院报，2005，20（2）：43-45.

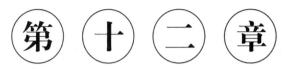

第十二章

创意旅游人才培养

【学习目标】

通过本章的学习，了解创意旅游人才的特点、创意旅游人才培养的意义及发展历程，创意旅游人才培养的方法。

【案例导入】

厉新建：旅游体验来自于创意　人才扮演关键角色

一、旅游中的文化味

在台北市万华区西门町商圈，有一栋年轻人扎堆的西门红楼。楼宇深处，是集聚了20多家文创品牌的"文创孵梦基地"。楼外广场上创意集市里，普通的手机物件、T恤衫等日常物件因为一个小小的创意变得与众不同。在步行区，自发前来的"街头艺人"以说唱、街舞等各种演艺方式，吸引不少时尚青年驻足欣赏。

如今，西门红楼作为台湾保存最古老完整的三级古迹市场建筑物，已成为集古迹、休闲、商业为一身的新型建筑。中国旅游研究院院长戴斌表示，这正是他心目中旅游与文化创意相融合的理想模式。

中国旅游经济研究中心主任厉新建认为，旅游最重要的就是提供体验，而体验的不断丰富、创新主要来自创意，无论是在餐饮（吃）、宾馆（住）、交通（行）、景区（游）、纪念品（购）、旅游演艺（娱）的任何一个方面，创新创意无时无处不在。

厉新建说："旅游业与文化创意产业的进一步融合空间非常大，在一定意义上，旅

游业本身也是文化创意产业的重要组成部分。"

二、融合发展的优与忧

厉新建表示，旅游业与文化创意产业的融合大大丰富了旅游产品的内容。但从根本上看，文化创意对旅游业发展最重要的影响还是在战略观念方面。"过去，人们往往将旅游目的地视为旅游产品的聚集空间，而现在，或许我们可以将旅游目的地视为一个平台、一个创意聚集的舞台。"

尽管文化创意在旅游业可谓无处不在，但戴斌认为，目前二者融合发展的一个难点，就是缺乏有效的市场主体。

以旅游演艺市场为例，旅游演出已成为演艺文化与旅游业融合程度较高的领域，出现了多种相对成熟的产业化模式，如实景演出模式、主题公园模式、旅游舞台表演模式等。《印象·刘三姐》《宋城千古情》《魅力湘西》等文化旅游演出项目已经成为当地文化的"代名词"。尽管如此，从整体看，旅游演艺市场的精品数量相对较少，这也制约着旅游与文化的深度融合。

近几年，作为融合发展诞生的旅游新形态，主题公园建设突飞猛进。无论是"老牌"的华侨城还是后来快速发展的方特，都是这方面的典型代表。不过，在度过快速发展期之后，文化创意产品的短板，暴露了国内主题公园的后劲不足。

戴斌认为，旅游业与文创融合的关键在消费环节。"这就需要把握游客的核心诉求，要营造一个市场化、大众化，面向现代和未来的平台。"戴斌还强调，在此过程中，政府既要加强宏观规划和引导，又不能干预过多。要看到，无论"798"，还是南锣鼓巷，都不是政府规划出来的，而是根据市场规律自发形成的。厉新建也认为，文化创意产品要进入旅游市场，就必须深刻理解旅游者的偏好和特性。只有这样，文化创意产品才能真正成为旅游者喜闻乐见的好作品。

三、兼通人才是关键

"如何将文化创意的过程以及这些创意行为的集聚、创意行为的展示演变为旅游产品，值得重点关注。"厉新建表示，文化创意虽然提升了旅游内在的文化含量与层次，但只是增强旅游体验的手段，而不是最终目的。如何在文化创意的设计过程中强化对文化的解读、如何改善文化创意解读方式等，将是未来需要高度关注的问题。

戴斌则认为，文化旅游融合，人才将扮演关键角色。"如果懂文化的不懂旅游，懂旅游的不懂文化，二者就很难协调发展。所以，文化部门和旅游部门要加强合作，建立一批文化旅游培训和实践基地，积极培育文化旅游人才。"

戴斌同时表示，在台湾地区公务和学术交流过程中，有两件事情让他印象深刻。一是山地原住民地区的驻村艺术家制度，艺术家与村镇老百姓一同生活，与民间艺人共同研究如何提升传统手工制品的艺术品位，使之更加符合当代人，特别是游客的审美要求。二是专业志工制度，即有关部门资助专业人员与有需要的小微企业和个体户"结对子"，不用讲太多的理论，而是实实在在地帮助他们做工业设计、培育品牌、建市场渠

道，最终提高基层民众参与商业体系的能力。对此，戴斌表示，如这两个制度能引进到国内旅游产业实践中，将具有重要意义

（资料来源：《经济日报》。）

👉 思考

旅游业与文化创意产业的融合对旅游人才提出什么要求？

第一节　概　述

一、创意旅游人才培养的三个关键因素

创意旅游人才的核心能力是创意，创意行为是人和环境的有机结合。因而，创意存在着两大要素，即人的要素和物的要素。人的要素主要是创新动机的激发因素，物的要素主要是创意对象或是创意环境，而连接人与物的中介则是方法。为此，创意活动可简化为环境、动机和方法三要素。创意旅游人才培养的核心环节就是要把握这三个要素。

如前所述，创意，就是通过人的能动性，提出有创造性的思路、想法和方法等。科技进步和组织创新，是驱动社会进步的力量，是社会发展的"车轮"。作为生产力发展中最具决定性因素的科学技术，以及影响社会经济政治和文化全面进步的组织和制度创新，将人的力量无限放大，并且使人与人之间发挥着整体互动，形成合力的超常规作用。先进的科学技术是"动能"，组织和制度是"支点"，在没有支点的情况下，再大的动能也"使不上劲"。

所谓的创意，就是支持科学技术进步（包括先进的工艺和方法）的纽结，以及促进科学技术与制度结合的环扣，它不断地为科技进步以及组织和制度创新找到一个个的支点。在一个创意枯竭的社会，人们无法想象科技能够进步，组织与制度也会僵化。同时，组织与制度僵化又导致人的思想缺乏活力，科学技术的进步更无从谈起，形成恶性循环。经济社会发展与进步的动力不足。创意的产生，可以从以下三个要素来分析。

第一，环境要素。宽松的环境是创意得以滋生的温床。试想，一言堂的环境下，思想不自由、言论不能自由发挥，讨论问题要顾及权威，对既定的秩序不准越界、不能怀疑，创意还没孕育就会宣告死亡。没有包容的文化氛围，对不同意见缺乏容忍之心，其结果是人人不敢"试错"，也就不敢冒着犯错的危险进行创意活动。奖励机制是创意的催化剂，包括口头上的表扬、态度上的肯定和尊重，甚至物质上的回馈。只有在相对宽

松的气候环境中，才能结成创意的硕果。

第二，动机要素。所谓动机，是促使人们朝着一个既定目标行动的内在心理动力。创意的主体是人，人的创意活动往往要激情点燃。人们的创意动机可能千差万别，但是仍然是有规律可循，以下几种情况较多见：一是利益、利润驱动。市场经济社会，其活力之源在于利益、利润驱动，那么它也就成为人们产生创意冲动的重要因素。这就不难理解，为什么许多的创意或创造都是投资的结果。创意与投资往往又产生一个新的企业。在投资和物质驱动下的创意，其目标就是有可预期的回报。二是好奇心的驱使。对未知世界的探秘之心是人类的天性，因好奇而思考、因好奇而行动，想要把事情探个究竟，创意就会随之萌生。三是批判与质疑。敢于怀疑一切，不轻信他人的结论，创意主体就会逆向思考，从而导致创意的产生。四是兴趣使然。创意活动本身在很大程度上来讲，是自由自觉的活动，其过程中，创意主体因为要颠覆既定的思维模式，怀着一种行动意义的自我肯定从而获得某种享受，即为创意而创意。当然，好的创意环境是培养创意兴趣的土壤。

第三，方法要素。创意的方法，从微观、具体层面来说，最大的方法是没有既定的方法，因为创意本身就是另辟蹊径，不同领域的创意方法也各有不同。但是，从宏观的，一般意义的方法来说，又有其共性。如在学习观察和思考与行动习惯方面，要勤、敏，即勤于学、勤于思，还要敏于行。在人与人之间互动方面，要多问、多想、多质疑，相互启发、相互促进。此外，一些科学的专业学术方法也很重要，如当前假设前提条件下的反假设，不同学科专业背景的人，在学科专业交融和碰撞中得到启发等，继而找到创新创意的点子。在思维方法上，逆向思维作为一种超常的思维方式，采用的是从事物对立面为基点展开推理的方法，在创意领域，有意示短、反弹琵琶、倒置形象、逆向假设、反向变体等从诉求主题相反方向另辟蹊径，从而找到创意的源头活水。

总之，环境是条件，动机是驱动力量，方法是工具，三者之间相互作用。没有好的、宽松的环境条件，就没有创意动机产生的土壤，稍微超常的方法也会被称为"异端"被打击。

二、创意旅游人才培养的行业及行业人才需求背景

（一）旅游业正在进入爆发式增长阶段

2013 年，我国已经是全球最大的国内旅游市场，旅游收入超过了 30 亿元；出境旅游人数已经超越了美国和日本，成为世界第一大出境旅游客源国。2015 年，我国国内旅游突破 40 亿人次，旅游收入过 4 万亿元，出境旅游 1.2 亿人次。中国国内旅游人数、出境旅游人数和国内旅游消费、境外旅游消费均列世界第一。目前我国正处于全民大众化出游的阶段。《中国统计年鉴 2018》及有关数据显示：2017 年，旅游相关产业投资规

模的大幅度增长，直接带动了旅游投资的快速增长，各地旅游投资出现了生机勃勃的繁荣景象，为旅游业发展注入了新的活力。2017年，我国国内旅游人数超过50亿，国内旅游收入达4.57万亿元（见表12-1）。伴随着旅游行业的爆发式增长，旅游从业人员的需求量也不断增长。据2019年年初公布的2018年旅游就业情况数据显示，我国旅游业直接就业人员2826万，旅游业直接和间接就业人员7991万，旅游就业人数占总就业人数的10.29%。可见，旅游业的快速发展无论对旅游业从业人员数量还是质量，都提出了新要求。

表 12-1　2017 年旅游业发展基本情况

	官方统计数据	比上年增长比例
国内旅游人数	50.01 亿人次	12.8%
国内旅游收入	4.57 万亿元	15.9%
入境旅游人数	1.39 亿人次	0.8%
国际旅游收入	1234 亿美元	2.9%
餐饮业餐费收入	6135.4 亿元	2.8%
住宿业客房＋餐费收入	3454.5 亿元	4.3%
旅游演艺台次	268 台	5.5%
旅游演艺场次	85753 次	19.0%

资料来源：根据《中国统计年鉴2018》及文化与旅游部官网公布数据整理而得。

由 2017 年旅游专业招生的层次结构（表 12-2）可知，我国旅游行业人才培养结构总体并不合理。加之就业准入门槛低，许多未受专业教育的人员也充斥于导游、酒店管理、旅游投资等领域，更是加剧了旅游行业人才的结构性矛盾。一方面，低端的普通从业劳动者过剩；另一方面，具有创新创意能力的高端从业人员严重缺乏。

表 12-2　2017 年全国旅游院校各层次招生人数统计

中职招生人数	**10.2 万人**
大专（高职）招生人数	11.3 万人
本科招生人数	5.9 万人
硕士研究生招生人数	2832 人
博士研究生招生人数	336 人

总体而言，我国旅游人才队伍在结构上呈现"四多四少"，即普通型人才多，高层次人才少；传承性人才多，创新型人才少；传统行业人才多，新业态人才少；单一型人才多，复合型人才少。最关键的是，泛泛化的理论人才多，有针对性的应用型人才少。从目前旅游人才结构看，我国现有旅游人才队伍的年龄结构偏年轻化，其中，刚毕业的学生占了很大一部分，而且学历层次整体偏低，主要以中职、高职（大专）为主，本科

学历的人才非常少，研究生学历的人才更是屈指可数，整体质量仍有待提高。在未来一段时期内，旅游策划、会展、传媒、商品设计、营销管理、投融资及信息化人才等新型创意旅游人才会存在严重不足。

在新时期旅游业高速发展的形势下，无论是旅游的规模、旅游业在国民经济中的地位，还是旅游新业态的发展、提升旅游服务质量的需求，都对旅游人才的培养提出了新的要求。旅游产业的创新发展要求，也造成了对新型的旅游学术研究人才、管理人才、服务人才和技能人才的大量需求。目前我国的旅游业正由劳动密集型产业逐步向劳动密集型及知识密集型并存产业发展。对旅游从业人员的知识储备、业务能力、综合素质、创新能力及敬业态度等都有了更高的要求，也迫切地需要培养一支高素质、高水平的旅游人才队伍。在这个发展过程中，不仅需要大量一线服务及操作人员，更需要大量高层经营和管理人员，以及大量旅游专业技术人员。这些人员中，最缺乏的是有创新性思维的旅游项目规划、旅游营销策划、旅游与其他行业交叉融合发展策划等高层次人才。

（三）中国"旅游强国"发展战略对高端创意型人才的需求

近年来，我国旅游业得到迅猛发展，已成为世界最大的旅游市场之一。但是，与世界发达国家仍然有很大差距。我国旅游产品形势单一，服务不到位，旅游投诉等现象很普遍。说明我国旅游业在开发、管理等方面都存在很大的问题。而从收入这一块来说，最大的问题是旅游购物收入比发达国家要低得多，我国在 20% 左右徘徊，而发达国家普遍在 40%~60%。说明我国迈向旅游强国还有一段路要走。为此，原国家旅游局在其发布的《中国旅游发展报告（2016）》提出到 2050 年，中国成为初步富裕型国家，实现从全面小康型旅游大国到初步富裕型旅游强国的新跨越。中国旅游将全面实现旅游现代化、信息化、国际化，那将是中国旅游业发展更大的黄金期，中国最终将由世界旅游大国走向世界旅游强国。

但是，从目前我国旅游产业发展与发达国家差距看，除资金和土地等资源缺乏影响行业发展外，还有一个核心问题，就是旅游专业人才严重缺失，尤其是中高端旅游经营管理人才、规划设计人才紧缺。产品缺乏规划创意以及营销创意，实际上折射了创意旅游人才严重缺乏。在此背景下，人力资源、人才队伍和智力支撑是旅游强国建设中不可或缺的重要保障，我国亟须建设一支具有国际视野和创新意识的旅游企业家和高级管理人才队伍，尤其是对高素质的景区创意规划、旅游市场营销创意、旅游产品包装和推介创意、懂得会展创意设计的酒店管理高级管家、旅游景区管理等紧缺专门人才的需求将是巨大的。

三、创意旅游人才在国内的需求及其对旅游培养活动的转型要求

《中国旅游发展报告（2016）》指出，随着"一带一路"旅游合作战略，"515战略"（5大目标，10大行动，52项举措）、"旅游 +"战略（旅游 + 互联网、旅游 + 农业等）、

"全域旅游"战略等的进一步实施，中国旅游业发展将不是简单的粗放式增量发展，而是走内涵式发展的道路，以提高质量和增进效益为主，"创新、协调、绿色、开放、共享"是中国旅游业发展思路转型的五大理念。马克思主义认为，人是生产力发展中最基本最活跃的因素，这种转型升级战略实施，同时对人才提出更高要求。

如前所述，我国旅游发展方式存在问题，粗放式增长导致旅游产品雷同，同质化明显，且管理和服务跟不上。而从旅游业从业人员的构成看，低学历者居多，培养跟不上需求的节奏。以2013年在江西的调查数据为例，从学历结构来说，该省旅游从业人员特点为：一是在性别结构方面，女性比例略高于男性，占到54%，符合旅游业行业特点。二是在学历结构方面，高层次人才奇缺。具有大专学历及以上学历的旅游人才的比例达到了58%，其中，专科占比44%；本科占比13%；研究生占比1%。三是在专业结构方面不尽合理，旅游企业中所从事的工作岗位与专业对口的仅占40%左右，其中旅行社行业专业对口的比例最高，达到44.3%，而在旅游行政管理部门中，专业对口率只有22.2%。大多数旅游从业人员所从事的岗位与所学专业不一致，限制了行业总体管理水平、服务水平的提高。四是人才行业分布不合理。旅游人才主要集中在旅游的传统行业中，而一些新兴业态的急需人才，如旅游电子商务、旅游媒体宣传、会展策划、旅游市场开发和营销人才等都非常紧缺，有些地方旅游中层管理人才还出现严重的断层现象。

然而，上述有关江西旅游从业人员的状况调查，反映的不仅是江西的情况，全国的情况类似，这说明我国当前的旅游从业人员中，低学历水平、低层次的人员结构，只是适应于我国旅游业态中，一般的管理性、服务性和事务性特征。这是因为，旅游行业产业链长，涉及面宽，也就决定了此行业相关岗位多而显得就业相对容易，特别是有些就业岗位门槛比较低。而对开拓性、创造性和创新性甚至能跨界融合的复合型人才，显然是稀缺的，从业人员的知识、技能和学历结构不改变，将不利于我国旅游业发展方式的转型。为此，我国旅游业人才培养，也要顺应业态变化，要从一般的技能型为主转向能力开拓型为主，以培养动手能力为主转向动手动脑能力并重。值得一提的是，当前旅游业在活动策划、产品包装、营销手段等方面，越来越多地注入了"创意"的元素，甚至创意旅游成为一种新的旅游业态，从这个角度看，创意旅游人才的培养对教育培训机构提出了更高的要求。

第二节　创意旅游人才培养的内涵及发展历程

如前所述，创意旅游人才培养，本质上是一种教育活动，教育活动是教育者对受教育者施加影响，使其成为一定社会所需要的人才的有目的的活动。为此，创意旅游人才培养与一般性的人才培养，是特殊与一般的关系，即创意旅游人才的属性决定了创意旅

游人才培养的内容、方向和要求。因而，创意旅游人才内涵的界定，必须反映创意旅游人才与其他人才，甚至与其他旅游从业人员在本质上的区别。而通过对于创意旅游人才培养的发展历史考察，可以更有效地为当前我国创意旅游人才培养寻找经验借鉴。

一、创意旅游人才培养的内涵

创意旅游人才，广义上来说，是指从事旅游业，具有一定的创新创造意识和能力的旅游专兼职从业人员，意即具有创意能力，从事"旅游业"的从业；狭义上来说，是指有一定的专业技能的旅游创意产业从业人员，即具有创意能力，从事"创意旅游业"的从业人员。本书倾向于取其广义，因为任何的旅游业，都离不开"创意"，而不仅限于"创意旅游业"才需要创意。要达到创意旅游人才的标准，除天生的禀赋因素（如独特的思维习惯等）外，一般要通过要相关的教育和培训活动才能形成。"培养"总是与"教育"紧密联系。教育是指教育主体通过对教育对象有目的地施加影响，使其培养成符合一定社会要求和职业要求的人才，人才培养通过教育来实现，教育的目的就是要培养一定标准的人。培训，是指培养训练，通过对培训对象进行培养训练，以达到塑造具有一定知识技能的活动。创意旅游人才培训，是通过培训主体对受培训者施加影响，使其掌握一定的旅游业特殊技能——具有创意能力，能够为旅游业服务的活动。当前，我国创意旅游人才缺乏，这也就决定了我国旅游业的创意水平不足，创新意识枯竭，因而在旅游规划与开发中，旅游产品同质化严重。总体上来说，我国旅游人才培训任重而道远。

二、创意旅游人才培养的普遍性特征和特殊性特征

创意旅游人才培养同其他类型的人才培养一样，都符合人才培养的普遍性法则，都是通过"教育"的方式对人施加影响，使人符合一定社会或一定职业需要。创意旅游人才同其他创意业人才也有共同性。例如，创意旅游业与创意文化产业、广告创意等领域的人才培养，其内在的统一性在于创新和创造思维是其灵魂。然而创意产业与一般产业不同，又有特殊性。创意产业人才具有许多独特的特点，大概包括：从能力层面来说，有创造能力和创新能力；从文化和知识层面来说，有深厚的文化底蕴和广博的知识筹备；从思维方式来说，一般具备独特的思维，如逆向思维、联想思维和"直觉"思维等；从组织管理层面来说，有团队合作精神、软性管理的需求、休闲工作的偏好。此外，创意人才还有"脑洞"常开吸取新知识的学习习惯，善于将看似不相关的知识同专业联系起来的"功夫在诗外"的学习能力，创意旅游人才也不例外。从这个意义来说，包括创意旅游人才在内的创意人才的培养，又有其特殊的规律。

三、创意旅游人才培养的发展历程

创意旅游人才培养活动的发展，与创意旅游活动和创意旅游产业密不可分。在史前

时期，人类为了生存进行迁徙活动，算不上旅游活动。奴隶社会时期，出现了以经商和交换为目的的商务出游活动，也偶尔出现奴隶主以享乐为目的的旅游活动。到封建社会时期，伴随着农耕文明的进一步发展，以及政治体制、文化体制的集体化和稳定化，社会经济的发展和交通条件的改善为封建社会时期旅行活动的扩大发展提供了必要的经济基础和便利条件，旅行活动的规模和范围无疑都有极大发展。在这一时期中，各种非经济目的的旅行也在不断扩大，包括帝王巡游、士人漫游，甚至科学考察、外务交流等。

与创意旅游活动紧密相连的是创意文化艺术活动，欧洲中世纪末期，特别是 13 世纪末，意大利产生了文艺复兴运动，并扩展到欧洲多国，成为欧洲中世纪文化巅峰时期。彼时涌现出了大批的文化巨匠，艺术方面有达·芬奇、米开朗琪罗、拉斐尔"三杰"；文学方面有但丁、薄伽丘、莎士比亚、塞万提斯等；科学方面有哥白尼、布鲁诺、伽利略、开普勒等；哲学方面有弗兰西斯·培根等，可谓群星璀璨。这些艺术、文学、哲学及科学成就，打破的是旧秩序（包括审美秩序），激荡着精神的张力，以高扬人性代替神性。其本身就内在地包含着创意活动，并以博物馆的珍藏、大剧院的经典演绎等方式，助推着旅游活动，影响着创意旅游的发展。这些文艺创造，客观上变成了创意旅游资源。而当时的这些文艺巨匠，也实实在在地成了旅游资源开发的创意人，虽然这种"安排"是客观历史演化的结果。

而中国古代传统农业社会（主流政治话语体系中的封建社会）时期，随着旅游活动的发展，其活动中的创意元素也得到发展，士人漫游——谢灵运、李白、杜甫、柳宗元等；公务旅行——张骞、郑和等；宗教旅行——玄奘、鉴真等；帝王巡游——隋炀帝、乾隆等。这些旅游活动者的足迹，不仅在旅游史上留下了印痕，而且为后人的审美注入了创意的元素。如李白的"黄河之水天上来""疑似银河落九天"等，陶渊明的隐居故里，又给人以"全域旅游"的景象思考。近代以来，特别是工业革命以后，世界人口迅速增加成为大众旅游人数增加的基础；世界经济迅速发展为旅游活动提供了物质基础；交通运输工具的进步缩短了旅行的时间距离。但是，旅游业的竞争也日趋激烈化，正是在这种竞争中，旅游业态发生了变化，各个旅游竞争主体也迫切要找到其核心竞争力，为此，创意活动就变得尤其重要了。包括创意主题、创意设计、创意宣传等，成为旅游业态竞争的新元素。这样，旅游业对创意旅游人才的需求就显得更急迫了。

第三节　创意旅游人才培养的目标

人才培养的目标，一般存在于三个层面：第一个层面是社会宏观层面；第二个层面是行业中观层面；第三个层面是个人素质和能力的微观层面。创意旅游人才的培养，也可以从这三个层面分析。

第一，从宏观层面看，以社会为本位考虑创意旅游人才的培养目标。创意旅游人才

培养活动，目标在于培养一定社会需要的创意旅游人才。这一目标往往与地区战略乃至国家战略相联系，一般来说，从社会宏观层面考虑创意旅游人才培养目标的主体是国家或政府，以及以人才培养为中心环节的高等学校。其背后的逻辑是为了顺应国家或地区行业竞争力的需要。例如，《国务院办公厅关于深化高等学校创新创业教育改革的实施意见》（国办发〔2015〕36号），即对高校创新创业教育改革提出指导性意见。一些地方性相关法规，也从其地区的社会层面，对创新创业或是创造性人才的培养实施提出规范性和指导性意见，如继国办发〔2015〕36号文件出台后，各省人民政府办公厅也颁发了面向本省的创新创业教育改革的意见。这些政府相关文件，体现了社会为本位的人才培养目标。而创意旅游人才培养，也理应在创新创业之列，政府指导性文件，体现了社会对于包括旅游业在内的创新、创业的要求。

第二，从中观层面看，旅游行业内在的发展规律，决定了其对创意旅游人才目标要结合旅游业需求的变化。创意旅游人才是旅游行业转型和升级的需要。随着旅游产业日益发展，各地也纷纷出台了一系列鼓励旅游创意产业的政策。但仍然面临着旅游产业粗放式开发，在设计规划上缺乏原创，大量出现模仿、抄袭的问题。与此相联系，旅游目的地出现同质化的现象明显。这说明旅游目的地缺乏创意，归根结底是创意旅游人才缺乏的问题。创新性和创造性人才匮乏已经成为旅游产业发展的"瓶颈"，为此，从旅游供给侧看，要提供日益增长的个性化、独特性的旅游产品供给能力，亟须培养具有创意能力的旅游从业人员。

另外，还有另一种中观层面上的人才培养目标，目标的制定主要是培养的主要依托——高校，鉴于地方性高校是承担旅游人才培养的主要阵地，高校通常将目标定位为"地方性""适应性""实用性"和"高端性"等几大特点，例如，以江西科技师范大学60年文化底蕴和旅游管理学科综合实力为基础，培养具有全球视野、创新思维、战略愿景的旅游高层次人才；培养具有现代旅游管理理念、高尚职业道德、熟练运营技巧的旅游职业经理人；培养具有优秀旅游管理才能、良好沟通能力和远大发展前景的复合型人才；培养全面发展的具有创新精神与实践能力的职教师资和应用型高级专门人才。其一，与地方旅游经济发展紧密结合。立足地方，依托地方，服务地方，以地方旅游发展实际需要为出发点和落脚点，为地方旅游产业发展提供有力的智力支持。其二，为江西各类职业学院培养旅游教育人才。旅游教育在加大力度、创新手段、培育精品、提高质量方面下功夫，培养既能面向市场的具有现代经营管理能力的高级应用型管理人才，又能从事一定科研工作的高端性的旅游管理教育人才，提升江西旅游业软实力，为江西旅游业的发展提供强有力的人才保障。其三，紧密关注旅游新业态的发展，适时培养新业态所需的旅游人才。旅游业逐渐成为国家和各地的支柱行业、主导行业的同时，旅游消费呈现出动机更加多元化、出行方式更加多样化、出游时间更加分散化、投资主体更加多渠道的特点。这些特点进一步催生着旅游新业态的不断涌现。本专业硕士点将培养文化旅游地产；旅游电子商务等新业态的专业人才。

第三，从微观层面看，创意旅游人才的培养，主要涉及旅游人才的知识和能力结构的优化和素质的提升。

首先，创意旅游人才的知识结构优化问题：就是通过共同文化基础课（如历史、地理、文化、艺术等）、专业基础课（如品牌战略、广告策划、审美心理学、消费者行为学、景观学等）、专业核心课（如旅游学、景观设计、旅游规划、创意学等）、专业方向选修课（根据拟从业方向选修）等的学习，拓展培养对象的知识和视野。奠定培养对象深厚的文化底蕴，使其具有通识和专业双重能力，并注重培养其对于不同知识间建立有机联系的敏感性。

其次，能力结构问题：创意旅游的能力的习得，就是要求创意主体具有不断获取知识和掌握信息的能力，要求"学习成为一种习惯""思考成为一种习惯""自我挑战成为一种习惯"。这就要求创意旅游培养对象具有极强的自学能力、知识综合运用的能力、适应环境和改变环境的能力、自立和协调能力、实践和是创新开拓能力、独立发现问题、分析问题和解决问题的能力等。

最后，素质提升问题：创意旅游人才的灵魂是"创意"，创意的特点是个性化但易引起人的感官共鸣，具有不可复制性。因而，它不同于一般可复制型的技能培养，这就是要改变目前人才培养中普遍存在的"重知识轻素质"的状况，将受培训者的科学文化素质和思想素质、身体和心理素质、业务知识素质等摆在突出位置。努力增强受培训者的文化底蕴，提高学生的文化品德操守，切实培养德才兼备、品学兼优、智商情商俱佳的高品位、高素质创意旅游人才。

总之，创意旅游人才培养，是指以培养符合创意旅游产业发展需要为目的或是培养旅游业产业升级所需要的从业人员创意能力，通过对旅游业从业人员或是即将从事旅游业的人员施加影响，使其成为有一定创造、创新意识及能力、具有一定的专业素养和职业道德的旅游专门人才。创意旅游人才的核心技能是"创意"，而"创意"能力的基础在于思维、文化、知识、技能等综合素质，并与旅游业相关联。为此，创意旅游人才培养应该着眼于创意旅游人才三个方面的特点：第一，文化底蕴深厚；第二，思维方式独特；第三，与旅游业可以链接。作为创意旅游人才，一方面，在思维习惯上，有天赋固然重要；另一方面，创意旅游人才要通过相关的教育培训才能形成。

第四节　创意旅游人才培养的内容与方法

人才培养是对人进行塑造，使其符合一定标准和社会需要的有目的的活动。人才培养活动的有效性在于把握人的成长规律，而创意旅游人才的核心能力是创意能力，创意能力是创意旅游人才区别于一般旅游人才的显著标志。为此，要有效地达到创意旅游人才的培养效果，必须明确创意旅游人才培养的对象要掌握的知识和技能是什么，以及如

何掌握这些知识和技能，甚至还要明确这些知识和技能之外的因素是什么。

一、一般的专业知识和技能及文化底蕴

（一）旅游专业知识和技能

旅游专业知识和技能的培养，是解决旅游从业人员基本专业素养的问题。创意旅游归属于旅游，从这个角度看，创意旅游人才属于旅游人才的范畴，必须契合旅游业发展的需要。因而，从一般的旅游从业人员的素质要求来看，旅游专业知识与技能的掌握是必需的。概括起来包括：管理学前沿问题、经济学一般知识、旅游学一般知识、心理学一般知识、社会学一般知识等。另根据受培训者的从业具体方向，设置一些方向课程的培训内容，如休闲旅游、旅游资源开发与项目设计、旅游营销策划、休闲经济与新业态等相关内容。

旅游专业相关的知识和技能，体现在旅游专业的课程结构上。以旅游管理专业为例，包括学科基础课：管理学原理、管理信息系统、管理心理学、市场营销、经济法、会计学、统计学、西方经济学、劳动经济学、组织行为学；专业主干课：旅游学概论、旅游地理学、旅游经济学、旅游政策与法规、饭店管理原理、旅行社管理与实务、旅游景区经营管理、旅游文化学、职业经理理论与实践。此外，根据不同的方向，应开设不同的课程，如饭店方向课程：烹调技术、异国料理、宴会管理、旅馆人力资源管理、旅馆开发与规划、客房管理、酒水知识等旅行社方向课程：自助旅游规划、中国旅游文化、领队导游实务、世界休闲潮流、民俗旅游学、导游实务、历史建筑旅游、解说媒体制作与实务等。景区方向课程：主题旅游、植物栽培与园林技术、园林规划设计、旅游资源管理、文化创意剧场、土地开发相关法规、生态学、景观设计等。会展方向课程：装饰艺术、展览规划与设计、艺术品鉴赏、会展专业实务、会展营销学、演艺服装策划创意、广告学等。休闲养生旅游方向课程：中草药学、高尔夫技巧、休闲游憩学、休闲社会学、休闲创意学、太极拳、经络按摩、俱乐部管理等。这些课程不仅是知识的汇集，也涵盖了实践的要求，包括技能方面的操作内容。

而从创意旅游来说，创意能力作为能力结构，与知识结构、文化结构一起，构成创意旅游人完整的职业素质。创意旅游人才与一般的旅游从业者的区别在不在于基本的旅游行业知识，而在于创意能力。为此，旅游创意能力是创意旅游人才的灵魂。

（二）通识教育与文化底蕴的形成

通识目的在于提升受教育者的人文素质和科学精神、批判性思维能力和道德水平。对创意人才来说，通识教育尤其重要。原因在于如果旅游从业人员没有人文知识的拓展，其思维框架容易囿于专业知识和技能方面，难以打开思路，不能正确发现和分析问题。创意旅游人才的职业活力在于"创意"，即创新和创造性思维，而系统的专业知识

教育本身容易导致思维固化和刻板，需要通过专业之外的知识找到创意的灵感。加之，创意需要团队协作，在碰撞中形成创新火花。一个仅懂专业技术，而缺乏历史知识、地理知识、艺术知识等非专业知识的人，一定是个"无趣"之人。而"无趣"之人很难融入工作团队中。

二、创新和创造（创意）思维能力及其提升培养、训练

创新和创造（创意）能力，是创意旅游人才培养的核心内容。在掌握专业知识和技能，以及一定的文化素养提升基础上，创新思维则是创意旅游人才赖以飞得高、飞得远的翅膀。

创新思维表现方式新颖，在特定的情境下，有戏剧性的情节，有视觉或是其他感观的冲击力；与旅游者消费心理能够相关联，能够释放情感效应，并使旅游者产生消费心理的张力。围绕这些特点，培养创意旅游业从业者或是即将从业者的思维习惯和思维能力，使其成为具有创意思维的人格，才能有的放矢。

（一）培养创意思维的人格

一般来说，创意思维有四大人格特征：一是强烈的好奇心；二是洞悉关系，喜欢假设；三是偏好解构、重构；四是情感丰富、有幽默感。

1. 强烈的好奇心

好奇心是人对于周围环境的一种应对能力和探究能力。好奇心越强的人，生存能力越强，因为他们不断探索各种物质的属性，获取了更多的知识来应对周边的环境。从这个意义来说，首先，好奇心是个体学习的内在驱动力量。好奇心是人的天性，但是随着人的心智成熟，对于程序性知识的刻板记忆，以及对于周围环境的适应"抗体"，人的好奇心有可能随着年龄的增长而递减。其次，好奇心又是学习主体寻求知识的持续动力。学习是一种持续性的认知过程，它是由过去的习得经验以及思维框架为基础，通过学习者的学习，将新的信息嵌入这种经验和思维框架中进行甄别和加工，从而获得起新的认知。最后，好奇心是创造性或是创新型人才的显著特征。创意活动本质上是一种创新活动，好奇心是激发兴趣的内在因素，如果一个人对周围的世界冷漠对待，没有好奇心，则他对很多事情都不可能会提起兴趣，他也就不可能有激发创新能力的最基本条件。美国学者希克森特米哈伊认为，好奇心是创造性人才的内在因素，指出通往创造性的第一步就是好奇心和兴趣的培养。明白了好奇心与创造性、创新性与创意能力的关联性，也就意味着作为创意教育，包括创意旅游教育方面，要极大地保护和培养受教育者的好奇心。

2. 洞悉关系，喜欢假设

作为旅游业的创意者，或是创意旅游从业人员，要有对于事物关系的洞悉能力。旅游业因为产业链长，旅游产业与很多产业关联性复杂，创意旅游人员如何通过自己的

创意，将产业的关联性通过整合发挥到"1＋1＞2"的水平，这就要求平常有洞悉产业间关系的能力。此外，还包括旅游规划的主题与消费者的心理特征的关联性、其他产业向旅游业产业链延伸与市场路径的关联性、历史与地理的关联性、经济与审美的关联性等。对这些关联性的把握，一般要通过建立假设基础上的思维逻辑推理，通过证实和证伪，形成一个清晰的思路，继而在纷繁复杂的关系中抓住主要关系或虽关系的主要方面。要做到这些，离不开对这些关系的洞悉能力和分析中的假设偏好等人格特征。

3. 偏好解构、重构

所谓解构，就是把组成原来一个整体的原结构解体和肢解，并将这些结构还原成每个局部的基本原始单位的过程；所谓重构就是把解构后的原始基本单位，通过重新组合，构成一个不同于以前的新的整体。在旅游业中，通过创意规划设计，可以形成不同的规划和经营思路。例如，农业生态旅游业，可以解构为生态环境保护、有机农业、农产品加工业等；反过来，生态环境保护、有机农业、农产品加工业等又可以重构成农业生态旅游业。创意旅游人才，应该具有对事物的解构和重构人格特征。一个很平常的事物，通过解构成不同元素，重新又将这些元素按不同方式排列成新的整体，这一过程有智慧参与其中，往往能达到意想不到的效果，恰如碳元素可以排成碳，也可以排列成金刚石。作为旅游培训机构，应该有意识地去培养旅游从业人员的这种重构和解构的习惯。

此外，情感丰富、有幽默感也是旅游创意人格特征之一，因为创意活动往往是在团队组织下完成的，团队的凝聚力和创造力，来源于团队成员的亲和力、情绪感染力。感情丰富、有幽默感的人，才有可能处理好人际关系特别是团队成员的关系，才能够营造轻松的氛围，并在相互感染和激发中，碰撞出创意的火花。

（二）具创新创造思维的创意人格训练方法

1. 横向思维——"六项帽子"的训练 ①

六顶思考帽是英国学者爱德华·德·博诺（Edward de Bono）博士开发的一种思维训练模式，或者说是一个全面思考问题的模型。它提供了"平行思维"的工具，避免将时间浪费在互相争执上。强调的是"能够成为什么"，而非"本身是什么"，是寻求一条向前发展的路，而不是争论谁对谁错。运用德博诺的六项思考帽，将会使混乱的思考变得更清晰，使团体中无意义的争论变成集思广益的创造，使每个人变得富有创造性。

所谓六顶思考帽，是指使用六种不同颜色的帽子代表六种不同的思维模式。任何人都有能力使用以下六种基本思维模式：戴上白色思考帽，人们思考的是关注客观的事实和数据。绿色代表茵茵芳草，象征勃勃生机，绿色思考帽寓意创造力和想象力，具有创造性思考、头脑风暴、求异思维等功能。黄色代表价值与肯定，戴上黄色思考帽，人

---

① 资料来源于百度百科。

们从正面考虑问题，表达乐观的、满怀希望的、建设性的观点。戴上黑色思考帽，人们可以运用否定、怀疑、质疑的看法，合乎逻辑的进行批判，尽情发表负面的意见，找出逻辑上的错误。戴上红色思考帽，人们可以表现自己的情绪，人们还可以表达直觉、感受、预感等方面的看法。蓝色思考帽负责控制和调节思维过程，负责控制各种思考帽的使用顺序，规划和管理整个思考过程，并负责做出结论。六项思考帽是平行思维工具，是创新思维工具，也是人际沟通的操作框架，更是提高团队智商的有效方法。

六项思考帽是一个操作简单、经过反复验证的思维工具，它给人以热情、勇气和创造力，让每一次会议、每一次讨论、每一份报告、每一个决策都充满新意和生命力。旅游创意设计，是系统性工程，涉及多产业、多领域。为此，这个工具能够帮助旅游创意规划策划或营销策划过程中，策划团队能够：①提出建设性的观点；②聆听别人的观点；③从不同角度思考同一个问题，从而提出高效能的解决方案；④用"平行思维"取代批判式思维和垂直思维；⑤提高团队成员的集思广益能力，为统合综效提供操作工具。

2. 发散思维训练

发散思维（Divergent Thinking）是创造性思维的一种思维方式，发散思维能力体现的是创造力。它具有辐射性、扩散性和多维性等特征，本质上是一种求异思维。这种思维模式，因为其呈现的是一种扩散状态的思维，因而不易造成头脑僵化，易于打破常规，相信"条条大道通罗马"。一般来说，发散思维的训练，可以通过以下途径。

第一，材料发散：设想某一材料具有多种用途。例如，在民宿旅游中的装饰上，树根可以做成根雕，也可以在不太改变形状的前提下，做成灯具架或原生态的桌椅，体现原生态特色和人们返璞归真的生活理想。

第二，功能发散：设想实现某种功能的各种可能性。例如，宴会厅同是具有电影院的功能，也可以作大型会议室，只需里面的可移动陈设配置改变。

第三，结构发散：设想具有该结构的各种事物。结构和功能是一对对立统一的范畴，结构决定功能，不同的结构可产生不同的功能。如上所述，基于可移动陈设改变的宴会厅可作电影院、会议厅等使用，实为内部配置结构改变使然，是内部结构发散的结果。

第四，属性发散：设想利用某种属性可以做什么。属性就是对于一个事物的性质与关系的抽象描述。一个具体事物，总是有许许多多的性质与关系。利用一些性质与关系，通过属性发散，往往可以得到意想不到的效果。例如，理性人的本质属性之一，但是在理性主导判断的时代，根据人的非理性因素进行旅游促销活动，效果也不错。茅草棚在过去是穷人住的房子，却可以改变其象征贫穷的属性，变成一种民俗体验产品。

第五，组合发散：设想两种事物组合成第三种具有新价值事物的各种可能性。毫无疑问，"互联网+""旅游+"等新词汇的出现，都是组合发散的结果。在旅游创意中，结合发散思维给了人们超乎寻常的想象。

此外，常见的发散思维还包括：方法发散——设想利用该方法可以做哪些事；因果发散——设想一果多因，一因多果；关系发散：设想一事物与其他事物的各种联系。

3. 逆向思维训练

敢于"反其道而思之"，让思维向对立面的方向发展，从问题的相反面深入地进行探索，树立新思想，创立新形象。当别人都朝着一个固定的思维方向思考问题时，有的人却独自朝相反的方向思索，这样的思维方式就叫逆向思维。人们习惯于沿着事物发展的正方向去思考问题并寻求解决办法。其实，对于某些问题，尤其是一些特殊问题，从结论往回推，倒过来思考，从求解回到已知条件，反过去想或许会使问题简单化。

一是反转型逆向思维法。这种方法是指从已知事物的相反方向进行思考，产生发明构思的途径。"事物的相反方方向"常常从事物的功能、结构、因果关系三个方面做反向思维。比如，市场上出售的无烟煎鱼锅就是把原有煎鱼锅的热源由锅的下面安装到锅的上面。这是利用逆向思维对结构进行反转型思考的产物。

二是转换型逆向思维法。这是指在研究一问题时，由于解决该问题的手段受阻，而转换成另一种手段，或转换思考角度思考，以使问题顺利解决的思维方法。如历史上被传为佳话的司马光砸缸救落水儿童的故事，实质上就是一个用转换型逆向思维法的例子。由于司马光不能通过爬进缸中救人的手段解决问题，因而他就转换为另一手段，破缸救人，进而顺利地解决了问题。

三是缺点逆向思维法。这是一种利用事物的缺点，将缺点变为可利用的东西，化被动为主动，化不利为有利的思维方法。这种方法并不以克服事物的缺点为目的，相反，它是将缺点化弊为利，找到解决方法。如金属腐蚀是一种坏事，但人们利用金属腐蚀原理进行金属粉末的生产，或进行电镀等其他用途，无疑是缺点逆用思维法的一种应用。

从创意旅游业态看，在旅游规划或是旅游产品营销活动中，策划者从旅游者的需要出发，反向推及应该提供什么样的产品，才能满足旅游消费者的这一需求，即为逆向思维方法。

4. 想象和联想思维

想象和联想思维既是创意思维的重要内容，又是创意思维的重要方法，是内容和方法的内在统一。无论是视角传媒艺术，还是行为艺术，或是文学创作艺术，想象和联想的元素必不可少。爱因斯坦说："想象力比知识更重要。艺术家的想象力除了天赋因素外，后天的训练也往往起决定性作用。因此，要让艺术家积极地开动脑筋，针对艺术创作中的主题、类型、手法、思想内涵、形式美感和色彩表现等方面，充分展开想象的翅膀，发挥艺术创作的想象能力，不拘束于个别的经验和现实的时空，而让自己的思维遨游于无限的未知世界之中。因为知识是有限的，而想象力概括着世界上的一切，推动着进步，并且是知识进化的源泉。"与科学一样，没有想象力的艺术创作，是不可能有永恒的艺术生命力和艺术感染力的。

联想是指人脑记忆表象系统中，由于某种诱因导致不同表象之间发生联系的一种没有固定思维方向的自由思维活动。主要思维形式包括幻想、空想、玄想。其中，幻想，尤其是科学幻想，在人们的创造活动中具有重要的作用。一些奇山异石景观的主题故事设计，如"观音送子""鹊桥相会"等，一方面有想象的成分，另一方面是以景观的外形与民间故事通过联想联系起来，从而给旅游者带来无尽的想象。

第五节 "嵌入式"培养：创意旅游人才培养的途径

地方高校是创意旅游人才培养的主要承担者，原因在于旅游专业是应用型专业，符合地方本科院校的人才培养定位。创意旅游人才培养途径，包括高等学校培养、企业培养和培训机构培养，以及高校、培训机构和企业综合培养等途径。鉴于旅游相关职业是综合性、实践性很强的职业，在人才培养途径选择上，应该不拘一格。本节以"嵌入式培养"为典型案例分析创意旅游人才培养的途径，分析地方高校旅游相关专业学生，通过嵌入地方旅游事业中去，使学校与社会紧密结合，从而提高创意旅游人才培养的质量。旅游人才作为专门应用型人才，多由地方本科院校完成，而地方高校服务地方区域经济社会发展，又是一个关注较多并基本达成共识的话题。高校的最重要职能是人才培养，因而，要探索高校如何更好地服务地方发展，首先要探讨如何创新人才培养模式，将人才培养与地方特色结合起来。地方高校组织学生，"嵌入"地方特色产业和特色部门中去，实现课堂教学和实践教学的"双轮驱动"，无疑是一个很好的模式。而从旅游专业的角度，培养旅游人才的创意思维能力，更大的课堂在社会，为此，旅游专业学生"嵌入"社会旅游事业中，在企事业单位"练兵"，必定会开阔学生视野，更好对接社会需求。

一、"嵌入式"培养创意旅游人才及其服务区域发展的依据

"嵌入式"教育就是结合受教育者的专业背景，组织受教育者到相关的基地实地实训，从而实现理论与实践的深度结合。目前，"嵌入式"多用于技术培训层面，常见于组织学员深入到企业，让学员在实际的工作实践过程中掌握工作技能，从而能够适应就业岗位的要求，或者是通过这种培训模式，使其在掌握相关技能的基础上自己创业。而从高等旅游教育方面来说，运用"嵌入式"教育，有着与一般职业培训类似的要求，即增强高校旅游专业毕业生就业竞争力，但它又远远突破了一般性职业培训的要求。因为属于高等教育的范畴，高等教育不仅要求毕业生掌握职业技能，还要求他们提高文化素质，有着"做学问"层面的意义，因而，高等教育的"嵌入式"不仅是要"嵌入"基地中去掌握技能，而且要"嵌入"基地的"问题"中去；不仅要以基地作为自己知识和技能提升的平台，而且要通过自己的知识、技能和创新能力，建设好基地。不仅要在基地培训的过程中"改造"学生自己，而且学生还要在教师的引导下，研究基地中的

现实问题，从而发挥其对基地改良和建设的主动性创造性，实现教育与基地的互动发展。这样，创意旅游人才培养，就可以变被动适应社会转变为主动挑战自我，主动适应社会。

自德国洪堡创立世界上第一所具有现代意义的大学以来，教学（人才培养）、科研和服务社会作为高等学校的三大职能已为共识。服务社会不仅可以通过科研来实现，而且培养人才本身就是服务社会的另一途径。即通过人才培养来满足社会对人才的需求，以及通过提高社会劳动者的文化素养和就业技能，来改善社会就业状况，从而更好地服务社会。然而，如何达到这个目标？课堂教学为主导的"纸上谈兵"式教育，不能完全满足社会对人才培养质量提升的要求，对于创意旅游人才培养，更是致命缺陷，因为创意的生命在于主动思考、主动实践，而不是被动适应。通过"嵌入"实践基地中，在实践中提升高校旅游专业学生的职业技能和社会适应能力的"嵌入式"教育模式，实现课堂教学与社会实践的"双轮驱动"，无疑是旅游高等教育创新的一个途径。这样，首先，学生可以在深入基地的实践过程中一般性地掌握技能。其次，通过接触不同的环节，与不同专业的人协同学习，使旅游专业学生与其他专业的学生进行各种跨学科，跨专业的交流互动，从而打破就旅游谈旅游的局限，拓宽创意思维的激发因素，并形成创意旅游人才的团队精神。从高校来说，学科发展要求打破壁垒，更重视学科和专业的交融性和渗透性，社会分工多样化又要求社会协作越来越紧密，全球化带来的多元文化互动及人与人的交往更为频繁，更要求人们具有与他人交往和协作的艺术，因而，如何"做人"的问题更为重要。从这个层面来说，可引申出旅游创意学生如何学会"做人"。即在"嵌入式"学习的过程中，通过以实践基地为依托，在与同学、与作为组织者的教师，以及与地方经济建设者合作的过程中，增加学生的交往和协作能力。

二、地方高校与地方特色融合不足背景下的创意旅游人才培养困境

创意旅游人才培养的主要主体是高校，特别是地方应用型本科院校。"高等教育服务地方经济"并不是一个新命题，其实现方式多见于通过科研服务，与地方合作，从而服务地方经济建设。但是在人才培养方面，服务地方的意识不足。高等学校通过创新人才培养模式，实现服务地方经济建设，在具体实践中并没有把握好。如果脱离"地方特色"去谈服务"地方"经济，此命题即成为一个伪命题而毫无意义，它跟"高等教育服务经济发展"这个大命题无法区别。虽然高等教育服务地方已为共识，但是它遭遇到体制机制障碍。目前我国高等教育体现出人才培养的"流水线作业""标准化"模式，几乎"千校一面"，不同地方的不同高校学科、专业趋同，相同专业的课程设计也几乎相同。在这种大背景下，地方高等教育通过强化人才培养的"地方特色"属性来更好地实现地方经济发展的实践能力不足。因而，欲探索提高地方高校服务地方区域发展的能力，必须更好地融合于地方特色，以地方经济文化建设基地作为培养学生技能和人格的

平台，满足地方对人才的可持续需求；同时，高校师生在这个舞台上挥洒自己的才智，从而实现高校直接服务于"地方"之职能。

目前，全国大部分地区的高校在人才培养方面，偏重于传统的课堂教学，社会实践严重缺乏，即便偶尔有实践教学环节，也很难做到"嵌入"到一定的情境中，大多是走马观花、浅尝辄止。而更不用说依托某一地方产业或是地方机构，根据专业背景进行"嵌入式"学习。而一般来说，本科生到大四要实习，甚至不少学生根本就没有实习过，仅仅是为了完成一个学分任务而找某单位盖个章，算是"完成"了实习任务。这样，"走过场"甚至连"过场"也不走的所谓实习，无法"嵌入"到地方建设的实际中去。教育是师生双向互动的活动，而从教师的角度来说，无论是教学科研不足，还是实地调研不足，都影响了高校科研服务地方发展的职能发挥，也严重制约了教师对人才培养质量的提升能力。这种背景下，旅游专业也很难独善其身。旅游专业的学生之所以普遍的就业岗位是做导游或是在星级宾馆做服务员，却很难进入旅游规划、旅游营销管理等高端、对创意要求高的职业队伍中，即说明旅游相关专业对于社会培养平台利用不够，学校没有"嵌入"到企业中，让学生有创意能力学习和实践的机会。

三、地方高校"嵌入式"人才培养对策及其对创意旅游人才培养的交互作用

地方高校"嵌入式"人才培养，一是要将人才培养宜于地方传统经济文化特色，从而使人才培养更具有成效；二是要通过聚集高校师生，使地方经济社会发展得到更多的智力支持。旅游专业也一样，就是要将旅游人才培养"嵌入"地方旅游发展事业中。

以江西高校应对鄱阳湖生态经济建设这一国家战略的大背景来说，首先，江西高校在专业建设和课程建设方面，要抓住江西传统产业、传统文化特色，如农业产业、陶瓷产业、稀土矿业等行业特色，以及茶文化、瓷文化、红色文化等文化特色，形成能够与现实需要联系紧密的专业。例如，江西农业大学，要建设好农业科技、农业经济以及农产品加工等农业及其延伸工业等相关专业，以改变传统农业不适应市场化竞争的弱势地位，以及打破这些具有很强实务性专业所培养出来的学生缺乏实务操作的人才培养尴尬局面。文科学面的专业和课程建设要向红色文化、陶瓷艺术等方面有所倾斜，并使学习相关专业的学生在接受培养的过程中，直接将相关的专业知识融入鄱阳湖生态经济区地方建设的具体事务中，从而使学生主体的学习与具体环境合为一体，形成人的成长与经济发展相统一的生态式互动关系。

其次，任何学科和专业都可以着眼于生态主题。生态文明是未来文明的发展方向，它不仅仅是生态环境学相关专业的问题，而是所有专业、所有行业的问题。各专业要在嵌入环鄱阳湖区地方建设实践过程中，要培养学生的生态意识，将各专业的要求与生态文明的要求结合起来。例如，在会计专业方面，江西财经大学可以以学科优势，探讨将环境成本纳入成本核算体系中的教育，以开拓会计专业学生的生态视角，从而更好地呼

应环鄱阳湖区的生态主题，更有利于落实科学发展观，这样又可以使毕业生适应未来发展的趋势。而华东交通大学的强势专业是铁道与交通运输，该校在铁路减噪声污染方面有较突出的研究成果，或以依托现有的相关研究团队，可进一步探索打破过去粗放式的建设方式，通过教育形成生态节约式的基础建设理念，从而培育能够服务鄱阳湖地区生态式发展所需的基础建设型人才。而南昌大学可偏重于相关学术研究，在资源环境建设的人才培养方面，依托环鄱阳湖生态经济区的实践基地，培养相关学术型人才。江西科技学院、南昌理工学院等民办本科高校，应根据自己的办学社会历史条件，探索以培养能够扎根于本区域的应用型人才为主的教育模式。

上述有关人才培养的"嵌入式"模式思考，对创意旅游人才培养有交互作用。原因在于：首先，在"嵌入式"培养的机理上，创意旅游人才培养与其他专业是一样的，即既要体现高等教育的相对独立性，又要体现高等教育对社会的依存性。其次，从旅游专业的综合性看，上述围绕着各自办特色的专业，可以通过旅游专业的整体综合，形成意义启发，使旅游创意在广阔的天地里，开创更大的事业平台。例如，红色旅游、绿色旅游、工业（如陶瓷等）旅游、农业旅游、生态旅游等。宜春学院旅游专业可以依托学校的农业专业、经济管理专业、生物科技专业等，与本地的明月山、三爪仑、温汤等旅游资源相对接，将旅游资源变为教育资源，通过学校与社会的互嵌，加入创意元素，创设生态农业、健康休闲旅游、生态旅游等专业方向，以更好地服务社会。

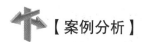【案例分析】

创意方法训练

一、想象与联想思维训练

想象和联想思维在视觉艺术思维中是不可缺少的重要方面，是决定艺术创作成功与否的重要条件之一。视觉艺术思维的训练首先要从想象和联想的训练入手。艺术家的想象力除了天赋之外，后天的训练也是举足轻重的。因此，要让艺术家积极地开动脑筋，针对艺术创作中的主题、类型、手法、思想内涵、形式美感和色彩表现等方面，充分展开想象的翅膀，发挥艺术创作的想象能力，不拘束于个别的经验和现实的时空，而让自己的思维遨游于无限的未知世界之中。爱因斯坦说："想象力比知识更重要，因为知识是有限的，而想象力概括着世界上的一切，推动着进步，并且是知识进化的源泉。"与科学一样，没有想象力的艺术创作，是不可能有永恒的艺术生命力和艺术感染力的。

联想是人的头脑中记忆和想象联系的纽带。由人对事物的记忆而引发出思维的联想，记忆的许多片段通过联想形式进行衔接，转换为新的想法。主动的、有意识的联想能够积极而有效地促进人的记忆与思维。

美学家王朝闻说:"联想和想象当然与印象或记忆有关,没有印象和记忆,联想或想象都是无源之水、无本之木。但很明显,联想和想象,都不是印象或记忆的如实复现。"在艺术创作的过程中,联想与想象是记忆的提炼、升华、扩展和创造,而不是简单地再现。从这个过程中产生的一个设想导致另外一个设想或更多的设想,从而不断地设计创作出新的作品。

视觉艺术思维中的想象离不开联想这个心理过程。联想是通过赋予若干对象之间一种微妙的关系,从中展开想象而获得新的形象的心理过程。人们在日常生活中对事物产生的美感形成了特有的印象,而对视觉形象的记忆又随着人的思维活动形成了知觉与感觉形象的联系。因此,当某个对象出现时,人们的大脑会立即兴奋起来,随着它进行一系列的联想。例如,由"速度"这个概念,人们头脑中会闪现出呼啸而过的飞机、奔驰的列车、自由下落的重物等,随之还会产生"战争""爆炸""闪光""粉碎"等一系列联想,这些联想引导我们去体验它的力度、色彩和线条的组合。以图形创意训练为例,我们选取自然界中的一片树叶作为创作题材,通过艺术家的观察、思考和一系列的联想,创作出众多别具特色的艺术造型。由叶产生形的联想,如手、花、小鸟和山脉等;由叶的质感产生意的联想,如轻柔、双逸、旋转、甜美、润泽和生命等。

艺术创作中联想的结果能够产生一种特殊的心理感受。当一个人在欣赏他所喜爱的音乐作品时,会感受到一种独特的气氛和环境,从中联想到特定的色彩和空间形式。从唐代张若虚的《春江花月夜》中的"春江潮水连海平,海上明月共潮生。滟滟随波千万里,何处春江无月明"的优美诗句中,我们可以联想到波涛翻涌的江水,一望无际的大海,清冷宁静的月夜,如梦如歌的乐曲和处于这种情景之下人的内心境界。虽然联想思维的形式往往是快速闪现或是模糊不清的,但艺术家们却能够在艺术创作的过程中及时捕捉而使其成为清晰的视觉形象。

联想有依据具体形象进行直接的、相关的联想形式,也有概念相近的或多种元素组合起来进行联想的形式,有的甚至是看似毫不相干的几个因素通过中间因素的转折达到联想的目的,事实上它们之间可能存在着某种内在的联系,如同"月晕必有风来,础润必有雨落",只不过这种联系并不是每个人都能够发现并运用的。在国外一些艺术学院里,教授通常会给学生们出一些联想创作的练习题目,给你数个看似毫无联系的概念,充分发挥你的想象和联想能力,把它们有机地联系起来,用语言、画笔进行最佳的表现。这样的训练能够培养学生广泛联想的能力。使艺术思维的创造力能够得到最大限度的发挥。

二、标新立异与独创性的训练

在视觉艺术思维的领域中,艺术的创作总是强调不断创新,在艺术的风格、内涵、形式、表现等诸多方面强调与众不同。不安于现状、不落于俗套、标新立异、独辟蹊径,这些都是艺术家们终生的追求。标新立异是视觉艺术思维中一个非常独特的方法。当艺术家在创作中看到、听到、接触到某个事物的时候,尽可能地让自己的思绪向外拓

展，让思维超越常规，找出与众不同的看法和思路，赋予其最新的性质和内涵，使作品从外在形式到内在意境都表现出作者独特的艺术见地。

标新立异法要求艺术家在艺术思维中不顺从既定的思路，采取灵活多变的思维战术，多方位、跳跃式地从一个思维基点跳到另一个思维基点。

标新立异的视觉艺术思维训练强调个性的表现，任何艺术作品，如果没有独特的个性特征，则容易流于平淡、落入俗套。个性表现是艺术的生命力所在。清代郑板桥是一位极富个性的书画家，特别是他的水墨兰竹及板桥体的书法，与众不同，为世人所称道。他在书画创新方面有这样的诗句："删繁就简三秋树，领异标新二月花。"充分的个性表现属于个体及其对象，在于艺术创作的具体性、独特性和自由发展的意识。艺术创作的审美需求是不可重复的。对于同一个艺术形象，每个人的感受是不同的，各自都有自己的审美体验，表现出人们的个性特征。

人们以不同的思维形式独立地进行思考，在心中建立起不同的审美形象。如画家们面对同一对象进行创作，所绘制出的作品仍会各不相同，因为每个人都有自己独特的心灵感受和审美体验。

标新立异的视觉艺术思维能力还可通过视错觉和矛盾空间造型的训练方法获得。在日常的艺术创作中，人们往往习惯于接受符合常规的视觉形象而忽视变异的方法，而艺术作品如果看上去总是一板一眼没有变化，便容易令人生厌。在平面设计中视错觉方法在一定程度上体现出与众不同的创作思想。视错觉又称错视，指在特定条件下，由于外界刺激而引起的感觉上的错觉。如我们在停着的火车上看到另一列刚刚开动的列车时，一时间会误认为是自己所乘的列车开动了，这是人们感觉上的瞬间错觉现象。缪勒莱依尔错视图中是两条等长的平行线段，在线段的两端各加上方向相反的引导线，将人的视觉向不同的方向引导，会使人产生上线短下线长的错觉。同样，原本是完全平行的直线，分别用不同方向的线段进行分割交叉排列，由于重复排列的线条导致视觉引导力，使人产生了线条排列的方向错位感、不平行感甚至线段的弯曲感。我们在创作时可以尝试一下错视思维法，在人们看惯了的视觉形象中有意识地将局部进行错视处理，如利用线条的方向、线条的穿插、图形大小的对比、图地反转以及无理图形等方法，使人产生非自然的视错觉，达到一种独特而又富于变化的艺术效果。

矛盾空间造型训练是更为复杂的形式之一。矛盾空间是在平面空间中表现出的一种特殊的立体感幻觉空间。人们观察这种图形时，初看是完全合理的形象，经过仔细观看后却发现了许多不合理的矛盾空间形态。如边洛斯三角形、矛盾形、斜线交叉不合理形等，都是矛盾空间的典型作品（图）。在艺术设计领域里，矛盾空间形式的应用非常广泛。矛盾空间造型训练的方法，能够培养艺术设计师在理性思考中具有趣味性、个性和标新立异的特征。

三、广度与深度的训练

思维的广度是指要善于全面地看问题。假设将问题置于一个立体空间之内，我们可以围绕问题多角度、多途径、多层次、跨学科地进行全方位研究，因此有人称之为"立体思维"。这是非常有效的视觉艺术思维训练的方法之一，它让人们学会全面、立体地看问题，观察问题的各个层面，分析问题的各个环节，大胆设想，综合思考，有时还要作突破常规、超越时空的大胆构想，从而抓住重点，形成新的创作思路。

视觉艺术思维的广度表现在取材、创意、造型、组合等各个方面的广泛性上。从广阔的宏观世界到神秘的微观世界，从东方与西方的文化交流，从传统理念与现代意识的融合，都是我们进行视觉艺术创作所要涉及的内容。在现代视觉艺术设计中，思维的广度似乎更加重要。有时设计一件艺术作品，不仅仅要依靠艺术方面的知识来指导，还要得到其他学科诸多方面的支持。如进行环境艺术设计时，设计师不仅要有艺术素养，还需要有建筑学、数学、人体工程学、人文、历史、环境保护等多方面的知识。

思维的深度是指我们考虑问题时，要深入到客观事物的内部，抓住问题的关键、核心，即事物的本质部分来进行由远到近、由表及里、层层递进、步步深入的思考。我们将其形容为"层层剥笋"法。在视觉艺术思维过程中，思维的深度直接关系到艺术创作的成败。

我们在进行艺术创作时，要善于透过现象看本质，客观、辩证地看问题，不要为事物的表面现象所迷惑。其他思维形式也如此，但在视觉艺术思维中则更为突出。许多成功的艺术范例都说明了这一点。视觉艺术是以塑造形象达到审美愉悦为主要目的的，在形象的塑造过程中，不要只罗列现实中的一些表面现象，而要注重形象的精神面貌、意境表现。

思想内涵等多方面的表达，要将这些作为视觉艺术创作中的主要思考内容。具有一定艺术深度的艺术作品，才能让观赏者回味无穷。产生共鸣，体味其中的艺术魅力。一般来说，如果一件艺术作品具有较高的思想性、较深的艺术内涵和较好的艺术表现力，那么就说明作者的思维具有一定的深度。

四、灵感捕捉训练

灵感思维是视觉艺术思维中经常使用的一种思维形式。在创作活动中，人们潜藏于心灵深处的想法经过反复思考而突然闪现出来，或因某种偶然因素激发突然有所领悟，达到认识上的飞跃，各种新概念、新形象、新思路、新发现突然而至，犹如进入"山重水复疑无路，柳暗花明又一村"的境地，这就是灵感。灵感的出现是思维过程必然性与偶然性的统一，是智力达到一个新层次的标志。在艺术家、文学家、科学家的头脑中，灵感随时随地都有可能出现，灵感能够使他们创意无限，获得成就。

灵感思维是潜藏于人们思维深处的活动形式，它的出现有着许多偶然的因素，并不能以人们的意志为转移，但我们能够努力创造条件，也就是说要有意识地让灵感随时突现出来。这就需要了解和掌握灵感思维的活动规律，如灵感的突发性，灵感在思维过程中的不连贯性、不稳定性、跳跃性、迷狂性等多种特点，加强各方面知识的积累，勤于思索，给灵感的出现创造条件。列宾说过："灵感不过是顽强劳动所获得的奖赏。"但这

种灵感的到来并不是空穴来风，"得之在俄顷，积之在平日"，辛勤的劳动、艰苦的探索，善于观察、勤于思考，是灵感发生的先决条件。

行车时迅速后退的街景、古希腊神殿残存的柱石、随风而舞的树叶、大地龟裂的纹路、干枯树枝的交错排列等，都能够触发人们心灵的共鸣而产生灵感，如果你果断而准确地捕捉住瞬时闪现出的灵感，对你的创作可能会起到不可估量的作用。灵感的捕捉对于艺术家来说，是职业的敏感与天性的结合。艺术家们在艺术创作中一旦出现灵感，往往激情高涨，如入无人之境，达到忘我、痴迷的程度，不顾一切地投入创作。培根说："人在开始做事前要像千眼神那样察视时机，而在进行时要像千手神那样抓住时机。"不停地思考、努力地探索，为艺术创作中灵感的出现铺平了道路，因而灵感始终属于那些勤于思考的人。

五、诱导创意训练

由于艺术创作中有许多具体的形象或形式存在，在视觉艺术思维训练的过程中，我们可以结合这些特点进行带有诱导性的提示。如视觉艺术思维能否透过对艺术用材的选择进行有目标的诱导对形象的构成用不同的方法进行重新处理，形成新的艺术形象；对相同或相近的对象（同类成异类）用类比的方法加以诱导，使我们的艺术创作在进行过程中受到较多较好的提示，从而增强视觉艺术思维的效果。

我们可以提出许多问题逐一地进行考虑，从题材选择方面进行诱导。

选择什么题材——民间艺术、自然景观、科学技术等；从什么角度选择题材——人类思想意识、自然形式美、科技动态艺术原理、宗教信仰、人生礼仪、民俗事象等。

反映什么风格——古典、现代、幽雅、浪漫、自然、前卫、奇特、梦幻、乡俗、田园等；展现什么情感——热情、开朗、欢乐、豪放、奔涌、忧郁、悲伤、痛苦、自豪等。

从形态处理方面进行诱导组合——用什么材料、什么形象、什么素材、什么方法、如何组合、组合的秩序、组合的部位等。

渐变——色彩的渐变、色调的渐变、形态的渐变、大小渐变、粗细渐变、造型渐变、结构渐变等。

添加——添加的内容、添加的形式、添加的大小、添加的次数、添加的长短、添加的厚薄、添加的疏密等。

简化——减去什么、化整为零、简洁、缩减等。

打散重排——结构打散重排、色彩打散重排、线条打散重排、形象打散重排、材料打散重排等。

颠倒——位置颠倒、组合颠倒、材料颠倒、主次颠倒、内外颠倒、形态颠倒、步骤颠倒等。

从各种因素的类比方面进行诱导：

综合类比——排除事物之间复杂的表面现象，找出他们相似的特征进行综合的类比。

直接类比——从自然界和人造物中直接寻找与创作对象相类似的因素做出类比。

拟人类比——将创作的对象进行"拟人化"处理，赋予其感情色彩。

象征类比——借助事物形象或符号进行抽象化、立体化的形式类比。

因果类比——在两种事物、两种形象之间可能存在的因果关系中进行类比。

根据这些有意识的提示以及具体的思维途径，我们在进行艺术创作时对此加以分析、探讨，不要忽略任何一个小小的细节和相关的因素，从中做出正确的判断和评价，选择那些具有挑战性的、最富美感的思路进行进一步的创作。

视觉艺术思维的训练更要从培养思维的创造能力和发展智力的角度着眼。许多成功的艺术家在他们的艺术创作生涯中都很注重读书交友，集思广益。古人所谓"读万卷书，行万里路"，是说要加强各方面的修养，从书本中、自然中和朋友之间相互交谈的过程中得到创意的思路，找到创作的灵感，受到艺术的启示。俗话说"三个臭皮匠，赛过诸葛亮"，《论语》中也有"三人行，必有我师"，说的是人与人之间的智力是能够通过相互激发、相互补充而发挥出更好的效果。每个人因为智力的高低、能力的大小不同，所受教育、环境影响以及研究方向的不同，形成了思维能力、思维效果和思想认识之间的差异。朋友之间的交流，实际上是一种智力相互激励的过程，通过交流每个人都会在不同的方面受到启示，在认识上有所突破。现代社会中的形式众多的"沙龙"，如艺术沙龙、信息沙龙、科学沙龙、交响乐沙龙、文学沙龙、影视沙龙等，其目的都是让那些有共同语言、情趣相投的朋友们相聚在一起，各自发表自己的见解和观点，相互探讨和激励，在研讨中充分调动自己的思维运作，敏锐，快捷地捕捉有用的信息，取长补短，为我所用。

（资料来源：百度文库。）

☞ **案例思考**

1. 分析材料所示的创意训练方法对旅游创意的借鉴意义。

2. 您还能想到哪些创意思维训练的方法？

 【思考练习】

一、简答题

1. 简述旅游人才培养的内涵。

2. 如何突破"就旅游谈旅游"的思维局限？

3. 谈谈如何训练创意思维。

二、论述题

试述我国旅游业人才培养面临的困局，以及从创意旅游人才培养的角度，提出突破

这种困局的方法。

［1］徐舟汉.广告创意的逆向思维技巧［J］.宁波大学学报（人文版），1997（4）：33–36.

［2］赵菊连，李永安.大学的文化力与大学精神重塑［J］.兵团教育学院学报，2015，25（2）：40–43+47.

项目策划：段向民
责任编辑：张芸艳
责任印制：谢　雨
封面设计：何　杰

图书在版编目（CIP）数据

创意旅游学 / 胡林龙编著． -- 北京 ： 中国旅游出
版社，2019.9
　中国旅游业普通高等教育"十三五"应用型规划教材
　ISBN 978-7-5032-6293-7

　Ⅰ．①创… Ⅱ．①胡… Ⅲ．①旅游学－高等学校－教
材 Ⅳ．① F590

　中国版本图书馆CIP数据核字 (2019) 第141599号

书　　　名：创意旅游学

作　　者：胡林龙　编著
出版发行：中国旅游出版社
　　　　　（北京建国门内大街甲 9 号　邮编：100005）
　　　　　http://www.cttp.net.cn　E-mail:cttp@mct.gov.cn
　　　　　营销中心电话：010-85166536
排　　版：北京旅教文化传播有限公司
经　　销：全国各地新华书店
印　　刷：北京明恒达印务有限公司
版　　次：2019 年 9 月第 1 版　2019 年 9 月第 1 次印刷
开　　本：787 毫米 × 1092 毫米　1/16
印　　张：19
字　　数：406 千
定　　价：49.80 元
Ｉ Ｓ Ｂ Ｎ　978-7-5032-6293-7